UNIVERSITY OF NOTTINGHAM
60 0430759 0

WITHDRAWN
FROM THE LIBRARY

KU-279-741

DATE DUE FOR RETURN

UNIVERSITY LIBRARY

2 9 SEP 2007

HALL

This book may be recalled before the above date.

PBF XIV, 4

(Sapouna-Sakellarakis)

PRÄHISTORISCHE BRONZEFUNDE

Im Rahmen der
Union Internationale des Sciences Préhistoriques et Protohistoriques

herausgegeben von
HERMANN MÜLLER-KARPE
Institut für Vorgeschichte der Universität Frankfurt a. M.

C. H. BECK'SCHE VERLAGSBUCHHANDLUNG
MÜNCHEN

PRÄHISTORISCHE BRONZEFUNDE

ABTEILUNG XIV · BAND 4

Die Fibeln der griechischen Inseln

von

E. SAPOUNA-SAKELLARAKIS

Agora-Museum Athen

C.H.BECK'SCHE VERLAGSBUCHHANDLUNG
MÜNCHEN

Mit 56 Tafeln

Übersetzung: Imma Kilian-Dirlmeier

Redaktion: Paul Betzler

DIMITRIS THEOCHARIS
und
VLADIMIR MILOJČIĆ
zum Gedächtnis

Gefördert von der Deutschen Forschungsgemeinschaft

ISBN 3 406 00773 2

© C. H. Beck'sche Verlagsbuchhandlung (Oscar Beck), München 1978
Druck des Textteils: C. H. Beck'sche Buchdruckerei, Nördlingen
Druck des Tafelteils: Graphische Anstalt E. Wartelsteiner, Garching-Hochbrück
Printed in Germany

VORWORT

Im vorliegenden Band werden 1733 Fibeln von den Ägäischen Inseln erfaßt, die vorwiegend in Museen Griechenlands aufbewahrt werden. Nur wenige der in außergriechische Museen gelangten Stücke sind in den Katalog aufgenommen worden, da bei ihnen Provenienz und Fundumstände, die Basis für unsere Untersuchung, nicht immer gesichert sind.

Die Aufnahme und Bearbeitung der Fibeln erwies sich als ungewöhnlich schwierig, da von den insgesamt 33 Museen und Sammlungen viele unzugänglich waren. Dennoch konnten dank der Hilfe einiger Kollegen im Griechischen Antikendienst und in den ausländischen archäologischen Schulen mannigfache Hindernisse überwunden werden. Dabei möchte ich besonders erwähnen Dr. G. Konstantinopoulos, der mir die Aufnahme des Materials aus dem Athena-Heiligtum von Ialyssos gestattete, Dr. I. Zerboudakis und Dr. Ch. Doumas wegen ihrer Hilfe im Archäologischen Museum von Rhodos, Dr. P. Themelis und die British School of Archaeology, die mir das Studium der Fibeln von Leukanti (Lefkandi) erlaubten, Prof. U. Jantzen, der mir gestattete, einige noch unpublizierte Fibeln von Samos in diesen Band aufzunehmen, A. Choremis und Dr. P. Themelis wegen des Materials von Skyros, Prof. N. Platon wegen seiner Funde von Kreta. E. Touloupa und P. Kalligas danke ich für die Hilfe, die sie mir im Nationalmuseum zu Athen bei der technischen Analyse und beim Studium der Fibeln von Chios, Lemnos und Tenos gewährten. Leider war im Museum von Herakleion der größere Teil des einschlägigen Materials an unzugänglicher Stelle magaziniert, so daß mir der damalige Direktor S. Alexiou und seine Assistentin A. Lembesi nur einen Ausschnitt des Bestandes zeigen konnten. Daher mußten die Fibeln aus dem Museum von Herakleion größtenteils nach bereits publizierten Abbildungen gezeichnet werden. Soweit im Katalog nicht anders vermerkt, beruhen sämtliche Abbildungen auf eigenen Zeichnungen nach den Originalen.

In jedem Fall war ich bemüht, schriftliche oder mündliche Fundnachrichten in Erfahrung zu bringen, ebenso, sämtliche Beifunde von Fibeln aus geschlossenen Funden aufzuführen, um damit eine Datierungsgrundlage bei bisher noch nicht publizierten Fundkomplexen zu geben. Wenn im Katalog keine Beifunde erwähnt sind, so bedeutet das entweder, daß keine Nachrichten über solche entdeckt werden konnten, oder daß es sich um einen Einzelfund handelt, bzw. die Fundumstände nicht mehr bekannt sind.

Danken möchte ich Herrn Prof. H. Müller-Karpe für seine Hilfe beim Entstehen dieses Bandes, I. und K. Kilian für das Übersetzen des Textes und vor allem für Diskussionen und Hinweise zum Thema, Herrn P. Betzler für die redaktionelle Betreuung sowie den Herren G. Endlich und M. Ritter für die Anfertigung der Reinzeichnungen und der Deutschen Forschungsgemeinschaft für die mir gewährte Förderung.

Das Manuskript wurde 1974 abgeschlossen; neuere Literatur konnte nur noch in den Anmerkungen berücksichtigt werden.

Athen, im November 1977   *Efi Sapouna-Sakellarakis*

INHALTSVERZEICHNIS

Einleitung

Der Fundstoff

Verzeichnisse und Register

Tafeln 1–56

EINLEITUNG

Fundorte, Museen

Das Buch von Ch. Blinkenberg, „Fibules grecques et orientales" (1926) bildet auch heute noch die Grundlage für jede Beschäftigung mit den Fibeln Griechenlands. Diese Arbeit war für die damalige Zeit eine bemerkenswerte Leistung, da der Verfasser die Haupttypen definierte und diese bereits einzelnen Landschaften zuwies. Freilich mußte er sich bei der Behandlung der hier interessierenden Inselfibeln auf das Material in einigen wenigen Museen des Auslandes und in nur vier Griechenlands (Nationalmuseum Athen, Museen von Herakleion, Aigina und Rhodos) beschränken. Auch das häufige Fehlen genauerer Angaben über die Fundumstände, was für die Datierung bestimmend wäre, machen die Notwendigkeit einer erneuten und systematischeren Bearbeitung zwingend. Sie hat sich vor allem auf gesicherte Kriterien zu stützen, wie sie etwa aus neueren Ausgrabungen und aus Bearbeitungen des Keramikmaterials vorliegen und grundlegende Angaben für die Chronologie erbringen.

Der vorliegende Band enthält bronzene und einige wenige eiserne Fibeln, die auf den Ägäischen Inseln gefunden wurden, und die in die Spanne zwischen dem Ende der mykenischen und dem Ende der archaischen Zeit datiert sind. Erfaßt wurden die Fibeln aus Museen und Sammlungen von Kreta (Archäologische Museen von Herakleion, Chania, Rhethymnon, Hag. Nikolaos, Hierapetra), Rhodos, Kos, Delos, Mykonos, Melos, Naxos, Paros, Siphnos, Kythnos, Tenos, Samos, Ikaria, Leros, Lesbos (Archäologische Museen von Mytilene und Eressos), Lemnos, Thasos, Kavalla (einige Funde von Thasos), Samothrake, Skyros, Andros, Euböa (Archäologische Museen von Chalkis und Eretria), Santorin (Thera), Aigina und Salamis.

Nachforschungen im Nationalmuseum von Athen brachten eine begrenzte Menge an Inselfunden ans Licht, die man entweder zerstört glaubte, oder die nach ihrer Lagerung in den Magazinen während des Zweiten Weltkrieges nicht mehr identifiziert werden konnten (Funde von Chios, Hephaisteia auf Lemnos, Paros, Tenos). Trotz beharrlichen Bemühens blieb es unmöglich, die von H. Dragendorff in Thera II publizierten Funde aus dem Schiff'schen Grab zu finden (N. Kontoleon, die Ephoren der Kykladen Ph. und N. Zapheiropoulos und der Epimelet der Kykladen Ch. Doumas wurden befragt, konnten jedoch keine Auskunft geben; in den Katalogen der Ephorie sind diese Funde nicht aufgeführt). Das Material von Lindos, das in Istanbul aufbewahrt wird, und das Blinkenberg in dem Band Lindos I publiziert hat, konnte nicht persönlich aufgenommen werden.

Um die Bedeutung der Inselfibeln besser zu begreifen und um die Inseltypen klarer zu bestimmen, besuchte ich auch die größeren Museen und Sammlungen des griechischen Festlandes (Komotene, Kavalla, Thessalonike, Veroia, Phlorina, Ioannina, Delphi, Agora- und Kerameikos-Museum in Athen, Korinth, Olympia, Sparta, Kalamata), wo ich das dortige Material studieren konnte. Besonders nützlich waren die gut publizierten Fundkomplexe von der Agora und vom Kerameikos zu Athen.

Ein guter Teil des Materials war unpubliziert oder an unzugänglicher Stelle magaziniert, so daß sich das Zusammentragen aller Fundstücke aus einer Grabung – sofern damit die Fibeln zu datieren waren – als ungemein schwierig erwies. In den Fällen, in denen eine Autopsie des gesamten unpublizierten Fundbestandes nicht gelang, wurden die Fibeln aufgrund anderer, gut datierter Fundkomplexe zeitlich bestimmt.

Es sei noch darauf hingewiesen, daß bei der Datierung der Fibeln stets die chronologische Stellung der dem Fundkomplex zugehörigen Keramik im Auge behalten wurde, wie sie in den Spezialuntersuchungen etwa von Furumark, Stubbings, Desborough, Coldstream usw. erarbeitet wurde. Wir hielten die Bezugnahme auf die Keramik für nützlich, da damit zwei Zielen gedient ist: a) der Bestimmung des zeitlichen Rahmens eines jeden Typus, der leichter mittels der zerbrechlichen Keramik festgelegt werden kann; b) die exakte Datierung der Typen ist für die Ermittlung des Entstehungsgebietes und der Ausbreitung der Fibeln entscheidende Voraussetzung.

Fundgattungen

Die Fibeln stammen hauptsächlich aus Gräbern und Heiligtümern; seltener wurden sie in Siedlungen geborgen. Fibeln wurden in folgenden Nekropolen gefunden: Samos (West- und Nord-Nekropole), Tenos (Kardiane, Ktikados), Thera, Lesbos (Nekropole südwestlich der Akropolis), Leros, Lemnos (Hephaisteia), Salamis, Thasos, Leukanti auf Euböa, Skyros, Rhodos (Ialysos, Vroulia, Exoche, Kamiros), Kreta (Vrokastro, Karphi, Kavoussi, Gournia, Dreros, Mouliana, Epano-Zakro, Sklavoi, Kritsa, Hag. Ioannes, Fortetsa, Phaistos, Arkades, Tylisos, Mastambas, Atsipades, Prinias, Kavoussi, N. Chania, Modi). Vermutlich kommt auch die Fibel von Amorgos aus einem Grab. Die genannten Nekropolen reichen von der submykenischen bis in die fr, üharchaische Zeit.

Die Heiligtümer, aus denen Fibeln stammen, sind: Samothrake (Hall of Votive Gifts), Aigina (Aphaia- und „Aphrodite"-Apollon-Heiligtum), Delos (Zeus-Altar, Kavirion, Artemision usw.), Samos (Heraion), Paros (Delion), Naxos (Kaminaki), Thasos (Artemision), Siphnos (Bothros auf der Akropolis von Kastro), Chios (Apollon Phanaios-Tempel, Hafenheiligtum und Athena-Tempel von Emporio), Rhodos (Athena Lindia-Tempel, „Stipe Votiva" von Kamiros, Depot des Athena-Lindia-Heiligtums in Ialysos), Ikaria (Artemis-Heiligtum), Kreta (Eileithyia-Höhle bei Inatos, Zeus Diktaios-Tempel in Palaikastro, „Altar Hill" von Praisos, Psychro-Höhle, Heiligtum von Gortyn). Die Weihungen in den genannten Heiligtümern gehören der geometrischen und fr, üharchaischen Zeit an.

Fibeln wurden in Siedlungen bzw. Häusern der folgenden Gebiete gefunden: Delos (Häuser im Südteil der rechteckigen Agora), Andros (Zagora), Siphnos (Akropolis von Hag. Andreas), Kreta (in den subminoischen Siedlungen von Gortyn und Karphi), also in Siedlungen der subminoischen bis frühar- chaischen Zeit.

Von diesen drei Fundgattungen sind für die Untersuchung der lokalen Eigenheiten insbesondere die Gräber wichtig, denn dort wurden offensichtlich die Gegenstände niedergelegt, welche die Einheimi- schen begleiteten, wenngleich nicht auszuschließen ist, daß unter den Bestatteten sich jeweils einige Zugezogene befanden.

Heiligtümer können Weihungen sowohl von Einheimischen als auch von Fremden erhalten. Das Darbringen von solchen Weihegaben für die Gottheit durch Einheimische und Fremde ist eine uralte Sitte in den griechischen Heiligtümern.[1] In der Zeit, als auf den Inseln die Fibel Grundbestandteil der Kleidung war – Ende des zweiten Jahrtausends und die ersten vier Jahrhunderte des letzten Jahrtausends – gab es auf keiner der Inseln ein panhellenisches Heiligtum; es kamen jedoch auswärtige Besucher, wie das Vorhandensein fremder Typen verdeutlicht. Blinkenberg[2] war der Meinung, daß die Mehrzahl der Fibeln aus dem Heiligtum von Lindos einheimisch sei.

---

[1] de Vries, Figured Fibula in Lerna 98.   [2] Lindos I 74.

Eine systematische Untersuchung der Heiligtümer – sofern die Funde gut stratifiziert sind – könnte die Zeitspanne angeben, in der jeweils die einzelnen Typen beliebt waren. Das Vorkommen von Fibeln in Siedlungen könnte einen Terminus ante quem geben, falls sich die Zeit der Zerstörung ermitteln läßt.

Das umfangreiche Fundmaterial von den oben genannten Plätzen wurde in zwölf Gattungen gegliedert, von denen einige den Typen Blinkenbergs entsprechen; innerhalb der Gattungen sind dann die Inseltypen definiert. Es sind die folgenden zwölf Gattungen: Violinbogenfibeln (I), Bogenfibeln (II), Bogenfibeln mit zahlreichen Kugelgliedern (III), Bogenfibel mit geschwollenem Bügel (IV), Fibeln mit einer Kugel im Bügel (V), die griechisch-festländische Variante mit Kugel- und Ziergliedern im Bügel (VI), die Varianten der drei vorangehenden Typen mit Zierknopf im Scheitel (VII), Fibeln mit anderem plastischem Dekor (VIII), Fibeln von griechisch-böotischer Art (IX), nördliche Fibeln verschiedener Typen (X), italische Fibeln (XI), östliche Fibeln: kleinasiatische, zyprische, phrygische (XII). In der bisherigen Literatur werden die Fibeln unter verschiedenartigen Benennungen behandelt, wobei die Autoren ohne rechten Grund zur Vervielfältigung der Typen kommen,[3] ein Umstand, der ganz allgemein das Verständnis erschwert. Dem soll unsere Gliederung in jene zwölf Gattungen entgegenwirken.

Forschungsgeschichte

Mehrere der oben genannten Typen wurden nach Blinkenbergs Publikation in speziellen Aufsätzen oder Monographien behandelt, in denen ihre Herkunft, Zeitstellung und Verbreitung untersucht ist. So wurden etwa die böotischen Fibeln von R. Hampe[4] und kürzlich von K. de Vries[5] behandelt, die thessalischen von K. Kilian.[6] Die Brillenfibeln aus Südeuropa hat J. Alexander systematisch untersucht,[7] die Typen des Nahen Ostens D. Stronach[8] und die phrygischen Fibeln O. Muscarella,[9] U. Jantzen[10] und R. M. Boehmer.[11] Die italischen Fibeln wurden von J. Sundwall[12] und H. Hencken[13] behandelt. Für jede Beschäftigung mit Fibeln wichtig sind schließlich die Arbeiten von O. Montelius[14] und N. Åberg.[15]

Kulturelle Beziehungen der Ägäischen Inseln am Ende der Bronzezeit und zu Beginn der Eisenzeit

Das Vorkommen fremder Typen im ägäischen Gebiet erscheint nicht sonderbar, wenn man sich die Geschichte des ägäischen Raumes in der Zeit vom 14. bis zum 6. Jahrhundert vor Augen führt, insbesondere die Kultur- und Handelsbeziehungen zwischen den Ägäischen Inseln und den Gebieten auf dem Festland. Die Handelstätigkeit, die bereits während der ganzen Bronzezeit kennzeichnend für die Inselbewohner war, wird auch in der in Rede stehenden Zeit fortgesetzt.

Die Beziehungen zu Italien während des 14. und 13. Jahrhunderts sind wohl bekannt. Mykenische Funde kamen an vielen Plätzen Süditaliens und Siziliens zum Vorschein, freilich ohne daß wir bereits von

[3] Argive Heraeum II. 240ff.
[4] Hampe, Sagenbilder; ders., Böotische Fibel.
[5] de Vries, Incised Fibulae 111ff.; ders., Figured Fibula in Lerna.
[6] Kilian, PBF. XIV, 2 (1974).
[7] Alexander, Spectacle Fibulae 7ff. mit älterer Literatur.
[8] D. Stronach, Iraq 21, 1959, 181ff.; PEQ. 95, 104ff.
[9] Muscarella, Phrygian Fibulae; ders., Journ. Near East Stud. 26, 1967, 82ff.

[10] Jantzen, Phrygische Fibeln; ders., Samos VIII.
[11] R. M. Boehmer, Die Kleinfunde von Boğazköy (1972) 47ff.
[12] Sundwall, Fibeln.
[13] H. Hencken, AJA. 62, 1958, 268ff.
[14] O. Montelius, La civilisation primitive en Italie I (1895); II (1904. 1910); ders., La Grèce préclassique I (1924); II (1928).
[15] Åberg, Chronologie I.

Kolonien sprechen könnten.[16] Vom Beginn des 8. Jahrhunderts an entstanden griechische Handelsniederlassungen zunächst in Pithekussai (770–760 v. Chr.) und Kyme,[17] dann (um 750 v. Chr.) solche an der Ostküste Siziliens, sowie weitere in Süditalien.[18] Im Osten wurden während des 14. und 13. Jahrhunderts die zuvor bereits bestehenden Beziehungen fortgeführt, sowohl mit Kleinasien als auch mit Syrien, Palästina und Zypern. Diese Verbindungen beschränkten sich nicht auf Handelsaustausch, sondern führten auch zur Gründung von griechischen Kolonien.[19] Im 12. und 11. Jahrhundert gehen neue Einwanderungswellen von Achäern aus dem festländischen Griechenland nach Kreta, Rhodos, Zypern und Kleinasien.[20] Vom 11. Jahrhundert an (submykenische Periode) wird andererseits die Umbildung der Stammeseinheiten durchgeführt, was hier insofern interessiert, als es auch die Inseln betrifft. So sind die Ionier zunächst auf Attika, Euböa und die Kykladen beschränkt, während sie sich wenig später (etwa 1050–950 v. Chr., protogeometrische Zeit) nach Chios, Samos und auf die gegenüberliegenden Küsten ausbreiten. Gleichzeitig lassen sich die Äoler Thessaliens auf Lesbos und teilweise auf Chios, Samos sowie in Kleinasien nieder.

In geometrischer Zeit (etwa 950–800 v. Chr.) nehmen die Dorer der Peloponnes Melos, Mittelkreta und Rhodos in Besitz,[21] während Kos, Kalymnos und Halikarnassos im ionisch-äolischen Gebiet zu den Gruppen gehören, die einst die mykenische Kultur entwickelten. Und schließlich besiedelten die Ionier Euböas und die Dorer von Rhodos Al Mina und Tarsos. Vom 7. Jahrhundert an reichen die griechischen Kolonien von der Iberischen Halbinsel bis Libyen und bis zur Krim.[22]

Den historischen Ereignissen entsprechend gestalteten sich die kulturellen Beziehungen zu den betreffenden Gebieten im Osten und Westen. Während keine Einwirkung des Westens auf das griechische Gebiet erkennbar ist, tritt seit dem Ende des 8. Jh. der Einfluß des Ostens auf die griechische Kunst und insbesondere auf das Bronzehandwerk ganz deutlich in Erscheinung. Die dorischen Zentren (Kreta, Rhodos) ebenso wie das ionische Samos sind Träger des neuen Geistes. In den gleichen Gebieten (dorisches Kreta, Rhodos und Peloponnes; ionisches Naxos, Chios und Samos) entwickelt sich dann im 7. Jahrhundert der dädalische Stil.

Mit den Beziehungen Griechenlands zum Norden haben sich in letzter Zeit viele Forscher beschäftigt.[23] Dabei wurde gezeigt, daß seit dem 14. Jahrhundert die Bewohner der Ägäis viele Elemente ihrer Zivilisation weitergaben, aber auch vieles an Erfahrungen der Metallurgen aus Mitteleuropa aufnahmen.[24] Einflüsse aus dem Norden sind im griechischen Gebiet bis in archaische Zeit ersichtlich[25] und werden nicht nur mit Handelsbeziehungen (Einfuhr von Bernstein usw.) sondern auch mit Völkerbewegungen am Ende der mykenischen Zeit in Verbindung gebracht.[26] Im Zusammenhang damit

---

[16] Hist. Hell. Eth. 1, 264; zur Frage Handelsbeziehungen oder Einwanderung siehe A. J. B. Wace/C. W. Blegen, Klio 32, 1939, 136ff.; I Micenei in Italia. Ausstellungskatalog Taranto (1967) 10f. mit älterer Literatur; zur Vermittlerstellung Italiens am Ende der Bronzezeit vgl. Müller-Karpe, Germania 40, 1962, 281ff. Stubbings, C. A. H. II ch. XXIIa (1964) 20; ch. XXVII (1965) 18ff.

[17] Hist. Hell. Eth. 2, 45; Snodgrass, Dark Age 336; J. Berard, La colonisation Grecque (1957) 37ff.

[18] Hist. Hell. Eth. 2, 62; Betsford/Robinson, History 60; Ch. Robinson jr., Ancient History (1951) 146.

[19] Hist. Hell. Eth. 2, 62; F. Bilabel, Die Ionische Kolonisation (1920) 11ff.

[20] Hist. Hell. Eth. 1, 292; Betsford/Robinson, History 134; M. Sakellariou, La migration Grecque en Ionie (1958) 357; J. M. Cook, The Greeks in Ionia and East (1962) 23ff.

[21] Hist. Hell. Eth. 2, 14ff.; Betsford/Robinson, History 35; Desborough, Last Mycenaeans 235.

[22] Hist. Hell. Eth. 2, 276f.; Robinson jr., Ancient History (1951) 143.

[23] V. G. Childe, PPS. NS. 14, 1948, 177ff.; Milojčić, Fremdlinge; F. Maier, Germania 34, 1956, 63ff.; H. Müller-Karpe, ebd. 40, 1962, 255ff. (mit Behandlung der Theorien von Montelius, Götze, Mackenzie, Hall, v. Merhart usw.); K. Randsborg, Acta Arch. 38, 1967, 1ff.; N. Hammod, Migrations and Invasions in Greece (1976).

[24] Müller-Karpe, Germania 40, 1962, 255ff.

[25] F. Maier, ebd. 34, 1956, 63ff.; vgl. jedoch A. M. Snodgrass, PPS. 31, 1965, 229, der eine Unterbrechung der Beziehungen Griechenlands zum Norden während der Zeit von 1000–750 v. Chr. annimmt.

[26] Vgl. Anm. 23.

wurden die Ägäischen Inseln vom festländischen Griechenland und von den umliegenden Gebieten (Orient, Zypern) beeinflußt. Diese Einflüsse scheinen vor allem im Kunsthandwerk (Töpferei und Gefäßbemalung) faßbar zu sein. Danach erfahren die Kykladen Einflüsse aus Attika, während die Inseln der Äoler (Samos, Chios und Lesbos) Ähnlichkeiten mit Thessalien und Attika aufweisen. Die Inseln der Dodekanes stehen in protogeometrischer Zeit unter attischem Einfluß so wie auch Kreta, das jedoch genügend eigene Züge bewahrt. Von den näher am Festland gelegenen Inseln haben die Sporaden stärkeren attischen Einfluß erfahren als Euböa, das Beziehungen zur thessalo-kykladischen Keramik zeigt. In frühgeometrischer Zeit stehen die Kykladen, ausgenommen das attizierende Andros, unter thessalischem Einfluß, während sich in spätgeometrischer Zeit lokale Schulen bilden (Naxos, Paros, Melos, Thera). Aigina bleibt unter attischem Einfluß. Obgleich Samos und Chios Einwirkungen aus Attika aufnehmen, schaffen sie doch, die Beziehungen zu Ionien pflegend, eigene Lokalstile. Die Dodekanes führt die attisch-protogeometrische Tradition fort bis in mittelgeometrische Zeit, in der dann orientalische und zyprische Elemente eindringen, immer jedoch verbunden mit attischen. Kreta hat weiterhin Beziehungen zu Mittelgriechenland, aber auch zu den Kykladen. Ost-Kreta (Kavoussi, Adromiloi, Piskokephalo) bewahrt in geometrischer Zeit eine Sonderstellung; und Skyros schließlich steht unter attischem und thessalo-kykladischem Einfluß; das gleiche gilt für Euböa.[27] Die dem Geometrischen unmittelbar folgende Periode, die Zeit des sog. orientalisierenden Stils, ist gekennzeichnet durch eine starke Beeinflussung des gesamten griechischen Raumes durch den Vorderen Orient.[28]

Zur Herstellung der Fibeln

Allgemein bestehen die inselgriechischen Fibeln aus Bronze und Eisen, seltener aus Silber und Gold.[29] Metallanalysen stehen einstweilen kaum zur Verfügung. Es ist ungewiß, woher das Kupfer bezogen wurde. Kupfer gibt es vielerorts in der Ägäis, sein Abbau und seine Aufbereitung waren nicht schwierig.[30] Die Bergwerke der Kykladen, insbesondere Euböas, wurden bis in klassische Zeit ausgebeutet.[31] Auch Zypern und die Troas belieferten seit der Frühbronzezeit die Ägäis mit Rohmaterial.[32] Die Iberische Halbinsel stellte im 1. Jahrtausend eine neue Quelle dar. Das Zinn scheint aus dem Westen (Britannien) gekommen zu sein, im ägäischen Bereich kommt es nicht vor. Daneben gibt es dieses Metall in Mittelasien (Iran und Afghanistan),[33] jedoch fehlen Nachweise so früher Beziehungen zu diesen Gebieten. Andererseits aber gehört Eisen zu den Rohstoffen, die seit dem 1. Jahrtausend zur Herstellung von Fibeln verwendet wurden. Als zusätzliche Materialien zum Verzieren von Fibeln wurden Elfenbein, Bergkristall und Bein verwendet.[34]

[27] Zu diesen Beziehungen vgl. insbesondere Desborough, Protogeometric Pottery; ders., Dark Ages; Coldstream, Geometric Pottery; E. Langlotz, Frühgriechische Bildhauerschulen (1927).

[28] Snodgrass, Dark Age 341; zu den Beziehungen zwischen Rhodos und Orient: ebd. 346f.; zu den Beziehungen Kretas zu Attika, die auch in diese Periode fortdauern: ebd. 350; zu den Beziehungen der Inseln zu Nordsyrien: ebd. 352. Verbindungen, die anhand der Keramik nachzuweisen sind, können zum Verständnis der Beziehungen der Fibeltypen beitragen; K. Schefold, Die Griechen und Ihre Nachbarn. Propyl. Kunstgeschichte 1 (1967) 17ff.

[29] Zur Metallurgie allgemein: R. J. Forbes, Studies in Ancient Technology VIII (1964); zum Schmuck: R. A. Higgins, Greek and Roman Jewellery (1961) 3ff.; Bielefeld, Schmuck.

[30] H. G. Richardson, AJA. 38, 1934, 575.

[31] J. Charbonneaux, Les Bronzes Grecs (1958) 3; Strabo, Geogr. X 1. 8–9. 447.

[32] Müller-Karpe, Germania 40, 1962, 281.

[33] R. F. Tylecote, Early Metallurgy in the Near East. Metals and Materials 1970, 285 ff.

[34] Zur Herkunft des Eisens: Richardson (AJA. 38, 1934, 10 mit älterer Literatur) hält für das 10. Jh. v. Chr. eine Herkunft aus Mitteleuropa für wahrscheinlich; in jüngeren Untersuchungen (S. Piggott, Antiquity 38, 1964, 300ff.; Snodgrass, PPS. 31, 1965, 229ff.) wird gezeigt, daß die Verwendung von Eisen in Griechenland im 11. oder 10. Jh. v. Chr. einsetzt und daß es nicht aus dem Norden, sondern von den Völkern des westlichen Asiens kam. Zu Fibeln mit Beinbesatz vgl. Orsi, Contributi 200.

Im Bereich der Ägäischen Inseln lassen sich einige bronzezeitliche Werkstattkreise erkennen (z.B. Kreta, Kykladen), die bis zum Ende der mykenischen Zeit arbeiten, um dann erneut in der Eisenzeit einzusetzen.[35] Auf Kreta, dem dorischen Zentrum, blüht das Bronzehandwerk nach einer kurzen Zäsur in geometrischer Zeit nach dem 8. Jh. mit stark orientalisierenden Elementen wieder auf, wie das an den Weihegaben aus der Idäischen Höhle und von Palaikastro zu sehen ist. In der Mitte des 7. Jh. gibt es einen Höhepunkt mit den Zentren Arkades[36] und Dreros in Ostkreta. Um die Wende zum 6. Jh. scheint die kretische Produktion zu enden.

Rhodos, das zweite dorische Zentrum des Bronzehandwerks spielt vor allem während des dädalischen Stiles und kurz danach eine Rolle. Auf dem ionischen Samos gibt es eine der bekanntesten Werkstätten der archaischen Zeit. Die älteren Bronzebildwerke der dädalischen Epoche sind in Sphyrelaton-Technik hergestellt. Die Erfinder des Bronzegusses für Bildwerke in der Mitte des 7. Jahrhunderts, nämlich Rhoikos und Theodoros, waren Samier. Der Nachweis dieser drei inselgriechischen Werkstättenkreise rechtfertigt die Annahme einer lokalen Fibelherstellung.[37]

Die Inselfibeln dürften in der Regel in Gußformen hergestellt worden sein, von denen einige wenige Beispiele gefunden wurden. Außer einem Exemplar unbekannten Fundortes[38] wurde kürzlich ein weiteres im Pythagoreion von Samos (Grabung K. Tsakos) gefunden. Es diente der Herstellung von Fibeln der Gattung III, von der zahlreiche Exemplare auf Samos zum Vorschein gekommen sind. Gußformen für Fibeln östlichen Typs wurden in Bayrakli gefunden, ein Beweis dafür, daß auch im griechischen Osten Fibeln dieses Typs hergestellt wurden.[39] Die Gußform aus dem Pythagoreion besteht aus Stein (Steatit) und hat die Form eines Würfels mit gewölbter Oberfläche; erhalten ist nur die eine Schale der zweischaligen Form. In die plane Fläche des Würfels ist die vollständige Fibelform eingetieft, einschließlich der Nadel und Fußplatte. Die geknickte Linie auf der gewölbten Seite des Würfels ist vermutlich eine Markierung des Handwerkers für die Ausrichtung der Formschale (ein komplizierteres Zeichen trägt die Gußform unbekannten Fundorts). In den beiden oberen Ecken sind zwei Löcher zur Aufnahme von Stiften angebracht, so daß eine deckungsgleiche Verbindung der beiden Schalen ermöglicht wurde. Die Fundlage zusammen mit spätgeometrischen Scherben an einer Stelle, die für eine Werkstatt gehalten wird, weist auf die Zeit hin, zu der dieser Typ beliebt war.[40] Die andere steinerne Gußform dürfte dem 6. Jahrhundert angehören.[41] Da es nur so wenige steinerne Gußformen gibt, nehmen wir wie auch R. Tölle an, daß die Exemplare aus Stein als Vorbilder für die Herstellung von Gußformen aus anderem Material (feuerfestem Ton) dienten; diese Tonformen scheinen nach dem Gebrauch zerstört worden zu sein.

In Leukanti wurden Spuren einer Metallverarbeitung entdeckt (u. a. Gußformen für diverse Gegenstände), die bereits der geometrischen Zeit (um 900 v. Chr.) angehören. Nach Aussage der Ausgräber ist die Mehrzahl der Fibeln aus den Nekropolen von Leukanti lokal gefertigt.[42]

Bei den meisten Inselfibeln sind Nadel, Bügel und Fußplatte in einem Stück hergestellt (einteilig), im Gegensatz zu den orientalischen Formen des 8. Jahrhunderts, bei denen häufig die Nadel getrennt gefertigt wurde, so in Palästina,[43] Urartu[44] und Phrygien.[45] Dem ersteren Verfahren diente auch die

---

[35] W. Lamb, Greek and Roman Bronzes (1929) 11 ff.; R. W. Hutchinson, Prehistoric Crete (1962) 190; G. Kokkorou-Alewra, Archaische Naxische Plastik (1975).

[36] Kret. Chron. 1969, 106; Kraiker, Plastik 102 ff.

[37] E. Buschor, Altsamische Standbilder (1934–1961).

[38] R. Tölle, Antike und Abendland 12, 1966, 91 ff.

[39] Muscarella, Phrygian Fibulae 39 Taf. 16.

[40] Im Osten sind alle Fibeln mit ein- oder zweischaligen

Gußformen hergestellt, wie die Gußformen von Bayrakli zeigen; in Gordion wurde keine Gußform gefunden. Muscarella, Phrygian Fibulae 48.

[41] Vgl. Anm. 38.

[42] L. H. Sackett/M. R. Popham, Archaeology 25, 1972, 18 ff.

[43] D. Stronach, Iraq 21, 1959, 185.

[44] O. W. Muscarella, AJA. 69, 1965, 239 ff.

[45] Ders., Phrygian Fibulae 49.

Gußform aus dem Pythagoreion. Nach dem Herausnehmen des Rohgusses aus der Form folgte die Überarbeitung. Die Federspirale (mit ein oder zwei Windungen) wurde mit der „annealing" Methode bei niedriger Temperatur ausgehämmert.[46] In derselben Technik wurden Details verändert oder hinzugefügt. Zweiteilige Fibeln sind auf den Inseln nicht häufig. Einige Typen jedoch, so die Scheibenfibeln und Varianten der Brillenfibel haben eine getrennt gefertigte Nadel. Die Verbindung erfolgte entweder durch Vernieten (gebräuchlich bei phrygischen Fibeln für die Befestigung zusätzlicher Zierglieder oder bei zweiteiligen Fibeln) oder durch Löten. Es gibt keinen antiken Beleg für kaltes Löten. Die Methode des heißen Verlötens mit flüssigem Metall von 1350° war in Ägypten jedoch bereits im 14. Jahrhundert bekannt.[47] Bei Schmuckgegenständen scheint hartes Löten bei hohen Temperaturen vorgenommen worden zu sein. Bei Brillenfibeln wurde der Draht vor dem Einrollen ausgeglüht;[48] häufig haben Nadel und Spirale nicht den gleichen Querschnitt. Der Handwerker mußte also die Länge des für die Spiralen und für die Nadel benötigten Drahtes genau berechnen. Entsprechendes mußte bei den ausgehämmerten Drähten der Violinbogen- und Bogenfibeln geschehen. Vor dem Einrollen wurde der Draht erhitzt, um weich zu werden; wenn er abgekühlt war, wurde er um einen Metall- oder Holzstab gewickelt.[49] Die mikroskopische Untersuchung der Fibeln von Paros und Tenos durch den Chemiker Barouphakis ergab, daß bei einigen Stücken das Einrollen kalt geschah, d.h. nach Abkühlen des Metalles. Dieses Verfahren ist offensichtlich erst eisenzeitlich. Die Fußplatten, vor allem die größeren, dürften ausgeschmiedet worden sein, während die kleinen vermutlich fertig in der Gußform hergestellt wurden. Allgemein wurden gröbere Arbeiten vor dem Einrollen der Spirale ausgeführt, feinere Details danach.

Die Verzierung wird entweder in flacher Ritzung mit einem aus Bronze gefertigten Werkzeug ausgeführt, oder in kräftigerer Gravur, die mit einem Stahlwerkzeug mit feiner Spitze (Punze) hergestellt wird.[50] Maryon[51] ist aufgrund von Experimenten, die er und andere durchgeführt haben, der Ansicht, daß in der Bronzezeit nicht mit Bronzewerkzeugen graviert worden sei. Die prähistorischen Graveure in Mesopotamien, Ägypten und in der Ägäis hätten zum Gravieren Steinklingen benutzt. Außerdem könne auf Bronze nur mit Stahlwerkzeugen graviert werden, die in Europa vom 8. Jh. v. Chr. an bekannt seien. Der Dekor, der vor dem Einrollen der Spirale ausgeführt werden mußte,[52] ist in protogeometrischer Zeit graviert;[53] in geometrischer Zeit ist der Tremolierstich gebräuchlich. Nach R. Hampe[54] führten einzelne Handwerker (z.B. der sog. Schwanenmeister) den Tremolierstich mit einem stumpfen Werkzeug (Nadel oder Griffel) aus. Andererseits wird zur Herstellung der Zickzacklinie ein Werkzeug mit breiter Schneide benötigt. Die gebräuchlichen geometrischen Motive sind Schrägstriche, Winkelband, laufender Hund, Kreise, Winkelhaken und Rosetten, Motive, die den Mustern auf geometrischer Keramik entsprechen.[55]

Der geritzte Dekor der Inselfibeln ist ärmer als jener auf den Böotischen Fibeln, der so reich und vielfältig ist, daß er sogar zur Unterscheidung einzelner Künstler anregte.[56]

Nur wenige Fibeln von den Inseln zeigen figürliche Darstellungen, so die Exemplare von Leukanti oder eine Fibel aus der Idäischen Höhle, jetzt im Nationalmuseum von Athen, die Hampe[57] früher dem ‚Schwanenmeister' zugewiesen hatte, während sie neuerdings von de Vries[58] als Werk des von ihm

---

[46] H. Maryon, AJA. 53, 1949, 95.
[47] Ebd. 103.
[48] H. Drescher, Germania 33, 1955, 340ff.
[49] Artemis Orthia 200.
[50] Lindos I 73.
[51] Maryon, AJA. 53, 1949, 115. 117f.
[52] Drescher, Germania 33, 1955, 349.

[53] Bielefeld, Schmuck 44.
[54] Hampe, Sagenbilder 17.
[55] Lindos I 74; de Vries, Incised Fibulae 119.
[56] Hampe, Sagenbilder passim; de Vries, Incised Fibulae 111ff.
[57] Hampe, Sagenbilder 17 Nr. 28 Taf. 14.
[58] de Vries, Incised Fibulae 121f.

herausgestellten ‚Idaean Engraver' betrachtet wird. Diese Fibel wird als böotisches Erzeugnis erachtet. Die Neufunde von Prinias, die starke böotische Einflüsse zeigen, sowie die Verwendung von Ritzdekor auf vielen Fibeln Kretas, sind vielleicht als Hinweis darauf zu werten, daß zusammen mit der Form auch der böotische Dekor nach Kreta verpflanzt wurde.

Bei den Inselfibeln wird das Fehlen reicher Verzierung an einer Gruppe in bemerkenswerter Weise durch figürlich plastischen Dekor ersetzt. Die figürlichen Zierglieder an Fibeln von Rhodos, Kalymnos und von der Peloponnes sind wegen ihrer Ähnlichkeit mit den Werken gleichzeitiger Kleinkunst gewiß in den bei dieser geläufigen Gußtechniken hergestellt worden. In dieser Hinsicht wertvoll ist die Arbeit von R. Raven-Hart,[59] in der die herrschenden Ansichten (von Seltman, Richter, Childe, Edgar, Casson und Kunze) über das Gußverfahren von geometrischen und archaischen Statuetten kritisch geprüft werden. Mit guten Argumenten wird dargelegt, daß die herrschende Methode der Guß in verlorener Form (cire perdue) ist, nicht aber die von Seltman angenommene Herstellung nach geschnitzten Holzmodellen.

Zur Verwendung und Bedeutung der Fibeln

Wie Homer berichtet, und wie auch die Männergräber zeigen, in denen Waffen und Fibeln vergesell-schaftet erscheinen (s. unten z.B. Kreta, Lemnos, Salamis, Athen usw.), wurden Fibeln nicht nur von Frauen, sondern ebenso von Männern getragen,[60] und zwar ebenso zu Lebzeiten (Funde in Häusern, Siedlungen und Weihungen in Heiligtümern) wie auch während der Totenaufbahrung (Prothesis).[61] Bedauerlicherweise gibt es keine bildliche Darstellung eines Gewandes mit Bronze- oder Eisenfibeln,[62] so daß wir die Art der Bekleidung, zu der die Fibeln gehörten, nicht mit Sicherheit bestimmen können. Die meisten Forscher rechnen mit einer Verwendung am Peplos, den es seit der submykenischen Zeit gibt, oder am ionischen Chiton, den in Athen, in der Argolis, auf Kreta und den Ägäischen Inseln getragenen Gewändern.[63] Wahrscheinlich ist aber auch ihre Verwendung als Verschluß der Chlamys.[64] Für die kleinen Exemplare wird allgemein angenommen, daß sie zum Zusammenhalten des Kredemnon (Schleier) dienten,[65] oder zum Schließen des Leichentuches, da in zahlreichen Kindergräbern von Rhodos viele kleine Fibeln gefunden wurden.[66] Mitunter wird zudem vermutet, daß große Fibeln auch zum Schließen der Gewänder von Götterstatuen oder von Vorhängen in Tempeln dienen konnten.[67]

Auf den Inseln haben wir in archaischer Zeit keinen Nachweis für die Verwendung von Fibelpaaren, wie sie aus Böotien[68] und aus dem Orient[69] belegt sind. Eventuell gab es ein paarweises Tragen von Fibeln auf Euböa (Leukanti), das näher bei Böotien liegt.

Neben der trachtfunktionalen Bedeutung der Fibeln haben diese zuweilen eine religiös-symbolische Bedeutung. Der häufigstvorkommende Figuralzusatz an Inselfibeln sind Vögel, die auch ein beliebtes Dekormotiv der geometrischen und orientalisierenden Vasenmalerei und sonstigen Kleinkunst sind.[70] J. Bouzek, der kürzlich die Verwendung des Vogels im Dekor geometrischer Gegenstände im ägäischen

---

[59] R. Raven-Hart, Journ. Hell. Stud. 78, 1958, 87 ff.

[60] de Vries, Figured Fibula in Lerna 82 vertritt die Meinung, daß Fibeln nur in Frauengräbern begegnen, d.h. nur von Frauen getragen wurden.

[61] de Vries, Incised Fibulae 112; ders., Figured Fibula in Lerna 92 Anm. 28.

[62] Marinatos, Kleidung 46 ff.

[63] Furtwängler, Aegina 404; Lindos I 7 ff.; de Vries, Incised Fibulae 111.

[64] Bielefeld, Schmuck 43.

[65] Lindos I 73; Moricone 243.

[66] Bielefeld, Schmuck 50.

[67] Delphes V 111.

[68] de Vries, Incised Fibulae 112.

[69] Muscarella, Phrygian Fibulae 53 f.

[70] J. Bouzek, Eirene 6, 1967, 115 ff.

Raum untersuchte, kam zu dem Ergebnis, daß das Symbol des Vogels Beziehungen zur Sonne habe, da in den Darstellungen häufig Vogel und Sonnenscheibe kombiniert sind. Aufgrund einer vermuteten Ähnlichkeit einiger dieser Vögel mit einem Adler kommt er zu der Ansicht, daß die hier zugrunde liegende Sonnengottheit Zeus sei, eine wenig glaubhafte Annahme. Später erscheint der Vogel dann offensichtlich als reines Ziermotiv.[71] Wiesner[72] hält es für problematisch, in den Vogeldarstellungen das alte beliebte Motiv der Bronzezeit (Kykladen, Kreta) fortleben zu sehen. Wahrscheinlicher sei, daß dieses Motiv zu Beginn des ersten Jahrtausends erneut vom Balkanraum gekommen sei. Ein neuerliches Wiedererscheinen dieses Motivs nimmt auch Bouzek an, der dies in Zusammenhang bringt mit einer aus dem Norden stammenden Einwanderungswelle während der Mykenisch III C-Periode.[73]

Was die übrigen Tierdarstellungen betrifft, so verdient das Fehlen des Tieres der Fruchtbarkeit, des Stieres, Beachtung, dessen Kopf oder Körper während des ganzen zweiten Jahrtausends häufig auf Schmuckstücken dargestellt worden war (Anhänger, Ohrringe, Siegel usw.). Sein Fehlen auf mykenischen wie auch auf späteren Fibeln ist auffällig, während andere Tiere wie etwa Panther (Dodekanes) und das dem Orient fremde Pferd erscheinen, freilich nur vergleichsweise selten (z.B. auf Kreta, vgl. unten S. 17). Die letzteren Motive sind auf dem Nordbalkan, in Italien, in den Gebieten jenseits der Donau, im Kaukasus und in Luristan bekannt; nach Griechenland kommen sie erst nach dem Erscheinen des Eisens. Nach Bouzek gibt es keine Beispiele vor der zweiten Hälfte des 9. Jahrhunderts.[74] Wiesner[75] vermutet für die Motive von Vogel und Pferd eine magische Bedeutung,[76] ebenso wie für die Glocken,[77] Klappern und Bommeln, von denen vereinzelte Exemplare auch auf den Inseln bekannt sind. Speziell von den Vögeln meint er, daß sie in einer magischen Beziehung zum Regen stehen.[78]

Die Verwendung von Fibeln im Bereich der Ägäischen Inseln

Die hier behandelten Fibeln stammen von zahlreichen Inseln und aus jeweils verschiedenen Gebieten auf diesen. Daher erscheint es nützlich, die einzelnen Fundorte zu beschreiben und deren Zeitstellung, soweit sie von den Ausgräbern oder von anderen Forschern gegeben wurde, zu behandeln. In dem dadurch gewonnenen Rahmen wird dann unsere Vorstellung von der Funktion der Fibeln an jedem einzelnen Ort und von ihrer Zeitdauer in jedem einzelnen Gebiet deutlicher werden.

AIGINA

Das Material von Aigina stammt von zwei Stellen: aus dem Bezirk um den Aphaia-Tempel im Nordteil der Insel und vom „Aphrodite-Tempel", wie er in den Katalogen des Museums von Aigina bezeichnet wird. Die Funde aus diesen beiden Heiligtümern befinden sich im Archäologischen Museum von Aigina. Das Fundmaterial der zuerst genannten Grabung hat A. Furtwängler publiziert;[79] das Material aus dem zweiten Heiligtum ist noch unveröffentlicht. Der früher als „Aphrodite-Tempel" bezeichnete Tempel

---

[71] Ebd. 138.
[72] J. Wiesner, Arch. Anz. 1939, 319.
[73] Bouzek, Eirene 6, 1967, 133.
[74] Ebd. 130.
[75] Wiesner, Arch. Anz. 1939, 322.

[76] Gleicher Meinung auch Lamb, Greek and Roman Bronzes (1929) 77.
[77] Wiesner, Arch. Anz. 1939, 319.
[78] Ebd. 325.
[79] Furtwängler, Aegina 400ff.

ist kein anderer als der auf dem Kolonna-Hügel, den man heute für einen Apollon-Poseidon-Tempel hält.[80]

Die Fibeln stammen aus den tieferen, wohl geometrischen Schichten der Ostterrasse und aus dem Nordteil des Temenos (aus unbekanntem Fundzusammenhang) im Aphaia-Heiligtum und aus dem „Aphrodite" (Apollon)-Heiligtum. Sie sind aus Bronze hergestellt und von mittlerer Größe. Bevor man sie den Gottheiten weihte, wurden sie tatsächlich getragen. Vertreten sind die Typen I e mit einem Exemplar, II a mit zwei Exemplaren, II f mit drei Exemplaren, III a mit drei Exemplaren, III b mit fünf Exemplaren, III c mit einem Exemplar, IV a mit einem Exemplar, IV b mit einem Exemplar, IV d mit vier Exemplaren, V a mit drei Exemplaren, VI a mit einem Exemplar, VI b mit einem Exemplar, VI c mit sechs Exemplaren, VII mit zwei Exemplaren, VIII c mit einem Exemplar, IX a mit einem Exemplar, IX c mit vier Exemplaren, IX d mit einem Exemplar, XI mit drei Exemplaren, XII A a mit einem Exemplar, XII A b mit einem Exemplar, XII A i mit acht Exemplaren, XII A k mit einem Exemplar und XII C mit zwei Exemplaren; von der Gruppe X wurde kein Exemplar gefunden.

Keine einzige rein mykenische Fibel ist erhalten.[81] Die Blattbügelfibel vom Typ I e (Nr. 30) dürfte jünger sein; in ihrem Dekor und in der Konstruktion (zweiteilig) gleicht sie den mykenischen Exemplaren nicht. Furtwängler hielt die unter Nr. 1450 genannte Schlangenfibel für mykenischer Herkunft. Mykenische Typen sind jedoch im Vergleich zu den nach 800 v. Chr. anzusetzenden ganz vereinzelt.

Die beiden Fibeln Nr. 64. 65 vom Typ II a erinnern an ältere Exemplare der Gruppe II; sie wurden jedoch von Furtwängler für jünger gehalten. Nach Furtwängler gehören alle Fibeln aus dem Aphaia-Heiligtum der geometrischen Zeit an; es gibt keinen jüngeren Typ, ausgenommen die „Knauf- oder Knollenfibeln", die in archaische Zeit gesetzt werden; ob sich dies auf Grabungsbefunde oder auf typologische Kriterien stützt, ist mir nicht bekannt.

Bei dem „Aphrodite" (Apollon)-Tempel reichen die Überreste des Kultes in submykenische Zeit zurück; das Gebäude mit Apsidenabschluß gehört in die protogeometrische Zeit;[82] wir haben jedoch keinerlei konkrete Angaben über die Fundlage der Fibeln.

Die Fibeln Aiginas haben Beziehungen zu vielen Typen des griechischen Festlandes (Olympia, Argivisches Heraion, Thessalien und Böotien), zu den Formen, die Furtwängler mit dem Terminus „Dipylon-Plattenfibeln" bezeichnete, aber auch zu den Inseltypen[83] und zu italischen Formen. Die Fibeln von Aigina dürften auf dieser Insel selbst hergestellt worden sein, da die Überlieferung Aigina als Zentrum der Metallverarbeitung nennt. Wesentlich später noch bevorzugte Myron die Bronze Aiginas. Die Vielfalt der Typen hängt vielleicht mit der geographischen Lage zusammen. Sehr nahe bei Attika und der Peloponnes und auch an den benachbarten Inseln der Kykladen gelegen, ist es natürlich, daß sich dort Elemente aus allen Gebieten vereinigten.

AMORGOS

Die meines Wissens einzige Fibel (Nr. 852) ist von Blinkenberg erwähnt[84] und wird im Kunstmuseum zu Wien aufbewahrt;[85] sie gehört der Gruppe IV an.

---

[80] G. Welter, Aigina (1962) 29. 31; W. Wurster, Der Apollontempel. Alt-Ägina I 1 (1974) 6.
[81] Furtwängler, Aegina 400.
[82] Welter, Aigina (1962) 31.
[83] Furtwängler, Aegina 400; Boardman, Emporio 10.
[84] Blinkenberg, Fibules 89f. Abb. 90.
[85] Athen. Mitt. 11, 1886, 22.

ANDROS

Die einzige Fibel von Andros (Nr. 1022) wurde während der letzten Ausgrabungen in der geometrischen Siedlung von Zagora gefunden, die an der Westküste der Insel, gerade gegenüber von Tenos, liegt. Die Grabung wurde von der Universität Sidney unter Leitung von A. Kampitoglou durchgeführt.[86] Die Fibel wurde in einem Raum zusammen mit Gebrauchskeramik und Webgewichten gefunden. Dieser Raum soll nach dem Ausgräber während der Zeitspanne, in die die Fibel gehört, ein Frauengemach gewesen sein. Die Fibel wird im Magazin der Sammlung von Andros aufbewahrt. Sie besteht aus Eisen und ist von mittlerer Größe (L. 5,5 cm). Dieser Typ (IV d) ist auf den Inseln ebenso wie in Attika charakteristisch für die geometrische Zeit.

CHIOS

Die beiden besser erforschten Gebiete von Chios sind Phana (Apollon-Tempel, Grabung Kourouniotes[87] und Lamb[88]) und Emporio.[89] Die Siedlung des 12. Jh. von Emporio, die um 1100 v. Chr. zerstört wurde,[90] ergab keine Fibeln. Der größere Teil der zweihundertfünfzig Fibeln aus der um 750 v. Chr. angelegten Siedlung von Emporio[91] befindet sich an unzugänglicher Stelle in der Archäologischen Sammlung von Chios, die provisorisch in der Moschee untergebracht ist. Das Material von Phana (Grabung Lamb) wird teils in Chios, teils im Nationalmuseum von Athen aufbewahrt. Persönlich studieren konnte ich den Teil der Funde von Phana, der von Lamb und Kourouniotes publiziert wurde sowie einige unpublizierte Fibeln der Grabung Lamb mit der Bezeichnung „all levels", außerdem drei Exemplare (von den genannten 250) von Emporio. Das hier behandelte Material stammt also aus zwei Gebieten im Süden der Insel (Emporio im Südosten, Phana im Süden). Die geographische Lage der beiden Heiligtümer, aus denen die Fibeln kommen, hat für den Vergleich der Typen mit jenen der benachbarten Gegenden Bedeutung. Denn obgleich die Inseln Lesbos und Lemnos naheliegen, haben die Fibeltypen weniger Beziehung zu diesen als zu den Kykladen und zu Kleinasien. Daher sollten Schlußfolgerungen über den Lokalstil noch vermieden werden, da vielleicht zukünftige Ausgrabungen im Nordteil der Insel die Ergebnisse verändern können.

Die Mehrzahl der Fibeln von Phana (Ausgrabung Kourouniotes) stammt aus der Terrassenaufschüttung des Heiligtums. Begleitfunde sind Naukratische Keramik und andere Kleinfunde, die nicht älter als 6. Jh. sind. Ein geometrisches Depot besteht aus Fibeln und nur wenigen protogeometrischen Scherben.[92] Die älteren Funde des Hafenheiligtums in Emporio gehören der Bronzezeit an; die Fibeln jedoch erscheinen in den geometrischen und früharchaischen Schichten I–IV (Ende 8. Jh. bis Beginn 7. Jh.).[93] Die Fibeln aus diesen beiden Gebieten sind recht klein; ihr Format erlaubt die Folgerung, daß sie entweder zum Befestigen des leichten ionischen Chitons dienten, oder daß sie – insbesondere die echten Miniaturgrößen – Nachahmungen tatsächlich getragener Fibeln darstellen, die ausschließlich als Weihe-

---

[86] A. Kampitoglou/J. Green, Ephem. Arch. 1970, 232f. Taf. 76.

[87] Arch. Delt. 1, 1915, 79; ebd. 2, 1916, 191f.

[88] Ann. BSA. 35, 1934–35, 151ff. Taf. 31.

[89] Boardman, Emporio.

[90] Desborough, Dark Ages 20. 81.

[91] Boardman, Emporio 205.

[92] Desborough, Protogeometric Pottery 217; Coldstream, Geometric Pottery 294; beide Autoren halten Phana für keinen geschlossenen Fundkomplex.

[93] Lamb, Ann. BSA. 35, 1934–35, 151f.; Boardman, Emporio 205.

gaben verwendet wurden. Die Mehrzahl der Fibeln von Phana und Emporio sind aus Bronze hergestellt, zwei Exemplare von Phana aus Silber[94] und drei von Emporio aus Bein.[95]

In der Typeneinteilung folgt Lamb der Gliederung Blinkenbergs, während Boardman eine eigene aufstellt. Von den hier unterschiedenen Inseltypen erscheinen auf Chios die Typen I e,[96] II b. c, III a–d, IV b–d, V a, VII, VIII b, X, XI, und XII. Allgemein, insbesondere aufgrund der Fundlage in dem gut stratifizierten Emporio, wird gefolgert, daß es auf Chios vor der geometrischen Zeit keine Fibeln gebe. Die älteren Typen – Blattbügelfibel (I e) und Bogenfibel (II) – wurden in keinem Fundzusammenhang gefunden, der älter als frühgeometrisch[97] bzw. nach Boardman spätgeometrisch ist; sie stellen demnach eine jüngere Entwicklungsstufe älterer Typen dar. Die Verwendung von Fibeln dauert auf Chios während der gesamten archaischen Zeit an.[98]

Boardmans Datierung der Fibeln von Emporio ist wegen der gesicherten Schichtzuweisungen besonders wichtig. Von Bedeutung ist teilweise auch das Depot M von Phana, das Lamb zwischen das Ende der geometrischen und die archaische Zeit datiert.[99] Die gesicherte Chronologie der Fibeln von Chios wird auch für die zeitliche Einordnung ähnlicher Typen aus anderen Gegenden bedeutsam sein. Fibeln mit einer längeren Lebensdauer sind also jene der Gruppe III (Boardmans Typ F von Emporio), die von der geometrischen bis in die frühorientalisierende Zeit reichen. Fibeln der Gruppe V (Boardman Typ A) fanden sich im geometrischen Depot von Phana und in Schichten der Periode I von Emporio. Der Tremolierstich-Dekor auf den Exemplaren von Emporio weist sie der spätgeometrischen Zeit zu. Fibeln mit Kugel von dreieckigem Querschnitt (Typ B nach Boardman) dürften als zeitgleich oder vielleicht als Derivat des Typus A nach Boardman anzusehen sein, da sie sich in den Schichten I–IV fanden und wohl bis in die Mitte des 7. Jh. fortdauern (auf Chios gibt es auch die einzige Variante dieses Typus – Typ BB – mit zwei Kugelgliedern auf dem Bügel, die einen Zierknopf tragen – unsere Gruppe VII). Den Typ IV d datiert Boardman in die Periode II–IV, ebenso die Gruppe VII mit Zierknöpfen. Fälschlich jedoch meint er, daß sie von der Gruppe V mit dreieckigem Querschnitt abzuleiten sei, denn bereits in Periode I kommen beide zusammen vor. Es besteht kein chronologischer Unterschied zwischen den einfachen Fibeln und solchen mit Zierknopf.

Die meisten Fibeln von Chios dürften, wie auch Boardman annimmt, auf der Insel selbst hergestellt worden sein. In Phana und Emporio erscheinen dagegen östliche Fibeln, und zwar kleinasiatische und phrygische (Lamb trennte die einen noch nicht von den anderen). Boardman hält auch einige der vorderasiatischen Fibeln für lokale Erzeugnisse,[100] eine Ansicht, die auch Stronach vertritt.[101] Die orientalischen Fibeln haben nicht überall dieselbe Ausprägung. Einige Typen erscheinen in Phana, andere in Emporio. Folglich muß ein großer Teil von ihnen importiert sein.[102] Wie bekannt, beeinflußte die phrygische Mode das ägäische Gebiet am Ende des 8. und zu Beginn des 7. Jahrhunderts.

Eine einzige nördliche (illyrische) Fibel tritt in Emporio auf;[103] sie ähnelt Fibeln von Perachora. Boardman hält Thrakien oder Mazedonien für ihr Herkunftsgebiet. Auffällig ist jedenfalls, daß solche Fibeln weder auf Lesbos, Lemnos und Skyros, noch in Nordgriechenland gefunden wurden.

---

[94] Lamb. Ann. BSA. 35, 1934–35, 152 Taf. 31, 18. 28.

[95] Boardman, Emporio 211 Typ L.

[96] Ebd. 208. Boardman weist seine Nr. 34 irrtümlich seinem Typ D zu, offensichtlich nur deshalb, weil der Zeichner sie mit geschwollenem Bügel anstatt des tatsächlich blattförmigen Blechbügels gezeichnet hat. Für die übrigen Exemplare der Kategorie D, die ich nicht im Original sehen konnte, muß ich der Ansicht Boardmans folgen. Seine Datierung ins 7. Jh. aufgrund der Fundlage entspricht dem Typ mit großer Fußplatte und Ritzdekor, der an entsprechende Navicellatypen erinnert.

[97] Lamb, Ann. BSA. 35, 1934–35, 152 Taf. 31, 15; der

schlechte Erhaltungszustand dieser Fibel, die Lamb für subgeometrisch hält, gestattet keine Typenzuweisung (vielleicht östlich?) – sie wurde deshalb hier nicht in den Katalog aufgenommen.

[98] Vgl. Anm. 87–89.

[99] Lamb, Ann. BSA. 35, 1934–35, 140.

[100] Boardman, Emporio 206.

[101] Stronach, Iraq 21, 1959, 181 ff.

[102] Boardman, Emporio 204.

[103] Ebd. Taf. 26, 240.

Das Erscheinen einer Fibel italischen Typs verwundert nicht, da italische Fibeln auch auf anderen Ägäischen Inseln vorkommen, z.B. auf Rhodos. Zu recht ist Boardman vorsichtig bei der Entscheidung, ob es sich um italischen Import oder um ein griechisches Erzeugnis handelt. Merkwürdig ist andererseits, daß kein einziger Typ des griechischen Festlandes (Gruppen VI, IX) auf Chios vertreten ist. Vielleicht wurden die beiden Heiligtümer nur von den Bewohnern eines eng begrenzten Gebietes besucht. Das vereinzelte illyrische Exemplar war vielleicht die Weihung eines Reisenden von Chios oder eines zufälligen Besuchers aus dem Norden.

Lamb vermochte speziellere Beziehungen nur zu Lindos und zu Aigina zu entdecken, was insofern überrascht, als gerade diese beiden Inseln in ihren Fibeln Beziehungen zu Attika haben, was für Chios nicht zutrifft. Die dort erscheinenden Inseltypen kommen überall vor. Wie man an den anderen Funden aus dem Hafenheiligtum von Emporio sehen kann, hatte Chios in der Periode III Beziehungen zu Phrygien und in den Perioden I–II zu Kilikien; in der Periode IV dagegen reichen seine Verbindungen bis Naukrates und Zypern. Die Fingerringe mit Doppelspiralenden und die illyrische Fibel von dort verweisen andererseits auch auf Beziehungen zum Norden.

DELOS

Spuren von Siedlungen und Kultstätten gibt es auf Delos aus der mykenischen und der nachfolgenden Zeit.[104] Reichere Metallfunde der frühen Eisenzeit fehlen jedoch bisher.[105] Fibeln wurden auf Delos an verschiedenen Stellen des Grabungsgeländes gefunden: im Porticus des Philippos (Nr. 11); im Haus südlich der rechteckigen Agora, Ausgrabung 1909 (Nr. 1658); südwestlich des Zeusaltars (Nr. 357); im Kabirion, Grabung 1909 (Nr. 423); im Artemision (Nr. 1502); im Hieron innerhalb des Peribolos, Westseite (Nr. 1493. 1503). Für eine Fibel gibt es keine nähere Fundplatzangabe (Nr. 1705); bei zwei Exemplaren ist die Herkunft von Delos zweifelhaft (Nr. 358 und eine ähnliche ohne Nummer). Sämtliche Fibeln werden im Archäologischen Museum von Delos aufbewahrt, ausgenommen die Nr. 358 und die ihr ähnliche, die sich im Nationalmuseum in Athen befinden. Die Fibeln im Museum von Delos wurden von W. Deonna publiziert.[106]

Die Fibeln von Delos sind aus Bronze, Elfenbein und Bein hergestellt. Ihre mittlere Größe (L. 0,45–0,9 cm) und die Fundstellen der einzelnen Stücke (Heiligtümer und Häuser) zeigen, daß sie Gegenstände des täglichen Gebrauches waren, auch wenn sie nicht in ihrem ursprünglichen Fundzusammenhang zutage kamen. Deonna[107] hält das 8. Jh. für die Hauptvorkommenszeit der Fibeln. Allgemein lieferte Delos weniger Fibeln als andere Inseln. Es gibt ein Exemplar vom Typ Id, drei Exemplare der Gruppe III, drei der griechisch-festländischen Gruppe IX und je eine Fibel der östlichen Typen XII A. B. C. Da keine ungestörten Fundzusammenhänge vorliegen, können die Fibeln nur durch andere griechische und außergriechische Funde zeitlich bestimmt werden. So nennt Deonna[108] für den Typ I Vergleiche vom Ende der Bronzezeit sowie jüngere bis in die archaische Zeit. Die Gruppe III setzt er in die geometrische Zeit, die Fibeln mit gedrückten Kugeln in die geometrische bis archaische Zeit, den Attisch-Böotischen Typ in die geometrische Zeit. Für die östlichen Fibeln der Gruppe XII findet er Ähnlichkeiten mit Fibeln des 8. Jh. aus Palästina. Im übrigen bieten die Fibeln von Delos nichts Neues, weder zur Chronologie noch zur Typologie.

[104] N. Kontoleon, Hodegos tes Delou (1953) 113; H. Gallet de Santerre, Delos Primitive et Archaique (1958) 19ff.; Desborough, Dark Ages 279, 371 (mit weiterer Literatur).
[105] Desborough, Last Mycenaeans 44ff.
[106] Delos XVIII 282ff.
[107] Ebd. 283.
[108] Ebd. 284.

EUBÖA

Das Fundmaterial stammt hauptsächlich aus den Nekropolen der Stadt Leukanti, die an der Westküste Euböas zwischen Chalkis und Eretria bei der Lelantischen Ebene liegt. Zwischen 1964–70 wurde von der Englischen Schule auf dem Hügel Xeropolis nahe dem heutigen Dorf Leukanti eine Siedlung ausgegraben, die in der frühhelladischen Zeit einsetzt und bis in die frühe Eisenzeit fortlebt. Außerdem wurden unmittelbar oberhalb des modernen Dorfes drei Nekropolen ausgegraben, die hier von besonderem Interesse sind. Von diesen Nekropolen ist die von Skoubris die ältere; sie gehört in die submykenische bis mittelgeometrische Zeit (11.–9. Jh.). Jünger sind die Nekropolen von Toumba und Palaia Perivolia, die beide in protogeometrischer bis mittelgeometrischer Zeit (950–850 v. Chr.) belegt wurden. In der Regel sind es Brandbestattungen, selten Körperbestattungen.[109]

Eine systematische Publikation der Fibeln und auch der Keramik aus diesen drei Nekropolen liegt noch nicht vor, weshalb eine Datierung mitunter Schwierigkeiten bereitet. Sämtliche Fibeln befinden sich im Museum von Eretria. Die Fibeln von Leukanti sind in der Mehrzahl aus Bronze hergestellt; es gibt aber auch einige aus Eisen und je eine aus Gold und aus Blei. Sie sind von mittlerer Größe oder leicht übergroß, was bedeutet, daß sie zu Lebzeiten getragen wurden und nicht nur Totenbeigaben waren.

Die meisten Fibeltypen von Leukanti zeigen Ähnlichkeiten mit den gleichzeitigen submykenisch-protogeometrischen Fibeln Attikas – insbesondere aus dem Kerameikos[110] – und auch mit denen von Skyros und Lemnos. Bei den mir bekannt gewordenen Fibeln von Leukanti ist am häufigsten vertreten die Formengruppe II (45 Exemplare, mehrere Varianten, vor allem II a. c. l). Gruppe I ist mit mindestens vier Exemplaren vertreten (eine vom Typ I b und vier Blattbügelfibeln, davon eine mit Tremolierstich-Dekor, Typ I g); ebenfalls mehrmals belegt ist die Gruppe IV (wohl mehr als zehn Exemplare), und zwar mit einem Typ, der auch in Athen und auf Skyros begegnet. Der Böotische Typ ist mit etwa acht Fibeln vertreten. De Vries[111] setzt die Böotischen Fibeln von Leukanti ins 9. Jh., während er die ähnlichen silbernen Stücke von Eretria[112] dem 8. Jh. zuweist (nach de Vries[113] haben die Euböer im Westen in Nachahmung anderer westlicher Kolonien Fibeln ohne Fußplatte mit gestrecktem Fuß hergestellt). Schließlich gibt es noch zwei Fibeln nördlichen Typs, dazu noch eine Brillenfibel aus Blei, die hier jedoch nicht in den Katalog aufgenommen wurde.

In Leukanti erscheinen demnach die am Ende der Bronzezeit allgemein beliebten Blattbügel- und Bogenfibeln. Von den Fibeln der beginnenden Eisenzeit erscheint die Typengruppe IV (wobei die Fertigungsweise derjenigen von Fibeln von Skyros, Lemnos und Attika ähnlich ist, was die anhand der Keramik ersichtlichen Beziehungen Leukantis verdeutlicht) sowie die Typengruppe V, die ebenfalls große Ähnlichkeit mit den Fibeln von Skyros zeigt. Das benachbarte Böotien ist ebenfalls mit allen seinen Typen vertreten, freilich mit jeweils nur wenigen Exemplaren. Die auf den Inseln so beliebte Typengruppe III ist mit keiner einzigen Fibel belegt, was entweder auf ein tatsächliches Fehlen dieser Form auf Euböa hinweist oder mit einem Beginn erst nach 850 v. Chr. zu erklären ist. Die zahlreichen Fibeln von Leukanti wurden in drei Nekropolen gefunden, die von der submykenischen Zeit bis ans Ende des 9. Jh. belegt wurden. Die Beigabe von Bronzegegenständen ist freilich – wie auch im übrigen

---

[109] P. M. Fraser, Journ. Hell. Stud. Arch. Rep. 1969–70, 8 ff.; ders. ebd. 1970–71; P. G. Themeles, Arch. An. Athen 2, 1969, 98 ff.; Ann. BSA. 65, 1970, 21 ff.; L. H. Sackett/M. R. Popham, Archaeology 25, 1972, 8 ff.; Desborough, Dark Ages 188 ff.

[110] Desborough, Dark Ages 190 ff.

[111] de Vries, Figured Fibula in Lerna 93.

[112] K. Kourouniotes, Athen. Mitt. 38, 1913, 289 ff. aus Eisen, nicht im Katalog aufgeführt.

[113] de Vries, Figured Fibula in Lerna 99.

Griechenland – während der frühgeometrischen Zeit nicht gerade üblich; dies ist erst in spätgeometrischer Zeit der Fall.[114] Die Bronzefibeln von Leukanti dürften lokal gefertigt worden sein, da in der dortigen Siedlung Gußformen zur Herstellung von Bronzegeräten sowie bronzeverarbeitende Werkstätten nachgewiesen wurden.[115] Snodgrass[116] hält die Bronzegießerei, in der lokale protogeometrische Scherben gefunden wurden, für gleichzeitig mit dem spätesten attisch-protogeometrischen Stil und setzt sie somit nicht weit vor 900 v. Chr. an.

IKARIA

Die zwei Fibeln von der Insel Ikaria stammen aus dem Artemis Tauropolos-Heiligtum. Dieser Tempel klassischer Zeit steht auf dem Gelände „Nas" im Nordwesten der Insel und wurde 1938–39 durch die griechische Archäologische Gesellschaft ausgegraben.[117] Die zwei Fibeln wurden in der Cella des Heiligtums und in der Südostecke des Platzes zusammen mit archaischen, klassischen und jüngeren Scherben gefunden, darunter aber auch eine spätgeometrische. Diese Fibeln gehören den Gruppen II und III an.

KALYMNOS

Die hier in den Katalog aufgenommenen Fibeln wurden in der archäologischen Sammlung von Kalymnos unter den Inventarnummern 2–4, 28 aufbewahrt; ein genauer Fundort ist nicht angegeben. Vermutlich stammen sie aus dem Appollon-Tempel, in dem auch spätgeometrische Keramik gefunden wurde.[118] Alle Fibeln bestehen aus Bronze; sie sind von mittlerer Größe, ausgenommen Nr. 1456 (Gruppe VIII), die als groß zu bezeichnen ist. Von den mir bekannten Typen erscheinen die auf den Inseln üblichen IV d und V a, die Typengruppen VII und VIII, wovon die letztere Ähnlichkeit mit den Fibeln mit figürlichem Dekor von Rhodos zeigt, sowie die griechisch-festländische Typengruppe IX.

KOS

Die Fibeln von Kos stammen aus den Nekropolen von Langada und Seraglio. Die erstere gehört der spätmykenischen Zeit an,[119] die von Seraglio der spätprotogeometrischen und geometrischen Zeit (auf dem Platz einer mykenischen Siedlung angelegt).[120] Das unpublizierte Fundmaterial von Seraglio im Museum von Kos war leider nicht zugänglich. In der Beschreibung von L. Morricone werden nur allgemein Fibeln erwähnt, und zwar eine recht große Zahl, insbesondere protogeometrische Bogenfibeln mit rundem oder rhombischem Querschnitt.[121] Die einzige Fibel von Langada, die im Museum Kos ausgestellt ist, gehört dem Typ I c an; sie besteht aus Bronze und wurde in Grab 10 dieser Nekropole gefunden. L. Morricone[122] weist sie dem Ende der Bronzezeit zu, da das Grab Keramik der Mykenisch

---

[114] Desborough, Dark Ages 198.

[115] Archaeology 25, 1972, 18; Desborough, Dark Ages 198.

[116] Snodgrass, Dark Age 245. 404; Strabo, Geogr. X, 1. 8–9, 447.

[117] Praktika 1939, 124–155.

[118] Ann. Sc. Arch. Atene 22–23 (NS. 6–7), 1944–45 (1952), 217f. Nr. 245–247; Coldstream, Geometric Pottery 417.

[119] Morricone, Langada 5 ff.

[120] Ders., Boll. d'Arte Ser. 4/35, 1950, 54ff. 316ff.

[121] Snodgrass, Dark Age 242.

[122] Morricone, Langada 102f. Abb. 84. In diesem Grab waren die Skelettreste sehr schlecht erhalten, die Beigabenausstattung (Schmuck und Keramik) ist als reich zu bezeichnen.

III A–C Stufen enthielt.[123] Eine weitere Fibel wurde in Grab 20 dieser Nekropole zusammen mit Bügelkannen und hochfüßigen Kylikes der Myk. III B–C Zeit gefunden.[124] Diese konnte ich, da sie z. Zt. im Museum von Kos nicht nachweisbar ist, nicht näher untersuchen.

KRETA

Am südlichsten Rand des griechischen Gebietes liegend, lieferte Kreta zwar nicht so zahlreiche Fibeln wie Rhodos, aber doch eine Vielfalt an Typen, die auf dieser Insel schon recht früh auftreten. Sie sind aufbewahrt in den Archäologischen Museen von Herakleion, Rhethymnon, Chania, Hagios Nikolaos, Athen und Oxford (Ashmolean Museum). Ein großer Teil der kretischen Fibeln ist verschollen; nicht selten ist auch ihr gegenwärtiger Erhaltungszustand schlechter als bei der Erstpublikation, so bei den Fibeln von Vrokastro. Daher und wegen des Fehlens von Inventarnummern war eine Identifizierung schwierig. Ein Teil des Fundmaterials ist derzeit in den Museen unzugänglich; ein weiterer Teil besitzt keine näheren Fundortangaben oder ist noch unpubliziert, so daß keine Angaben zu den Fundumständen festgestellt werden konnten. Allgemein sind Fibeln für die gesamte Insel belegt. Sie waren zumindest seit der protogeometrischen Zeit unerläßlicher Bestandteil der Kleidung.

Die Regionen, aus denen Fibeln bekannt sind, sind folgende:

Ostkreta

Vrokastro: Auf einer Anhöhe am Strand der Bucht von Mirabello liegen die subminoisch-geometrische Siedlung und die Nekropole von Vrokastro, die vom 12. Jh. bis zum Ende der geometrischen Zeit anzusetzen ist. Die Siedlung und einige Gräber befinden sich in dem Gelände Karakovilia; weitere Kammergräber, „Bone-enclosures" und Pithosgräber[125] wurden in Kopranes, Mazichoria und Amygdali untersucht. Die Fibeln stammen hauptsächlich aus den subminoischen und protogeometrischen Gräbern sowie aus dem Stadtgebiet. Desborough hält die Kammergräber IV, V, VI und VII von Kopranes für subminoisch,[126] während er die Gräber I–III von Karakovilia an den Übergang von der subminoischen zur protogeometrischen Zeit setzt.[127] Auch von den geometrischen (9. Jh.) „Bone-enclosures", die nahe der Siedlung von Vrokastro gefunden wurden,[128] weist Coldstream[129] mit guten Gründen einige der Protogeometrisch II-Stufe zu, da gewisse Typen, die in den Kammergräbern vorkommen, auch in den „Bone-enclosures" begegnen.[130] Wie die Keramik unterstreicht, bestand Vrokastro nicht über das letzte Viertel des 8. Jh. hinaus. Die Verwendung von Fibeln in Vrokastro bzw. die Lebensdauer dieser Siedlung wird noch näher eingegrenzt durch das Fehlen von Fibeln der Typengruppe V, die, wie anhand der gut datierten Exemplare von Emporio auf Chios gezeigt werden kann, bereits um die Mitte des 8. Jh. einsetzt. Das Auftreten von Fibeln der Gruppe IX (attisch-böotische Typen) in den „Bone-enclosures" belegt allerdings deren Fortdauer bis in den Beginn der geometrischen

---

[123] Ebd. 20 f.

[124] Ebd. 134 ff. Abb. 119.

[125] Es sei jedoch vermerkt, daß in den „bone enclosures" ebenso wie in den Kammergräbern sowohl Körper- als auch Brandbestattungen beobachtet wurden.

[126] Desborough, Protogeometric Pottery 263.

[127] Ebd. 264. Es muß darauf hingewiesen werden, daß Desborough meint, das Protogeometrische auf Kreta beginne zwei

Generationen später als in Athen. Müller-Karpe (Metallbeigaben 75 ff.) dagegen ist der Ansicht, daß es in beiden Gegenden gleichzeitig beginnt.

[128] Hall, Vrokastro; Desborough, Protogeometric Pottery 262 ff.; ders., Dark Ages 117.

[129] Coldstream, Geometric Pottery 239.

[130] Hall, Vrokastro 180 ff.

Zeit. Die Fibeln von Vrokastro sind aus Bronze hergestellt mit Ausnahme von zwei Exemplaren aus einem Kammergrab[131] und einem aus „Bone-enclosure" VI,[132] die aus Eisen bestehen. Die Verwendung von Eisen in Athen und auf Kreta dürfte gleichzeitig einsetzen, wie auch die Sitte der Brandbestattung etwa am Ende der submykenischen bzw. am Beginn der Eisenzeit gleichzeitig beginnt.[133]

Karphi: Karphi liegt etwa 1000 m über der Ebene von Lasithi; auf einem steilen Felsgipfel fand man eine subminoische Siedlung und eine Nekropole. Fibeln begegnen in der Siedlung[134] ebenso wie in den Gräbern, vor allem in den Gräbern M 4, M 8, M 11 und M 17 der Region Ta Mnemata bei der Quelle Bitsilobryse. Von den Fibeltypen dieser Zeit scheinen die Gruppe I und mehr noch Typ IIa in diesem Gebiet beliebt gewesen zu sein, da sie auch in Vrokastro vorkommen. In Karphi fand sich eine der insgesamt drei zweiteiligen Fibeln Kretas.[135] Dagegen erscheinen in Karphi die jüngeren Typengruppen III und IV überhaupt nicht; die Siedlung wurde vorher verlassen.[136] Desborough ist der Ansicht, daß die Besiedlung von Karphi bereits in der geometrischen Zeit endet.[137] Dieser zeitlichen Bestimmung entspricht das Auftreten von Blattbügelfibeln; Bogenfibeln begegnen in Karphi ebenso wie in Vrokastro. Die aus der Fibelreihe zu ermittelnde zeitliche Dauer dieser Siedlung (1100–900 v. Chr.) entspricht der anhand der Keramik gewonnenen. Die Fibeln von Karphi sind aus Bronze hergestellt. Eine Ausnahme bilden zwei eiserne Exemplare (Nr. 68 A. B). Insgesamt zeigen die Fibeln von Karphi Ähnlichkeiten mit den submykenischen Fibeln aus Grab 108 vom Kerameikos.[138]

Kavoussi, Ep. Hierapetra: Im Norden der Landenge, die das Gebiet von Seteia mit dem übrigen Kreta verbindet, liegt Kavoussi, wo von H. Boyd zu Beginn dieses Jahrhunderts eine geometrische Siedlung und Gräber aufgedeckt wurden, die sich zeitlich vom 12. Jh. bis ins 9. Jh. v. Chr. erstrecken. Die Fibeln von hier (Typengruppe I und II) sollen aus den Kuppelgräbern 2 und 3 sowie dem halbzerstörten Grab 4 von Vrontas (Thunderhill) stammen, die von der Ausgräberin aufgrund der Keramik in die submykenische Zeit datiert wurden.[139] Desborough[140] setzt diese Gräber zwar in einen frühen Zeitabschnitt, aber doch in die Zeit nach dem ersten Auftreten von Eisen (Ende 12. Jh.–9. Jh.), da sich in dem einen Grab Eisenwaffen fanden.[141] Dieser Ansatz wird durch das Fehlen jüngerer Fibeltypen bestätigt, wie etwa der geometrischen Inseltypen III, die auch in Karphi fehlen.

Aloni, Ep. Hierapetra: In Aloni deckte B. Wheeler zu Beginn dieses Jahrhunderts wenig unterhalb der Akropolis mehrere Kuppelgräber auf. In einem von diesen wurde zusammen mit Gefäßen mit plastischem Dekor eine der wenigen frühen zweiteiligen Fibeln gefunden; der Bügel ist in Gestalt eines Pferdchens gebildet.[142] Sie wird mitunter für italischen Import gehalten.[143]

Dreros: In der frühen Nekropole der antiken Stadt Dreros, in der Landschaft Mirabello gelegen, fanden sich bei einer protogeometrischen Körperbestattung (Grab 18) und in geometrischen Brandgräbern (Gräber 3, 11, 13) Fibeln der Typengruppen IV und IX.[144] Diese Fibeln bestehen aus Bronze, abgesehen von einem eisernen Fibelfragment aus Grab 3. In Grab 11 lag eine Fibel zusammen mit Eisenwaffen, wie wir das auch aus anderen Gegenden kennen (z.B. Kavoussi, Mouliana, Lemnos),

---

[131] Ebd. 140; Kammergrab II.

[132] Ebd. 165 (Room IV).

[133] Müller-Karpe, Metallbeigaben 77.

[134] Desborough, Dark Ages 126 datiert „Eastern Block, Great House" von Mikre Koprana in Early Dark Age.

[135] J. D. S. Pendlebury/M. B. Money-Coutts, Ann. BSA. 37, 1937–38, 115 Taf. 28, 1 Nr. 171; Milojčić, Fremdlinge 163.

[136] Pendlebury/Money-Coutts, Ann. BSA. 37, 1937–38, 113 f.

[137] Desborough, Protogeometric Pottery 252.

[138] Snodgrass, Dark Age 225 Abb. 80; Desborough, Dark Ages 66

[139] H. A. Boyd, AJA. 5, 1901, 133 ff.

[140] Desborough, Protogeometric Pottery 268; zur Datierung vgl. auch Snodgrass, Dark Age 250.

[141] Desborough, Dark Ages 117; Boyd, AJA. 5, 1901, 133.

[142] Boyd, Gournia 15 ff. Abb. 8.

[143] T. J. Dunbabin, Pap. Brit. School Rome 16 (NS. 3) 1948, 5; Milojčić, Fremdlinge 163 Abb. 3, 20.

[144] van Effenterre, Mirabello 18 ff. 65 Taf. 23. 43. 47 Nr. D 50–53.

womit bestätigt wird, daß Fibeln auch von Männern getragen wurden. Desborough ist der Meinung, daß dort nur subminoische und geometrische Keramik vorkomme,[145] nicht aber protogeometrische; Coldstream dagegen setzte die Keramik in die Protogeometrisch II-Stufe.[146] Die Fibeln jedenfalls gehören protogeometrischen Typen an; die Typengruppe III fehlt.

Höhle von Inatos (Tsoutsouros): In dem von N. Platon ausgegrabenen Teil der Eileithyia-Höhle von Tsoutsouros, Ep. Monophatsi, wurde eine Schicht mit zahlreichen Funden geometrischer Zeit aufgedeckt.[147] Nur wenige Scherben der Spätminoisch III-Phase waren darunter, während in den Nischen der Höhlenwände Aryballoi usw. gefunden wurden, also Weihungen der orientalisierenden Zeit. Zeugnisse der klassischen Zeit fehlen. Das Vorhandensein von Fibeln als Weihegaben dürfte mit dem Kult einer Fruchtbarkeitsgöttin zu erklären sein.

Palaikastro: Die beiden Fibeln von Palaikastro (Nr. 62. 150) wurden nach dem Museumskatalog von Herakleion im Heiligtum des Diktäischen Zeus während der Ausgrabungen von Bosanquet (1905) in der archaischen Schicht (7.–5. Jh.) gefunden. Dieses Heiligtum ist auf den Ruinen einer minoischen Siedlung errichtet.[148] In der Grabungspublikation sind diese Fibeln nicht erwähnt.

Mouliana, Ep. Seteia: In dem Dorf Messa-Mouliana wurden zu Beginn dieses Jahrhunderts in der Gegend Sellada zwei Kuppelgräber ausgegraben.[149] Das eine, Grab B, wird allgemein in die Spätminoisch III B-Phase (12. Jh. v. Chr.) gesetzt. Das andere, Grab A, aus dem die beiden Fibeln stammen, hat eine unterschiedliche Beurteilung erfahren. So rechnete es A. Furumark[150] zur Spätminoisch III B 2-Zeit, während Desborough[151] bei der Keramik geometrische Elemente fand und meinte, daß die Fibeln mit sechseckigem Bügelquerschnitt vor der geometrischen Zeit unbekannt seien; Lorimer[152] wies die Fibeln der frühen Eisenzeit zu, und Müller-Karpe[153] reihte das Grab aufgrund der übrigen Bronzebeigaben in ein frühes Stadium der protogeometrischen Zeit ein; Milojčić hielt die eine Fibel von Mouliana für balkanisch-italisch.[154]

Praisos: In der Hauptstadt der Eteokreter in Ostkreta wurden Fibeln gefunden, die aus verschiedenen Grabungskampagnien in diesem Gebiet stammen. Die Fibel Nr. 170 wurde im Jahre 1901 von F. Halbherr auf dem „Altar-Hill" gefunden;[155] sie ist unter den Fundstücken der archaischen Zeit nicht genannt. Die Fibel Nr. 613 kam im Jahre 1902 bei den Grabungen Bosanquets auf der dritten Akropolis („Altar Hill") zutage. Sie gehört zu den Weihungen des 8.–5. Jh.[156] Die von J. Droop publizierten Fibeln sind Teil eines geometrischen Grabfundes, dessen obere zeitliche Grenze Droop ans Ende der mykenischen Zeit setzt.[157] Es handelt sich um das zwischen Vaveloi und Praisos gelegene Grab 53 (Ausgrabung Marshall) mit reichen Beigaben, deren genaue Fundlage vom Ausgräber jedoch nicht angegeben wurde.

Zakros: Zwischen Epano- und Kato-Zakros, in der Gegend „Koukou to Kephali", wurde zu Beginn dieses Jahrhunderts ein Kammergrab untersucht, das D. G. Hogarth anhand seiner Keramik in die geometrische Zeit datierte.[158] Die in der Publikation erwähnten Fibeln konnten im Museum von Herakleion nicht eruiert werden.

Psychro (Dikte-Höhle): Aus der Höhle von Psychro kennen wir Fibeln der Typengruppen I (eine der im griechischen Gebiet seltenen zweiteiligen Variante), II und IV.[159] Für keine der Fibeln liegen

---

[145] Desborough, Protogeometric Pottery 260 ff.

[146] Coldstream, Geometric Pottery 245 ff.

[147] Arch. Delt. Chron. 18, 1963, 310 ff.; P. Faure, Fonctions des cavernes crétoises (1964) 90 ff.

[148] R. C. Bosanquet, Ann. BSA 11, 1904–05, 305.

[149] S. Xanthoudides, Ephem. Arch. 1904, 30 Abb. 7.

[150] Furumark, Opuscula Arch. 3, 1944, 226.

[151] Desborough, Protogeometric Pottery 269 f.

[152] Lorimer, Homer 343.

[153] Müller-Karpe, Metallbeigaben 75 ff.

[154] Milojčić, Fremdlinge 163 ff.

[155] F. Halbherr, AJA. 1, 1901, 371 ff.

[156] Bosanquet, Ann. BSA 8, 1901–02, 254 ff. 357.

[157] J. Droop, Ann. BSA. 12, 1905–06, 28.

[158] D. G. Hogarth, Ann. BSA. 7, 1900–01, 148.

[159] Ders. ebd. 6, 1899–1900, 111 Abb. 45; Halbherr, Mus. Ital. 2, 1888, 747 f. Nr. 2; Boardman, Cretan Collection 35 ff.

Beobachtungen über die genaue Fundlage vor; ihre zeitliche Einordnung kann nur anhand typologischer Kriterien erfolgen. Boardman setzt sie, der Chronologie Blinkenbergs folgend, zwischen Myk. III und der Übergangsphase (Intermediate Period) an.

Sklavoi, Ep. Seteia: Eine Fibel, ein Zufallsfund, der dem Museum abgeliefert wurde, stammt vermutlich aus der von Antikenräubern geplünderten spätminoischen Nekropole.[160]

Kritsa: N. Platon[161] berichtet von zwei protogeometrischen Gräbern mit Fibeln an der Stelle „Lakkoi". Diese Fibeln sind derzeit in den Museen von Herakleion bzw. Hagios Nikolaos nicht zugänglich.

Mittelkreta

Hagios Ioannes bei Knossos: Im protogeometrischen Kammergrab VIII von Hagios Ioannes fanden sich zwei Fibeln vom Typ II a, die Boardman als typisch für die frühe Eisenzeit ansieht und mit ähnlichen Fibeln von Fortetsa vergleicht.[162]

Phaistos: Auf dem Palasthügel wurde an der Stelle „Mylos" (Mulino) ein protogeometrisches Grab gefunden, in dem eine Violinbogenfibel lag.[163] Aus der subminoischen Nekropole von Phaistos an den Hängen der Akropolis werden zwei Fibeln erwähnt.[164] Diese Fibeln sind derzeit im Museum von Herakleion nicht zugänglich. Aus unklarem Schichtbefund im Palast von Phaistos stammt eine Dragofibel.[165] Eine Fibel mit tordiertem Bügel nennt Blinkenberg ohne nähere Angaben zur Fundstelle. Aus subminoischen Schichten werden noch weitere Fibeln erwähnt;[166] sie sind bisher unpubliziert.

Zeus-Grotte auf dem Ida: Die Mehrzahl der hier behandelten Fibeln stammt aus den im Jahre 1885 in der Höhle durchgeführten Grabungen;[167] für einige Exemplare liegen keine näheren Angaben zur Fundstelle vor. Nach dem Bericht des Ausgräbers[168] lagen die meisten Weihungen auf einer Plattform hinter dem Eingang nahe dem Altar und zwischen den Felsen. E. Kunze[169] setzte die orientalisierenden Bronzen aus dieser Höhle an das Ende des 8. Jh. und den Beginn des 7. Jh., Boardman dagegen in die Zeit zwischen 750 und 650 v. Chr.[170] In diesen Publikationen wird jedoch die chronologische Einordnung der Fibeln nicht näher behandelt. Die meisten Fibeln gehörten zu der den Archäologischen Museen von Herakleion und Athen gestifteten Privatsammlung Metsotakis; sie entbehren jeglicher Angabe über Fundzusammenhänge usw. Es sei noch darauf hingewiesen, daß diese Höhle neben der Zeus-Verehrung auch Merkmale eines Mysterienkults aufweist (Verehrung einer Erdgottheit).[171]

Fortetsa: Die Nekropole von Fortetsa, nahe des gleichnamigen Dorfes südlich von Herakleion gelegen, wurde von der Englischen Schule ausgegraben. Sie lieferte eine Gruppe von Fibeln, die für unsere Untersuchung sehr wichtig ist, da sie eine Vielfalt an Typen bietet, die dazu noch geschlossenen Fundeinheiten zuweisbar ist. Die Belegung der Nekropole beginnt in submykenischer Zeit (um 1020 v. Chr.) und dauert bis zum Ende der orientalisierenden Zeit (um 630 v. Chr.).[172] Fibeln begegnen während der gesamten Belegungsdauer der Nekropole. So fanden sich Fibeln in den frühprotogeometri-

---

[160] I. Sakellarakis, Arch. Delt. Chron. 21, 1966, 419.

[161] Kret. Chron. 7, 1953, 485.

[162] Boardman, Ann. BSA. 55, 1960, 128ff. Nr. 17. 18 Abb. 9, 17. 18 Taf. 39.

[163] D. Levi, Ann. Sc. Arch. Atene 35–36 (NS. 19–20), 1957–58, 355. 357 Abb. 215; Desborough, Dark Ages 225. 231; Snodgrass, Dark Age 252.

[164] Boll. d'Arte Ser. 4/40, 1955, 159; Desborough, Dark Ages 59. 116.

[165] L. Pernier, Mon. Ant. 12, 1902, 105 Abb. 38.

[166] Levi, Ann. Sc. Arch. Atene 39–40 (NS. 23–24) 1961–62, 381ff.

[167] Halbherr, Mus. Ital. 2, 1888, 689ff.

[168] Ebd. 693; Faure, Fonctions des cavernes crétoises (1964) 100ff.

[169] E. Kunze, Kretische Bronzereliefs (1931) 247ff.

[170] Boardman, Cretan Collection 84. 138.

[171] Faure, Fonctions des cavernes crétoises (1964) 105.

[172] Brock, Fortetsa 213ff.

schen Gräbern VI und XI, den protogeometrischen Gräbern II, VIII und IX, den mittelgeometrischen
Gräbern X, L, 7 sowie dem orientalisierenden Grab I. Für nur ganz wenige Fibeln sind die Beifunde nicht
gesichert. Die Fibeln von Fortetsa bestehen aus Bronze. Snodgrass hält ganz allgemein die Fibeln
protogeometrischen Typs aus Mittelkreta für älter als diejenigen Ostkretas.[173] Brock definierte einige
Typen, die unseren Typen wie folgt entsprechen:

Brock	Sapouna-Sakellarakis
1	II d
2	II a
3	II f
4	II i
5	III
6	X a
7	IX
8	IX
9	IX

Arkades: Das hier behandelte Material stammt hauptsächlich aus den Gräbern A, R und H sowie aus den
Pithoi 106, 107, 135, 140 der Nekropole auf dem Prophet Elias und aus dem Grab von Seli. D. Levi
datierte die Stadt und die Gräber in die Zeit kurz nach 800 v. Chr., möglicherweise bis in die frührachai-
sche Zeit hineinreichend.[174] Desborough konnte keine ältere (protogeometrische) Keramik unter den
Funden entdecken.[175] Levi sah bei den Fibeln Beziehungen zu Exemplaren geometrischer Zeitstellung
aus Mittelkreta (Idäische Höhle, Knossos) und Ostkreta (Kavoussi, Vrokastro, Praisos, Zakros,
Psychro), ebenso zu Funden von Thera, Argos und Korakou. Im Gegensatz zu Levi und Desborough
datiert Coldstream[176] die Keramik dieser Gräber in die Spanne zwischen protogeometrischer und
spätgeometrischer Zeit. Die Fibeln von Arkades sind aus Bronze hergestellt. Es gibt nur zwei Exemplare
aus Eisen: die Fibel Nr. 151 und das vermutlich einzige Beispiel einer phrygischen Fibel auf Kreta, das
ich jedoch nicht persönlich sehen konnte, und das in der Publikation ziemlich undeutlich abgebildet
ist.[177] Diese Fibel dürfte wohl derjenigen von Siphnos Nr. 1688 entsprechen.

Tylisos: Zwei Fibeln der Gruppe II fanden sich in einem Grab mit Leichenbrand, das von Sp.
Marinatos ausgegraben wurde.[178] Er datierte es, wie auch Furumark,[179] in die Periode Spätminoisch III.
Lorimer[180] setzte die Fibeln in die submykenische oder protogeometrische Zeit, ebenso Desborough,[181]
Milojčić[182] und Müller-Karpe.[183] Milojčić hielt den Typ für „balkanisch-italisch". Bemerkenswert ist,
daß auch hier ebenso wie in Mouliana, Hephaisteia, Salamis usw. die Fibeln mit Waffen vergesellschaftet
sind.

Gortyn: Die Ergebnisse der letzten Ausgrabungen in Gortyn[184] zeigen, daß das archaische Heiligtum
von Gortyn auf spätminoischen und submykenischen Anlagen errichtet wurde. Fibeln stammen ebenso
aus den älteren wie den jüngeren Schichten. Sie sind derzeit im Museum von Herakleion nicht zugänglich. Aus der Publikation geht hervor, daß eine Violinbogenfibel in Schichten gefunden wurde, die älter

[173] Snodgrass, Dark Age 251.
[174] Levi, Arkades 694f.
[175] Desborough, Protogeometric Pottery 254.
[176] Coldstream, Geometric Pottery 255ff.
[177] Levi, Arkades Taf. 9.
[178] S. Marinatos, Athen. Mitt. 56, 1931, 112.ff.
[179] Opuscula Arch. 3, 1944, 227.
[180] Lorimer, Homer 103.
[181] Desborough, Protogeometric Pottery 255f.
[182] Milojčić, Fremdlinge 163. 166f. Abb. 2, 11. 12.
[183] Müller-Karpe, Metallbeigaben 77f.
[184] Rizza/Santa Maria Scrinari, Gortina.

sind als das 11. Jh. Zwei Fibeln der Gruppe II kommen aus der Siedlung des 11. Jh.; außerdem fanden sich zwei geometrische Fibeln der Typengruppen III (aus Aschenschichten über dem protogeometrischen „sacrificio di fondazione") und IV (aus dem gleichen Heiligtum).[185] Zu der Fibel Inv. Nr. 22552, Museum Herakleion, gibt es im Katalog die Angabe, daß sie von Sp. Marinatos in den Ruinen der archaischen Akropolis gefunden wurde.

Mastambas: 1,5 km südwestlich von Herakleion wurde von der Archäologischen Gesellschaft ein Kammergrab elliptischer Form ausgegraben. In Pithos 63 (Leichenbrand Nr. 6), der in den Übergang von der geometrischen zur orientalisierenden Zeit gesetzt wird[186] wurde das Fragment einer Brillenfibel gefunden. Diese Fibel lag in einem vierhenkeligen, bemalten (doppelköpfiger Vogel) Pithos; Beifunde sind einhenkelige Becher, Kännchen und eiserne Lanzenspitze.

Mallia: Aus Haus E, und zwar aus Spätminoisch I–III B-Fundzusammenhang, stammt die Fibel Nr. 22. In der Publikation[187] werden ihre Beziehungen zu ähnlichen und gleichzeitigen mykenischen, kretischen und zyprischen Fibeln erwähnt.

Prinias: Die Mehrzahl der hier aufgenommenen Fibeln ist bisher unpubliziert. Mehrere von ihnen zeigen Ähnlichkeit mit der Fibel P 38 aus den Brandgräbern, die G. Rizza ausgegraben hat.[188] Rizza datiert diese Fibel in die protogeometrische Zeit; er hält sie für gleichzeitig mit jenen von Fortetsa.[189] Eine Fibel (Nr. 1479) ist aus Eisen, die übrigen sind aus Bronze.

Pegaïdakia Malevesi: Ältere Überreste aus minoischer Zeit fanden sich in dieser Gegend. Zeitgleiche Funde zu den Fibeln Nr. 173. 202, die aus Aufsammlungen stammen, kennen wir nicht.

Atsipades: Spätminoische Überreste in diesem Dorf (Gemeinde Koxare, an der Straße von Rhethymnon zum Kloster Preveli) sind seit langem bekannt.[190] Von dort kommt vermutlich die Fibel Nr. 152.

Westkreta

Kavoussi, N. Chania: In Kavoussi, Gemeinde Grambousa, wurde beim Straßenbau ein Grab der spätprotogeometrischen und frühgeometrischen Zeit entdeckt. Zu ihm gehören auch die hier aufgenommenen Fibeln.[191]

Modi, Ep. Chania: In den Kammer- und Pithosgräbern protogeometrischer Zeit, die N. Platon ausgrub, wurden auch Fibeln gefunden. Diese konnte ich nicht persönlich untersuchen.[192]

Kydonia (Chania): Von dort stammt eine Fibel als Zufallsfund; der Fundzusammenhang ist unbekannt.[193]

Kissamos (Kastelli): Im Jahre 1891 kaufte A. J. Evans durch Vermittlung von W. J. Stillman einige Gegenstände mit der Angabe „Cave-Tomb" von Kissamos, Westkreta. Dazu gehören auch zwei Fibeln,[194] deren Ähnlichkeit mit italischen Exemplaren Boardman betont.[195]

Patso, Ep. Amariou: Die Höhle, die man Ende des vorigen Jahrhunderts in Patso nahe der antiken Stadt Sybrita entdeckte,[196] und die auch in diesem Jahrhundert untersucht wurde, ergab reichliche Funde

[185] Ebd. 17. 19 Abb. 31; Desborough, Dark Ages 116.
[186] Praktika 1970, 287f. 291. 295. Taf. 403, b.
[187] Deshayes/Dessenne, Mallia, Maisons 2, 108. 146f.
[188] G. Rizza, Cronache di Archeologia e di Storia 8, 1969, 30f.
[189] Brock, Fortetsa 196 Nr. 1114 Taf. 167; H. J. Iliffe, Journ. Hell. Stud. 51, 1931, 167 Abb. 4.
[190] J. Pendlebury, The Archaeology of Crete (1939) 239; S. Alexiou, Minoïkos Politismos (1964) 60.
[191] Arch. Delt. Chron. 64, 1969, 432f.
[192] Kret. Chron. 1953, 485.
[193] Blinkenberg, Fibules 55 Abb. 27.
[194] Boardman, Cretan Collection 89ff.
[195] Sundwall, Fibeln 233ff.
[196] Boardman, Cretan Collection 76ff. mit älterer Literatur.

der Periode Spätminoisch III, aber auch frühminoische Gegenstände. Boardman datiert die Fibel von Patso (Nr. 610) in die geometrische, möglicherweise auch eine etwas frühere Zeit.

Die Mehrzahl der Fibeln von Kreta ist aus Bronze hergestellt; doch fehlen auch Exemplare aus Eisen nicht (Karphi,[197] Dreros,[198] Arkades,[199] Prinias). Da sie im allgemeinen von mittlerer Größe sind, dürften sie tatsächlich getragen worden sein. Sie erscheinen von der Spätminoisch III-Zeit bis in die archaische Zeit vornehmlich in Gräbern, aber auch in Häusern (Mallia, Haus E: Spätminoisch III B; Karphi). Seltener wurden sie in Heiligtümern geweiht: Höhlenheiligtum der Eileithyia von Inatos, wo eine Geburts- und Fruchtbarkeitsgöttin verehrt wurde, Psychro, Patso.

Von Bedeutung ist im Rahmen der einzelnen Typen der hohe Anteil der Typengruppe I (Violinbogen-fibeln) im Vergleich zu den anderen Inseln und auch der Typengruppe II, sowohl in ihren frühen (II a) als auch ihren späteren Typen. Dies weist auf eine Verwendung von Fibeln bereits in vordorischer Zeit hin sowie auf ein Überwiegen früher Typen, die dann noch mit den von den Dorern mitgebrachten Typen weiterleben. In der Häufigkeit folgen die Typengruppen III und IV; es sind die auf den Inseln vorherr-schenden Typen. Im Gegensatz dazu ist die auf den übrigen Inseln bekannte Typengruppe mit einem Kugelglied im Bügel (Gruppe V) mit nur sehr wenigen Exemplaren vertreten, ebenso die Typen mit Zierknopf (Gruppe VII). Mit dem Vorkommen recht zahlreicher Fibeln der Gruppe IX bestätigen sich die Beziehungen zu Mittelgriechenland in geometrischer Zeit.[200]

Ganz vereinzelt sind dagegen Fibeln aus dem Norden (Gruppen X und XI), falls man für die Pferdchenfibel von Aloni und die „Nadel" von Psychro nördliche bzw. italische Herkunft annehmen würde, was wir bezweifeln. Und schließlich fehlen östliche Typen, obgleich Beziehungen Kretas zur orientalischen Metallurgie während der spätgeometrischen und orientalisierenden Zeit bekannt sind. Falls dieses Fundbild nicht zufällig ist und in Zukunft nicht doch noch östliche Typen zutage kommen, scheint Kreta zwar in Kunst und Handwerk unter östlichem Einfluß gestanden, in der Kleidermode sich dem Osten aber nicht geöffnet zu haben.

LEMNOS

Das von hier stammende Fibelmaterial kommt aus zwei gleichzeitigen Gräbergruppen (Zona A und B), die zwischen 1926 und 1929 von der Italienischen Schule in Hephaisteia ausgegraben wurden.[201] Die Mehrzahl der Fibeln wird im Archäologischen Museum von Lemnos aufbewahrt, ausgenommen einige wenige, die sich im Nationalmuseum von Athen befinden. Zahlreiche Fibeln ohne Beschriftung konnten identifiziert werden; andererseits sind einige Stücke mit Beschriftung in den Publikationen nicht auf-geführt (z. B. Nr. 620). Einige in den Publikationen erwähnte Exemplare (insbesondere die mit Gold-ringen) waren nicht zugänglich und wurden hier nicht in den Katalog aufgenommen. Einige Fibeln mit der Fundangabe „Ossuario" sind mit Fibeln zu identifizieren, die nach Aussage der Publikation in „Cineraria" gefunden wurden.

Nach den auf Lemnos vertretenen Fibelformaten darf angenommen werden, daß sie ein Gebrauchs-gegenstand im täglichen Leben und nicht ausschließlich Zubehör der Totenausstattung waren. Ebenso wie in anderen Gegenden wurden sie offenbar auch von Männern getragen, da sie mitunter in Waffengräbern

---

[197] Ebd. 121.
[198] Desborough, Dark Ages 252.
[199] Levi, Arkades 468.

[200] Coldstream, Geometric Pottery 239 ff.
[201] Mustilli, Efestia 3 ff.

vorkommen.[202] Alle Fibeln von Lemnos sind aus Bronze hergestellt, ausgenommen eine goldene, die dem gleichen Typ angehört wie die Bronzefibel Nr. 623.

Auf Lemnos begegnen eine Fibel vom Typ IIk, acht Fibeln der Gruppe III (IIIa. b), während die Masse der Fibeln der Gruppe IV angehört (je eine dem Typ IVa und IVf, die restlichen dem Typ IVb);[203] mit einem bzw. zwei Exemplaren vertreten sind die Gruppen VI und VII sowie der Typ XII C. Es fehlen die reinen Inseltypen mit einer Kugel (Gruppe V) sowie die etwas jüngeren Inselfibeln mit langschmaler Fußplatte (Gruppen III und IV), die dem Ende der geometrischen und dem Beginn der archaischen Zeit angehören. Charakteristisch für Lemnos sind die Fibeln der Gruppe IV, insbesondere solche, deren Bügel mit schmalen, z.T. verlorenen Ringchen aus Golddraht (Cinerario A – XIV), mit breiteren Goldringen bis zu 2 cm Durchmesser (Cinerario A–C LXXIX) oder mit Perlen aus Glaspaste versehen sind. Die Gruppen VI und VII sind mit zwei Exemplaren (tipo 11 und 18 nach D. Mustilli) vertreten (das Exemplar tipo 18 konnte ich nicht persönlich sehen; es wurde deshalb nicht in den Katalog aufgenommen).

Die Fibeln von Lemnos reichen vom Ende der geometrischen Zeit (kurz vor das 8. Jh., meist vergesellschaftet mit geometrischer Keramik)[204] bis in die zweite Hälfte des 7. Jh.[205] Ihr Fehlen nach dem 7. Jh. führt Mustilli auf einen Wandel der Tracht zurück.

Die Typengruppen II und IV hielt Mustilli für Weiterführungen spätmykenischer Fibeln, die Beziehungen zeigen zu Exemplaren aus den Gräbern von Vrokastro, Salamis und Skyros ebenso wie zu Typen des griechischen Festlandes,[206] aber auch zu solchen aus dem Heiligtum der Artemis Orthia, wo submykenische Typen in geometrischem Fundzusammenhang auftreten.[207] Dabei sollten die Beziehungen der wesentlich jüngeren Fibeln von Lemnos zu den protogeometrischen von Skyros berücksichtigt werden, eine Verbindung, die durch Neufunde bestätigt wird. Auf Lemnos ist im Auftreten einiger früher Typen eine beträchtliche Verspätung festzustellen. Unsere Typengruppe III (tipo 5, 6, 7, 8 nach Mustilli) wird von Mustilli überzeugend als jünger angesehen als die Typengruppen II und IV, und zwar wegen ihres Vorkommens in den „Bone-enclosures" von Vrokastro und wegen ihrer langen Lebensdauer in den Gräbern von Rhodos.[208] Diese Ansicht Mustillis wird durch das Fundmaterial des benachbarten Chios bestätigt. Mustilli erkannte den zyprischen Typ XII C (Nr. 1721–1733) als Variante der Gruppe III. Seine allerdings unter Vorbehalt vertretene Ansicht über dessen thessalische Herkunft dürfte jedoch zutreffend sein.[209] Die Typengruppen VI und VII gehören dem 8. Jh. an; ihre lange Verwendungsdauer[210] wird auch durch gleichartige Fibeln von Lindos und Ialysos belegt, wo sie mit protokorinthischen Aryballoi vergesellschaftet sind. Der mit zwei oder drei Exemplaren vertretene Typ 16 (nach Mustilli) wird von ihm als Weiterentwicklung von geometrischen Fibeln mit Bügel von polygonalem Querschnitt betrachtet.[211] Durch unsere Neuaufnahme der Bronzefibeln von Lemnos konnte ein geritzter Dekor nachgewiesen werden. Dieser ist insbesondere am rhombischen Bügelschaft von Fibeln der Gruppe IV angebracht, an den Ringwülsten der Fibel Nr. 1061 (tipo 16 nach Mustilli) und an den Fußplatten dieser Fibeln. Er ist kennzeichnend für die geometrische Zeit. Der geritzte Dekor besteht aus feinen Schrägstrichen, Gittermustern und Fischgrätenmustern. Zwei in Größe und Form gleiche und somit ein Paar bildende Fibeln fanden sich in keinem der Gräber von Lemnos. Diese enthielten jeweils ein bis drei Fibeln; einmal deren sieben bei einer Körperbestattung; dies wird von Mustilli mit dem Isis-Grab von

---

[202] Ebd. 244.

[203] In der Publikation werden mehr Fibeln erwähnt als hier im Katalog aufgeführt werden; diese waren in den beiden Museen unauffindbar.

[204] Mustilli, Efestia 242.

[205] Ebd. 243.

[206] Ebd. 238. 241 f.

[207] Ebd. 241.

[208] Ebd. 242.

[209] Ebd. 239.

[210] Ebd. 242.

[211] Ebd. 243.

Eleusis verglichen.[212] Abgesehen von der Nekropole werden von Lemnos Fibeln weder aus Häusern noch aus Heiligtümern erwähnt.

Die Typologie Mustillis entspricht der im vorliegenden Band zugrundegelegten wie folgt:

Mustilli	Sapouna-Sakellarakis
4	IV a
1–3. 12–14	IV b
16	IV f
5, 6, 8	III a. b
11	VI c
7, 9, 10	XII C
18	VII
17	II d

Typ II d (tipo 17 nach Mustilli) ist weder thessalisch noch östlich, wie Mustilli vermutet. Typ II k, der durch die Fibel Nr. 234 repräsentiert wird, erscheint unter Mustillis Typen nicht.

LEROS

Die einzige Fibel von Leros (Nr. 462 A) stammt aus einer „antiken" Kinderbestattung am Abhang der Höhe Kastro oberhalb des Skylagremos genannten Kaps. Diese Bestattung wurde unter den Fundamenten einer Mühle oder eines Turmes gefunden, die mittelalterlich oder jünger sein dürften. Die weiteren Beigaben aus diesem Grab lassen sich für die Datierung nicht auswerten. Es scheint jedoch an dieser Stelle eine antike Nekropole gegeben zu haben. Die Fibel gehört der Typengruppe III an.[212a]

LESBOS

Die Mehrzahl der Fibeln von Lesbos stammt aus den Grabungen von W. Lamb in Antissa (nordwestl. Teil der Insel), besonders aus der Nekropole südwestlich der Akropolis.[212b] Diese Nekropole enthielt Bestattungen der spätgeometrischen und archaischen Zeit (bis zum 5. Jh.). Obgleich die Stratigraphie nicht klar ist, gestattet doch die Fundlage der Fibeln nahe bei geometrischen und archaischen Gegenständen eine entsprechende Datierung. Eine weitere Fibelkollektion stammt aus dem Apollon Napaios-Heiligtum von Klopede, nordöstlich der Bucht von Kalone.[212c] Sämtliche Fibeln von Lesbos sind aus Bronze hergestellt; sie werden im Archäologischen Museum von Mytilene aufbewahrt. Sie kommen überwiegend aus Gräbern, drei Exemplare aus einem Heiligtum. Mehrfach belegt ist der phrygische Typ XII A; weiterhin sind nachgewiesen die Typengruppen II, III, IV, V und VI.

---

[212] Ebd. 243.
[212a] Arch. Delt. Chron. 20, 1965, 601 Taf. 766, γ.
[212b] Lamb, Ann. BSA. 31, 1930–31, 174 ff.; dies. ebd. 32, 1931–32, 63.

[212c] R. Koldeway, Die antiken Baureste der Insel Lesbos (1890) 3; D. Evaggelides, Praktika 1928, 133 f. mit älterer Literatur; Arch. An. Athen. 5, 1972, 43 ff.

MELOS

Eine Fibel von Melos wird im Archäologischen Museum von Melos aufbewahrt. Sie ist, wie mir der Museumswärter und der Epimelet der Kykladen, K. Tsakos, mitteilten, eine Erwerbung aus Lesefunden. Sie wurde an der Nordseite des Prophet Elias zusammen mit spätgeometrischen Scherben gefunden. Sie gehört dem Typ IIIc an, der dem Ende der geometrischen und dem Beginn der archaischen Zeit zuzuweisen ist. Sie besteht aus Bronze und ist von mittlerer Größe.

NAXOS

Die Fibeln von Naxos stammen hauptsächlich von dem Platz Kaminaki, der zehn Minuten von der Nordecke der Stadt oberhalb der Kapelle Hagia Paraskeve liegt. Ch. Karousos und N. Kontoleon haben dort ein Heiligtum ausgegraben.[213] Danach kamen an der Rückseite des Hügels am Rand einer Schlucht früh- und spätgeometrische Keramik sowie frühorientalisierende Scherben und Idole zutage. Die Fibeln von dort datieren die Ausgräber in die geometrische Zeit.[214] Die Nadel einer zweiteiligen Fibel (Nr. 47) dagegen wurde von Tsountas in frühhelladischem Fundzusammenhang geborgen. Recht häufig auf Naxos vertreten ist die Typengruppe III. Außerdem gibt es zwei Fibeln der Typengruppe IV, eine der Gruppe VII und eine Dragofibel mit plastischem Dekor der Gruppe VIII, die für die Kontakte zum Westen aufschlußreich ist. Sämtliche Fibeln von Naxos, Kaminaki, werden im Archäologischen Museum von Naxos aufbewahrt, die von Tsountas gefundene Nadel, im Nationalmuseum Athen; sie sind von mittlerer Größe und bestehen aus Bronze.

PAROS

Die Fibeln von Paros wurden 1899 in dem Delion genannten Heiligtum gefunden[215] und stellen demnach Weihungen dar. Das Delion liegt im Nordteil der Insel auf einem Plateau des Kastro genannten Hügels N.O. von Paroikia. Die Fibeln sind alle im Nationalmuseum zu Athen unter der Inv.Nr. 12169 aufbewahrt; sie bestehen aus Bronze und sind von kleiner bis mittlerer Größe.

Die Fibeln wurden in einer Füllschicht unter dem Fußboden des Tempels gefunden; der Befund kann nicht als geschlossen bezeichnet werden. Rubensohn ist der Meinung,[216] daß kein Stück jünger sei als das Ende des 7. Jh.; er weist sie durchweg der geometrischen und fr21harchaischen Zeit zu.[217] Als Parallelen nennt er hauptsächlich die spätgeometrischen Fibeln von Rhodos und Lindos sowie solche aus dem Artemis Orthia-Heiligtum von Sparta.[218]

Auf Paros erscheinen die Typen If, III–IX und XII; es fehlen die Typengruppen X und XI (nördliche und westliche Typen).

---

[213] Ch. Karousos/N. Kontoleon, Praktika 1937, 121f.
[214] Ebd. 122; zum Spätgeometrischen auf den Inseln vgl. auch Snodgrass, Dark Age 337. 339.
[215] Rubensohn, Delion 67ff.
[216] Ebd. 69.
[217] Ebd. 67.
[218] Ebd. 68f.

3*

RHODOS

Fast alle Ausgrabungen auf dieser Insel haben zahlreiche Fibeln geliefert, die zumeist publiziert sind. Wie auch Lorimer[219] annimmt, wird diese Fibelmasse dem Umstand verdankt, daß die Bewohner von Rhodos Fibeln anstelle von Nadeln verwendeten. Die Fibeln von Rhodos stammen aus Nekropolen und Heiligtümern.

Die Nekropolen sind die folgenden: Ialysos,[220] Vroulia,[221] Exoche,[222] Kamiros.[223] Die Heiligtümer sind das Athena Lindia-Heiligtum,[224] die „Stipe Votiva" des Athena-Tempels von Kamiros[225] und das Depot des Athena-Tempels von Ialysos, das von D. Morricone ausgegraben wurde; die Fibeln von dort werden hier zum ersten Mal vorgelegt. Mit Ausnahme des Fundmaterials aus dem Tempeldepot von Ialysos, das im Magazin des Archäologischen Museums von Rhodos aufbewahrt wird, und einigen im dortigen Museum ausgestellten Fibeln aus der Nekropole von Ialysos (Grundstück Drakides) konnte ich die Fibeln nicht persönlich aufnehmen, sondern mußte mich mit den Angaben in den Publikationen begnügen. Das Material von Lindos befindet sich in den Archäologischen Museen von Istanbul und Kopenhagen, das von Exoche zum Teil in Kopenhagen. Die Funde von Vroulia und Kamiros dürften teils an derzeit unzugänglicher Stelle im Museum von Rhodos, teils in außergriechischen Museen (British Museum London usw.) aufbewahrt werden.

Insgesamt ist der Anteil der Fibeln aus Heiligtümern größer als derjenige aus Gräbern. Dennoch ist Bielefelds Bemerkung, wonach Fibeln „nur selten" in Gräbern erscheinen,[226] unzutreffend. Zur Herstellung der Fibeln ist vor allem Bronze verwendet worden, seltener Eisen.[227]

Auf Rhodos verteilen sich die Fibeln auf die Spanne von der geometrischen bis zur früharchaischen Zeit. Im allgemeinen haben die Fibeln mittlere Größe; daneben gibt es viele Beispiele für übergroße Fibeln oder für Miniaturformate, beide gewöhnlich Weihegaben. Typologisch gehören die Fibeln aus der „Stipe Votiva" des Athena-Tempels von Kamiros an das Ende der geometrischen Zeit.[228] Desborough[229] hielt einige Fibeln der Gruppe II zwar bereits für protogeometrisch oder für noch früher, obgleich die mitgefundene Keramik geometrisch ist. Die trapezförmige Fußplatte einiger dieser Fibeln reiht sie jedoch typologisch in die geometrische und in eine noch jüngere Zeit ein. Andererseits ist die Schichtenfolge der „Stipe Votiva" nicht klar,[230] und Desborough datiert nicht selten die Keramik aufgrund der Fibeln.[231] Die Nekropole von Kamiros enthält nur wenig protogeometrische Keramik, meist aus der Patelle-Nekropole.[232] Die Masse der Gräber ist geometrisch und früharchaisch; auch orientalisierende und protokorinthische Keramik ist reichlich vertreten.[233]

Die zahlreichen Fibeln aus dem Heiligtum von Lindos, insgesamt 1592 Exemplare, wurden von Blinkenberg[234] nicht allzu präzise in die früharchaische Zeit gesetzt; sie stammen hauptsächlich aus archaischen Schichten der Akropolis und von den Abhängen des Akropolishügels (Kopria). Blinkenberg

[219] Lorimer, Homer 369.
[220] Jacopi, Jalisso 23 ff.; Laùrenzi, cl. Rh. VIII 7 ff.
[221] Kinch, Vroulia.
[222] K. Friis Johansen, Acta Arch. 28, 1957, 1 ff.
[223] Jacopi, Camiro II.
[224] Lindos I 73 ff.
[225] Jacopi, Camiro II 279 ff. 338 Abb. 84; 339 Abb. 85.
[226] Bielefeld, Schmuck 43.
[227] Snodgrass, Dark Age 242.
[228] Jacopi, Camiro II 279.

[229] Desborough, Protogeometric Pottery 228; ders., Dark Ages 177 f.
[230] Jacopi, Camiro II 279; Desborough, Protogeometric Pottery 228 f.
[231] Desborough, Protogeometric Pottery 228.
[232] Ders., Dark Ages 177; die Fibeln aus Grab XL sind protogeometrisch: ders., Protogeometric Pottery 228.
[233] Vgl. auch A. Salzmann, Necropole de Camiros (1875).
[234] Lindos I 73 ff.

vermutete, daß sie von der Akropolis abgerutscht seien. Nur wenige Fibeln stammen von anderen Stellen dieses Geländes. Desborough[235] hielt keine dieser Fibeln für protogeometrisch, keine aber auch für später als geometrisch. Coldstream setzte die Keramik in die frühgeometrische bis zum Ende der geometrischen Zeit.[236] Blinkenberg[237] erwog, daß einige Fibeln (z. B. Nr. 107–109 Blinkenbergs) vielleicht submykenischer Abstammung seien, doch G. Konstantinopoulos[238] ist überzeugt, daß die Votivfunde von Lindos nicht vor der geometrischen Zeit einsetzten.

Die Funde aus der Nekropole von Ialysos[239] gehören in die geometrische[240] oder früharchaische Zeit; ganz wenige ältere Stücke werden aus Grab 43 erwähnt.[241] Die Fibeln aus dem Heiligtum und aus der Nekropole von Vroulia[242] sind in die subgeometrische und hauptsächlich die früharchaische Zeit (orientalisierender Stil), also an den Beginn des 7. Jh. einzustufen. Die zeitliche Erstreckung der Gruppen III, IV und V bis in archaische Zeit bestätigt die Beobachtungen, die anhand der entsprechenden Funde von Chios, insbesondere Emporio, gemacht wurden.

Die Nekropole von Exoche wird aufgrund der Keramik in die zweite Hälfte des 8. Jh. und das 1. Viertel des 7. Jh. datiert.[243] Die zeitliche Einordnung der Fibeln ist auch hier gesichert. Die Nekropole von Exoche setzt etwas früher ein als die von Vroulia.

Die Fibeln aus dem Depot des Athena-Tempels von Ialysos gleichen denen aus anderen Gebieten der Insel völlig. Solange die zugehörige Keramik nicht publiziert ist, kann ihre Datierung in die geometrische und früharchaische Zeit nur typologisch begründet werden.

Allgemein kennen wir auf Rhodos nur wenige Fibeln vom Ende der Bronzezeit und vom Beginn der Eisenzeit.[244] In den Nekropolen üblich sind die Typengruppen III, V, VI und VII, während die fremden Typen selten bleiben. In den Heiligtümern dagegen erscheinen neben jenen auch die Typengruppen II, VII, IX, X, XI und XII.[245] Die einheimischen Fibeltypen in den Gräbern zeigen, daß die Rhodier für ihre Kleidung (dorischer Peplos) vermutlich drei bis vier sogenannte Inselfibeln verwendeten. Die Fremden Typen, die sich in den Heiligtümern finden, können Weihungen Ortsfremder darstellen oder waren für die Inselbewohner besonders wertvolle Gegenstände, die sie von ihren Reisen mitbrachten, und die sie nicht mit ins Grab nahmen, sondern in den Heiligtümern weihten.

In der Vielfalt an fremden Typen spiegeln sich die Beziehungen von Rhodos nach Westen und Osten am Ende des 8. Jh. und zu Beginn des 7. Jh. wieder. Es ist bekannt, daß die Rhodier die Balearen besiedelten und Kolonien in Gela, Syrakus und Akragas gründeten;[246] ihre Beziehungen zum Orient setzen bereits in mykenischer Zeit ein.[247] Von den älteren Fibeltypen fehlen die mykenischen (Violinbogen- und die Bogenfibeln) auf Rhodos; sie wurden auch in den dortigen mykenischen Nekropolen nicht gefunden. Ihre Weiterbildung jedoch, die Miniaturviolinbogenfibel und -bogenfibel, finden wir häufig in jüngerem Fundzusammenhang; meist handelt es sich dabei um Weihegeschenke.[248]

---

[235] Desborough, Protogeometric Pottery 229f.

[236] Coldstream, Geometric Pottery 418.

[237] Lindos I 76.

[238] G. Konstantinopoulos, Lindos (1972) 53.

[239] Jacopi, Jalisso 50ff.

[240] Zur Datierung der Keramik siehe Coldstream, Geometric Pottery 268ff.

[241] Desborough, Dark Ages 177ff., wo betont wird, daß die Fibeln aus Grab 43 einem Typ angehören, der mit protogeometrischer Keramik vergesellschaftet ist. Zur Datierung der Gräber 43, 44 und 45 in protogeometrische Zeit siehe Arch. Delt. Meletai 23, 1968, 80.

[242] Kinch, Vroulia 26; P. Jacobsthal, Greek Pins (1956) 43.

[243] Friis Johansen, Acta Arch. 28, 1957, 188f.; Coldstream, Geometric Pottery 268ff.

[244] Bielefeld, Schmuck 43.

[245] Lindos I Taf. 6–9.

[246] Konstantinopoulos, Lindos (1972) 60 mit älterer Literatur.

[247] Zur Verbreitung östlicher Fibeltypen, die auch auf Rhodos begegnen, vgl. Stronach, Iraq 21, 1959, 188; zu den Beziehungen zu Zypern vgl. Gjerstadt, Cyprus Expedition IV/2 283f.; zu den Beziehungen zu Attika, Korinth, Kykladen, Zypern und Orient vgl. Friis Johansen, Acta Arch. 28, 1957, 190; Lindos I 74; Snodgrass, Dark Age 341.

[248] Lindos I 74.

Da die zahlreichen Fibeln von verschiedenen Stellen der Insel vorliegen (Ialysos im Nordwesten, Lindos im Osten, Kamiros im Westen, Vroulia im Süden und Exoche im Osten) und einen durchaus einheitlichen Charakter zeigen, möchten wir annehmen, daß auf der ganzen Insel in geometrischer und früharchaischer Zeit einheitliche Trachtsitten herrschten, zu denen ein übereinstimmender Bestand an Fibeln gehörte. Der große Bedarf an Fibeln hat gewiß zur Entstehung spezialisierter Fibelwerkstätten geführt. Die allgemein beliebten Typengruppen III, IV, V und VII müssen auf Rhodos ebenso wie auf Chios sehr lange verwendet worden sein: Sie begegnen von der geometrischen bis in die archaische Zeit. Unmittelbare Zeugnisse von Werkstätten fehlen noch. Die Fibeln von Rhodos zeigen auf der Fußplatte mitunter reichen Ritzdekor, der die Kunsttendenzen der Insel in Zusammenhang mit jenen böotischer Werkstätten bringt.

SALAMIS

Auf Salamis, das von allen Inseln am nächsten an Attika liegt, wurde Ende des vorigen Jahrhunderts von Kavvadias eine Nekropole von etwa hundert Steinkistengräbern (Körper- und Brandbestattungen) ausgegraben. Es gab nur wenige Funde, darunter auch Fibeln.[249] Sämtliche Funde werden im National-museum zu Athen aufbewahrt. Nach S. Wide, der die Funde von Salamis publizierte, gehören die Gefäße aus diesen Gräbern in die Übergangszeit vom Mykenischen zum Geometrischen.[250] Lorimer[251] datierte die Nekropole in die submykenische Zeit, ebenso Desborough,[252] der in der submykenischen Keramik Attikas eine Entsprechung zu jener von Salamis sieht.[253] Als submykenisch gilt die Keramik auch in der neuesten Untersuchung von C. G. Styrenius,[254] der sie für frühsubmykenisch hält, mit einigen mittelsub-mykenischen und ganz wenigen mykenischen Stücken.[255] Snodgrass setzt die Gräber um 1100 v. Chr. an.[256]

Der Fundanteil der Fibeln (etwa acht Stück, einschließlich der Fragmente, die sich keinem bestimmten Typ mehr zuweisen lassen) in den submykenischen Gräbern von Salamis läßt darauf schließen, daß die Verwendung der Fibel in submykenischer Zeit recht begrenzt war.[257] Fibeln fanden sich sowohl in Männer- als auch in Frauengräbern, wie das auch von Kreta und Lemnos, freilich erst in späterer Zeit, bekannt ist. Die mittelgroßen Formate der Fibeln von Salamis und ihr Vorkommen in Gräbern zeigen, daß hier Gegenstände des tatsächlichen Gebrauchs vorliegen. Sämtliche Fibeln von Salamis gehören der Typengruppe II an; genaue Entsprechungen finden sich in den submykenischen Gräbern des Kerameikos.

SAMOS

Die Fibeln von Samos gehören der frühen Eisenzeit an, von der wir nur wenig wissen, wenngleich etwas Keramik aus der Zeit um 750 v. Chr. dort gefunden wurde. Die Fibeln stammen aus einem Heiligtum

---

[249] S. Wide, Athen. Mitt. 1910, 17ff.; C. G. Styrenius, Opuscula Athen. 4, 1962, 103ff.

[250] Wide, Athen. Mitt. 1910, 35.

[251] Lorimer, Homer 39ff.

[252] Desborough, Dark Ages 33.

[253] Ebd. 67.

[254] Styrenius, Submycenaean Studies (1967) 21 mit älterer Literatur.

[255] Ebd. 34f.; 164: Early and Middle Submycenaean = 1125–1075 v. Chr.; Late Submycenaean = 1075–1035 v. Chr.

[256] Snodgrass, Dark Age 227. 247f. 314. 319.

[257] Styrenius, Submycenaean Studies (1967) 47.

(Heraion) und aus einer Nekropole (Westnekropole der antiken Stadt Samos).[258] Die Heiligtümer von Samos sind erst beträchtlich nach der mykenischen Zeit anzusetzen, sodaß die in ihnen gefundenen Fibeln nicht vor dem 8. Jh. angesetzt werden können. Bedauerlicherweise sind die Fibeln aus dem Heraion von Samos mit Ausnahme derjenigen vom phrygischen Typ[259] noch nicht publiziert. Von den mir bekannten Typen begegnet am häufigsten die Typengruppe XII (phrygischer Typ) mit 17 Exemplaren; an zweiter Stelle steht der Inseltyp mit einer Perle, Gruppe V (15 Exemplare); es folgen Gruppe III mit neun Stücken, der Inseltyp IV, der östliche Typ XII B und der Italische Typ mit je drei Exemplaren; der Typ If der Violinbogenfibel sowie die Gruppe VII (mit Zierknopf) mit je zwei Exemplaren und schließlich Gruppe II, Gruppe VI (festländisch-griechisch mit Kugel im Bügel) und Gruppe IX (ebenfalls festländisch-griechisch). Keine einzige Fibel nördlicher Herkunft wurde gefunden, obgleich es aus dem Heraion einige makedonische und kaukasische Kleinbronzen des 8. und beginnenden 7. Jh. gibt.[260] Muscarella datierte die phrygischen Fibeln von Samos an das Ende des 8. Jh. und den Beginn des 7. Jh.[261] Jantzen wies die betreffenden Funde in das frühe 7. Jh.[262] und ordnete die in der Zwischenzeit gefundenen, unpublizierten Exemplare in Blinkenbergs Fibellisten ein.[263]

Die große Menge an phrygischen Fibeln bezeugt engste Verbindungen mit dem anatolischen Gebiet am Ende des 8. und zu Beginn des 7. Jh. Die phrygischen Fibeln waren entweder Import oder lokale Nachahmung;[264] ihre häufige Verwendung hängt mit der von den Bewohnern von Samos während dieser Zeit übernommenen östlichen Mode zusammen.[265] Die übrigen Fibeln fremden Typs treten in eher geringer Zahl auf; sie sind vielleicht von vereinzelten Fremden mitgebracht und geweiht worden. Die große Menge an Fibeln der Gruppe III aus dem Heraion (zusammen mit den Neufunden aus der Westnekropole dürften es mehr als fünfzehn Stück sein) zeigt an, daß auch die lokale Produktion nicht hintenanstand. Die Existenz lokaler Werkstätten ist durch den Neufund einer steinernen Gußform zur Herstellung von Fibeln der Gruppe III bezeugt (s. S. 6). Zusammen mit dieser Gußform wurden Scherben spätgeometrischer Zeit gefunden. Da ein kürzlich aufgedecktes Grab der Westnekropole in die zweite Hälfte des 7. Jh. gehört,[266] können wir folgern, daß die Verwendung dieses geometrischen Typs bis in die archaische Zeit fortgedauert hat, wie dies auch für Chios und Rhodos festgestellt werden kann.

Die Fibeln zeigen meist das übliche Format. Übergroße Stücke wurden vielleicht als Weihungen im Tempel niedergelegt, da sie auch ziemlich schwer sind. Alle Fibeln von Samos bestehen aus Bronze.

Einmal erscheint auf einer Fibel vom Typ IIIe eingeritzter Dekor: Rautenmusterreihen auf der Fußplatte. Diese Zier ist in geometrischer Zeit, der dieser Fibeltyp angehört, durchaus üblich. Wie bekannt, wurde geometrische Keramik im Heiligtum, im Graben und in den Brunnenschächten gefunden.[267] Es scheint, daß auf Samos Fibeln auch noch während des frühen 6. Jh. getragen wurden; jedenfalls erscheinen sie noch in einem Grab des 6. Jh.[268] Dies ist nicht weiter merkwürdig, da Fibeln bekanntlich in den Randgebieten länger leben als in Mittelgriechenland (vgl. etwa Olynth usw.). Für eine Datierung der Fibeln von Samos anhand ihrer Beifunde muß die abschließende Publikation abgewartet werden.

---

[258] J. Böhlau, Aus jonischen und italischen Nekropolen (1898) 10; zu den neueren Grabungen siehe Arch. Delt. Chron. 22, 1967, 463; Arch. An. Athen 2, 1969, 202 ff.

[259] G. Kopcke, Athen. Mitt. 83, 1968, 294 Taf. 127, 2; Jantzen, Phrygische Fibeln 39 ff.; ders., Samos VIII 48 ff.; H. Walter, Arch. Delt. Chron. 18, 1963, 295 Taf. 342, b; Muscarella, Phrygian Fibulae 17 ff.; Blinkenberg, Fibules 221.

[260] J. Bouzek, Graeco-Macedonian Bronzes (1974) 165. 183.

[261] Muscarella, Phrygian Fibulae 4 f.

[262] Jantzen, Samos VIII 49.

[263] Ders., Phrygische Fibeln 41.

[264] Muscarella, Phrygian Fibulae 38 ff.

[265] Jantzen, Phrygische Fibeln 42.

[266] Arch. An. Athen 2, 1969, 205.

[267] Coldstream, Geometric Pottery 288 ff.

[268] Böhlau, Aus jonischen und italischen Nekropolen (1898) 42 Taf. 15, 10–12; Lorimer, Homer 350.

SAMOTHRAKE

Die hier erfaßten Fibeln wurden alle in der „Hall of Votiv Gifts" gefunden,[269] die im Südteil des Heiligtums liegt; es handelt sich also um Weihungen.

Diese Fibeln weist E. F. Loeffler (freilich nicht aufgrund datierbarer Begleitfunde) der Spanne von der geometrischen Zeit bis ins frühe 6. Jh. zu;[270] sie gehören unseren Typengruppen II, V und XII an. Die gleichen Fibeltypen wurden auch in der Südnekropole gefunden. Eine große Zahl von Fibeln, meist der Gruppe V,[271] kam auch während der neueren Ausgrabungen, insbesondere in der Stoa zutage, aus der ebenfalls archaische Funde gemeldet sind.[272] Daneben gibt es Fibeln der Gruppen III und IV. Dieses Fundmaterial ist bisher unpubliziert. Die Gruppe II, vertreten durch Fibelfunde aus den älteren Grabungen, setzt Loeffler aufgrund der Funde von Lindos, aus dem Artemis Orthia-Heiligtum und von Perachora in die geometrische bzw. früharchaische Zeit und nicht, wie noch Blinkenberg, in die submykenische Zeit.

SIPHNOS

Die Fibeln aus Siphnos kommen aus zwei Gegenden: Eine Fibel wurde auf der Akropolis von Hagios Andreas während der letzten Reinigungs- und Grabungskampagne unter B. Philippake in der obersten Schicht gefunden und stammt vielleicht aus einem Haus. Sie ist unpubliziert. Die übrigen Fibeln kamen auf der Akropolis von Kastro bei der Ausgrabung von J. K. Brock zutage,[273] die Mehrzahl in dem Bothros („Votive Deposit"), der in die archaische (orientalisierende) Zeit (700–550 v. Chr.) datiert wird.[274] Aus diesem „Votive Deposit" stammen außerdem spätgeometrische und früharchaische Gefäße, archaische Terrakotten, Siegel, Brillenfibeln aus Elfenbein und Bronzeketten. Nur eine Fibel (Gruppe II) kommt aus einem anderen, zeitgleichen Bothros am Nordost-Abhang des Akropolis-Hügels.[275] Aufgrund dieser beiden Bothroi ist ein archaischer Tempel zu erschließen.

Sämtliche Fibeln sind im Magazin der Archäologischen Sammlung von Kastro auf Siphnos aufbewahrt. Die Fibeln aus den Grabungen Brocks waren bei meinem Besuch noch nicht ausgestellt, weshalb ich mich bei ihrer Behandlung auf die Publikation stützen muß. Von Siphnos kennen wir im ganzen zwölf Fibeln: eine der Gruppe III (Hagios Andreas); eine der Gruppe IV (Brock: Nr. 8; Blinkenberg: IV 8. 17); eine vom Inseltyp (Brock: Nr. 7; Blinkenberg: IV 9); eine vom Typ III c (Brock: Nr. 15); zwei des festländischen Typs IX a (nach Brock geometrisch: Brock: Nr. 1. 2); drei vom phrygischen Typ XII A (Brock: Nr. 3–5); eine italische Fibel mit Knochenperle (Brock: Nr. 10; Blinkenberg: XI 9) und eine zyprische Fibel vom Typ XII C (Brock: Nr. 9; Blinkenberg: XIII). Die beiden letzteren Fibeln werden hier nicht in den Katalog aufgenommen, da Brock sie nicht abbildet und wir sie folglich nicht mit Sicherheit einem bestimmten Typ zuweisen können. Die Vielfalt an Typen bei einer recht geringen Anzahl von Fibelfunden weist darauf hin, daß entweder die Insel durch ihre Goldbergwerke weiterhin bekannt war, so daß viele Fremde sie und ihre Heiligtümer besuchten, oder aber, daß die Siphnier viel

---

[269] E. P. Loeffler, in: Samothrace IV 1, 151 ff.

[270] Ebd.

[271] Vgl. auch ebd. 152.

[272] Arch. Delt. Chron. 24, 1969, 365 ff.

[273] J. K. Brock, Ann. BSA. 44, 1949, 1 ff.

[274] Zur spätgeometrischen Siedlung von Siphnos siehe Snodgrass, Dark Age 337 ff.

[275] Ders., Ann. BSA. 44, 1949, 3 Anm. 5.

reisten und mit neuen Fibeltypen heimkehrten. Jedenfalls verweist der Fibelbestand auf eine Insel mit reichen Verbindungen zum übrigen griechischen Gebiet sowie nach Osten und Westen in spätgeometrischer und früharchaischer Zeit.

SKYROS

Die Fibeln von Skyros stammen aus Gräbern, die im Nordteil der Stadt zu verschiedenen Zeiten und von verschiedenen Ausgräbern untersucht wurden. Auf einem Hügel oberhalb des Baches Kephissos nahe der heutigen Stadt Skyros grub J. Papademetriou 1935 fünf protogeometrische Gräber aus. Eines dieser Gräber ergab Keramik und Fibeln, die der Ausgräber in den Übergang vom Submykenischen zum Protogeometrischen datierte und Funden aus Thessalien zur Seite stellte.[276] Desborough[277] verglich die Keramik dieses Grabes mit jener aus dem Kerameikos-Grab 48, meinte jedoch, daß die Metallbeigaben älter seien. Nach de Vries[278] handelt es sich um eine Frauenbestattung, während Snodgrass[279] unter Vorbehalt die Meinung Papademtrious übernimmt, es sei ein Kriegergrab. Desborough erwähnte Fibeln aus Gräbern, die Ph. Stavropoulos 1938 am Fuß der antiken Akropolis an der Küste nahe dem Bach Kephissos, in der Magazia genannten Gegend ausgegraben hat.[280]

Desborough hielt diese Nekropole für besonders bemerkenswert, da ihre Keramik die Beziehungen von Skyros zu Thessalien, zu den Nordkykladen und zu Attika am Ende der protogeometrischen Zeit oder etwas früher anzeigt.[281] Coldstream[282] datiert die Funde von Stavropoulos in die subprotogeometrische Zeit, die zeitlich dem frühgeometrischen Stil Attikas entspricht; ebenso urteilt Snodgrass.[283] Eine dritte Fundgruppe kommt von dem Grundstück J. Nikolaou in Magazia (Ausgrabung P. Themeles 1968). An der gleichen Stelle längs der Küste waren schon früher von D. Evaggelides[284] protogeometrische Gräber ausgegraben worden. Evaggelides hatte bereits die Beziehungen der Keramik von Skyros zu jener von Thessalien und Kreta betont. Die unpublizierten Fibeln vom Grundstück Nikolaou sind protogeometrisch und geometrisch.

Die genannten drei Fundgruppen gehören offensichtlich zur gleichen, ziemlich ausgedehnten Nekropole, deren Belegungsdauer von der protogeometrischen bis zur geometrischen Zeit reicht.

Die Fibeln der zweiten und dritten Fundgruppe befinden sich im Archäologischen Museum von Skyros, diejenigen der erstgenannten Fundgruppe im Nationalmuseum von Athen. Die Fibeln Nr. 657–658. 1528 konnten mit den von Papademetriou erwähnten (eine davon mit Abbildung) identifiziert werden; die übrigen (Nr. 659. 1182. 1183) dürften aus den Grabungen von Stavropoulos stammen.[285]

Insgesamt begegnen auf Skyros die Typen II k, IV b, V b, IX a. b. d. Aufgrund der Fibeln vom Typ IV b machte Desborough[286] zu Recht auf die Beziehungen zu Attika aufmerksam. Wir möchten noch Böotien

[276] J. Papadimitriou, Arch. Anz. 1936, 228.
[277] Desborough, Protogeometric Pottery 165.
[278] de Vries, Figured Fibula in Lerna 82 Anm. 11.
[279] Snodgrass, Dark Age 241.
[280] Desborough, Protogeometric Pottery 130; BCH. 61, 1937, 473 (vom Ausgräber zwischen mykenische und geometrische Zeit datiert).
[281] Desborough, Protogeometric Pottery 166.
[282] Coldstream, Geometric Pottery 151 f.
[283] Snodgrass, Dark Age 239. 241.

[284] Evaggelides, Arch. Delt. Parart./Chron. 1918, 41 f.
[285] Die Fibeln Nr. 499, 500, 593 und 594 stammen nach Ausweis des Museumskatalogs aus Grab IV, Ausgrabung Ph. Stavropoulos, die Fibeln Nr. 586–588 aus Grab II, Ausgrabung Stavropoulos. Die Fibeln Mus. Skyros, Inv. Nr. 511–516, die ich dort nicht sehen konnte, stammen aus Magazia, vermutlich aus der Grabung Evaggelides. Die Fibeln Nr. 1485 und 1529 kommen aus der Gegend „Monopetros", Ausgräber und Fundumstände sind unbekannt.
[286] Desborough, Dark Ages 201.

hinzufügen anhand der Typen IX und II k, die auch Ähnlichkeiten mit dem Fibelbestand von Leukanti und Lemnos zeigen. Beziehungen zu Lemnos können anhand der Keramik nicht festgestellt werden.

Die für die geometrische Zeit charakteristischen Fibeln der Typengruppe IX tragen auf den Fußplatten reichen Ritzdekor. Leider sind die Fußplatten so schlecht erhalten, daß die Art der Muster nicht zu erkennen ist. Ritzlinien gibt es auch am Rand und längs der Mitte des blattförmigen Bügels. Mit geometrischem Ritzdekor können auch der Bügelschaft oder die Kugelglieder verziert sein.

TENOS

Die wenigen Fibeln von Tenos stammen aus den Nekropolen von Kardiane und Ktikados. In Kardiane, das auf einer Anhöhe im Südwesten der Insel liegt, wurden von der Italienischen Schule sechs Steinkistengräber mit Körperbestattungen ausgegraben.[287] In Grab 1, das auch die Fibeln enthielt, fanden sich Gefäße des thessalo-kykladischen Typs,[288] die Desborough ins 9. Jh. datiert.[289] Er erkennt auf Tenos zu dieser Zeit keinen attischen Einfluß, sondern verweist auf die Verbindungen zwischen Tenos und Skyros sowie Euböa.[290] Snodgrass verweist die Metallfunde von Kardiane in die Zeit kurz vor 900 v. Chr.[291]

Die einzige, noch unpublizierte Fibel der Gruppe III aus Spelia Ktikados, wurde zusammen mit geometrischen Gefäßen gefunden. Coldstream, der noch andere Funde aus der gleichen Gegend erwähnt, datiert sie in die sub-protogeometrische Zeit.[292] Im Katalog des Museums von Tenos wird sie ohne nähere Fundangaben als aus Xompourgo stammend aufgeführt. Der Phylax N. Krontiras beharrt auf dem Fundort Ktikados; er zeigte mir auch eine Gruppe von geometrischen Gefäßen aus Grab A, mit denen zusammen die Fibel gefunden worden sein soll. Die Fibeln von Kardiane werden im Nationalmuseum zu Athen aufbewahrt, die Fibel von Ktikados im Archäologischen Museum von Tenos (Inv. Nr. B 446). Sämtliche Fibeln bestehen aus Bronze; sie gehören den Gruppen III, IV und IXc an.

THASOS

In der Gegend Theologos auf Thasos wurde im Jahre 1969 eine prähistorische Nekropole ausgegraben,[293] die aufgrund entsprechender Fibeltypen aus Vergina an das Ende der Bronzezeit, d. h. in das 10. und 9. Jh., datiert wird. Die Fibeln aus dieser Nekropole können der Typengruppe II zugeordnet werden: Bügel tordiert, Querschnitt rund, mit Kugeln an den Bügelenden oder mit bandförmigem, vertikal gestelltem Blechbügel.[294]

Fibeln fanden sich auch im Artemis-Heiligtum von Thasos, das oberhalb der Ostecke der Agora liegt.[295] Sämtliche Weihegaben im Artemis-Heiligtum sind offenbar Weihungen von Frauen an eine Schutzgottheit und stammen hauptsächlich aus archaischer Zeit. Wie die übrigen Weihegaben zeigen, war dieses Heiligtum auch in hellenistischer und römischer Zeit sehr beliebt.

---

[287] Levi, Ann. Sc. Arch. Atene 8–9, 1925, 212 Abb. 11.
[288] Desborough, Protogeometric Pottery 128 f.
[289] Ebd. 160.
[290] Desborough, Dark Ages 186.
[291] Snodgrass, Dark Age 245.
[292] Coldstream, Geometric Pottery 163 Taf. 34, c. h.

[293] Ch. Koukoule-Chrysanthake, Ephem. Arch. Chron. 1970, 16 ff.
[294] Ebd. 19 Taf. 12; vgl. auch Fibeln aus Mesembria (BCH. 92, 1968, 928 Abb. 16, 1–2).
[295] F. Salviat/N. Weill, Archaeology 13, 1960, 97 ff.

Die Fibeln aus dem Artemision werden im Archäologischen Museum der Stadt Thasos aufbewahrt. Die Fibeln aus der Nekropole befinden sich zusammen mit den anderen Funden von dort vermutlich im Magazin des Museums von Kavalla; sie waren mir nicht zugänglich.[296]

THERA

Fibeln ergaben auf Thera die beiden durch Hiller von Gärtringen ausgegrabenen Nekropolen und insbesondere das Schiff'sche Grab. Es sind die beiden, in spätgeometrische und frühorientalisierende Zeit gehörigen Nekropolen von Messovouno[297] und Sellada.[298] Die Gräber von dort sind in den Fels gebrochene Familiengrüfte; sie enthalten Brandbestattungen in Pithoi.

Das im Jahre 1900 von Schiff ausgegrabene Grab war durch spätere Überbauung gestört, sein Inhalt kann lediglich als Fundgruppe bezeichnet werden.

Die Fibeln von Thera konnten trotz beharrlicher Anstrengungen weder im Museum von Thera noch im Nationalmuseum zu Athen entdeckt werden. Nach den Angaben in der Publikation waren sie aus Bronze und Eisen hergestellt. Eine große Vielfalt an Fibeltypen begegnet auf Thera; vertreten sind nahezu alle Fibelgruppen, ausgenommen die griechisch-festländische Gruppe VI, diejenige mit figürlichem Dekor (VIII) und der italische Typ XI. Die Fibeln von Thera lassen sich nicht anhand von datierenden Beifunden zeitlich bestimmen. Droop[299] ist der Ansicht, daß es unter den Funden aus dem Artemis Orthia-Heiligtum genaue Entsprechungen zu den Fibeln des Schiff'schen Grabes gäbe, dessen Datierung ins 7. Jh. durch Thiersch er bezweifelt (in Sparta setzen die entsprechenden Fibeln in geometrischer Zeit ein und leben dann noch kurze Zeit weiter). Benton[300] verwies die Fibeln ebenfalls in das 8. Jh. Die gleichen Zweifel wie Droop und Benton äußern auch Friis Johansen und Bielefeld.[301] Zu Recht übernimmt Droop auch nicht die Unterscheidung von „geometrischen" und „kugeligen" (jüngeren) Fibeltypen angesichts der Tatsache, daß in Sparta beide Typen miteinander vergesellschaftet sind. Insgesamt kann die Publikation der Fibeln von Thera nicht als endgültig angesehen werden.

---

[296] Publikation der Nekropolen von Theologos durch Ch. Chrysanthake in Vorbereitung.

[297] E. Pfuhl, Athen. Mitt. 28, 1903, 232; Fibeln stammen aus den Gräbern 2, 10, 29, 61, 85, 89.

[298] Thera II 47. 122. 149, 299 ff.: Grab 52 und Schiff'sches Grab.

[299] Artemis Orthia 199.

[300] S. Benton, Journ. Hell. Stud. 70, 1950, 18.

[301] Bielefeld, Schmuck 52.

DER FUNDSTOFF

I. VIOLINBOGENFIBELN

Über den Ursprung der Violinbogenfibel wurden in der Forschung unterschiedliche Ansichten vertreten. Wie zuvor P. Orsi[1] so vermutete A. Furumark[2] ihn in Griechenland, wo diese Fibeln seit der Myk. III B-Stufe bezeugt sind. Von einer italischen Heimat ist demgegenüber J. Sundwall überzeugt;[3] dem schloß sich dann u. a. V. Milojčić an.[4] Andererseits wurde von G. v. Merhart eine Entstehung auf dem nordwestlichen Balkan in Betracht gezogen.[5] Zuvor hatte schon Ch. Blinkenberg an eine mitteleuropäische Fibelheimat gedacht.[6] H. Müller-Karpe verwies demgegenüber allgemein auf den Umstand, daß in der weiten Verbreitung früher Violinbogenfibeln historisch bemerkenswerte Beziehungen von Mitteleuropa bis zum mykenischen Kreis und Italien zum Ausdruck kommen.[7] Allgemein wird darauf hingewiesen, daß das Erscheinen der Fibel auf einen Wechsel der Bekleidung – vom genähten kretisch-mykenischen Gewand zu dem freieren dorischen – hinweist.[8] Desborough, der dabei noch einen Klimawechsel als Ursache vermutet,[9] geht davon aus, daß Fibeln in Griechenland vom Ende der Myk. III B-Zeit an vorhanden sind, deren Herkunft er im Norden sucht. Dort ist diese Fibelart im Donauraum, in Jugoslawien und Ungarn verbreitet,[10] nicht aber im thrakisch-illyrischen Gebiet.[11] Eine zeitliche Priorität des Auftretens im einen oder anderen Gebiet läßt sich derzeit nicht begründen.[12] Hinsichtlich der Entstehung der (einteiligen) Violinbogenfibel folgte Sundwall G. Kossinnas Theorie einer Ableitung von den nordischen (zweiteiligen) Fibeln.[13]

Wenn wir als zweiteilige Fibel alle die Zierstücke betrachten, bei denen zu einer Metallnadel ein Metallbügel tritt, so sind neben den europäischen zweiteiligen Fibeln auch einige frühere orientalische Stücke nicht außeracht zu lassen. Die kupferzeitlichen Fürstengräber von Alaça Hüyük haben mehrere Zierstücke dieser Art ergeben;[14] eine Art Fibel dürfte auch die Mäntel auf der frühdynastischen Standarte von Ur zusammengehalten haben.[15] Es ist von daher nicht verwunderlich, wenn auch im ägäischen Raum ein fibelartiges Zierstück bereits in frühkykladischem Fundzusammenhang erscheint.[15a] Es sollte daher mit der Möglichkeit gerechnet werden, daß solche Schmuckformen – etwa mit einem Bügel aus organischem Material – im mykenischen Raum bereits vor den ersten richtigen Fibeln bekannt waren.[16]

Aus der Erwähnung von ἐνετή, πόρπη und περόνη bei Homer[17] und aus der Verwendung der Epitheta

---

[1] Orsi, Contributi 191.

[2] Furumark, Mycenaean Pottery 91 ff.

[3] Sundwall, Fibeln 3. 13 mit älterer Literatur.

[4] Milojčić, Fremdlinge 162.

[5] G. v. Merhart, Bonn. Jb. 147, 1942, 6 ff.

[6] Lindos I 7.

[7] H. Müller-Karpe, Germania 40, 1962, 258 f. 281.

[8] J. Wiesner, Arch. Anz. 1939, 315.

[9] Desborough, Last Mycenaeans 54 f.

[10] Vgl. Sundwall, Fibeln 3. 13; Milojčić, Fremdlinge 162.

[11] Wiesner, Arch. Anz. 1939, 315.

[12] Zur Datierung der Violinbogenfibeln in Italien und Griechenland vgl. auch G. Hanfmanns Rezension von G. Säflund, Le terramare delle provincie di Modena, Reggio Emilia, Parma, Piacenza (1939) in: AJA. 1941, 308 ff.

[13] Sundwall, Fibeln 2.

[14] Alaça Hüyük: H. Z. Koşay, in: The Aegean and the Near East (Festschrift H. Goldman 1956) 36 ff. Taf. II 12; Sapouna-Sakellarakis, Minoïkon Zoma 137 Taf. 49, b.

[15] E. Stromenger/M. Hirmer, Fünf Jahrtausende Mesopotamien (1962) Taf. 11; Sapouna-Sakellarakis, Minoïkon Zoma 137 Taf. 49, a.

[15a] Dies., Anthropos 2, 1964, 56 ff.

[16] Vgl. Studniczka, Tracht 12; Lorimer, Homer 393 (Verwendung von Holzfibeln bei den ärmeren Bevölkerungsschichten); Sapouna-Sakellarakis, Minoïkon Zoma 137.

[17] Homer, Od. 18, 293; 19, 223–226; Il. V, 425; XIV, 180. Zu περόνη als Bezeichnung für Nadel oder Fibel vgl. Bielefeld, Schmuck 67 f.; Orsi, Contributi 192.

αὐλοὶ δίδυμοι und κληῖδες ἐὐγναμπτοι ist zu erschließen, daß die bei Homer beschriebenen Fibeln zu den Typen geometrischer und archaischer Zeit gehören.[18] Bei Homer wird jedoch auch erwähnt, daß Nestor und andere Helden mit der Fibel die Chlaina festmachen, eine Art schwerer Mantel, der nachweislich bereits in kretisch-mykenischer Zeit benutzt und der also wohl mit einer Fibel und nicht mit der einfachen Nadel gehalten wurde.[19]

Von den einzelnen Typen der Violinbogenfibel erscheinen auf den Inseln derjenige mit einfachem, glattem Bügel, der Typ mit tordiertem Bügel, der mit Achterschleifenbügel, der mit Bügelknoten und Blattbügelfibeln, außerdem zweiteilige Stücke. Abgesehen von einem Exemplar der Typengruppe II mit Spiraldiskusfuß ist diese anderwärts an frühen Violinbogenfibeln belegte Fußform auf den Ägäischen Inseln nicht bezeugt. Zweiteilige Formen erscheinen mit einem sehr frühen Beispiel auf den Kykladen und mit je einem Exemplar in Psychro und Karphi. Singulär ist einstweilen die zweiteilige Pferdchenfibel von Aloni, Ep. Hierapetra (Nr. 50). Die Verbreitung der Violinbogenfibel im mykenischen Bereich haben bereits N. Åberg,[20] Blinkenberg[21] und Furumark[22] behandelt. Im einzelnen erscheinen auf den Inseln folgende Typen:

TYP Ia

Violinbogenfibeln mit glattem Bügel von rundem Querschnitt und kleinem, zungenförmigem Fuß oder einfach umgebogenem Drahtende. (Fibeln mit vierkantigem Drahtbügel – Sundwall Typ A II c 5 – gibt es auf den Inseln nicht).

1. *Psychro*, Ep. Lasithi, Kreta. – Dikte-Höhle. – Fibel, L. 5 cm (*Taf. 1, 1* nach Maraghiannis). – Mus. Herakleion (o. Nr.). – D. G. Hogarth, Ann. BSA. 6, 1899–1900, 111 Abb. 45; G. Maraghiannis/L. Perrier/G. Karo, Antiquités Crétoises I (1907) Taf. 28, 7.

2. *Gortyn*, Ep. Kainourgion, Kreta. – Akropolis, aus der subminoischen Siedlung unter dem Tempel. – Fibel, L. 5,5 cm (*Taf. 1, 2* nach Rizza). – Mus. Herakleion (z. Zt. nicht nachweisbar). – D. Levi, Ann. Sc. Arch. Atene 33–34 (NS. 17–18) 1955–56, 215 mit Abb. 33; Rizza/Santa Maria Scrinari, Gortina 16ff. Abb. 31, a.

3. *Phaistos,* Ep. Pyrgiotissa, Kreta. – Palasthügel, Myloi, Grab mit mehreren Brandbestattungen in Pithoi. – Fibel, L. 3,8 cm (*Taf. 1, 3* nach Levi). – Beifunde: Amphora; fünf Skyphoi; Kotyle mit Bemalung protogeometrischen Stils; einhenkeliger Becher; vier einhenkelige, halbkugelige Tassen; Fußschale; zweihenkelige Schalen; fünf Krüge, Kleeblattmündung; Dolch, Eisen; Lanzenspitze, Eisen; Eisenfragmente. – D. Levi, Ann. Sc. Arch. Atene 35–36 (NS. 19–20) 1957–58, 355ff. Abb. 215; Desborough, Last Mycenaeans 56.

Sämtliche Fibeln des Typus Ia stammen von Kreta und gehören in die subminoische (Nr. 2) bis protogeometrische Zeit. Im mykenischen Gebiet kennen wir diesen Typ aus der Periode Myk. III B. Da sich solche Fibeln gewöhnlich in Gräbern ohne eine Spur von Leichenbrand finden, wurden sie von V. Milojčić auch im Hinblick auf ihre sonstigen Fundumstände als Hinweis auf eine Einwanderung aus Mitteleuropa im 13. Jh. v. Chr. gewertet.[23]

TYP Ib

Symmetrische Violinbogenfibeln mit tordiertem Bügel und kleinem dreieckigem Fuß (Blinkenberg I 2; in Italien entspricht Sundwalls Typ A IIb).[24]

---

[18] Bielefeld, Schmuck 67f.; Marinatos, Kleidung 37.
[19] Sapouna-Sakellarakis, Minoïkon Zoma 104ff.
[20] Åberg, Chronologie I 11ff.
[21] Blinkenberg, Fibules 41ff.
[22] Furumark, Mycenaean Pottery 91ff.
[23] Milojčić, Fremdlinge 165.
[24] Sundwall, Fibeln 13.

4. *Karphi* bei Tzermiado, Ep. Lasithi, Kreta. – Mikre Koprana, Siedlung, Raum 147. – Fibel, L. noch 7 cm (*Taf. 1, 4* nach Pendlebury). – Beifunde: Messer mit tordierter Griffangel; mehrere Spinnwirtel, Steatit und Ton; Grobkeramik (fünf Pithoi, acht Krüge, elf Teller); Feinkeramik; Hüttenurne. – Mus. Herakleion (z. Zt. nicht nachweisbar). – J. D. S. Pendlebury/M. B. Money-Coutts, Ann. BSA. 38, 1937–38, 69. 114 Taf. 29, 2. 690; Milojčić, Fremdlinge Abb. 3, 19.

5. *Psychro*, Ep. Lasithi, Kreta. – Dikte-Höhle. – Fibel, Federwindung und Nadel fehlen (*Taf. 1, 5* nach Boardman). – Oxford, Ashmolean Mus. (A. E. 1762). – Boardman, Cretan Collection 36 f. Nr. 157 Abb. 16, 157.

5 A. *Archanes,* Ep. Temenos, Kreta. – Phourni, Kuppelgrab Δ, Oberflächenfund; Ausgrabung J. Sakellarakis. – Fibel, L. 6,9 cm (*Taf. 1, 5 A*). – Mus. Herakleion. – Unpubliziert.

Diese Fibeln von Kreta sind – zumindest die Fibel Nr. 4 – in die subminoische bis protogeometrische Zeit datiert. Ein Weiterleben der Violinbogenfibel bis in protogeometrische Zeit kennen wir auch aus Thessalien[25] und Sparta.[26] Milojčić nahm auch für diese Form eine nördliche Herkunft an; Snodgrass[27] datiert den Typ allgemein ins 12. Jh. v. Chr.

TYP I c

Violinbogenfibeln mit kräftigem Bügel von rundem Querschnitt, glatt oder mit Ritzdekor, an den Bügelenden je eine Scheibe oder gedrückte Kugel; der Fuß ist glatt, dreieckig oder groß zungenförmig (Blinkenberg I 4–6).

6. *Kos.* – Langada-Nekropole, Kammergrab 10, mehrere (?) Körperbestattungen. – Fibel, L. 12 cm (*Taf. 1, 6*). – Beifunde: zwei Fingerringe, Gold; Goldblechfragmente mit getriebenem Dekor; Goldperlen; Perlen aus Ametyst, Achat, Bernstein, Karneol; fünf Bügelkannen; zweihenkelige, konische Pyxiden; Zwillingsgefäß; zwei kugelige Saugkännchen; Kännchen; zwei Amphoretten. – Belegungsdauer des Grabes: SM IIIA-SM IIIC. – Kos, Arch. Mus (o. Nr.). – Morricone, Langada 99 ff. Abb. 84.

7. „*Kreta*". – Fibel (*Taf. 1, 7* nach Milojčić). – Mus. Herakleion. – Milojčić, Fremdlinge Abb. 2, 7.

8. *Karphi* bei Tzermiado, Ep. Lasithi, Kreta. – „Peak Sanctuary", aus den Felsspalten. – Fibelbügel, zu Gerät (Meissel?) umgearbeitet, L. noch 13,1 cm (*Taf. 1, 8* nach Milojčić). – Mus. Herakleion. – J. D. S. Pendlebury/M. B. Money-Coutts, Ann. BSA. 38, 1937–38, 97 f. Nr. 670 Taf. 29, 1. 670; Milojčić, Fremdlinge Abb. 3, 18.

Dieser Typ ist durch eine subminoische Fibel von Kos (Nr. 6) und durch zwei Fibeln von Kreta (Nr. 7, 8) belegt. In Italien entspricht Sundwalls Typ A II g.[28] Die Fibeln dieses Typs sind von einfachen spätminoischen Formen abzuleiten; die Fibel von Kos (Nr. 6) belegt ihre frühe Verwendung auf den Inseln. Sie wurde zusammen mit Keramik der Periode Spätminoisch III A–C gefunden.[29] Zur Verbreitung dieses Typs im griechischen Gebiet vgl. Blinkenberg unter Typ I, 4–6.

TYP I d

Violinbogenfibel, Bügel mit einfachen Schleifen oder Achterschleifen, mit dreieckigem oder gestrecktem Fuß.

---

[25] Snodgrass, Dark Age 236.
[26] Artemis Orthia 198 f.
[27] Ebd. 278.

[28] Sundwall, Fibeln 15. 70 Abb. 46.
[29] Morricone, Langada 102 f.

9. *Tsoutsouros*, Ep.Monophatsi, Kreta. – Inatos-Höhle. –
Fibel, L. 3,2 cm *(Taf. 1, 9)*. – Mus. Herakleion (2681).
– Unpubliziert.
10. *Psychro*, Ep. Lasithi, Kreta. – Dikte-Höhle. – Fibel,
L. noch 2 cm *(Taf. 1, 10)*. – Mus. Herakleion (o. Nr.).
– Boardman, Cretan Collection 36 Abb. 16, A.

11. *Delos.* – „Portique de Philippe", gefunden 1904.
– Fibel, L. 5,6 cm *(Taf. 1, 11)*. – Mus. Delos (B. 5502).
– Délos XVIII 283 Abb. 323 Taf. 86, 732.

Exemplare dieses Typs kommen von Kreta (Nr. 9, 10) und Delos (Nr. 11). Entsprechend ist eine Fibel
von Diakata auf Kephallenia,[30] die ins 12. Jh. datiert wird.[31] Für das Exemplar von Kephallenia zog
Marinatos[32] eine nördliche Herkunft in Betracht. Sundwall ist der Ansicht,[33] daß der entsprechende
italische Typ A IIIb (mit Achterschleifen) ebenfalls aus Mitteleuropa stammt, wo Fibeln dieser Art seit
der Jungbronzezeit bekannt sind. Von dort dürfte der Typ zuerst Italien und dann Griechenland erreicht
haben.[34] Die Fibeln von den Inseln tragen nichts zur Herkunftsfrage bei, da sie jüngerer Zeitstellung sind,
insbesondere die Fibel von Delos (Nr. 11). Sie hat den charakteristischen italischen gestreckten Fuß, der
im 7. Jh. v. Chr. typisch ist. Jedoch treten Fibeln mit gestrecktem Fuß in Süditalien bereits in Gräbern
des 8. Jh. auf.

TYP Ie

Violinbogenfibeln mit weidenblattförmigem Bügel (Blinkenberg I, 7–9). Die schlichtere Ausführung
dieses Typs stellen die unverzierten Fibeln mit kleinem, zungenförmigem, rechteckigem oder trapez-
migem Fuß dar. Die Fibel Nr. 20, die diesem Typ angehört, ist mit Ritzlinien und einem Kugelglied beim
Fußansatz verziert. Eine feinere Ausführung dieses Typs hat einen Blattbügel, der mit geritztem Dekor
(z. T. Tremolierstich) verziert ist (Nr. 21–32). Der Fuß ist auch in diesem Fall zungenförmig.

12. *Ialysos*, Rhodos. – Akropolis, aus dem Athena-Heiligtum. – Fibel, Nadel gebrochen, L. 3,3 cm *(Taf. 1, 12)*.
– Mus. Rhodos (o. Nr.). – Unpubliziert.
13. *Praisos*, Ep. Seteia, Kreta. – Angabe im Museumskatalog: Ausgrabung Bosanquet 1901. – Fibel, mehrere
Draht- und Blechanhänger eingehängt, L. 5,6 cm
(Taf. 1, 13). – Mus. Herakleion (o. Nr.). – Unpubliziert.
14. *Vrokastro* bei Pyrgos, Ep. Mirabello, Kreta. – Fibel,
L. noch 3,3 cm *(Taf. 1, 14* nach Hall). – Mus. Herakleion
(o. Nr.). – Hall, Vrokastro Taf. 19, J.
15. *Vrokastro* bei Pyrgos, Ep. Mirabello, Kreta. – Siedlung, Raum 27, zweiter Halbmeter, nahe bei SM IIIB
Keramik. – Fibel, L. 6,7 cm *(Taf. 1, 15)*. – Mus. Herakleion (o. Nr.). – Hall, Vrokastro 113. 179 Taf. 19, A;
Blinkenberg, Fibules 50 (I 7c).
16A.–C. *Leukanti* (Lefkandi), Ep. Chalkis, Euböa.
– Aus Gräbern. – Drei Fibeln mit blattförmigem Bügel.
– Mus. Eretria (SQ/9 tomb 3 SF [1970]; SQ/9 tomb
3 SFS/PP-3/26 [1970]; ST, T ΓΔ tomb 10 [1968]). – Unpubliziert.

16D. *Leukanti* (Lefkandi), Ep. Chalkis, Euböa. – Fibel
mit blattförmigem Bügel. – Mus. Eretria (18/s. 68
ST/P4, 13). – Unpubliziert.
17. *Ialysos*, Rhodos. – Akropolis, aus dem Athena-Heiligtum. – Fibel, Nadel gebrochen, L. 6 cm *(Taf. 1, 17)*.
– Mus. Rhodos (9553). – Unpubliziert.
18. *Ialysos*, Rhodos. – Akropolis, aus dem Athena-Heiligtum. – Fibel, L. 3 cm *(Taf. 1, 18)*. – Mus. Rhodos (o.
Nr.). – Unpubliziert.
19. *Thera.* – Sellada, Schiff'sches Grab. – Fibel, L.
2,8 cm *(Taf. 1, 19* nach Thera II). – Beifunde: Fibeln
Nr. 124. 210. 230. 421. 546–548. 843. 844. 1063. 1271.
1292. 1488. 1489. 1535. 1536. 1543; zwei Fingerringe,
Silber; zwei Fingerringe; Silberring mit Skarabäus; Rol-
lenkopfnadel; Nadel mit profiliertem Hals und Kopfscheibe; Glasperlen; Knochennadeln; Spinnwirtel; zwei
Lanzenspitzen, Eisen; fünf Messer, Eisen; zwei weibliche Statuetten, Kalkstein; Tierstatuette, Stein; Tonsta-
tuetten; sieben Skyphoi; zwei Teller; zwei „Räucherge-
fäße"; zwei Kännchen, Gefäßkörper in Form einer

---

[30] Arch. Delt. 5, 1919, 117 Abb. 33.
[31] Sundwall, Fibeln 10; Desborough, Last Mycenaeans 57.
[32] Marinatos, Kleidung 36.
[33] Sundwall, Fibeln 10. 72.
[34] Zur Herkunft aus dem Hallstattbereich vgl. auch Wiesner,
Arch. Anz. 1939, 318.

Blüte; einhenkelige Kanne, Kleeblattmündung; Amphoriskos; konische Schalen; einhenkelige Kännchen; Ringgefäß; Flasche; Pyxis; Krug; einhenkelige Tassen; Grobkeramik (Töpfe). – *Datierung:* Keramik des geometrischen und frühorientalisierenden Stils. – Verbleib unbekannt. – Thera II 300f. Abb. 489, o.

20. *Emporio,* Chios. – Prophet Elias, Akropolis, Athena-Tempel, über der Statuenbasis in der Zella. – Fibel, L. noch 2,8 cm (*Taf. 1, 20* nach Boardman). – Mus. Chios. – Boardman, Emporio 207f. Nr. 186 Abb. 137, 186.

21. „*Kreta".* – Fibel, L. 8,4 cm (*Taf. 1, 21*). – Mus. Herakleion (o. Nr.). – Milojčić, Fremdlinge Abb. 3, 17.

22. *Mallia,* Ep. Pediada, Kreta. – Siedlung, Haus E, Raum XXX. – Fibel, L. 10 cm (*Taf. 1, 22*). – Beifunde: SM I–III Keramik. – Mus. Herakleion (2393). – Deshayes/Dessenne, Mallia 108. 146f. Taf. 51, 8; 72, 10.

23. *Psychro,* Ep. Lasithi, Kreta. – Dikte-Höhle. – Fibel, L. 6 cm (*Taf. 1, 23*). – Mus. Herakleion (500). – Milojčić, Fremdlinge 163 Abb. 3, 11; BSA. 1939–40 Taf. 32, 37.

24. *Psychro,* Ep. Lasithi, Kreta. – Dikte-Höhle. – Fibel, L. 5,5 cm (*Taf. 2, 24* nach Boardman). – Oxford, Ashmolean Mus. (AE. 636). – Boardman, Cretan Collection 36f. Nr. 158 Abb. 16, 158 Taf. 13.

25. *Kissamos* (Kastelli), Ep. Kissamos, Kreta. – Grabfund (?), von Evans 1891 angekauft. – Fibelbügel, L. 5,5 cm (*Taf. 2, 25* nach Boardman). – Oxford, Ashmolean Mus. (AE. 122a; 1891. 665). – Boardman, Cretan Collection 92 Nr. 384 Abb. 37, 384 Taf. 30, 384.

26. *Psychro,* Ep. Lasithi, Kreta. – Dikte-Höhle. – Fragment eines Fibelbügels, getriebene Buckel, L. noch 3,6 cm (*Taf. 2, 26* nach Boardman). – Oxford, Ashmolean Mus. (AE. 1534). – Boardman, Cretan Collection 36f. Nr. 159 Abb. 16, 159 Taf. 13, 159.

27. *Karphi* bei Tzermiado, Ep. Lasithi, Kreta. – Ankauf mit der Provenienz-Angabe „Abhänge von Mikre Koprana". – Fibel, Nadel und Fuß fehlen, L. noch 6,2 cm (*Taf. 2, 27* nach Milojčić). – Mus. Herakleion. – J. D. S. Pendlebury/M. B. Money-Coutts, Ann. BSA. 38, 1937–38, 70. 114 Taf. 29, 2. 200; Milojčić, Fremdlinge Abb. 3, 15; Desborough, Dark Ages 126 Taf. 22.

28. *Karphi* bei Tzermiado, Ep. Lasithi, Kreta. – „Eastern Quarter", Raum 136. – Fibel, Nadel fehlt, L. noch 12 cm (*Taf. 2, 28* nach Milojčić). – Beifunde: Fragment einer Schale, Steatit; 21 Tonspulen; Grobkeramik. – Mus. Herakleion. – J. D. S. Pendlebury/M. B. Money-Coutts, Ann. BSA. 38, 1937–38, 70ff. Nr. 636 Taf. 29, 2. 636; Milojčić, Fremdlinge Abb. 3, 16.

29. *Psychro,* Ep. Lasithi, Kreta. – Dikte-Höhle. – Fibel, L. 5 cm (*Taf. 2, 29* nach Boardman). – Oxford, Ashmolean Mus. (AE. 639). – Boardman, Cretan Collection 36f. Nr. 160 Abb. 16, 160 Taf. 13, 160.

30. *Aigina.* – Kap Colonna, Apollon-Heiligtum („Aphrodite"-Heiligtum), Ausgrabung 1904. – Fibel, Spiralwindung mit Nadel und Fuß gebrochen, L. noch 6 cm (*Taf. 2, 30*). – Mus. Aigina (929). – Unpubliziert.

31. *Leukanti* (Lefkandi), Ep. Chalkis, Euböa. – Grundstück Skoubris, Grab 46. – Blattbügelfibel, Maße unbekannt. – Beifunde: Fibel Nr. 160; Griffzungendolch, Eisen; einhenkelige Tasse; Kännchen; beutelförmiges Kännchen mit Kleeblattmündung. – *Datierung:* Ende Submykenisch. – Mus. Eretria. – Desborough, Dark Ages 191 Taf. 41.

32. *Langada,* Kos. – Nekropole, Kammergrab 20, Reste von mehreren Körperbestattungen, gestört. – Fibel, L. 10 cm (*Taf. 2, 32* nach Morricone). – Beifunde: Bügelkanne; hochfußiger Kylix; Kanne. – *Datierung:* SM III B-C. – Mus. Kos. – Morricone, Langada 134f. Abb. 119.

Von den Fibeln dieses Typs wird Nr. 22 von Mallia in die Stufe Spätminoisch III B datiert,[35] während Nr. 27 und 28 von Karphi der submykenischen Zeit angehören, ebenso die kürzlich in Leukanti gefundene Fibel Nr. 31. Das Exemplar Nr. 30 von Aigina ist sicher jünger, und zwar wegen der Dekorweise und der Art ihrer zweiteiligen Herstellung, die an entsprechende archaische Fibeln mit figürlichem Dekor erinnert.

Sundwall[36] wie auch Blinkenberg hielten den entsprechenden Typ A IV b Italiens nicht für griechisch und verwiesen auf sein Fehlen in Sizilien. Die Heimat wurde im Norden gesucht, sein Auftreten in Italien ins 12. Jh. gesetzt, dasjenige in Griechenland ins 11. Jh. v. Chr. Die Blattbügelfibeln wurden als jüngere Ausführung innerhalb der Violinbogenfibeln angesehen.[37] Hinsichtlich des Dekors der Weidenblattfibeln meinte Milojčić,[38] daß die betreffende Technik im minoischen Kreta unbekannt sei. Er verwies auf entsprechende Funde aus Italien und Südwestdeutschland, was die Annahme einer nördlichen Herkunft dieses Typus nahelege. S. Benton,[39] die die Entwicklung dieser Fibeln in Griechenland verfolgt, ist der

---

[35] Deshayes/Dessenne, Mallia. Maisons 2, 146f.
[36] Sundwall, Fibeln 14. 73.
[37] Ebd. 17.
[38] Milojčić, Fremdlinge 162.
[39] Ann. BSA. 48, 1953, 350f.

Ansicht, daß das asymmetrische Exemplar von Vrokastro (Nr. 43, Typ I g) zu früh anzusetzen ist, als daß ein italischer Einfluß angenommen werden könnte.

Auf den Inseln fand sich der Typ I e auf Kreta, vielleicht auch in Grab 20 der Langada-Nekropole auf Kos,[40] wo er zwischen die Spätminoisch III B- und die submykenische Stufe einzuordnen ist, in submykenisch-protogeometrischen Gräbern von Leukanti (Skoubris) und auch in jüngerem Zusammenhang auf Aigina, Chios und Thera, wo er der geometrischen bis archaischen Zeit angehört. Der Typ setzt demnach offensichtlich in Spätminoisch III B ein, wie das durch den Fund von Metaxata auf Kephallenia unterstrichen wird.[41] Charakteristisch für die frühen Fibeln ist die Dekortechnik mit geritzten und eingeschlagenen Mustern.[42] Die Blattbügelfibeln mit eingeschlagenem Dekor dauern bis in submykenische Zeit fort, wie wir in Leukanti und im Kerameikos sehen.[43] Die Blattbügelfibeln der geometrischen und archaischen Zeit sind hauptsächlich durch ihren trapezförmigen Fuß charakterisiert. Die geometrischen Blattbügelfibeln sind meist unverziert, wie etwa die Exemplare aus den geometrischen „Bone-enclosures" von Vrokastro, oder sie tragen einen verkümmerten Dekor. Aus dem übrigen Griechenland kennen wir aus geometrischer Zeit Beispiele mit Dekor, wie die Fibel aus Grab 21 von Vitsa, Epirus, wo eine Violinbogenfibel mit Ritzdekor zusammen mit importierter geometrischer Keramik gefunden wurde,[44] oder auch die Fibel von Prosymna, die in einem Heiligtum des 7. Jh. zusammen mit Bogenfibeln und phrygischen Fibeln lag.[45]

Auf den Inseln erscheint dieser Typ am frühesten auf Kreta (etwa Spätminoisch III B). Die submykenischen Exemplare von Leukanti haben gute Parallelen in Grab 108 des Kerameikos, wo sie sich zusammen mit tordierten Bogenfibeln (Typ II g) fanden. Jedenfalls lebt dieser Typ, freilich mit Abwandlungen in der Form des Blattbügels, im Dekor oder in der Fußbildung, bis in archaische Zeit fort.

TYP If

Fibeln dieses Typs, in der Konstruktion den Violinbogenfibeln entsprechend, haben einen glatten bandförmigen oder dreieckigen Bügel und einen durch einfaches Umbiegen des Bügelendes gebildeten Fuß. Die Durchbohrungen des Bügels, in denen sich z. T. noch Nietstifte mit kleinem Kopf erhalten haben, machen deutlich, daß es sich hier um den Verschlußteil eines vermutlich aus vergänglichem Material gefertigten Fibelbügels handelt. Bei Fibeln der Variante 1 ist der Blechbügel waagrecht gestellt (Nr. 33–41); die Variante 2 ist durch eine Miniaturfibel von Delos vertreten, deren bandförmiger Bügel senkrecht steht (Nr. 42).

33.–35. *Paros.* – Delion, unter dem Fußboden des Tempels. – Drei Fibeln, L. noch 3,5 cm, 4,1 und 2,6 cm *(Taf. 2, 33–35).* – Nationalmus. Athen (12169). – Rubensohn, Delion 69 Nr. 20–23.

36. *Psychro,* Ep. Lasithi, Kreta. – Dikte-Höhle. – Fibel, L. noch 3,3 cm *(Taf. 2, 36* nach Boardman). – Oxford, Ashmolean Mus. (AE. 638). – Boardman, Cretan Collection 36f. Nr. 161 Abb. 16, 161 Taf. 13, 161.

37. *Samos.* – Aus dem Heraion. – Fibel, L. noch 5 cm *(Taf. 2, 37).* – Mus. Vathy, Samos (B 611). – Unpubliziert.

38. *Samos.* – Aus dem Heraion. – Fibel, L. noch 3,5 cm *(Taf. 2, 38).* – Mus. Vathy, Samos (B 620). – Unpubliziert.

39. *Arkades,* Ep. Pediada, Kreta. – Nekropole auf dem Prophet Elias, vom Südende der Terrasse, aus der Ge-

---

[40] Morricone, Langada.
[41] Blinkenberg, Fibules 50 datiert die Fibeln von Metaxata (Ephem. Arch. 1933, 92 f.) in submykenische Zeit; Snodgrass, Dark Age 309 datiert nach Spätmykenisch III B.
[42] Bielefeld, Schmuck 51 Abb. 6 c.

[43] Müller-Karpe, Metallbeigaben 87 ff. Abb. 5, 7 aus dem submykenischen Grab 108.
[44] Snodgrass, Dark Age 260.
[45] C. Blegen, AJA. 43, 1939, 414 Abb. 4, 12.

gend der Pithosgräber 135–144. – Fibel, L. noch 3,5 cm *(Taf. 2, 39)*. – Mus. Herakleion (2124). – Levi, Arkades 166 ff. Taf. 6.

40. *Psychro,* Ep. Lasithi, Kreta. – Dikte-Höhle. – Fibel, L. 3,2 cm *(Taf. 2, 40 nach Boardman)*. – Oxford, Ashmolean Mus. (AE. 637). – Boardman, Cretan Collection 36 f. Nr. 156 Abb. 16, 156 Taf. 13, 156.

41. *Ialysos,* Rhodos. – Akropolis, aus dem Athena-Heiligtum. – Fibel, L. 3,1 cm *(Taf. 2, 41)*. – Mus. Rhodos (10950). – Unpubliziert.

42. *Paros.* – Delion, unter dem Fußboden des Tempels. – Fibel, L. 2,6 cm *(Taf. 2, 42)*. – Nationalmus. Athen (12169). – Rubensohn, Delion 69 Nr. 19 Taf. 12, 13.

Entsprechungen zu den Fibeln der Variante 1 f kennen wir aus dem Artemis Orthia-Heiligtum, wo sie der geometrischen Zeit angehören[46] und aus dem Argivischen Heraion,[47] dort aus einem Fundkomplex des 6. Jh. Eine Parallele zu der Fibel der Variante 2 ist aus dem Depot unter der Säulenbasis des archaischen Artemision von Ephesos bekannt.[48] Zu diesen beiden Varianten des Typus I f mit Nieten oder Durchbohrungen im Bügel meint Rubensohn, daß es sich nicht um selbständige Fibeln handelt, sondern daß eine „Zierplatte" aus vergänglichem Material zu ergänzen ist.[49]

TYP Ig

Asymmetrische Violinbogenfibeln mit Blattbügel oder mit Bügel von rundem Querschnitt (Blinkenberg I 10–12).

43. *Vrokastro* bei Pyrgos, Ep. Mirabello, Kreta. – Siedlung, Raum 8, aus der oberen Schicht. – Fibel, L. 5,9 cm *(Taf. 2, 43)*. – Beifunde: Fibel Nr. 344 (?); Frgte. von Tierstatuetten, Ton; weitere Funde aus diesem Raum: runde Blechscheibe; Eisenklingen; Pithos. – Mus. Herakleion (1781). – Hall, Vrokastro 99 Taf. 19, B; H. Henkken, PPS. 22, 1956, 213 f. Abb. 1, B.

44. *Kavoussi,* Ep. Hierapetra, Kreta. – Aus Tholosgräbern, angekauft 1898. – Fibel, Fuß und Teil der Nadel fehlen, L. noch 9,3 cm *(Taf. 2, 44)*. – Mus. Herakleion (404). – J. Boardman, Kret. Chron. 23, 1971, 5 Nr. 1 Taf. A, 1.

45. *Kavoussi,* Ep. Hierapetra, Kreta. – Aus Tholosgräbern. – Fibelbügel, L. noch 8 cm *(Taf. 2, 45 nach Boardman)*. – Mus. Herakleion (o. Nr.). – Blinkenberg, Fibules 55 (I 11 c); J. Boardman, Kret. Chron. 23, 1971, 5 Nr. 2 Taf. A, 2.

46. „*Kydonia*" (Chania), Ep. Kydonia, Kreta. – Fibel, Nadel fehlt, L. noch 4,5 cm *(Taf. 2, 46 nach Boardman)*. – Oxford, Ashmolean Mus. (G. 329). – Blinkenberg, Fibules 55 Abb. 27 (I 12 a); Boardman, Cretan Collection 121 Nr. 529 Taf. 45, 529.

In Italien entspricht Typ A II j nach Sundwall.[50] Entsprechungen zu den asymmetrischen Fibeln mit tordiertem Bügel, Sundwalls Typ A II i, sind auf den Inseln bisher nur auf Euböa (Leukanti) gefunden worden. Bei einer Fibel (Nr. 44) erinnert die Doppelspirale an Stelle der üblichen einfachen Windung ebenfalls an italische Exemplare. Nach Sundwall[51] sind die Fibeln dieses Typus italisch, aus ihnen wurden die Schlangenfibeln entwickelt.

Außerhalb Griechenlands kommen die meisten Exemplare aus Tirol und Bosnien.[52] Sehr häufig tritt dieser Typ auch in mykenischer und submykenischer Zeit auf Zypern auf. Asymmetrische dreieckige Fibeln gibt es dort bereits seit dem Ende des 12. Jh.; sie gelten allgemein als Weiterentwicklung der

---

[46] Artemis Orthia 198 Taf. 72 g. l. p. r. f.

[47] J. L. Caskey/P. Amandry, Hesperia 21, 1952, 182 Taf. 46, 108 mit älterer Literatur.

[48] Hogarth, Ephesos 98 Taf. 5, 6.

[49] Rubensohn, Delion 69 Nr. 19–23.

[50] Sundwall, Fibeln 16. 71.

[51] Ebd. 16 f.

[52] Ebd.

Violinbogenfibel.[53] Von den Ägäischen Inseln gibt es Fibeln dieses Typs nur von Kreta (Nr. 43–46) und Euböa (Leukanti, unpubliziert).

TYP Ih

Zweiteilige Violinbogenfibeln (Blinkenberg I 14 a).

47. *Naxos.* – Aus Gräbern. – Nadel mit Vasenkopf und abgeflachtem, gelochtem Hals, L. 8,8 cm *(Taf. 2, 47).* – Nationalmus. Athen (10367). – E. Sapouna-Sakellarakis, Anthropos 2, 1975, 56 Abb. 1. 2.

48. *Psychro,* Ep. Lasithi, Kreta. – Dikte-Höhle. – Nadel mit abgeflachtem, gelochtem Hals, L. noch 3,3 cm *(Taf. 2, 48* nach Boardman). – Oxford, Ashmolean Mus. (AE. 1525). – Boardman, Cretan Collection 36 f. Nr. 162 Abb. 16, 162 Taf. 13, 162.

49. *Karphi* bei Tzermiado, Ep. Lasithi, Kreta. – Ta Mnemata, Grab 4, Reste von fünf Körperbestattungen, keine Angaben zur Fundlage der Nadel. – Nadel mit ringförmigem, gelochtem Hals. – Beifunde: Fibeln Nr. 52. 53; Fragment eines Fingerrings; Eisenklingen; Tierstatuetten, Ton; drei Bügelkannen; Pyxis. – Verbleib unbekannt. – J. D. S. Pendlebury/M. B. Money-Coutts, Ann. BSA. 38, 1937–38, 102 f. Nr. 171 Taf. 28, 1.

50. *Aloni,* Ep. Hierapetra, Kreta. – Aus Tholosgrab. – Fibel, Teil der Nadel fehlt, L. 13,6 cm *(Taf. 3, 50).* – Beifunde: Keramik mit plastischem Dekor. – Mus. Herakleion (615). – H. A. Boyd, Transaction of Archaeology 1, 1904, 15 ff. Abb. 8; Blinkenberg, Fibules 57 Abb. 29 (I 14 a); Milojčić, Fremdlinge Abb. 3, 20.

Nur wenig Exemplare liegen vor, die aber insofern bemerkenswert sind, als solche Fibeln vom griechischen Festland ganz fehlen. Das älteste Stück (Nadel), das nach Art einer zweiteiligen Fibel ergänzt werden kann,[54] gehört der frühkykladischen Zeit an (Nr. 47). Dieses Schmuckstück ist damit wesentlich älter als die mittel- und nordeuropäischen zweiteiligen Fibeln. Zu vergleichen sind Stücke von Zypern (früh- und mittelzyprische Zeit).[55] Wie wir an anderer Stelle dargelegt haben,[56] muß im ägäischen Bereich vom 3. Jahrtausend an mit fibelartigen Verschlußstücken gerechnet werden, was die Interpretation der „Nadel" von Naxos als Fibel nahelegt.

Die richtigen zweiteiligen Fibeln sind wesentlich jünger; sie stammen von Karphi, Psychro und Aloni, Ep. Hierapetra. Von den beiden erstgenannten Stücken ist nur die Nadel erhalten, während das dritte eine vollständig erhaltene Fibel ist. Dieser Typ hat keine Beziehungen zu den jüngeren italischen „Figurenfibeln" Sundwalls[57] und den entsprechenden griechischen Exemplaren vom Aetos auf Ithaka, von Olympia, aus dem Artemis Orthia-Heiligtum oder von Kalamata usw. (vgl. dazu S. 100 ff., Fibeln mit figürlichem Dekor). Zweiteilige Fibeln müssen in Griechenland erfunden worden sein. Griechenland ist auch als Entstehungsgebiet der Figurenfibeln anzusehen, wie das frühe Exemplar von Aloni, Ep. Hierapetra (Nr. 50) zeigt.

II. BOGENFIBELN

Mit der Herkunft der Bogenfibel hat sich die Forschung viel beschäftigt. Zumeist wird eine Herleitung von der Violinbogenfibel angenommen. Auch über den chronologischen Ansatz der Bogenfibel in die

---

[53] Gjerstadt, Cyprus Expedition IV/2 143 ff.
[54] Åberg, Chronologie V 60 Abb. 108.
[55] H. W. Catling, Cypriot Bronzework in the Mycenaean World (1964) 72 f.; E. Sapouna-Sakellarakis, Anthropos 2, 1975, 55 ff. Über protohistorische zweiteilige Fibeln im Iran vgl. Iran. Ant. 1964, 93 Abb. 1.
[56] Sapouna-Sakellarakis, Minoïkon Zoma 137.
[57] Sundwall, Fibeln 62 ff.

submykenische Zeit sowie ihr Weiterdauern in die frühe Eisenzeit besteht Einmütigkeit. Bogenfibeln treten in Griechenland sowohl in Steinkistengräbern als auch in Gräbern mit Brandbestattung auf,[1] während Violinbogenfibeln in den Brandgräbern fehlen. Wie in Italien,[2] so laufen auch in Griechenland beide Fibelarten eine Zeitlang nebeneinander her. In Griechenland ist mit dem Erscheinen von Bogenfibeln um 1100 v. Chr. zu rechnen, annähernd zur selben Zeit wie in Italien. Vermutlich entwickelten beide Gebiete gleichzeitig diesen neueren Typ aus den Violinbogenfibeln. V. Milojčić[3] erwog, daß die Bogenfibel mit einer Einwanderungswelle am Ende der Bronzezeit aus dem Norden nach Griechenland gekommen sei. Mit einer Herkunft dieser Form aus dem Norden rechnet auch Desborough, da die Steinkistengräber, in denen sie gefunden wurden als Zeugnis von Einwanderern aus dem Norden gelten.[4] Snodgrass[5] bestreitet dies jedoch; er nimmt an, daß die Bogenfibel aufgrund von Handelsbeziehungen während der Myk. III C-Stufe entstanden sei, ohne freilich eine unabhängige Ausbildung in Griechenland und dem Norden auszuschließen. Die Ablösung der Violinbogenfibel durch die Bogenfibel kann auch mit einer Änderung der Bekleidung in den betreffenden Gegenden zusammenhängen.

In Griechenland gibt es keine Bogenfibel, die älter ist als die Myk. III C-Stufe. Ihre Hauptverbreitung fällt jedoch in die submykenische und die protogeometrische Zeit. Mit bestimmten Varianten (Miniaturformat, Veränderung der Fußplatte) dauert sie bis in die archaische Zeit, in den Randgebieten sogar noch länger.[6]

Die Verbreitung der Bogenfibeln der Gruppe II umfaßt außer der Ägäis noch Italien, das Balkan- und das Donaugebiet, den Kaukasus und Kleinasien (vom 12. Jh. v. Chr. an),[7] während sie unseres Wissens weiter östlich fehlt.[8]

Die ersten Inseln, auf denen die Bogenfibel auftritt, sind Salamis, Euböa (Leukanti) und Kreta (Mouliana, Karphi, Vrokastro). Auf den Inseln gibt es eine stattliche Anzahl von Typen dieser Formgruppe. Es läßt sich verfolgen, daß im Verlauf der Entwicklung zuerst die Bügel- und dann die Fußform verändert wird.

TYP II a

Bogenfibeln mit glattem Bügel von rundem oder D-förmigem Querschnitt. Der Fuß ist zungenförmig, bei den Miniaturfibeln bisweilen auch klein dreieckig. Bei wenigen Exemplaren von Leukanti und Rhodos trägt der Bügel geritzten Dekor, Einzelrillen oder Strichgruppen. Der Bügel nur einer Fibel dieses Typs (Nr. 69) zeigt trapezförmigen Umriß (Blinkenberg II 1–2; in Italien entspricht Sundwalls Typ B Iα c).[9]

51 A. B. *Gortyn*, Ep. Kainourgion, Kreta. – Akropolis; aus der subminoischen Siedlung unter dem Tempel. – Zwei Fibeln, L. 3 und 2,8 cm (*Taf. 3, 51 A. B* nach Santa Maria Scrinari). – Rizza/Santa Maria Scrinari, Gortina 17 Abb. 31, b. c.

52. 53. *Karphi* bei Tzermiado, Ep. Lasithi, Kreta. – Ta Mnemata, Grab 4, Reste von fünf Körperbestattungen.

– Zwei Fibeln, L. 6,2 und 6 cm (*Taf. 3, 52. 53* nach Pendlebury). – Beifunde und Verbleib vgl. Nr. 49. – J. D. S. Pendlebury/M. B. Money-Coutts, Ann. BSA. 38, 1937–38, 102 Nr. 175. 176 Taf. 28, 1; Desborough, Last Mycenaeans 58.

54. 55. *Karphi* bei Tzermiado, Ep. Lasithi, Kreta. – Ta Mnemata, Grab 8, Reste von drei Körperbestattungen,

---

[1] Milojčić, Fremdlinge 163; Desborough, Last Mycenaeans 58.

[2] Sundwall, Fibeln 19.

[3] Milojčić, Fremdlinge 166. 169.

[4] Desborough, Last Mycenaeans 58; ders., Dark Ages 301.

[5] Snodgrass, Dark Age 256. 317. 319.

[6] Olynthus X 95. 102 (Typus V); Bielefeld, Schmuck 49.

[7] Stronach, Iraq 21, 1959, 185.

[8] Wiesner, Arch. Anz. 1939, 315; Iran. Ant. 1964, 90ff.

[9] Sundwall, Fibeln 20.

keine Angaben zur Fundlage der Fibeln. – Zwei Fibeln, L. 4,3 und 6,2 cm (*Taf. 3, 54. 55* nach Pendlebury). – Beifunde: drei Fingerringe; drei Drahtspiralringe; Drahtfragment (Fibelnadel?); mehrere Besatzbuckelchen; Bügelkanne; zwei Kratere; Kesselständer, durchbrochen, Ton. – Verbleib unbekannt. – J. D. S. Pendlebury/M. B. Money-Coutts, Ann. BSA. 38, 1937–38, 104f. Nr. 157. 158 Taf. 28, 1; Desborough, Dark Ages 127 Taf. 23.

56. *Hagios Ioannes* bei Knossos, Ep. Temenos, Kreta. – Grab VIII, in der Seitenkammer eines Dromos mehrere Brandbestattungen und eine Körperbestattung, Fibel zur Körperbestattung gehörig (?). – Fibel, L. 6,8 cm (*Taf. 3, 56* nach Boardman). – Weitere Funde aus der Grabkammer: Fibel Nr. 57; Griffzungenschwert, Eisen; vier Bügelkannen; drei Amphoren; Krateriskos; Hydria; einhenkelige Becher. – *Datierung* der Keramik: Früh- bis mittelprotogeometrisch. – Mus. Herakleion. – J. Boardman, Ann. BSA. 55, 1960, 139ff. Abb. 9, 18 Taf. 39, VIII. 18; Desborough, Dark Ages 230 Abb. 24.

56 A. B. *Phaistos*, Ep. Pyrgiotissa, Kreta. – Aus einem zerstörten Grab im antiken Stadtbereich. – Zwei Bogenfibeln, Bügel glatt, Maße unbekannt. – D. Levi, Boll. d'Arte Ser. 4/40, 1955, 159.

57. *Hagios Ioannes* bei Knossos, Ep. Temenos, Kreta. – Grab VIII, in Seitenkammer eines Dromos mehrere Brandbestattungen und eine Körperbestattung, Fibel zur Körperbestattung gehörig (?). – Fibel, L. 7,9 cm (*Taf. 3, 57* nach Boardman). – Beifunde, Datierung und Aufbewahrungsort vgl. Nr. 56. – Mus. Herakleion. – J. Boardman, Ann. BSA. 55, 1960, 139ff. Abb. 9, 17 Taf. 39, VIII. 17; Desborough, Dark Ages 230 Abb. 24.

58. *Vrokastro* bei Pyrgos, Ep. Mirabello, Kreta. – Mazichoria, Kammergrab III, mehrere Körperbestattungen, Beigaben nicht getrennt, – Fibel, L. 5,8 cm (*Taf. 3, 58* nach Hall). – Funde aus der Grabkammer: Fibel Nr. 612; neun Nadeln mit doppelkonischer Schaftperle und kleinem kugeligem Kopf; Drahtarmring; drei Fingerringe; Bronzeperle; fünf Fayenceperlen; Fragment einer Säge; zwei Oinochoen; Bügelkanne; Hydria; Pyxis mit Deckel; Schalen. – *Datierung* der Keramik: Subminoisch – protogeometrisch. – Verbleib unbekannt. – Hall, Vrokastro 141ff. Abb. 85, Q; Blinkenberg, Fibules 61 (II 1 c).

59. 60. *Fortetsa*, Ep. Temenos, Kreta. – Kammergrab II, Bestattung in Pithos 23, drei Fibeln im Pithos. – Fibel, L. 3,3 cm und Fragmente einer gleichen, etwas größeren Fibel (*Taf. 3, 59*). – Beifunde im Pithos: Fibel Nr. 339; Fingerring, Gold; zwei Ringchen, Goldblech; Pyxis. – *Datierung* des Pithos 23: Protogeometrisch B. – Mus. Herakleion. – Brock, Fortetsa 84ff. Nr. 1107. 1108 Taf. 75, 1107.

61. *Fortetsa*, Ep. Temenos, Kreta. – Kammergrab XI, Fibel auf dem Boden der Grabkammer zwischen Pithos 2 und Glockenkrater 6. – Bogenfibel, einfache Spiralwindung, zungenförmiger Fuß, L. noch 6 cm. – Beifunde: fünf röhrenförmige Goldperlen; Anhänger, Elfenbein; Spinnwirtel, Ton. – Mus. Herakleion. – Brock, Fortetsa 18ff. Nr. 198.

62. *Palaikastro*, Ep. Seteia, Kreta. – Zeus-Tempel, Ausgrabung Bosanquet 1905. – Fibel, Nadel gebrochen, L. 5,1 cm (*Taf. 3, 62*). – Mus. Herakleion (1391). – Unpubliziert.

63. *Salamis*, – Aus Steinkistengräbern. – Fibel, Nadel fehlt, L. 5,1 cm (*Taf. 3, 63*). – Nationalmus. Athen (3598). – S. Wide, Athen. Mitt. 35, 1910, 29.

64. *Aigina*. – Aphaia-Heiligtum, Fibel unter dem Bauschutt vor der Südostecke des Tempels. – Fibel, L. 4,5 cm (*Taf. 3, 64*). – Mus. Aigina (o. Nr.). – Furtwängler, Aegina 400f. Nr. 94 Taf. 115; 116, 1; Blinkenberg, Fibules 61 (II 1 h).

65. *Aigina*. – Aphaia-Heiligtum. – Fibel, Spiralwindung und Nadel fehlen, L. noch 5,6 cm (*Taf. 3, 65*). – Mus. Aigina (o. Nr.). – Unpubliziert.

66. *Samothrake*. – Heiligtum der Großen Götter, Fibel unter dem Fußboden der „Hall of Votiv Gifts". – Fibel, Nadel fehlt, L. 5,4 cm (*Taf. 3, 66* nach Samothrace 4/1). – Mus. Samothrake (51. 840). – Samothrace 4/1, 151 Nr. 97 mit Abb.

67 A.–D. *Arkades*, Ep. Pediada, Kreta. – Nekropole auf dem Prophet Elias, Doppelgebäude H–H₁, Fibeln aus Raum H. – Fibel, L. 4,4 cm und Fragmente von drei weiteren, gleichen Fibeln (*Taf. 3, 67 A*). – Funde aus Raum H: Fibel Nr. 413; drei Amphoren, Streifenbemalung; Vogelaskos; Tassen. – *Datierung* der Keramik: Spätgeometrisch – archaisch. – Mus. Herakleion (2125). – Levi, Arkades 198ff. Taf. 7, H.

68 A. B. *Karphi*, bei Tzermiado, Ep. Lasithi, Kreta. – Ta Mnemata, Grab 11, Reste von zwei Körperbestattungen, Beigaben nicht getrennt. – Bogenfibel, Spiralwindung und Nadel fehlen, L. noch 3,5 cm und Fragmente einer gleichen Fibel aus Eisen. – Beifunde: zwei Messerfragmente, Eisen; Röhrenperle, Steatit; Vogelaskos; drei Bügelkannen; Pyxis; Saugkännchen; Fragmente eines Rhytons in Form eines menschlichen Kopfes. – Verbleib unbekannt. – J. D. S. Pendlebury/M. B. Money-Coutts, Ann. BSA. 38, 1937–38, 105ff. Taf. 28, 3 Nr. 382. 384.

69. *Arkades*, Ep. Pediada, Kreta. – Nekropole auf dem Prophet Elias, Fibel aus Erdschicht über dem früharchaischen Kuppelgrab R. – Fibel, Fuß und Nadel fehlen, L. noch 5 cm (*Taf. 3, 69*). – Mus. Herakleion (2126). – Levi, Arkades 202f. Taf. 6.

70. *Karphi* bei Tzermiado, Ep. Lasithi, Kreta. – Ta Mnemata, Grab 17, Reste von drei Körperbestattungen, Beigaben nicht getrennt. – Bügel einer Bogenfibel, L.

noch 4,5 cm. – Beifunde: drei Bügelkannen; drei Krüge; Schüssel. – Verbleib unbekannt. – J. D. S. Pendlebury/ M. B. Money-Coutts, Ann. BSA. 38, 1937–38, 107 Taf. 28, 3 Nr. 393.

71. *Leukanti* (Lefkandi), Ep. Chalkis, Euböa. – Bogenfibel mit der Angabe ST/T 20/8. – Mus. Eretria. – Unpubliziert.

71 A. B. *Leukanti* (Lefkandi), Ep. Chalkis, Euböa. – Grundstück Skoubris, Grab 38. – Fragmente von zwei Bogenfibeln. – Beifunde: zwei Nadeln mit verdicktem Hals; Bügelkanne; Drillingsgefäß; zweihenkeliger Becher. – Mus. Eretria. – Desborough, Dark Ages 189 Taf. 39.

72. 73. *Leukanti* (Lefkandi), Ep. Chalkis, Euböa. – Zwei Bogenfibeln, Angabe ST/T 33/15 und ST/T 16/18. – Mus. Eretria. – Unpubliziert.

74 A–D. *Leukanti* (Lefkandi), Ep. Chalkis, Euböa. – Vier Bogenfibeln mit den Angaben ST/T 15 b/5; ST/T 19/13; ST/T 16/19 und ST/T 22/21. – Mus. Eretria. – Unpubliziert.

75 A. B. *Kamiros*, Rhodos. – Grundstück Patelle, Grab 40, Kinderbestattung in Steinsarkophag, zwei Fibeln in der Füllerde der Grabgrube. – Zwei Bogenfibeln. – Funde im Sarkophag: Oinochoe; einhenkeliger Becher. Funde außerhalb des Sarkophages: zwei Eisennadeln; drei Drahtspiralen; Fayenceperlen. – Verbleib unbekannt. – Jacopi, Camiro II 126f. mit Abb. 139.

76 A. B. *Kamiros*, Rhodos. – Akropolis, aus dem Athena-Heiligtum („Stipe Votiva"). – Zwei Fibeln, L. 4,2 und 2,7 cm *(Taf. 3, 76 A. B nach Jacopi)*. – Verbleib unbekannt. – Jacopi, Camiro II 357 Nr. 7 mit Abb. 84.

77 A. B. *Ialysos*, Rhodos. – Akropolis, aus dem Athena-Heiligtum. – Zwei ineinandergehängte Miniaturfibeln, L. 3 und 3,4 cm *(Taf. 3, 77 A. B)*. – Mus. Rhodos (9574). – Unpubliziert.

78. *Ialysos*, Rhodos. – Akropolis, aus dem Athena-Heiligtum. – Fibel, L. 3,3 cm *(Taf. 4, 78)*. – Mus. Rhodos (9571). – Unpubliziert.

79. *Ialysos*, Rhodos. – Akropolis, aus dem Athena-Heiligtum. – Fibel, L. 2 cm *(Taf. 4, 79)*. – Mus. Rhodos (9572). – Unpubliziert.

80. *Ialysos*, Rhodos. – Akropolis, aus dem Athena-Heiligtum. – Fibel, L. 2 cm *(Taf. 4, 80)*. – Mus. Rhodos (10939). – Unpubliziert.

81. *Ialysos*, Rhodos. – Akropolis, aus dem Athena-Heiligtum. – Fibel, L. 2 cm *(Taf. 4, 81)*. – Mus. Rhodos (10935). – Unpubliziert.

82 A. B. *Ialysos*, Rhodos. – Akropolis, aus dem Athena-Heiligtum. – Zwei ineinandergehängte Fibeln, L. 4 cm. – Mus. Rhodos (9654). – Unpubliziert.

83. *Ialysos*, Rhodos. – Akropolis, aus dem Athena-Heiligtum. – Fibel, Fuß fehlt, L. noch 1,7 cm *(Taf. 4, 83)*. – Mus. Rhodos (9654). – Unpubliziert.

84. *Ialysos*, Rhodos. – Akropolis, aus dem Athena-Heiligtum. – Fibel. – Mus. Rhodos (9196). – Unpubliziert.

85. *Ialysos*, Rhodos. – Akropolis, aus dem Athena-Heiligtum. – Fibel, L. 4,5 cm. – Mus. Rhodos (9654). – Unpubliziert.

86 A. B. *Lindos*, Rhodos. – Akropolis. – Zwei ineinandergehängte Fibeln, L. 3,1 und 2,8 cm *(Taf. 4, 86 A. B nach Lindos I)*. – Mus. Istanbul. – Lindos I 84 Nr. 93 Taf. 7, 93.

87. *Lindos*, Rhodos. – Akropolis. – Fibel, L. 2,1 cm *(Taf. 4, 87 nach Lindos I)*. – Mus. Istanbul. – Lindos I 84 Nr. 93 Taf. 7, 93.

88 A.–E. *Lindos*, Rhodos. – Akropolis. – Kette von fünf ineinandergehängten Fibeln, L. 2,4–2,9 cm und weitere 89 Exemplare *(Taf. 4, 88 A–E nach Lindos I)*. – Mus. Istanbul. – Lindos I 84 Nr. 93 Taf. 7, 93; Blinkenberg, Fibules 196 Abb. 217 (X 1f).

89. *Lindos*, Rhodos. – Akropolis. – Fibel, L. 3,7 cm; weitere 16 Fibeln gleicher Form, z. T. ineinandergehängt *(Taf. 4, 89 nach Lindos I)*. – Mus. Istanbul. – Lindos I 84 Nr. 94 Taf. 7, 94; Blinkenberg, Fibules 196 Abb. 218 (X 1g).

Fibeln vom Typ IIa fanden sich in submykenischen Gräbern von Leukanti und Salamis, in den subminoischen Siedlungen von Gortyn und Karphi sowie in protogeometrischen Gräbern von Fortetsa und Knossos. Jüngere (geometrisch-archaische) Exemplare wurden auf Aigina, Rhodos und Samothrake[10] gefunden. Die gut publizierten Fibeln von Korinth,[11] in submykenische Zeit datiert, vom Kerameikos (Gräber 20, 46, 27, 42)[12] ebenfalls aus submykenischer Zeit (11. Jh.) sowie die letzten noch unpublizierten Funde aus der Agora-Grabung (submykenisches Grab) sind für die zeitliche Einordnung dieses Typs von Bedeutung. Die entsprechenden Exemplare von Zypern werden von G. McFadden im Einklang mit der Zuweisung Furumarks[13] zwischen 1125 und 1070 v. Chr. angesetzt, was jedoch Desbo-

[10] Zu den entsprechenden Fibeln submykenischer und protogeometrischer Zeit vom griechischen Festland vgl. Blinkenberg, Fibules 58 ff. mit älterer Literatur.

[11] Ch. Williams, Hesperia 39, 1970, 15 Nr. 13 Taf. 6.

[12] Müller-Karpe, Metallbeigaben 59 ff. Abb. 1, 6; 2, 12. 15. 24; 3, 2. 8. 11.

[13] G. H. McFadden, AJA. 58, 1954, 139.

rough und Milojčić für zu hoch halten. Parallelen aus den Gräbern von Kourion weist J. F. Daniel[14] der submykenischen Zeit zu.[15] Es sind also die Funde von den Inseln ebenso wie die vom griechischen Festland und von Zypern hauptsächlich in die submykenisch-protogeometrische Zeit zu datieren.

Eine Fortdauer dieses Typs in die Zeit nach der protogeometrischen Stufe können wir in mehreren Gegenden Griechenlands und West-Asiens[15a] verfolgen. In Vergina zum Beispiel fand er sich zusammen mit Brillenfibeln, womit seine Verwendung nach der protogeometrischen Zeit belegt ist. Archaische Exemplare kennen wir aus Delphi,[16] Korinth[17] und Prosymna.[18] Ein Unterschied zwischen den italischen und den griechischen Exemplaren dieser Form ist nach Sundwall[19] der höhere und breitere, nicht ausgehämmerte Fuß der griechischen Fibeln.

TYP II b

Bogenfibel; der Bügelquerschnitt ist rund, nur in einem Fall (Nr. 143 A) rhombisch; die Fußplatte ist klein und hat rechteckige, dreieckige, trapezförmige oder quadratische Form. Einige Exemplare weisen eine Ringrille oder Ritzdekor am Ansatz des Bügelschaftes oder der Fußplatte auf (Nr. 138–143).

90. *Ialysos*, Rhodos. – Akropolis, aus dem Athena-Heiligtum. – Fibel, L. 4 cm *(Taf. 4, 90)*. – Mus. Rhodos (9591). – Unpubliziert.

91. *Ialysos*, Rhodos. – Akropolis, aus dem Athena-Heiligtum. – Fibel, L. 4,1 cm *(Taf. 4, 91)*. – Mus. Rhodos (9592). – Unpubliziert.

92. *Ialysos*, Rhodos. – Akropolis, aus dem Athena-Heiligtum. – Fibel, L. 3,9 cm *(Taf. 4, 92)*. – Mus. Rhodos (9583). – Unpubliziert.

93. *Ialysos*, Rhodos. – Akropolis, aus dem Athena-Heiligtum. – Fibel, L. 3,3 cm *(Taf. 4, 93)*. – Mus. Rhodos (9588). – Unpubliziert.

94. *Ialysos*, Rhodos. – Akropolis, aus dem Athena-Heiligtum. – Fibel, L. 2,6 cm *(Taf. 4, 94)*. – Mus. Rhodos (9589). – Unpubliziert.

95. *Ialysos*, Rhodos. – Akropolis, aus dem Athena-Heiligtum. – Fibel, L. 2,2 cm *(Taf. 4, 95)*. – Mus. Rhodos (9575). – Unpubliziert.

96. *Ialysos*, Rhodos. – Akropolis, aus dem Athena-Heiligtum. – Fibel, L. 2 cm *(Taf. 4, 96)*. – Mus. Rhodos (9570). – Unpubliziert.

97 A. B. *Ialysos*, Rhodos. – Akropolis, aus dem Athena-Heiligtum. – Zwei ineinandergehängte Fibeln, L. 2,3 und 2,2 cm *(Taf. 4, 97 A. B)*. – Mus. Rhodos (9577). – Unpubliziert.

98. *Ialysos*, Rhodos. – Akropolis, aus dem Athena-Heiligtum. – Fibel, L. 2,6 cm *(Taf. 4, 98)*. – Mus. Rhodos (9578). – Unpubliziert.

99. *Ialysos*, Rhodos. – Akropolis, aus dem Athena-Heiligtum. – Fibel, L. 2,4 cm *(Taf. 4, 99)*. – Mus. Rhodos (9581). – Unpubliziert.

100. *Ialysos*, Rhodos. – Akropolis, aus dem Athena-Heiligtum. – Fibel, L. 3 cm *(Taf. 4, 100)*. – Mus. Rhodos (9587). – Unpubliziert.

101. *Ialysos*, Rhodos. – Akropolis, aus dem Athena-Heiligtum. – Fibel, L. 2,4 cm *(Taf. 4, 101)*. – Mus. Rhodos (8173). – Unpubliziert.

102. *Ialysos*, Rhodos. – Akropolis, aus dem Athena-Heiligtum. – Fibel, L. 1,8 cm *(Taf. 4, 102)*. – Mus. Rhodos (9645). – Unpubliziert.

103. *Ialysos*, Rhodos. – Akropolis, aus dem Athena-Heiligtum. – Fibel, L. 3 cm. – Mus. Rhodos (9652). – Unpubliziert.

104. *Ialysos*, Rhodos. – Akropolis, aus dem Athena-Heiligtum. – Fibel, L. 3 cm. – Mus. Rhodos (9646). – Unpubliziert.

105. *Ialysos*, Rhodos. – Akropolis, aus dem Athena-Heiligtum. – Fibel, L. 2,7 cm *(Taf. 4, 105)*. – Mus. Rhodos (9658). – Unpubliziert.

106.–112. *Ialysos*, Rhodos. – Akropolis, aus dem Athena-Heiligtum. – Sieben Fibeln, gleiche Form wie Nr. 105, L. 3,5–4 cm. – Mus. Rhodos (9659. 9653. 9663. 9662. 9683. 9656. 10946). – Unpubliziert.

113. *Ialysos*, Rhodos. – Akropolis, aus dem Athena-Heiligtum. – Fibel, L. 4,2 cm *(Taf. 4, 113)*. – Mus. Rhodos (9668). – Unpubliziert.

---

[14] J. F. Daniel, AJA. 41, 1937, 79f. Abb. 9.

[15] Zur submyken. Zeitstellung zyprischer Bogenfibeln s. Gjerstadt, Cyprus Expedition IV/2 382ff. (Typ Ia) Taf. 145, 33.

[15a] Smyrna: A. A. Mus. Ist. 1958, 75 Abb. 13, 9. 10.

[16] Delphes V 111 Abb. 384; 384 bis (7.–6. Jh.).

[17] Corinth XV/1, 125, 51 (7. Jh.).

[18] C. Blegen, AJA. 43, 1939, 413 Abb. 4.

[19] Sundwall, Fibeln 19.

114. _Ialysos,_ Rhodos. – Akropolis, aus dem Athena-Heiligtum. – Fibel, L. 2,3 cm _(Taf. 4, 114)._ – Mus. Rhodos (10936). – Unpubliziert.
115. _Ialysos,_ Rhodos. – Akropolis, aus dem Athena-Heiligtum. – Fibel, L. 2,7 cm _(Taf. 4, 115)._ – Mus. Rhodos (10938). – Unpubliziert.
116. _Ialysos,_ Rhodos. – Akropolis, aus dem Athena-Heiligtum. – Fibel, L. 2,4 cm _(Taf. 4, 116)._ – Mus. Rhodos (10744). – Unpubliziert.
117. _Ialysos,_ Rhodos. – Akropolis, aus dem Athena-Heiligtum. – Fibel, Nadel fehlt, L. 3,2 cm _(Taf. 4, 117)._ – Mus. Rhodos (9644). – Unpubliziert.
118. _Ialysos,_ Rhodos. – Akropolis, aus dem Athena-Heiligtum. – Fibel, L. 2,4 cm _(Taf. 4, 118)._ – Mus. Rhodos (10953). – Unpubliziert.
119. _Ialysos,_ Rhodos. – Akropolis, aus dem Athena-Heiligtum. – Fibel, L. 2,4 cm _(Taf. 4, 119)._ – Mus. Rhodos (9576). – Unpubliziert.
120. _Ialysos,_ Rhodos. – Akropolis, aus dem Athena-Heiligtum. – Fibel, L. 2 cm _(Taf. 4, 120)._ – Mus. Rhodos (10940). – Unpubliziert.
121. _Lindos,_ Rhodos. – Fibel, L. 8,8 cm; insgesamt 23 solcher Fibeln von der Akropolis, drei von Kopria _(Taf. 4, 121_ nach Lindos I). – Mus. Istanbul. – Lindos I 77 Nr. 47 Taf. 4, 47.
122. _Ialysos,_ Rhodos. – Akropolis, aus dem Athena-Heiligtum. – Fibel, L. 2 cm _(Taf. 4, 122)._ – Mus. Rhodos (10943). – Unpubliziert.
123. _Kamiros,_ Rhodos. – Akropolis, aus dem Athena-Heiligtum („Stipe Votiva"). – Fibel, L. 1,5 cm _(Taf. 4, 123_ nach Jacopi). – Mus. Rhodos. – Jacopi, Camiro II 357 Nr. 7 mit Abb. 84.
124.–126. _Thera._ – Sellada, Schiff'sches Grab. – Drei Fibeln, L. 2,3 cm, 3,5 und 3 cm _(Taf. 4, 124–126_ nach Thera II). – Beifunde und Datierung vgl. Nr. 19. – Verbleib unbekannt. – Thera II 299f. Abb. 489, c–e; Blinkenberg, Fibules IV 17a.
127. _Samos._ – Aus dem Heraion. – Fibel, L. 3 cm _(Taf. 4, 127)._ – Mus. Vathy, Samos (B 1661). – Unpubliziert.
128. _Arkades,_ Ep. Pediada, Kreta. – Nekropole auf dem Prophet Elias, Grab R, Fibel in Steinsarkophag mit Brandbestattung. – Fibel, L. 3,6 cm _(Taf. 4, 128)._ – Funde aus dem Steinsarkophag: bandförmiger Griff eines Bronzeblechgefäßes; Glasperlen; Bodenfragment einer kleinen Lekythos. – Mus. Herakleion (2641). – Levi, Arkades 294 Taf. 6.
129. _Arkades,_ Ep. Pediada, Kreta. – Nekropole auf dem Prophet Elias, Pithos 138; Fibel im Pithos. – Fibelfragment. – Mus. Herakleion (z.Zt. nicht nachweisbar). – Levi, Arkades 168 Taf. 6.

130. _Tsoutsouros,_ Ep. Monophatsi, Kreta. – Inatos-Höhle. – Fibel, L. 3 cm _(Taf. 5, 130)._ – Mus. Herakleion (2678). – Unpubliziert.
131. _Emporio,_ Chios. – „Harbour Sanctuary", Fläche H. – Fibel, Spiralwindung und Nadel fehlen, L. noch 2,8 cm _(Taf. 5, 131_ nach Boardman). – _Datierung:_ Emporio, Periode I. – Mus. Chios. – Boardman, Emporio 207f. Nr. 189 Abb. 137, 189.
132. _Phana,_ Chios. – Aus dem Apollon-Heiligtum, Ausgrabung Lamb. – Fibel, Nadel fehlt _(Taf. 5, 132_ nach Lamb). – Nationalmus. Athen. – W. Lamb, Ann. BSA. 35, 1934–35, 152 Taf. 31, 7.
133. _Emporio,_ Chios. – „Harbour Sanctuary", Fläche H, Oberflächenfund. – Fibel, Nadel fehlt, L. 4 cm _(Taf. 5, 133_ nach Boardman). – Mus. Chios. – Boardman, Emporio 207ff. Nr. 192 Abb. 137, 192.
134. _Emporio,_ Chios, „Harbour Sanctuary", Fläche H. – Fibel, L. 4,5 cm _(Taf. 5, 134_ nach Boardman). – _Datierung:_ Emporio, Periode I. – Mus. Chios. – Boardman, Emporio 207f. Nr. 190 Abb. 137, 190.
135. _Emporio,_ Chios. – „Harbour Sanctuary", Fläche H. – Fibel, L. 5,5 cm _(Taf. 5, 135_ nach Boardman). – _Datierung:_ Emporio, Periode II. – Mus. Chios. – Boardman, Emporio 207ff. Nr. 191 Abb. 137, 191.
136. _Exoche,_ Rhodos. – Aus der Nekropole. – Fibel, L. 2,7 cm _(Taf. 5, 136_ nach Friis Johansen). – Ny Carlsberg Glyptothek, Kopenhagen (12469). – K. Friis Johansen, Acta Arch. 28, 1957, 73f. Nr. Z 26 Abb. 163.
137. _Arkades,_ Ep. Pediada, Kreta. – Sto Seli, aus zerstörten Pithosgräbern. – Fibel, Nadel fehlt, L. 3,7 cm _(Taf. 5, 137)._ – Mus. Herakleion. – Levi, Arkades 385 Taf. 9.
138. _Ialysos,_ Rhodos. – Akropolis, aus dem Athena-Heiligtum. – Fibel, L. 2,4 cm _(Taf. 5, 138)._ – Mus. Rhodos (9652). – Unpubliziert.
139. 140. _Ialysos,_ Rhodos. – Akropolis, aus dem Athena-Heiligtum. – Zwei Fibeln, L. 4 und 2 cm. – Mus. Rhodos (9632. 9649). – Unpubliziert.
141. _Ialysos,_ Rhodos. – Akropolis, aus dem Athena-Heiligtum. – Fibel, L. 2,8 cm _(Taf. 5, 141)._ – Mus. Rhodos (o. Nr.). – Unpubliziert.
142. _Ialysos,_ Rhodos. – Akropolis, aus dem Athena-Heiligtum. – Fibel, L. 2,7 cm _(Taf. 5, 142)._ – Mus. Rhodos (10933). – Unpubliziert.
143. _Ialysos,_ Rhodos. – Akropolis, aus dem Athena-Heiligtum. – Fibel, L. 2,2 cm _(Taf. 5, 143)._ – Mus. Rhodos (8679). – Unpubliziert.
143 A. _Lindos,_ Rhodos. – Fibelbügel, L. noch 7,5 cm _(Taf. 5, 143 A_ nach Photo DAI. Istanbul). – Mus. Istanbul (3276).

Fibeln dieses Typs fanden sich auf Chios, Kreta, Rhodos (Ialysos, Lindos), Thera und Samos in spätgeometrisch-archaischem Fundzusammenhang. Zweifellos sind sie vom Typ II a abzuleiten. Seit geometrischer Zeit beginnt die Fußplatte allgemein größer zu werden. Wie es aufgrund der gut datierten Exemplare von Chios und Smyrna[19a] scheint, muß dieser Wandel in der Mitte des 8. Jh. v. Chr. abgeschlossen gewesen sein. Ähnliche geometrische Fibeln mit dreieckigem Fuß, jedoch tordiertem Bügel, kennen wir auch aus dem Artemis Orthia-Heiligtum.[20]

TYP II c

Dieser Typ wird durch den Drahtbügel mit rechteckigem Querschnitt charakterisiert. Der Fuß ist klein und zungenförmig oder rechteckig (Blinkenberg II 3).

144. *Vrokastro* bei Pyrgos, Ep. Mirabello, Kreta. – Karakovilia, „Bone-enclosure" VIII, Fibel aus der ungestörten Kammer. – Fibel, L. 7,2 cm *(Taf. 5, 144* nach Hall)*. – Funde aus der ungestörten Kammer: Perlen aus Gold, Bergkristall und Steatit. Funde aus der gestörten Kammer: Fibel Nr. 190; Fragment einer Säge, Eisen. – Verbleib unbekannt. – Hall, Vrokastro 166 Taf. 19, E.

145. *Vrokastro* bei Pyrgos, Ep. Mirabello, Kreta. – Amygdali, Kammergrab IV, mehrere Brandbestattungen. – Fibel, L. 9,2 cm *(Taf. 5, 145* nach Hall)*. – Beifunde: Fibeln Nr. 195 A. B; Fragment einer Nadel; zwei Fingerringe; Glasperle; Steatitscheibe; mandelförmiges Siegel, Karneol; Wetzstein; mehrere Bügelkannen; Oinochoe, Kleeblattmündung; konischer Becher; Pyxis; Fußschale; Drillingsgefäß. – Verbleib unbekannt. – Hall, Vrokastro 144ff. Abb. 87, 1.

146. *Leukanti* (Lefkandi), Ep. Chalkis, Euböa. – Fibel im Museum mit der Angabe ST/T 46/4 *(Taf. 5, 146)*. – Mus. Eretria. – Unpubliziert.

147. *Kavoussi*, Ep. Hierapetra, Kreta. – Vrontas, Tholosgrab 3, Reste von vier Körperbestattungen, Beigaben nicht getrennt. – Fibel, L. 5,2 cm *(Taf. 5, 147)*. – Funde aus dem Tholosgrab: Fibeln Nr. 172. 203. 223; Armring; Fingerring; zwei Lanzenspitzen, Eisen; Schwertgriff, Eisen; Schwertklinge, Eisen; Pithos; weitere 40 Tongefäße. – Mus. Herakleion (520). – H. A. Boyd, AJA. 5, 1901, 133f.; Blinkenberg, Fibules 62f. (II 3 b).

148. *Leukanti* (Lefkandi), Ep. Chalkis, Euböa. – Fibel T 46 TR Pi *(Taf. 5, 148)*. – Mus. Eretria. – Unpubliziert.

149. *Kavoussi*, Ep. Hierapetra, Kreta. – Angabe im Museumskatalog: Ausgrabung 1900; vermutlich aus den von Boyd gegrabenen Tholosgräbern (vgl. Nr. 147). – Fibel, L. 9,1 cm *(Taf. 5, 149)*. – Mus. Herakleion (518). – Blinkenberg, Fibules 63 (unzutreffend dem Typ II 4 zugewiesen).

150. *Palaikastro*, Ep. Seteia, Kreta. – Aus dem Zeus Diktaios-Heiligtum. – Fibel, L. 8 cm *(Taf. 5, 150)*. – Mus. Herakleion (1390). – Unpubliziert.

151. *Arkades*, Ep. Pediada, Kreta. – Nekropole auf dem Prophet Elias, Grab A, Körperbestattungen (?). – Fibel, L. 3,9 cm *(Taf. 5, 151)*. – Beifunde: Fragment einer Eisennadel; drei bemalte Gefäße. – Mus. Herakleion (2123). – Levi, Arkades 177ff. Taf. 6.

152. *Atsipades*, Ep. Hagios Basileios, Kreta. – Angabe im Museumskatalog: Ausgrabung Petroulakes, 1912. – Fibel, L. 5,6 cm *(Taf. 5, 152)*. – Mus. Rhethymnon (87). – Unpubliziert.

153. *Salamis*. – Aus Steinkistengräbern. – Bogenfibel. – Nationalmus. Athen (3581, z. Zt. nicht nachweisbar). – S. Wide, Athen. Mitt. 35, 1910, 29; Blinkenberg, Fibules 61 (II 2a).

154. *Phana*, Chios. – Apollon-Heiligtum, aus der Terrassenaufschüttung. – Fibel, Spiralwindung und Nadel fehlen, L. noch 2 cm *(Taf. 6, 154)*. – Mus. Chios (o. Nr.). – K. Kourouniotes, Arch. Delt. 2, 1916, 210.

155. *Salamis*. – Aus Steinkistengräbern. – Fibel, L. 5,7 cm *(Taf. 6, 155)*. – Nationalmus. Athen (3580). – S. Wide, Athen. Mitt. 35, 1910, 29 Abb. 10, 15; Blinkenberg, Fibules 62 (II 3 a).

156. *Salamis*. – Aus Steinkistengräbern. – Fragment einer Fibel, L. noch 5,8 cm *(Taf. 6, 156)*. – Nationalmus. Athen (3583). – S. Wide, Athen. Mitt. 35, 1910, 29; Blinkenberg, Fibules 61 (II 1 f).

157.–159. *Leukanti* (Lefkandi), Ep. Chalkis, Euböa. – Drei Fibeln, Angabe ST/T 15/3; SQ/T 22 und ST/T 60/4. – Mus. Eretria. – Unpubliziert.

160. *Leukanti* (Lefkandi), Ep. Chalkis, Euböa. – Grundstück Skoubris, Grab 46. – Fibel, Maße unbekannt *(Taf. 6, 160* nach Desborough)*. – Beifunde, Aufbewahrungsort und Lit. vgl. Nr. 31.

[19a] A. A. Mus. Ist. 1958, 75 Abb. 13, 11.

[20] z. B. Artemis Orthia 198 Taf. 73, g. h mit weiteren Vergleichen.

161.–167. *Leukanti* (Lefkandi), Ep. Chalkis, Euböa. – Sieben Fibeln mit den Angaben ST/T 22/8; ST/T 6/23; ST/T 16/21; ST/T 16/25; ST/T 40/5; ST/T 16/24 und ST/T 16/27. – Mus. Eretria. – Unpubliziert.

168. *Psychro*, Ep. Lasithi, Kreta. – Dikte-Höhle (?). – Bügel einer Fibel, L. noch 7,4 cm *(Taf. 6, 168* nach Boardman). – Mus. Herakleion (o. Nr.). – Boardman, Cretan Collection 36 f. Abb. 16, B.

Ein entsprechender Typ erscheint in Italien nicht. Sundwalls Typ B IIα d[21] hat eher Beziehungen zu unserem Typ IVa. Der Querschnitt des Drahtes hat – soweit es die Nadeln betrifft – chronologische Bedeutung. Wie Jacobsthal zeigte, sind Nadeln von rundem Querschnitt in mykenisch-protogeometrischer Zeit üblich, solche mit rechteckigem Querschnitt dagegen in geometrischer Zeit; in letzterem Fall sind sie oft mit Zickzacklinien oder mit Tremolierstich verziert. Was jedoch die Fibeln anbelangt, so scheint nicht das gleiche zu gelten, denn die Fibeln von Salamis mit kantigem Drahtbügel sind in die submykenische Zeit gehörig. Die Fibeln von Leukanti – es wurden weit mehr gefunden, als hier in den Katalog aufgenommen werden konnten – sind ebenfalls in recht frühe Zeit einzustufen. Die entsprechenden Fibeln von Fortetsa gehören in die protogeometrische Zeit, und die Exemplare von Kavoussi und Vrokastro stammen aus submykenisch-protogeometrischem Fundverband. Auf Chios fanden sie sich im Fundzusammenhang des 8. Jh. Im Gegensatz also zu den Nadeln beginnt dieser Fibeltyp in submykenischer Zeit. Gut datierte Exemplare liegen weiterhin vor aus Grab 20 des Kerameikos,[22] aus Mykenai[23] und von Zypern,[24] ebenfalls in die submykenische Zeit datiert. Der Typ hält sich dann bis ins 8. Jh. v. Chr.

TYP IId

Bogenfibel, Blechbügel abgeflacht, vertikal gestellt; Fuß zungenförmig, durch einfaches Umbiegen des Bügels hergestellt (Blinkenberg II 4).

169. *Vrokastro* bei Pyrgos, Ep. Mirabello, Kreta. – Mazichoria, Westabhang, Kammergrab II, 24 Körperbestattungen, Beigaben nicht getrennt. – Fibel, Eisen, L. 5,5 cm *(Taf. 6, 169* nach Hall). – Funde aus der Grabkammer: bauchiges Kännchen; Vogelaskos; zweihenkeliger Becher. – Verbleib unbekannt. – Hall, Vrokastro 139 f. Taf. 19, D; Blinkenberg, Fibules 63 (II 4b).

169 A. *Vrokastro* bei Pyrgos, Ep. Mirabello, Kreta. – Karakovilia, „Bone-enclosure" I, Fibel im mittleren Raum. – Fragmente einer Eisenfibel wie Nr. 169, mit Goldblech-Belag. – Funde aus dem mittleren Raum: Griffzungenschwert, Eisen; drei Lanzenspitzen, Eisen; Perle, Bergkristall; Bronzeblechfragmente. – Verbleib unbekannt. – Hall, Vrokastro 155 f.

170. *Praisos*, Ep. Seteia, Kreta. – Nach Museumskatalog aus Ausgrabung von F. Halbherr, 1901; nach Blinkenberg aus Ausgrabung von Bosanquet, 1901. – Fibel, L. 7,3 cm *(Taf. 6, 170).* – Mus. Herakleion (899). – Blinkenberg, Fibules 63 (II 4a).

171. *Kavoussi,* Ep. Hierapetra, Kreta. – Vrontas, aus Tholosgräbern. – Fibel, L. 4,9 cm *(Taf. 6, 171).* – Mus. Herakleion (614). – H. A. Boyd, AJA. 5, 1901, 125 ff.; Blinkenberg, Fibules 64 (II 4d).

172. *Kavoussi,* Ep. Hierapetra, Kreta. – Vrontas, Tholosgrab 3, Reste von vier Körperbestattungen, Beigaben nicht getrennt. – Fibel, L. 5,2 cm *(Taf. 6, 172).* – Beifunde vgl. Nr. 147. – Mus. Herakleion (521). – H. A. Boyd, AJA. 5, 1901, 133 Abb. 2; Blinkenberg, Fibules 64 (II 4e).

173. *Pegaïdakia,* Ep. Malevizi, Kreta. – Fibel, Nadel fehlt, L. 5,6 cm *(Taf. 6, 173).* – Mus. Herakleion (3101). – Unpubliziert.

174. *Fortetsa,* Ep. Temenos, Kreta. – Kammergrab VI, mehrere Brandbestattungen, Beigaben nicht getrennt. – Fibel, Nadel fehlt, L. 6,2 cm *(Taf. 6, 174* nach Brock). – Mus. Herakleion (z. Zt. nicht nachweisbar). – Brock, Fortetsa 11 ff. Nr. 104 Taf. 7, 104.

175. *Ialysos,* Rhodos. – Akropolis, aus dem Athena-

---

[21] Sundwall, Fibeln 39. 101 Abb. 111.
[22] Müller-Karpe, Metallbeigaben 83 Abb. 1, 3–6.
[23] Desborough, Ann. BSA. 68, 1973, 95 Nr. 8; 97 Taf. 34, d. e.

[24] Gjerstadt, Cyprus Expedition IV/2, 143–145 Abb. 25 Typ 1 b.

Heiligtum. – Fibel, L. 2,4 cm *(Taf. 6, 175).* – Mus. Rhodos (8175). – Unpubliziert.

176.–186. *Ialysos,* Rhodos. – Akropolis, aus dem Athena-Heiligtum. – Elf Fibeln, gleiche Form wie Nr. 175, L. 2,5–4 cm. – Mus. Rhodos (10942. 9654. 9643. o. Nr.). – Unpubliziert.

187. *Ialysos,* Rhodos. – Akropolis, aus dem Athena-Heiligtum. – Fibel, L. 3,8 cm *(Taf. 6, 187).* – Mus. Rhodos (10942). – Unpubliziert.

188. *Ialysos,* Rhodos. – Akropolis, aus dem Athena-Heiligtum. – Fibel, L. 2,9 cm *(Taf. 6, 188).* – Mus. Rhodos (10946). – Unpubliziert.

189. *Thasos.* – Theologos, Grabgruppe 3, Grab A, Bestattung 1. – Fibel, Maße unbekannt *(Taf. 6, 189* nach Koukoule-Chrysanthake). – Abgebildete Beifunde: doppelkonische Bronzeperle; Spiralröllchen; Blechband. – Mus. Kavala. – Ch. Koukoule-Chrysanthake, Arch. Eph. Chron. 1970, 16 ff. Taf. 12 ζ.

189 A. *Nas,* Ikaria. – Artemis Tauropolos-Heiligtum, aus der Südostecke der Cella. – Bogenfibel mit abgeflachtem Bügel und kleinem, zungenförmigem Fuß, Maße unbekannt. – Beifunde: Fibel Nr. 361 A; geometrische, archaische und jüngere Keramik. – Arch. Slg. Hagios Kerykos, Ikaria. – L. Polites, Praktika 1939, 131 ff. Abb. 8.

In Italien gibt es den entsprechenden Typ nicht. Fibeln vom Typ II d wurden in einem frühprotogeometrischen Grab von Fortetsa gefunden, in der Nekropole von Theologos auf Thasos (10.–9. Jh.) und in jüngeren Exemplaren in Ialysos auf Rhodos und Ikaria. Ein entsprechendes Exemplar vom griechischen Festland ist die leicht asymmetrische protogeometrische oder frühgeometrische Fibel von Nea Ionia.[25]

TYP II e

Bogenfibel, Bügel in horizontaler Richtung abgeflacht; Fuß zungenförmig (Blinkenberg II 5).

190. *Vrokastro* bei Pyrgos, Ep. Mirabello, Kreta. – Karakovilia, „Bone-enclosure" VIII, Fibel aus der gestörten Kammer. – Fibel, L. 5,2 cm *(Taf. 6, 190* nach Hall). – Beifunde vgl. Nr. 144. – Mus. Herakleion (z. Zt. nicht nachweisbar). – Hall, Vrokastro 166 Taf. 19, F.

191. *Prinias,* N. Herakleion, Kreta. – Sinterospelia, nach Angabe im Museum: Nekropole P 192. – Fibel, L. 4,4 cm *(Taf. 6, 191).* – Mus. Herakleion (3087). – Unpubliziert.

192. *Leukanti* (Lefkandi), Ep. Chalkis, Euböa. – Angabe 20/5/68, ST/T 19/12. – Fibel, Maße unbekannt. – Mus. Eretria. – Unpubliziert.

193. *Ialysos,* Rhodos. – Akropolis, aus dem Athena-Heiligtum. – Fibel, L. 7,2 cm *(Taf. 6, 193).* – Mus. Rhodos (10948). – Unpubliziert.

Einen ähnlichen Typ der „Blattbogenfibel" (Sundwalls Typ C I α a) gibt es in Italien.[26] Die älteren Exemplare gehören dort in das 10. Jh. und sind somit sicher älter als die griechischen Gegenstücke.

Die Exemplare von den Inseln stammen aus dem geometrischen „Bone-enclosure" VIII von Vrokastro sowie von Prinias, Leukanti und Rhodos.

TYP II f

Bogenfibel, Bügel tordiert, Fuß zungenförmig, dreieckig, quadratisch, langschmal mit leicht nach oben ausgezogener Spitze oder spiralförmig. Der Umriß des Bügels variiert von flach bogenförmig bis höher hufeisenförmig; er kann auch asymmetrisch sein (Blinkenberg II 7. 8; III 1. 2).

---

[25] E. L. Smithson, Hesperia 30, 1961, 173 Nr. 59 Taf. 27. Exemplare aus Smyrna (8. Jh.) vgl. A. A. Mus. Ist. 1958, 75 Abb. 13, 5. 8.

[26] Sundwall, Fibeln 40. 119 Abb. 154.

194. *Phaistos,* Ep. Pyrgiotissa, Kreta. – „Aus den italienischen Grabungen". – Fibel, L. 7,6 cm *(Taf. 6, 194).* – Mus. Herakleion (1039). – Blinkenberg, Fibules 65 (II 7 a).

195 A. B. *Vrokastro* bei Pyrgos, Ep. Mirabello, Kreta. – Amygdali, Kammergrab IV, mehrere Brandbestattungen. – Zwei Fibeln, L. 5,2 und 4 cm *(Taf. 6, 195 A. B* nach Hall). – Beifunde vgl. Nr. 145. – Verbleib unbekannt. – Hall, Vrokastro 144 ff. Abb. 87, B. J Taf. 19, C; Blinkenberg, Fibules 65 ff. (II 7b; II 16a).

196. *Vrokastro* bei Pyrgos, Ep. Mirabello, Kreta. – Kopranes, Kammergrab V, mehrere Brandbestattungen. – Bogenfibel, Bügel tordiert, Maße unbekannt. – Funde aus der Grabkammer: zwei Ringchen; Eisenmesser; Fayenceperlen; drei Bügelkannen; zwei Pilgerflaschen; Schöpfer; zwei Kylikes, Bemalung SM III-Stil; Oinochoe; drei Becher. – Mus. Harakleion (?). – Hall, Vrokastro 149 ff.

197. *Vrokastro* bei Pyrgos, Ep. Mirabello, Kreta. – „Bone-enclosure" X, mehrere Brandbestattungen. – Fibel, Spiralwindung und Nadel fehlen, L. noch 4,4 cm *(Taf. 7, 197).* – Funde aus der Grabkammer: Kanne, streifenbemalt; Schüssel. – Mus. Herakleion (o. Nr.). – Hall, Vrokastro 167; Blinkenberg, Fibules 65 (II 7d).

198. *Fortetsa,* Ep. Temenos, Kreta. – Kammergrab IX, durch Bestattungen nacharchaischer Zeit gestört; zwei Fibeln zu einer Körperbestattung gehörig. – Fibel, L. 4,8 cm *(Taf. 7, 198).* – Beifunde: Fibel Nr. 199; Glasperlen; zwei Bügelkannen; Amphora; Krater. – *Datierung:* Protogeometrisch. – Mus. Herakleion. – Brock, Fortetsa 29 f. Nr. 263 a.

199. *Fortetsa,* Ep. Temenos, Kreta. – Kammergrab IX, durch Bestattungen nacharchaischer Zeit gestört; zwei Fibeln zu einer Körperbestattung gehörig. – Fibel, L. 6,5 cm *(Taf. 7, 199* nach Brock). – Beifunde und Datierung vgl. Nr. 198. – Mus. Herakleion. – Brock, Fortetsa 29 f. Nr. 263 b Taf. 21, 263; 167, 263.

200. *Psychro,* Ep. Lasithi, Kreta. – Dikte-Höhle. – Fibel, L. 4 cm *(Taf. 7, 200).* – Mus. Herakleion (501). – D. S. Hogarth, Ann. BSA. 6, 1899–1900, 112 Abb. 45; Blinkenberg, Fibules 65 f. (II 7e); Boardman, Cretan Collection 36 f. Abb. 16, C.

201. *Sklavoi,* Ep. Seteia, Kreta. – Lesefund, vermutlich aus der Nekropole Pharmakokephalo. – Fibel, L. 8,8 cm *(Taf. 7, 201).* – Mus. Hagios Nikolaos (1495). – Unpubliziert (zur Fundstelle vgl. Arch. Delt. Chron. 21, 1966, 419).

202. *Pegaïdakia,* Ep. Malevizi, Kreta. – Lesefund. – Fibel, L. 5,2 cm *(Taf. 7, 202).* – Mus. Herakleion (3100). – Unpubliziert.

203. *Kavoussi,* Ep. Hierapetra, Kreta. – Vrontas, Tholosgrab 3, Reste von vier Körperbestattungen, Beigaben nicht getrennt. – Fibel, L. 6 cm *(Taf. 7, 203).* – Beifunde vgl. Nr. 147. – Mus. Herakleion (522). – H. A. Boyd, AJA. 5, 1901, 133 f. Abb. 2; Blinkenberg, Fibules 66 (II 9a).

204. *Ialysos,* Rhodos. – Akropolis, aus dem Athena-Heiligtum. – Fibel, Nadel fehlt, L. 3,9 cm *(Taf. 7, 204).* – Mus. Rhodos (8168). – Unpubliziert.

205. *Ialysos,* Rhodos. – Grundstück Zambico 1927, Grab CXXXII, Körperbestattung (Kind, etwa 1 Jahr) in Pithos. – Fibel, Nadel fehlt, Maße unbekannt *(Taf. 7, 205* nach Jacopi). – Beifunde: Fibeln Nr. 396. 518 A. D. 815. 1232. 1334; Aryballos; zweihenkelige Schale. – Mus. Rhodos (?). – Jacopi, Jalisso 144 f. Abb. 139 Taf. 5.

206. *Ialysos,* Rhodos. – Grundstück Drakidis 1925, Grab XXIII („Area di cremazione"). – Fibelbügel mit Ansatz der Fußplatte, Maße unbekannt *(Taf. 7, 206* nach Jacopi). – Beifunde: Fibel Nr. 800; Schild eines Fingerrings, Silber vergoldet; Schildring, Silber; sechs Ringchen, Silber; Fingerring; Tonkästchen, bemalt; Idol, Fayence. – Mus. Rhodos (?). – Jacopi, Jalisso 50 ff. Abb. 40 Taf. 5.

207. *Aigina.* – Wohl aus dem Apollon („Aphrodite")-Heiligtum. – Fibel, Bügel verbogen, Nadel fehlt, L. 5 cm *(Taf. 7, 207).* – Mus. Aigina (252). – Unpubliziert.

208. *Aigina.* – Vermutlich aus dem Apollon („Aphrodite")-Heiligtum. – Fibel, Nadel fehlt, L. 3,8 cm *(Taf. 7, 208).* – Mus. Aigina (o. Nr.). – Unpubliziert.

209. *Aigina.* – Fragment eines Fibelbügels, tordiert, L. noch 2,2 cm *(Taf. 7, 209).* – Mus. Aigina (o. Nr.). – Unpubliziert.

210. *Thera.* – Sellada, Schiff'sches Grab. – Fibel, L. 6,2 cm *(Taf. 7, 210* nach Thera II). – Beifunde, Datierung und Verbleib vgl. Nr. 19. – Thera II 299 f. Abb. 489, a; Blinkenberg, Fibules 66 (II 8 a).

211. *Leukanti* (Lefkandi), Ep. Chalkis, Euböa. – Angabe ST/43/5. – Fibel, Nadel fehlt, L. 5,5 cm *(Taf. 7, 211).* – Mus. Eretria. – Unpubliziert.

211 A. *Leukanti* (Lefkandi), Ep. Chalkis, Euböa. – Angabe ST/140 (6, 7). – Bogenfibel mit tordiertem Bügel, Maße unbekannt. – Mus. Eretria. – Unpubliziert.

212. *Leukanti* (Lefkandi), Ep. Chalkis, Euböa. – Angabe ST/T 54/1. – Bogenfibel mit tordiertem Bügel, Maße unbekannt. – Mus. Eretria. – Unpubliziert.

213. *Ialysos,* Rhodos. – Akropolis, aus dem Athena-Heiligtum. – Fibel, L. 3,8 cm *(Taf. 7, 213).* – Mus. Rhodos (9665). – Unpubliziert.

214. *Ialysos,* Rhodos. – Akropolis, aus dem Athena-Heiligtum. – Fibel, L. 4,6 cm *(Taf. 7, 214).* – Mus. Rhodos (9589). – Unpubliziert.

215. *Thasos.* – Theologos, aus Grabgruppe 4, Körperbestattungen. – Fibel, Maße unbekannt *(Taf. 7, 215* nach Koukoule-Chrysanthake). – Mus. Kavala. – Ch. Koukoule-Chrysanthake, Arch. Eph. Chron. 1970, 16 ff. Taf. 12, α.

Den vergleichbaren italischen Typ B Iα a leitet Sundwall[27] aus dem entsprechenden Typ der Violinbogenfibeln ab. Dasselbe scheint für die griechischen Fibeln zu gelten. Dieser Fibeltyp fand sich in Vrokastro (subminoisch), in protogeometrischen Gräbern von Fortetsa, in der Nekropole des 10.–9. Jh. von Thasos und in submykenischen Gräbern von Leukanti (in asymmetrischer und symmetrischer Ausführung), in jüngeren Exemplaren aber auch auf Rhodos. Sicher datierte submykenische Fibeln des gleichen Typs sind weiterhin aus Attika bekannt: Kerameikos, submykenische Gräber 27, 42, 70, 108[28] und Athen, Agora, submykenisches Grab (Inv. Nr. B 1566, unpubliziert).

Der Typ IIf beginnt demnach in submykenischer Zeit und dauert – mit unterschiedlicher Fußform – zumindest bis in spätgeometrische oder früharchaische Zeit an.

TYP IIg

Bogenfibel, Bügel mit fortlaufenden Schleifen oder mit nur zwei Schleifen im Scheitel; dreieckige oder rechteckige Fußplatte (Blinkenberg III 6).

216. *Psychro*, Ep. Lasithi, Kreta. – Fibel, L. 5 cm (*Taf. 7, 216* nach Boardman). – Oxford, Ashmolean Mus. (1894. 117). – Blinkenberg, Fibules 81 (III 6a); Delos XVIII 285 Abb. 327, 1; Boardman, Cretan Collection 121 Taf. 45, 528.

217. *Psychro*, Ep. Lasithi, Kreta. – Dikte-Höhle. – Fibel, L. 7,8 cm (*Taf. 7, 217*). – Mus. Herakleion (262). – F. Halbherr/P. Orsi, Mus. Ital. 2, 1888, 219 Taf. 13,6; Blinkenberg, Fibules 82 (III 6b); Boardman, Cretan Collection 36.

Von diesem Typ kennen wir nur zwei Exemplare von Kreta, vermutlich geometrischer Zeitstellung, jedoch ohne gesicherte Beifunde. Entsprechende Fibeln sind aus Italien bekannt (Typ B IIα o 2 nach Sundwall[29]), ebenso aus dem Norden (Hallstattkreis und Bosnien).[30] Sundwall hielt Mittelitalien für die Heimat dieses Typs.[31]

TYP IIh

Bogenfibel, Bügel von rundem Querschnitt, Spiralfuß.

218. *Ialysos*, Rhodos. – Akropolis, aus dem Athena-Heiligtum. – Fibel, L. 4,4 cm (*Taf. 7, 218*). – Mus. Rhodos (895). – Unpubliziert.

Eine andere Fibel mit Spiralfuß (Nr. 208) wurde hier wegen ihres tordierten Bügels dem Typ IIf zugewiesen. Diese beiden Exemplare sind, soweit mir bekannt, die einzigen im ägäischen Raum. In Italien sind Fibeln mit Spiraldiskusfuß geläufig; doch sind sie zumeist schwerer,[32] während es in Ungarn nur Violinbogenfibeln mit einer solchen Fußbildung gibt;[33] zu diesen haben die griechischen Fibeln typologische Beziehungen. In Italien sind kleinere Spiralen älter als die größeren.[34] Der Spiralfuß geht

---

[27] Ebd. 20. 78f.
[28] Müller-Karpe, Metallbeigaben 85 Abb. 3, 7. 9; 4, 8; 5, 8. 10. 13. 17. 19. 21.
[29] Sundwall, Fibeln 109 Abb. 132.
[30] Ebd. 35 Abb. 19, c.

[31] Siehe auch die Liste der betreffenden Fibeln in Delos XVIII 283ff. Abb. 327–328.
[32] Sundwall, Fibeln 112ff. (Typ B IIIa2).
[33] Ebd. 13 Abb. 5–6.
[34] Ebd. 38.

nach dem 8. Jh. verloren. Für die beiden Exemplare von den Inseln haben wir allgemein mit einem chronologischen Rahmen zwischen dem 10. und 8. Jh. v. Chr. zu rechnen, mit höherer Wahrscheinlichkeit zwischen dem 10. und 9. Jh., wenn wir in Analogie zu Italien der Spiralgröße einen chronologischen Aussagewert zugestehen. Jedenfalls dürften die beiden Fibeln von den Inseln eine italische oder nördliche Heimat haben, wenngleich sie wegen ihrer feinen Ausführung – verglichen mit den außergriechischen Fibeln – wohl lokal gefertigt worden sind.

TYP II i

Bogenfibel, Bügel von rundem, rhombischem oder polygonalem Querschnitt, mit ein bis zwei kräftigen Wulstringen oder Kugelgliedern am Bügelende, zungenförmigem Fuß oder niedriger Fußplatte. Bei einigen wenigen Exemplaren trägt der Bügelschaft Ritzdekor (Blinkenberg II 11).

219. 220. *Tylissos*, Ep. Malevizi, Kreta. – Atzolou, Brandbestattung in Bronzekessel. – Zwei Fibeln, L. noch 11 und 8 cm (*Taf. 7, 219. 220* nach Marinatos). – Beifunde: Fragmente einer Lanzenspitze und eines Messers; Fragmente eines Eisenmessers; Bügelkanne. – Mus. Herakleion (2214. 2215). – S. Marinatos, Athen. Mitt. 56, 1931, 112 ff. Abb. 2, 3; Milojčić, Fremdlinge 163 Abb. 2, 11. 12.

221. 222. *Mouliana*, Ep. Seteia, Kreta. – Sellades, Tholosgrab A, mehrere Körper- und Brandbestattungen, Beigaben nicht getrennt; zwei Fibeln auf der linken Seite der Tholos. – Zwei Fibeln, L. noch 10,3 und 10,6 cm (*Taf. 8, 221. 222*). – Weitere Funde von der linken Seite der Tholos: drei Schwerter; Lanzenspitze; Nadel; Bronzekanne; Fragmente von Gefäßen und Gefäßgriffen aus Bronze; drei Bügelkannen. – Mus. Herakleion (1003. 1005). – S. Xanthoudides, Arch. Eph. 1904, 21 ff. Abb. 7; Blinkenberg, Fibules 67 f. (II 11 a. b).

223. *Kavoussi*, Ep. Hierapetra, Kreta. – Vrontas, Tholosgrab 3, mehrere Körperbestattungen. – Fibel, L. 8,3 cm (*Taf. 8, 223*). – Beifunde vgl. Nr. 147. – Mus. Herakleion (519). – H. A. Boyd, AJA. 5, 1901, 136 Abb. 2; Blinkenberg, Fibules 74 (II 18 a).

224. *Kavoussi*, Ep. Hierapetra, Kreta. – Vrontas, vermutlich aus Tholosgrab 2 oder 4. – Fibelbügel, L. noch 10,9 cm (*Taf. 8, 224*). – Mus. Herakleion (614). – H. A. Boyd, AJA. 5, 1901, 133 ff.

225. *Thasos*. – Theologos, Grabgruppe 2. – Fibel, Maße unbekannt (*Taf. 8, 225* nach Koukoule-Chrysanthake). – Mus. Kavala. – Ch. Koukoule-Chrysanthake, Arch. Eph. Chron. 1970, 16 ff. Taf. I B.

226. *Siphnos*. – Hagios Andreas, Oberflächenfund. – Fibelfragment (*Taf. 8, 226*). – Arch. Slg. Siphnos (o. Nr.). – Unpubliziert.

227. *Kreta*. – Fibel. – Mus. Rhethymnon (27). – Unpubliziert.

Es entspricht der italische Typ B I α d Sundwalls, der manchmal ritzverziert ist,[35] und der zwischen 1100 und 900 v. Chr. angesetzt wird. V. Milojčić[36] nahm an, daß dieser Typ auf Kreta früher auftrete als im übrigen Griechenland. Er verwies ihn in die zweite Hälfte des 11. Jh. und hielt ihn für eine dalmatinisch-italische Schöpfung. Das Auftreten im ägäischen Bereich brachte er mit einer angenommenen Einwanderung aus dem Norden in Verbindung. Submykenische und früheisenzeitliche Beispiele haben wir von Kreta und Thasos (10.–9. Jh. v. Chr.), während Siphnos geometrische oder archaische Entsprechungen ergab. Den submykenischen ähnliche und gut datierte Fibeln, außer den von Blinkenberg erwähnten, sind im Kerameikos in Gräbern des 11. Jh. v. Chr. gefunden worden.[37] Dieser Typ dürfte als unmittelbare Vorform des Typus IV b anzusehen sein.

---

[35] Ebd. 30. 83 Abb. 81.
[36] Milojčić, Fremdlinge 167 ff.

[37] Müller-Karpe, Metallbeigaben 59 ff.

TYP IIk

Asymmetrische Bogenfibeln (D-shaped nach Desborough), der Bügel ist eher dünn, von rundem oder D-förmigem Querschnitt, leicht gebläht und somit den Typ IV vorbereitend. In Leukanti gibt es auch asymmetrische Bogenfibeln mit tordiertem Bügel (Blinkenberg II 15. 17).

228. 229. *Leukanti* (Lefkandi), Ep. Chalkis, Euböa. – Angabe 17/15/68 und ST/T 43/7. – Zwei Fibeln. – Mus. Eretria. – Unpubliziert.

230. *Thera.* – Sellada, Schiff'sches Grab. – Fibel, L. 1,5 cm (*Taf. 8, 230* nach Thera II). – Beifunde vgl. Nr. 19. – Verbleib unbekannt. – Thera II 299f. Abb. 489, b.

231. *Antissa (?)*, Lesbos. – Aus Gräbern (?), Angabe 33/13 AcfE. 475–450. – Fibelbügel, L. noch 3,9 cm (*Taf. 8, 231*). – Mus. Mytilene (o. Nr.). – Unpubliziert (zu den Grabfunden siehe W. Lamb, Ann. BSA. 31, 1930–31, 174f.).

232. *Antissa (?)*, Lesbos. – Aus Gräbern (?), Angabe 33/19 chapel 25-3. – Drei Fragmente einer Fibel, nicht anpassend (*Taf. 8, 232*). – Mus. Mytilene (o. Nr.). – Unpubliziert (siehe Nr. 231).

233. *Salamis.* – Aus Steinkistengräbern. – Fibelbügel, L. noch 5,9 cm (*Taf. 8, 233*). – Nationalmus. Athen (3600). – S. Wide, Athen. Mitt. 35, 1910, 29; Blinkenberg, Fibules 76 (II 19f).

234. *Hephaisteia*, Lemnos. – Aus der Nekropole (?), Angabe Heph. 1715a. – Fibelbügel, L. noch 4,7 cm (*Taf. 8, 234*). – Nationalmus. Athen (o. Nr.). – Unpubliziert.

235. *Skyros.* – Magazia (?). – Fibel, L. 6,9 cm (*Taf. 8, 235*). – Mus. Skyros (16 M). – Unpubliziert.

236. *Vrokastro* bei Pyrgos, Ep. Mirabello, Kreta. – Kopranes, „Bone-enclosure" VII; Fibel in Raum 2. – Fibel, L. 3,7 cm (*Taf. 8, 236*). – Funde aus Raum 2: „Kyprischer" Aryballos; Fragmente einer Säge; Eisenmesser. – Mus. Herakleion (o. Nr.). – Hall, Vrokastro 165f. Taf. 19, G.

Blinkenberg ordnete diesem Typ noch andere Fibeln zu, die vielleicht aus dem Typ IIk entwickelt wurden, die aber letztlich doch typologisch abweichen (Blinkenberg II 19a–l). Gut datierte Exemplare des 11. Jh. mit Ringwülsten an den Bügelenden kennen wir aus submykenischen Gräbern des Kerameikos (Gräber 31 und 41).[38] Fibeln dieses Typs aus spätprotogeometrischer Zeit fanden sich auf Skyros; sie begegnen in den geometrischen „Bone-enclosures" von Vrokastro auf Kreta und in spätgeometrischem Fundzusammenhang auf Lemnos, Lesbos sowie Thera.

Dieser Typ kommt in Italien ebenso wie auf Zypern und im Orient vor. Die jüngeren Varianten dieses Typus, die von D. Stronach[39] als Typ des östlichen Mittelmeers bezeichnet wurden, und die vom Ende des 12. Jh. bis zum Beginn des 9. Jh. anzusetzen sind, verfolgen im Osten und im Westen unterschiedliche Wege. In Italien lebt dieser Typ vom 11.–8. Jh.;[40] dabei sind Fibeln mit Kugeln die älteren, wie das auch die Exemplare vom Kerameikos belegen.[41] Die protogeometrischen Fibeln von Skyros zeigen jedoch ein Weiterleben an. Die Exemplare ohne Ringwülste mit kräftigem Bügel aus Griechenland sind aufgrund der Funde von der Athener Agora und vom Kerameikos[42] in die protogeometrische Zeit zu datieren.

TYP IIl

Asymmetrische Bogenfibeln, Bügel von rhombischem Querschnitt, Fuß zungenförmig.

237. *Vrokastro* bei Pyrgos, Ep. Mirabello, Kreta. – Kopranes, Kammergrab VI, rezent gestört, Reste von drei Körperbestattungen, Beigaben nicht getrennt. – Fibel, L. 7,2 cm (*Taf. 8, 237* nach Hall). – Beifunde: Finger-

---

[38] Ebd. 88 Abb. 6, 7; 4, 7.
[39] Stronach, Iraq 21, 1959, 183.
[40] Sundwall, Fibeln 36.
[41] Müller-Karpe, Metallbeigaben 59ff.
[42] Ebd. 56f. Abb. 12, 5; 29, 3; 30, 1–2.

ring; Fragment eines Eisenmessers; zwei Vogelaskoi; kugeliger Askos; Bügelkanne; konische Schüssel. – Mus. Heraklion (o. Nr.).– Hall, Vrokastro 152f. Taf. 19, H; Blinkenberg, Fibules 72 (II 15a).

238.–242. *Leukanti* (Lefkandi), Ep. Chalkis, Euböa. – Angabe ST/T 43; ST/T 16/20; ST/T 22/8; ST/T 40/4 und ST/T 19/14. – Fünf Fibeln. – Mus. Eretria. – Unpubliziert.

Fibeln dieses Typs wurden in dem subminoischen Grab IV von Vrokastro gefunden; sehr viele gibt es auch in Leukanti. Sie stellen eine Parallele zu Typ II i dar.

III. FIBELN MIT KUGELGLIEDERN IM BÜGEL

Zu dieser Formengruppe gehören Fibeln mit symmetrischem Bügel von rundem Querschnitt und mit einigen Kugelgliedern aus Bronze. Blinkenberg unterschied dabei zwei Typen: seinen Typ III (types intermédiaires) und seinen Typ IV (types des îles). Diese Trennung ist unberechtigt angesichts der Tatsache, daß beide Formen dasselbe Grundschema haben; sie unterscheiden sich lediglich in der Ausbildung des Fußes. Blinkenberg trennte sie nach einem inkonsequenten Prinzip, in einem Fall nach der zeitlichen Stellung (Typ III), im anderen nach einem regionalen Prinzip (Typ IV).

Fibeln mit Kugelgliedern im Bügel sind in Italien während der Früheisenzeit nicht unbekannt (Typ B III d Sundwalls);[1] ihr Vorkommen wird in die zweite Hälfte des 9. Jh. bis in die erste Hälfte des 8. Jh. v. Chr. datiert; sie haben dort allerdings einen Diskusfuß. Mit kleinem Fuß ist diese Form aus Ungarn bekannt.[2] In Italien gibt es auch die Ausprägung mit gedrückten Kugelgliedern (Typ B II α g Sundwalls)[3] und zungenförmigem Fuß (Hallstatt-Typ). Zu unserem Typ IIIc lassen sich auch Parallelen aus Bulgarien anführen. Fibeln der Gruppe III erscheinen auf den Inseln mit nur einem Exemplar protogeometrischer Zeitstellung aus Fortetsa (Nr. 339); sie sind noch weiter im 8.–6. Jh. üblich. Die Entstehung dieser Form führen viele Forscher sowohl in Italien als auch in Griechenland auf die Verwendung wirklicher Perlen als Bügelzier zurück.

Das frühe Exemplar von Fortetsa und die große Menge an Fibeln dieses Typs von den Inseln berechtigen zu der Annahme, daß die Erfindung dieser Fibelform auf den Inseln in geometrischer Zeit unabhängig von westlichen Parallelen erfolgt ist.

Typologisch können die hier unter III zusammengestellten Fibeln in folgende Typen unterteilt werden:

TYP IIIa

Fibeln mit fünf Kugelgliedern (zuweilen auch mit sechs vgl. Nr. 246. 261. 278); in der Regel je zwei Kugeln beiderseits einer gewöhnlich etwas größeren Mittelkugel, diese kann jedoch auch gleichen Durchmesser haben. Gewöhnlich sitzen die Kugelglieder dicht nebeneinander; aber nicht selten sind sie durch einen geringen Abstand voneinander getrennt. Der Fuß ist dreieckig, schmal gestreckt, mit leicht nach oben ausgezogener Spitze oder trapezförmig. Der Übergang vom Bügel zur Fußplatte kann abgestuft oder durch eine einfache Ritzlinie markiert sein. Der Bügelschaft ist kräftig, von rundem oder rhombischem Querschnitt, glatt oder ritzverziert. In einigen Fällen zeigt der Schaft eine leicht faßförmige Anschwellung, glatt bzw. mit Ringrillen, oder nur zwei Ringrillen. Aus dem kräftigen Bügelschaft

[1] Sundwall, Fibeln 33. 115 Abb. 144.
[2] Ebd. 35 Abb. 19, a.

[3] Ebd. 103 Abb. 115. 116.

entwickelt sich ein dünnerer Draht, aus dem die Spiralwindungen und die Nadel gebildet sind. Selten besteht der ganze Schaft aus dünnem Draht (Blinkenberg III 10b; III 11a).

243. *Ialysos,* Rhodos. – Akropolis, aus dem Athena-Heiligtum. – Fibel, Spiralwindung und Nadel fehlen, L. noch 3,8 cm *(Taf. 8, 243).* – Mus. Rhodos (9350). – Unpubliziert.

244. *Ialysos,* Rhodos. – Akropolis, aus dem Athena-Heiligtum. – Fibel, Spiralwindung und Nadel fehlen, L. noch 3,5 cm *(Taf. 8, 244).* – Mus. Rhodos (9355). – Unpubliziert.

245. *Ialysos,* Rhodos. – Akropolis, aus dem Athena-Heiligtum. – Fibel, Spiralwindung fehlt, L. noch 3,3 cm *(Taf. 8, 245).* – Mus. Rhodos (9345). – Unpubliziert.

246. *Ialysos,* Rhodos. – Akropolis, aus dem Athena-Heiligtum. – Fibel, L. 7,7 cm *(Taf. 8, 246).* – Mus. Rhodos (9307). – Unpubliziert.

247. 248. *Ialysos,* Rhodos. – Akropolis, aus dem Athena-Heiligtum. – Zwei Fibeln und zwanzig weitere Exemplare. – Mus. Rhodos (9351. 9287). – Unpubliziert.

249. *Ialysos,* Rhodos. – Akropolis, aus dem Athena-Heiligtum. – Fibel, Nadel fehlt, L. 5,2 cm *(Taf. 9, 249).* – Mus. Rhodos (11106). – Unpubliziert.

250. *Ialysos,* Rhodos. – Akropolis, aus dem Athena-Heiligtum. – Fibel, L. 4 cm *(Taf. 9, 250).* – Mus. Rhodos (9344). – Unpubliziert.

251. *Ialysos,* Rhodos. – Akropolis, aus dem Athena-Heiligtum. – Fibel, L. 3,1 cm *(Taf. 9, 251).* – Mus. Rhodos (9348). – Unpubliziert.

252. *Ialysos,* Rhodos. – Akropolis, aus dem Athena-Heiligtum. – Fibel, L. 4,7 cm *(Taf. 9, 252).* – Mus. Rhodos (11101). – Unpubliziert.

253. *Ialysos,* Rhodos. – Akropolis, aus dem Athena-Heiligtum. – Fibel, L. 3,1 cm *(Taf. 9, 253).* – Mus. Rhodos (8931). – Unpubliziert.

254. *Ialysos,* Rhodos. – Akropolis, aus dem Athena-Heiligtum. – Fibel. – Mus. Rhodos. – Unpubliziert.

255. *Ialysos,* Rhodos. – Akropolis, aus dem Athena-Heiligtum. – Fibel, L. 3,4 cm *(Taf. 9, 255).* – Mus. Rhodos (9354). – Unpubliziert.

256. *Ialysos,* Rhodos. – Akropolis, aus dem Athena-Heiligtum. – Fibel, Nadel fehlt, L. 5,2 cm *(Taf. 9, 256).* – Mus. Rhodos (11097). – Unpubliziert.

257. *Ialysos,* Rhodos. – Akropolis, aus dem Athena-Heiligtum. – Fibel, L. 3,6 cm *(Taf. 9, 257).* – Mus. Rhodos (9334). – Unpubliziert.

258. *Ialysos,* Rhodos. – Akropolis, aus dem Athena-Heiligtum. – Fibel, Spiralwindung und Nadel fehlen, L. noch 4,3 cm *(Taf. 9, 258).* – Mus. Rhodos (11091). – Unpubliziert.

259. *Ialysos,* Rhodos. – Akropolis, aus dem Athena-Heiligtum. – Fibel, L. 4,1 cm *(Taf. 9, 259).* – Mus. Rhodos (9305). – Unpubliziert.

260. *Ialysos,* Rhodos. – Akropolis, aus dem Athena-Heiligtum. – Fibel, Nadel fehlt, L. 3,5 cm *(Taf. 9, 260).* – Mus. Rhodos (9313). – Unpubliziert.

261. *Ialysos,* Rhodos. – Akropolis, aus dem Athena-Heiligtum. – Fibel, Nadel fehlt, L. 4,5 cm *(Taf. 9, 261).* – Mus. Rhodos (9312). – Unpubliziert.

262. *Ialysos,* Rhodos. – Akropolis, aus dem Athena-Heiligtum. – Fibelbügel, L. noch 3,2 cm *(Taf. 9, 262).* – Mus. Rhodos (9314). – Unpubliziert.

263. *Ialysos,* Rhodos. – Akropolis, aus dem Athena-Heiligtum. – Fibelbügel, L. noch 4,2 cm *(Taf. 9, 263).* – Mus. Rhodos (9306). – Unpubliziert.

264. *Ialysos,* Rhodos. – Akropolis, aus dem Athena-Heiligtum. – Fibel, Fuß fehlt, L. noch 3,9 cm *(Taf. 9, 264).* – Mus. Rhodos (9309). – Unpubliziert.

265. *Ialysos,* Rhodos. – Akropolis, aus dem Athena-Heiligtum. – Fibelbügel, L. noch 4,2 cm *(Taf. 9, 265).* – Mus. Rhodos (9315). – Unpubliziert.

266. *Ialysos,* Rhodos. – Akropolis, aus dem Athena-Heiligtum. – Fibelfragment, L. noch 3,9 cm *(Taf. 9, 266).* – Mus. Rhodos (9316). – Unpubliziert.

267. *Ialysos,* Rhodos. – Akropolis, aus dem Athena-Heiligtum. – Fibelbügel, L. noch 3,4 cm *(Taf. 9, 267).* – Mus. Rhodos (9317). – Unpubliziert.

268. *Ialysos,* Rhodos. – Akropolis, aus dem Athena-Heiligtum. – Fibelbügel, L. noch 4,8 cm *(Taf. 9, 268).* – Mus. Rhodos (9318). – Unpubliziert.

269. *Ialysos,* Rhodos. – Akropolis, aus dem Athena-Heiligtum. – Fibel, Spiralwindung und Nadel fehlen, L. noch 3,5 cm *(Taf. 9, 269).* – Mus. Rhodos (9319). – Unpubliziert.

270. *Ialysos,* Rhodos. – Akropolis, aus dem Athena-Heiligtum. – Fibel, Spiralwindung und Nadel fehlen, L. noch 4,3 cm *(Taf. 9, 270).* – Mus. Rhodos (9320). – Unpubliziert.

271. *Ialysos,* Rhodos. – Akropolis, aus dem Athena-Heiligtum. – Fibel, Nadel fehlt, L. 4,2 cm *(Taf. 9, 271).* – Mus. Rhodos (9321). – Unpubliziert.

272. *Ialysos,* Rhodos. – Akropolis, aus dem Athena-Heiligtum. – Fibel, Nadel fehlt, L. 4 cm *(Taf. 9, 272).* – Mus. Rhodos (9323). – Unpubliziert.

274. *Ialysos,* Rhodos. – Akropolis, aus dem Athena-Heiligtum. – Fibelbügel mit Fußansatz, erhaltene L. noch 3 cm *(Taf. 9, 274).* – Mus. Rhodos (9328). – Unpubliziert.

275. *Ialysos,* Rhodos. – Akropolis, aus dem Athena-Heiligtum. – Fibel, Nadel fehlt, L. 5,4 cm *(Taf. 9, 275).* – Mus. Rhodos (8914). – Unpubliziert.

276. *Ialysos,* Rhodos. – Akropolis, aus dem Athena-Heiligtum. – Fibel, Spiralwindung und Nadel fehlen, L.

noch 4,2 cm *(Taf. 9, 276)*. – Mus. Rhodos (8916). – Unpubliziert.

277. *Ialysos*, Rhodos. – Akropolis, aus dem Athena-Heiligtum. – Fibel, L. 5 cm *(Taf. 9, 277)*. – Mus. Rhodos (8917). – Unpubliziert.

278. *Ialysos*, Rhodos. – Akropolis, aus dem Athena-Heiligtum. – Fibelbügel, L. noch 4,2 cm *(Taf. 10, 278)*. – Mus. Rhodos (8921). – Unpubliziert.

279. *Ialysos,* Rhodos. – Akropolis, aus dem Athena-Heiligtum. – Fibel, Spiralwindung und Nadel fehlen, L. noch 3,3 cm *(Taf. 10, 279)*. – Mus. Rhodos (8919). – Unpubliziert.

280. *Ialysos*, Rhodos. – Akropolis, aus dem Athena-Heiligtum. – Fibel, Spiralwindung und Nadel fehlen, L. noch 4,7 cm *(Taf. 10, 280)*. – Mus. Rhodos (8923). – Unpubliziert.

281. *Ialysos*, Rhodos. – Akropolis, aus dem Athena-Heiligtum. – Fibel. – Mus. Rhodos. – Unpubliziert.

282. *Lindos*, Rhodos. – Akropolis. – Fibel, L. 7,4 cm; insgesamt drei Exemplare *(Taf. 10, 282 nach Lindos I)*. – Mus. Istanbul. – Lindos I 87 Nr. 108 Taf. 8, 108; Blinkenberg, Fibules 87 Abb. 86 (III 11 i).

283. *Lindos,* Rhodos. – Akropolis. – Fibel, Fußplatte und Nadel fehlen, L. noch 7,2 cm *(Taf. 10, 283* nach Photo DAI Istanbul*)*. – Mus. Istanbul (3231). – Lindos I 87 Nr. 108.

283 A.–E. *Samos.* – Nord-Nekropole, Grab 6, Brandbestattung. – Fünf Fibelbügel *(Taf. 10, 283 A–E)*. – Beifunde: drei Fibeln, Blinkenberg Typ IV; drei Ohrringe, Silber vergoldet; Blechfragmente; kugelige Nadelköpfe, Elfenbein; zwei Löwenstatuetten, Elfenbein; Elfenbeinreliefs (weibliche Köpfe). – Mus. Vathy, Samos. – K. Tsakos, Arch. An. Athen. 2, 1969, 202ff. Abb. 2.

284. *Samos.* – Heraion. – Fibel, Nadel fehlt, L. 4,6 cm *(Taf. 10, 284)*. – Mus. Vathy, Samos (B 1464). – Unpubliziert.

285. *Samos.* – Heraion. – Fibelbügel, L. noch 2,7 cm *(Taf. 10, 285)*. – Mus. Vathy, Samos (B 1105). – Unpubliziert.

286. *Samos.* – Heraion. – Fibelbügel, L. noch 2,8 cm *(Taf. 10, 286)*. – Mus. Vathy, Samos (B 839). – Unpubliziert.

287. *Naxos.* – Kaminaki, aus dem Heiligtum. – Fibel, Nadel fehlt, L. 2,7 cm *(Taf. 10, 287)*. – Mus. Naxos (1543). – Ch. Karousos/N. Kontoleon, Praktika 1937, 119ff.

288. 289. *Paros.* – Delion, unter dem Fußboden des Tempels. – Fibelbügel, L. noch 4,1 cm; Fibel, Spiralwindung und Nadel fehlen, L. 5,1 cm *(Taf. 10, 288. 289)*. – Nationalmus. Athen (12169). – Rubensohn, Delion 68 Nr. 5 Taf. 12, 7; Blinkenberg, Fibules 85 f. Abb. 82 (III 11 a).

290. *Hephaisteia*, Lemnos. – Fibelbügel, erhaltene L.

noch 3 cm *(Taf. 10, 290)*. – Mus. Lemnos (o. Nr.). – Unpubliziert.

291. *Hephaisteia*, Lemnos. – Im Museum mit der Angabe XIX aufbewahrt; aus Grab XIX von Hephaisteia werden keine Funde genannt. – Fibel, Spiralwindung und Nadel fehlen, L. noch 2,7 cm *(Taf. 10, 291)*. – Mus. Lemnos. – Vgl. Mustilli, Efestia 29.

292. 293. *Hephaisteia*, Lemnos. – Grab A–CLIX, Brandbestattung in Pithos. – Zwei Fibeln, L. 3,5 und 3,2 cm *(Taf. 10, 292. 293* nach Mustilli*)*. – Beifunde: Fibel Nr. 615; drei Amphoriskoi; Beil, Eisen; Spinnwirtel, Ton. – Mus. Lemnos (o. Nr.). – Mustilli, Efestia 68 f. Abb. 100.

294. 295. *Hephaisteia*, Lemnos. – Zwei Fibeln wie Nr. 292, schlecht erhalten, L. noch 2,5 und 2 cm. – Mus. Lemnos. – Unpubliziert.

296. *Hephaisteia*, Lemnos. – Im Museum mit der Angabe „Ossuario XI" aufbewahrt; wohl aus Grab A–XI, Brandbestattung in Pithos. – Fibel, Spiralwindung und Nadel fehlen, L. noch 3,6 cm *(Taf. 10, 296)*. – Beifunde: Amphoriskos, geometrische Bemalung; zwei Krateriskoi, bemalt; gedrückt kugelige Pyxis. – Nationalmus. Athen (17146). – Mustilli, Efestia 24 Abb. 21, 1.

297. *Aigina.* – Vermutlich aus dem Apollon („Aphrodite")-Heiligtum. – Fibel, Spiralwindung und Nadel fehlen, L. noch 4,7 cm *(Taf. 10, 297)*. – Mus. Aigina (832). – Unpubliziert.

298. *Aigina.* – Aphaia-Heiligtum. – Fibel, Spiralwindung und Nadel fehlen, L. noch 4,4 cm *(Taf. 10, 298)*. – Mus. Aigina (o. Nr.). – Furtwängler, Aegina Taf. 115.

299. *Aigina.* – Aphaia-Heiligtum, vor der Höhle. – Fibel, L. 5,3 cm *(Taf. 10, 299)*. – Mus. Aigina (311). – Furtwängler, Aegina 403 Nr. 116 Taf. 115; 116, 20; Blinkenberg, Fibules 86 Abb. 85 (III 11 f).

300. *Phana*, Chios. – Apollon-Heiligtum, aus der Terrassenaufschüttung, Ausgrabung Kourouniotes. – Fibelbügel, L. noch 3,4 cm *(Taf. 10, 300)*. – Mus. Chios (467 oder 468). – K. Kourouniotes, Arch. Delt. 1, 1915, 79.

301. *Phana*, Chios. – Apollon-Heiligtum, aus der Terrassenaufschüttung, Ausgrabung Kourouniotes. – Fibel, Spiralwindung und Nadel fehlen, L. noch 4,9 cm *(Taf. 10, 301)*. – Mus. Chios (467 oder 468). – K. Kourouniotes, Arch. Delt. 1, 1915, 79 Abb. 16; Blinkenberg, Fibules 84 (III 10 e).

302. *Phana*, Chios. – Apollon-Heiligtum, Ausgrabung Lamb, Angabe „all levels". – Fibel, Spiralwindung und Nadel fehlen, L. noch 3,7 cm *(Taf. 10, 302)*. – Mus. Chios (o. Nr.). – Unpubliziert.

303. *Phana*, Chios. – Apollon-Heiligtum, Ausgrabung Lamb, Angabe „all levels". – Fibel, Spiralwindung und Nadel fehlen, L. noch 3,3 cm *(Taf. 10, 303)*. – Mus. Chios (o. Nr.). – Unpubliziert.

304. *Phana*, Chios. – Apollon-Heiligtum, Ausgrabung Lamb, Angabe „all levels". – Fibelfragment, L. noch 2,4 cm *(Taf. 11, 304)*. – Mus. Chios (o. Nr.). – Unpubliziert.

305.–309. *Phana*, Chios. – Apollon-Heiligtum, Ausgrabung Lamb. – Fünf Fibeln *(Taf. 11, 305–309* nach Lamb). – Nationalmus. Athen (o. Nr.). – W. Lamb, Ann. BSA. 35, 1934–35, 151 f. Taf. 31, 11. 16. 20. 24. 27.

310. *Phana*, Chios. – Apollon-Heiligtum, Ausgrabung Lamb. – Fibelbügel, L. noch 3,4 cm *(Taf. 11, 310)*. – Nationalmus. Athen (o. Nr.). – Unpubliziert.

311. *Emporio*, Chios. – „Harbour Sanctuary", Fläche H. – Fibel, Nadel und Fuß fehlen, L. noch 5,7 cm *(Taf. 11, 311* nach Boardman). – *Datierung:* Emporio, Periode I. – Mus. Chios (o. Nr.). – Boardman, Emporio 207ff. Nr. 203 Abb. 137, 203.

312. *Emporio*, Chios. – „Harbour Sanctuary", Fläche H. – Fibel, L. 5,4 cm *(Taf. 11, 312* nach Boardman). – *Datierung:* Emporio, Periode II. – Mus. Chios. – Boardman, Emporio 207ff. Nr. 205 Abb. 137, 205.

313. *Tenos.* – Nach Museumskatalog aus Xompourgo; nach anderen Informationen aus der Nekropole Ktikados, Grab A. – Fibel, Spiralwindung und Nadel fehlen, L. noch 3,1 cm *(Taf. 11, 313)*. – Weitere Funde aus Grab A: zwei Kannen, Bemalung geometrischen Stils; Skyphos. – Mus. Tenos (B 446). – Unpubliziert.

Fibeln vom Typ III a wurden auf Aigina und Rhodos in geometrisch-archaischem Fundzusammenhang gefunden. Auf Chios sind sie für die Zeit zwischen dem Ende des 8. Jh. und 600 v. Chr. belegt. Die Exemplare von Lemnos und Paros sind an das Ende des 8. Jh. zu setzen, die von Naxos nur allgemein in geometrische Zeit, während die von Tenos in die früh- oder mittelgeometrische Stufe einzuordnen sind. Blinkenberg nannte auch ein Exemplar aus Prinias.[4]

TYP III b

Fibeln mit drei oder vier Kugelgliedern von rundem, D-förmigem oder rhombischem Querschnitt; die Kugelglieder dicht nebeneinander – bei denen mit vier Kugeln – oder mit einigem Abstand angeordent; zwischen die Kugelglieder sind gewöhnlich Ringwülste eingeschoben. Bei den meisten Exemplaren ist der Bügel leicht asymmetrisch und erinnert an entsprechende Fibeln von Zypern. Der Fuß ist entweder glatt und zungenförmig oder als niedrige dreieckige, trapezförmige oder rechteckige Platte gebildet, ähnlich wie bei Typ III a. Der Bügelschaft ist kräftig, von rundem Querschnitt, manchmal im unteren Abschnitt beim Übergang zum Draht der Nadelrolle von rhombischem Querschnitt (Blinkenberg III 5 a; III 10 c. f; III 11 b. e; IV 14).

314. *Ialysos*, Rhodos. – Akropolis, aus dem Athena-Heiligtum. – Fibel, Spiralwindung und Nadel fehlen, L. noch 2,3 cm *(Taf. 11, 314)*. – Mus. Rhodos (9357). – Unpubliziert.

315. *Ialysos*, Rhodos. – Akropolis, aus dem Athena-Heiligtum. – Fibel, Spiralwindung und Nadel fehlen, L. noch 5,1 cm *(Taf. 11, 315)*. – Mus. Rhodos (11094). – Unpubliziert.

316. *Ialysos*, Rhodos. – Akropolis, aus dem Athena-Heiligtum. – Fibel, Spiralwindung und Nadel fehlen, L. noch 3,8 cm *(Taf. 11, 316)*. – Mus. Rhodos (11090). – Unpubliziert.

317. *Ialysos*, Rhodos. – Akropolis, aus dem Athena-Heiligtum. – Fibel, Nadel fehlt, L. 3,6 cm *(Taf. 11, 317)*. – Mus. Rhodos (11092). – Unpubliziert.

318. *Ialysos*, Rhodos. – Akropolis, aus dem Athena-Heiligtum. – Fibel, Spiralwindung und Nadel fehlen, L. noch 3,1 cm *(Taf. 11, 318)*. – Mus. Rhodos (11093). – Unpubliziert.

319. *Ialysos*, Rhodos. – Akropolis, aus dem Athena-Heiligtum. – Fibel, Nadel fehlt, L. 3,2 cm *(Taf. 11, 319)*. – Mus. Rhodos (11098). – Unpubliziert.

320. *Ialysos*, Rhodos. – Akropolis, aus dem Athena-Heiligtum. – Fibel, Nadel fehlt, L. 3,2 cm *(Taf. 11, 320)*. – Mus. Rhodos (9308). – Unpubliziert.

321. *Ialysos*, Rhodos. – Akropolis, aus dem Athena-Heiligtum. – Fibel, Nadel fehlt, L. 3,4 cm *(Taf. 11, 321)*. – Mus. Rhodos (9311). – Unpubliziert.

322. *Ialysos*, Rhodos. – Akropolis, aus dem Athena-Heiligtum. – Fibel, Spiralwindung und Nadel fehlen, L.

---

[4] Blinkenberg, Fibules 84 Abb. 77.

noch 3,2 cm *(Taf. 11, 322)*. – Mus. Rhodos (9310). – Unpubliziert.

323. *Ialysos,* Rhodos. – Akropolis, aus dem Athena-Heiligtum. – Fibel, Spiralwindung und Nadel fehlen, L. noch 2,7 cm *(Taf. 11, 323)*. – Mus. Rhodos (9322). – Unpubliziert.

324. *Ialysos,* Rhodos. – Akropolis, aus dem Athena-Heiligtum. –Fibel, Spiralwindung und Nadel fehlen, L. noch 3,2 cm *(Taf. 11, 324)*. – Mus. Rhodos (9324). – Unpubliziert.

325. *Ialysos,* Rhodos. – Akropolis, aus dem Athena-Heiligtum. – Fibel, Spiralwindung und Nadel fehlen, L. noch 3,3 cm *(Taf. 11, 325)*. – Mus. Rhodos (9326). – Unpubliziert.

326. *Ialysos,* Rhodos. – Akropolis, aus dem Athena-Heiligtum. – Fibel, Nadel und Fuß fehlen, L. noch 3,3 cm *(Taf. 11, 326)*. – Mus. Rhodos (9331). – Unpubliziert.

327. *Ialysos,* Rhodos. – Akropolis, aus dem Athena-Heiligtum. – Fibel, Spiralwindung und Nadel fehlen, L. noch 4 cm *(Taf. 11, 327)*. – Mus. Rhodos (9332). – Unpubliziert.

328. *Ialysos,* Rhodos. – Akropolis, aus dem Athena-Heiligtum. – Fibel, Spiralwindung und Nadel fehlen, L. noch 3,1 cm *(Taf. 11, 328)*. – Mus. Rhodos (8912). – Unpubliziert.

329. *Ialysos,* Rhodos. – Akropolis, aus dem Athena-Heiligtum. – Fibel, Spiralwindung und Nadel fehlen, L. noch 2,7 cm *(Taf. 11, 329)*. – Mus. Rhodos (8913). –Unpubliziert.

330. *Ialysos,* Rhodos. – Akropolis, aus dem Athena-Heiligtum. – Fibel, Spiralwindung und Nadel fehlen, L. noch 3,4 cm *(Taf. 11, 330)*. – Mus. Rhodos (8915). – Unpubliziert.

331. *Ialysos,* Rhodos. – Akropolis, aus dem Athena-Heiligtum. – Fibel, L. 2,6 cm *(Taf. 11, 331)*. – Mus. Rhodos (8924). –Unpubliziert.

332. *Lindos,* Rhodos. – Fibel, L. 3,8 cm; insgesamt 15 Exemplare von der Akropolis und zwei Exemplare von Kopria *(Taf. 11, 332 nach Lindos I)*. – Mus. Istanbul. – Lindos I 87 Nr. 107a Taf. 8, 107a; Blinkenberg, Fibules 85 (III 10m).

332 A. *Lindos,* Rhodos. – Fibelbügel, L. noch 3,4 cm *(Taf. 11, 332 A nach Photo DAI Istanbul)*. – Mus. Istanbul (3239). – Lindos I 87 Nr. 107a.

333. *Antissa (?),* Lesbos. – Aus Gräbern (?); Angabe 33/30 AC oder Eap sc. – Zwei Fibelfragmente, Bügel und Fuß *(Taf. 11, 333)*. – Mus. Mytilene (o. Nr.). – Zu Grabfunden von Antissa siehe W. Lamb, Ann. BSA. 31, 1930–31, 174 ff.

334. *Antissa (?),* Lesbos. – Aus Gräbern (?); Angabe 33/25 ACN 4.5-4-25. – Fibelfragment, L. noch 1,6 cm *(Taf. 12, 334)*. – Mus. Mytilene (o. Nr.). – Zu Grabfunden vgl. Nr. 333.

335. *Samos.* – Heraion. – Fibelbügel, L. noch 3 cm *(Taf. 12, 335)*. – Mus. Vathy, Samos (B 509). – Unpubliziert.

335 A. *Samos.* – Nord-Nekropole, Grab 36. – Fibel, L. 1,5 cm. – Verbleib unbekannt. – Boehlau, Aus Ionischen und Italischen Nekropolen (1889) 42 Taf. 15, 10; Blinkenberg, Fibules 103 (IV 14b).

336. *Samos.* – Fibelbügel, L. noch 2,8 cm *(Taf. 12, 336)*. – Mus. Vathy, Samos (B 1465). – Unpubliziert.

337. *Ida, Zeusgrotte,* Kreta. – Ausgrabung Halbherr 1884–85. – Fibel, L. 3,4 cm *(Taf. 12, 337)*. – Mus. Herakleion (258). – Unpubliziert.

338. *Tsoutsouros,* Ep. Monophatsi, Kreta. – Inatos-Höhle. – Fibelbügel, L. noch 3,6 cm *(Taf. 12, 338)*. – Mus. Herakleion (2684). – Unpubliziert.

339. *Fortetsa,* Ep. Temenos, Kreta. – Kammergrab II, Bestattung in Pithos 23; drei Fibeln im Pithos. – Fibel, L. 4,5 cm *(Taf. 12, 339)*. – Beifunde, Datierung und Aufbewahrungsort vgl. Nr. 59. 60. – Mus. Herakleion. – Brock, Fortetsa 84 ff. Nr. 1106 Taf. 75, 1106.

340. *Fortetsa,* Ep. Temenos, Kreta. – Kammergrab II, Fibel auf dem Boden der Grabkammer, hinter Pithos 24, keiner Bestattung zuweisbar. – Fibel, Spiralwindung und Nadel fehlen, L. noch 5 cm *(Taf. 12, 340 nach Brock)*. – Mus. Herakleion (z. Zt. nicht nachweisbar). – Brock, Fortetsa 97 Nr. 1111 Taf. 75, 1111.

341. *Vrokastro* bei Pyrgos, Ep. Mirabello, Kreta. – Siedlung, Raum 26. – Fibel, L. 2,7 cm *(Taf. 12, 341 nach Hall)*. – Verbleib unbekannt. – Hall, Vrokastro 111 f. Taf. 20, B; Blinkenberg, Fibules 103 Abb. 113 (IV 14a).

342. *Vrokastro* bei Pyrgos, Ep. Mirabello, Kreta. – Karakovilia „Bone-enclosure" XII, Raum 3. – Fibelbügel, L. noch 6,2 cm *(Taf. 12, 342 nach Hall)*. – Mus. Herakleion (?). – Hall, Vrokastro 168 f. Taf. 20, A.

343. *Vrokastro* bei Pyrgos, Ep. Mirabello, Kreta. – Karakovilia, „Bone-enclosure" II, Brandbestattungen. – Fibel, Spiralwindung und Nadel fehlen, L. noch 3,8 cm *(Taf. 12, 343 nach Hall)*. – Beifunde: Fibeln Nr. 415. 1478. 1487. 1495; zwei Glasperlen; zwei Bergkristallperlen; Fayenceperle; linsenförmiges Siegel, Achat; Eisenschwert. – Mus. Herakleion (?). – Hall, Vrokastro 157 f. Taf. 20, J.

344. *Vrokastro* bei Pyrgos, Ep. Mirabello, Kreta. – Fibel im Museum mit der Angabe „Bone-enclosure VI"; Hall erwähnt diese Fibel jedoch nicht unter den Funden aus diesem Grab. Vermutlich stammt sie aus der Siedlung, Raum 8 – vgl. Nr. 43. – Fibel, Nadel fehlt, L. noch 3,3 cm *(Taf. 12, 344)*. – Mus. Herakleion. – Hall, Vrokastro 100 Nr. 5.

345. *Vrokastro* bei Pyrgos, Ep. Mirabello, Kreta. – Fibel im Museum mit der Angabe „Bone-enclosure VI", entspricht jedoch nicht der bei Hall, Vrokastro Abb. 100, B abgebildeten; möglicherweise die aus „Bone-enclosure" I, Raum B genannte Fibel. – Fibelbügel, schlecht erhalten, L. noch 2,6 cm *(Taf. 12, 345)*. – Mus. Herakleion. – Hall, Vrokastro 155 ff.

346. *Kamiros*, Rhodos. – Papatislures, Kammergrab XV, beraubt. – „Kleine Fibel mit geperltem Bügel". – Beifunde: Nadeln; zwei oblonge, fazettierte Bommeln; Glasperlen; Skarabäus, Glaspaste. – Mus. Rhodos (?). – Jacopi, Camiro II 60 ff. Abb. 73.

347.–349. *Naxos*. – Kaminaki, aus dem Heiligtum. – Drei Fibelbügel, L. noch 3,5 cm, 2,8 und 3,7 cm *(Taf. 12, 347–349)*. – Mus. Naxos (1444. 1457. 1493). – Ch. Karousos/N. Kontoleon, Praktika 1937, 119 ff.

350. *Paros*. – Delion, unter dem Fußboden des Tempels. – Fibel, Spiralwindung und Nadel fehlen, L. noch 3,1 cm *(Taf. 12, 350)*. – Nationalmus. Athen (12169). – Blinkenberg, Fibules 84 (III 10d); Rubensohn, Delion 68 Nr. 4.

351. *Hephaisteia*, Lemnos. – Fibel, Spiralwindung und Nadel fehlen, L. noch 5,2 cm *(Taf. 12, 351)*. – Mus. Lemnos. –Unpubliziert.

352. *Aigina*. – Aphaia-Heiligtum. – Fibelbügel, L. noch 3,4 cm *(Taf. 12, 352)*. – Mus. Aigina (313). – Furtwängler, Aegina 403 Taf. 115.

353. *Aigina*. – Aphaia-Heiligtum, Tempel-Nordseite. – Fibel, Nadel fehlt, L. noch 4,1 cm *(Taf. 12, 353)*. – Mus. Aigina (312). – Furtwängler, Aegina 403 Nr. 117 Taf. 116, 21; Blinkenberg, Fibules 85 (III 10l).

354. *Aigina*. – Aphaia-Heiligtum. – Fibelfragment, L. noch 4,2 cm *(Taf. 12, 354)*. – Mus. Aigina (o. Nr.). – Furtwängler, Aegina 403 Taf. 115.

355. *Aigina*. – Keine Angaben zur Herkunft. – Fibel-fragment, L. noch 2,2 cm *(Taf. 12, 355)*. – Mus. Aigina (o. Nr.). – Unpubliziert.

356. *Aigina*. – Aphaia-Heiligtum. – Fibelbügel, L. noch 6,5 cm *(Taf. 12, 356)*. – Mus. Aigina (310). – Unpubliziert.

357. *Delos*. – Nordwestlich vom Altar des Zeus Polieus. – Fibel, Nadel und Fuß fehlen, L. noch 5 cm *(Taf. 12, 357)*. – Mus. Delos (B 1331). – Delos XVIII 289 Abb. 334.

358. *Delos*. – Ausgrabung Homolle 1878. – Fibelfragment, L. noch 5,3 cm *(Taf. 12, 358)*. – Nationalmus. Athen (o. Nr.). – Unpubliziert.

359. *Phana*, Chios. – Apollon-Heiligtum, Ausgrabung Lamb. – Fibelbügel, L noch 4,2 cm *(Taf. 12, 359* nach Lamb). – Mus. Chios. – W. Lamb, Ann. BSA 35, 1934–35, 151 f. Taf. 31, 25.

360. *Phana*, Chios. – Apollon-Heiligtum. – Fibelbügel, L. noch 3,7 cm *(Taf. 12, 360)*. – Mus. Chios (Grabungsnr. 132/s. 28). – Unpubliziert.

361. *Phana*, Chios. – Apollon-Heiligtum, Ausgrabung Lamb, Angabe „all levels". – Fibelbügel, L. noch 2,6 cm *(Taf. 12, 361)*. – Mus. Chios. – Unpubliziert.

361 A. *Nas*, Ikaria. – Artemis Tauropolos-Heiligtum, aus der Südostecke der Cella. – Fibel mit Bügel aus vier gleich großen Kugelgliedern, Maße unbekannt. – Beifunde, Aufbewahrung und Literatur siehe Nr. 189 A.

362 A.–C. *Ialysos*, Rhodos. – Grundstück Zambico 1926, Grab CXII, Körperbestattung in Pithos (Kind, 7–8 Jahre). – Fibel und Fragmente von zwei weiteren Fibeln. – Beifunde: Ringchen, Gold; zwei bauchige Skyphoi; Oinochoe, Kleeblattmündung; Kalottenschale; zwei Kantharoi. – Mus. Rhodos. – Jacopi, Jalisso 138 f. Nr. 10.

Dieser Typ ist auf den Inseln sehr beliebt. Er liegt vor von Kreta (von hier auch das Protogeometrisch II-Exemplar von Fortetsa), von Aigina, Chios (geometrische Zeit bis 600 v. Chr.), Delos, Ikaria, Lemnos (Ende 8. Jh.), Lesbos (früharchaisch), Naxos (geometrisch), Paros (Ende der geometrischen Zeit), Rhodos (Lindos, Ialysos: geometrisch-früharchaisch) und Samos. Ein Exemplar kennen wir aus Pherai, ein weiteres aus Smyrna.[42]

TYP III c

Fibeln mit gedrückt kugeligen Gliedern im Bügel. Der Typ ist dem Typ III a sehr ähnlich, häufig ist der Unterschied zwischen beiden so gering, daß die Zuweisung zum einen oder anderen schwierig ist. Ganz selten sind mehr als fünf Kugelglieder vorhanden. Die Fußplatte ist schmal gestreckt mit nach oben ausgezogener Spitze, trapezförmig oder seltener dreieckig. Der Übergang vom Bügel zur Fußplatte ist abgestuft. Der Bügelschaft von rundem Querschnitt ist nur selten kräftig ausgebildet. Manchmal hat er rhombischen Querschnitt und trägt Ringwülste (Blinkenberg III 100–11 f; IV 12).

---

[42] PBF. XIV, 2 (Kilian) Nr. 801 Taf. 30, 801; A. A. Mus. Ist. 1958, 75 Abb. 13, 1.

363. *Ialysos*, Rhodos. – Akropolis, aus dem Athena-Heiligtum. – Fibel, Spiralwindung und Nadel fehlen, L. noch 3,1 cm *(Taf. 12, 363)*. –Mus. Rhodos (9337). –Unpubliziert.

364. *Ialysos*, Rhodos. –Akropolis, aus dem Athena-Heiligtum. – Fibel, Nadel fehlt, L. noch 4,4 cm *(Taf. 12, 364)*. – Mus. Rhodos (9356). – Unpubliziert.

365. *Ialysos*, Rhodos. – Akropolis, aus dem Athena-Heiligtum. – Fibel, Spiralwindung und Nadel fehlen, L. noch 3,9 cm *(Taf. 12, 365)*. –Mus. Rhodos (9343). –Unpubliziert.

366. *Ialysos*, Rhodos. – Akropolis, aus dem Athena-Heiligtum. – Fibel, Nadel fehlt, L. 3,2 cm *(Taf. 12, 366)*. – Mus. Rhodos (9340). – Unpubliziert.

367. *Ialysos*, Rhodos. – Akropolis, aus dem Athena-Heiligtum. – Fibel, Spiralwindung und Nadel fehlen, L. noch 3,8 cm *(Taf. 12, 367)*. –Mus. Rhodos (9352). –Unpubliziert.

368. *Ialysos*, Rhodos. – Akropolis, aus dem Athena-Heiligtum. – Fibel, Spiralwindung und Nadel fehlen, L. noch 6,7 cm *(Taf. 12, 368)*. – Mus. Rhodos (11104). – Unpubliziert.

369. *Ialysos*, Rhodos. – Akropolis, aus dem Athena-Heiligtum. – Fibel, Nadel fehlt, L. 3,8 cm *(Taf. 12, 369)*. – Mus. Rhodos (9431). – Unpubliziert.

370. *Antissa (?)*, Lesbos. – Aus Gräbern (?); Angabe 33/11 Ac f E 45. 42. 5 (siehe auch Nr. 333). – Fibelbügel, L. noch 3 cm *(Taf. 13, 370)*. – Mus. Mytilene (o. Nr.). – Unpubliziert.

371. *Ialysos*, Rhodos. – Akropolis, aus dem Athena-Heiligtum. – Fibel, Nadel fehlt, L. 6,9 cm *(Taf. 13, 371)*. – Mus. Rhodos (11105). – Unpubliziert.

372. *Ialysos*, Rhodos. – Akropolis, aus dem Athena-Heiligtum. – Fibelbügel, L. noch 4,1 cm *(Taf. 13, 372)*. – Mus. Rhodos (11100). – Unpubliziert.

373. *Ialysos*, Rhodos. – Akropolis, aus dem Athena-Heiligtum. – Fibel, Nadel fehlt, L. 3 cm *(Taf. 13, 373)*. – Mus. Rhodos (11103). – Unpubliziert.

374. *Ialysos*, Rhodos. – Akropolis, aus dem Athena-Heiligtum. – Fibel, Nadel und Fuß fehlen, L. noch 3,9 cm *(Taf. 13, 374)*. –Mus. Rhodos (9333). –Unpubliziert.

375. *Ialysos*, Rhodos. – Akropolis, aus dem Athena-Heiligtum. – Fibel, Spiralwindung und Nadel fehlen, L. noch 4,1 cm *(Taf. 13, 375)*. –Mus. Rhodos (9339). –Unpubliziert.

376. *Ialysos*. Rhodos. – Akropolis, aus dem Athena-Heiligtum. – Fibel. – Mus. Rhodos (8423). – Unpubliziert.

377. *Ialysos*, Rhodos. – Akropolis, aus dem Athena-Heiligtum. – Fibel, L 4,1 cm *(Taf. 13, 377)*. – Mus. Rhodos (8340). – Unpubliziert.

378. *Ialysos*, Rhodos. – Akropolis, aus dem Athena-Heiligtum. – Fibel, Spiralwindung und Nadel fehlen, L. noch 3,4 cm *(Taf. 13, 378)*. – Mus. Rhodos (9353). – Unpubliziert.

379. *Ialysos*, Rhodos. – Akropolis, aus dem Athena-Heiligtum. – Fibel, Nadel fehlt, L. 4,6 cm *(Taf. 13, 379)*. – Mus. Rhodos (9336). – Unpubliziert.

381. *Ialysos*, Rhodos. – Akropolis, aus dem Athena-Heiligtum. – Fibel, Spiralwindung und Nadel fehlen, L. noch 3,6 cm *(Taf. 13, 381)*. –Mus. Rhodos (9342). –Unpubliziert.

382. *Ialysos*, Rhodos. – Akropolis, aus dem Athena-Heiligtum. – Fibelbügel, L. noch 5 cm *(Taf. 13, 382)*. – Mus. Rhodos (11099). – Unpubliziert.

383. *Ialysos*, Rhodos. – Akropolis, aus dem Athena-Heiligtum. – Fibelbügel, L. noch 5,8 cm *(Taf. 13, 383)*. – Mus. Rhodos (11102). – Unpubliziert.

384. *Ialysos*, Rhodos. – Akropolis, aus dem Athena-Heiligtum. – Fibel, Spiralwindung und Nadel fehlen, L. noch 6,4 cm *(Taf. 13, 384)*. – Mus. Rhodos (11095). – Unpubliziert.

385. *Ialysos*, Rhodos. – Akropolis, aus dem Athena-Heiligtum. – Fibel, Nadel und Fuß fehlen, L. noch 7,2 cm *(Taf. 13, 385)*. – Mus. Rhodos (11107). – Unpubliziert.

386. *Ialysos*, Rhodos. – Akropolis, aus dem Athena-Heiligtum. – Fibelbügel, L. noch 3,9 cm *(Taf. 13, 386)*. – Mus. Rhodos (11089). – Unpubliziert.

387. *Ialysos*, Rhodos. – Grundstück Drakidis 1925, Grab XIII (Area di cremazione). – Fibel. – Beifunde: Fragmente von Nadeln mit doppelkonischem Schaftglied und flacher Kopfscheibe; Miniaturgefäß. – Mus. Rhodos (?). – Jacopi, Jalisso 42.

388. *Ialysos*, Rhodos. – Akropolis, aus dem Athena-Heiligtum. – Fibel, L. 3,5 cm *(Taf. 13, 388)*. – Mus. Rhodos (9329). – Unpubliziert.

389. *Ialysos*, Rhodos. – Akropolis, aus dem Athena-Heiligtum. – Fibel, Spiralwindung und Nadel fehlen, L. noch 4,9 cm *(Taf. 13, 389)*. –Mus. Rhodos (8910). –Unpubliziert.

390. *Ialysos*, Rhodos. – Akropolis, aus dem Athena-Heiligtum. – Fibel, Nadel fehlt, L. 4,6 cm *(Taf. 13, 390)*. – Mus. Rhodos (8918). – Unpubliziert.

391. *Ialysos*, Rhodos. – Akropolis, aus dem Athena-Heiligtum. – Fibel, Spiralwindung und Nadel fehlen, L. noch 5 cm *(Taf. 13, 391)*. – Mus. Rhodos (8920). – Unpubliziert.

392. *Ialysos*, Rhodos. – Akropolis, aus dem Athena-Heiligtum. – Fibel, Spiralwindung und Nadel fehlen, L. noch 3,5 cm *(Taf. 13, 392)*. –Mus. Rhodos (8922). –Unpubliziert.

393. *Ialysos*, Rhodos. – Akropolis, aus dem Athena-Heiligtum. – Fibel, Nadel fehlt, L. 5,1 cm *(Taf. 13, 393)*. – Mus. Rhodos (9084). – Unpubliziert.

394. *Ialysos,* Rhodos. – Akropolis, aus dem Athena-Heiligtum. – Fibelbügel, L. noch 3,5 cm *(Taf. 13, 394).* – Mus. Rhodos (8925). – Unpubliziert

395. *Ialysos,* Rhodos. – Grundstück Zambico 1927, Grab LXII (Area di cremazione a 4 pozzetti), Fibeln und sonstige Beigaben in zwei der Gruben (pozzetti). – Fragmente von Fibeln mit geperltem Bügel. – Beifunde: Oinochoe; Skyphos, Bemalung rhodisch-geometrischen Stils; Krateriskos; Amphoriskos; kleine Kanne. – Mus. Rhodos (?). – Jacopi, Jalisso 105 ff. Abb. 99.

396. *Ialysos,* Rhodos. – Grundstück Zambico 1927, Grab CXXXII, Körperbestattung in Pithos (Kind, etwa 1 Jahr). – Fibel. – Beifunde und Lit. vgl. Nr. 205. – Mus. Rhodos.

397. *Ialysos,* Rhodos. – Grundstück Zambico 1927, Grab LVI (Area di cremazione a 4 pozzetti), gestört. – Fibel, Nadel und Teil des Fußes fehlen, Maße unbekannt *(Taf. 13, 397* nach Jacopi). – Beifunde: Fibeln Nr. 457. 803. 1139 A. 1432; Ohrring, Gold; Goldblechbelag einer Plattenfibel; Nadel; Messerklinge, Eisen; Platschkännchen; Krug mit plastischer Gesichtsdarstellung auf dem Hals; zwei Kännchen; Becher. – Mus. Rhodos. – Jacopi, Jalisso 94 ff. Abb. 90 Taf. 5.

398. *Ialysos,* Rhodos. – Grundstück Zambico 1927, Grab CXXXI, Bestattung eines Neugeborenen in Pithos. – Fibel, Maße unbekannt *(Taf. 13, 398* nach Jacopi). – Beifunde: Fibeln Nr. 1135. 1329; Fayence-Statuette; Skyphos. – Mus. Rhodos. – Jacopi, Jalisso 143 f. Taf. 5.

399. *Ialysos,* Rhodos. – Grundstück Zambico 1927, Grab LX (Area di cremazione), gestört. – Fibelbügel, Maße unbekannt *(Taf. 13, 399).* – Beifunde: Fibel Nr. 518 C; Oinochoe, Kleeblattmündung; Oinochoe, tongrundig; zwei bauchige Kännchen; zwei Spinnwirtel, Ton. – Mus. Rhodos. – Jacopi, Jalisso 103 ff. Taf. 5.

400. 401. *Kamiros,* Rhodos. – Papatislures, Grab VIII (Area di cremazione). – Zwei Fibelbügel mit fünf gedrückt doppelkonischen Ziergliedern, Maße unbekannt. – Beifunde: Amphoriskos, geometrische Bemalung; Krateriskos, Wellenbanddekor; acht Kännchen. – Mus. Rhodos. – Jacopi, Camiro II 35 ff. mit Abb. 37.

402. *Kamiros,* Rhodos. – Akropolis, Athena-Heiligtum („Stipe Votiva"). – Fibel, L. noch ca. 6 cm *(Taf. 13, 402* nach Jacopi). – Mus. Rhodos. – Jacopi, Camiro II 357 Nr. 10 mit Abb. 85.

403. *Kamiros,* Rhodos. – Akropolis, Athena-Heiligtum („Stipe Votiva"). – Fibel, L. noch ca. 7,5 cm *(Taf. 13, 403* nach Jacopi). – Mus. Rhodos. – Jacopi, Camiro II 357 Nr. 10 mit Abb. 85.

404. *Lindos,* Rhodos. – Fibelbügel, L. noch 5,8 cm *(Taf. 14, 404* nach Photo DAI Istanbul). – Mus. Istanbul (3243).

405. 406. *Kamiros,* Rhodos. – Akropolis, Athena-Heiligtum („Stipe Votiva"). – Zwei Fibeln, Nadel und Fuß fehlen, L. noch 3,5 cm *(Taf. 14, 405. 406* nach Jacopi). – Mus. Rhodos. – Jacopi, Camiro II 338. 356 Nr. 4 mit Abb. 84.

407. 408. *Lindos,* Rhodos. – Akropolis. – Zwei Fibeln, erhaltene L. noch 8,6 und 7,2 cm; insgesamt 15 Exemplare *(Taf. 14, 407. 408* nach Lindos I). – Mus. Istanbul. – Lindos I 81 Nr. 68 Taf. 6, 68; Blinkenberg, Fibules 101 Abb. 110 (IV 12 a).

409. 410. *Lindos,* Rhodos. – Zwei Fibeln, erhaltene L. noch 8,1 und 6,2 cm; insgesamt 34 Exemplare von der Akropolis, drei Exemplare von Kopria *(Taf. 14, 409. 410* nach Lindos I). – Mus. Istanbul. – Lindos I 81 Nr. 69 Taf. 6, 69.

411. *Lindos,* Rhodos. – Fibel, L. 7 cm; insgesamt 30 Exemplare von der Akropolis *(Taf. 14, 411* nach Lindos I). – Mus. Istanbul. – Lindos I 87 Nr. 109 Taf. 8, 109; Blinkenberg, Fibules 85 (III 100).

412. *Lindos,* Rhodos. – Fibel, L. 7,4 cm; ein Exemplar von Kopria *(Taf. 14, 412* nach Lindos I). – Mus. Istanbul. – Lindos I 81 Nr. 67 Taf. 5, 67.

413. *Arkades,* Ep. Pediada, Kreta. – Nekropole auf dem Prophet Elias, Doppelgebäude H-H₁, aus Raum H. – Fibel, L. 8 cm *(Taf. 14, 413).* – Beifunde und Lit. vgl. Nr. 67. – Mus. Herakleion (2181).

414. *Tsoutsouros,* Ep. Monophatsi, Kreta. – Inatos-Höhle. – Fibelbügel, L. noch 3,7 cm *(Taf. 14, 414).* – Mus. Herakleion (2684). – Unpubliziert

415. *Vrokastro* bei Pygros, Ep. Mirabello, Kreta. – Karakovilia, „Bone-enclosure" II, Brandbestattungen. – Fibel, L. 3,9 cm *(Taf. 14, 415* nach Hall). – Beifunde vgl. Nr. 343. – Mus. Herakleion (o. Nr.). – Hall, Vrokastro 158 Taf. 20, G.

416. *Vrokastro* bei Pyrgos, Ep. Mirabello, Kreta. – Museumsangabe „Bone-enclosure VI"; vermutlich handelt es sich um die von Hall aus „Bone-enclosure" XI genannte Fibel. – Fibel, Nadel fehlt, L. noch 3,9 cm *(Taf. 14, 416).* – Mus. Herakleion (o. Nr.). – Hall, Vrokastro 167.

417. *Vrokastro* bei Pyrgos, Ep. Mirabello, Kreta. – Mazichoria, „Bone-enclosure" VI, Raum 1. – Fibelbügel, L. noch 4,9 cm *(Taf. 14, 417).* – Beifund: Eisenfragment (Knopf?). – Mus. Herakleion (o. Nr.). – Hall, Vrokastro 164 f. Abb. 100, B.

418. *Melos.* – Prophet Elias. – Fibelbügel, L. noch 5,2 cm *(Taf. 14, 418).* – Beifunde nach Mitteilung von K. Tsakos: spätgeometrische Keramik. – Mus. Melos (o. Nr.). – Unpubliziert

419. *Naxos.* – Kaminaki, aus dem Heiligtum. – Fibel, Spiralwindung und Nadel fehlen, L. noch 7,2 cm *(Taf. 14, 419).* – Mus. Naxos (1522). – Lit. vgl. Nr. 287.

420. *Aigina.* – Aphaia-Heiligtum. – Fibelbügel, L. noch

3,2 cm *(Taf. 14, 420)*. – Mus. Aigina (309). – Furtwängler, Aegina 403 Nr. 114 Taf. 116, 27.
421. *Thera.* – Sellada, Schiff'sches Grab. – Fibel, L.
3,3 cm *(Taf. 14, 421* nach Thera II). – Beifunde und
Datierung vgl. Nr. 19. – Verbleib unbekannt. – Thera II
299f. Abb. 489, g; Blinkenberg, Fibules 101 Abb. 111
(IV 12b).
422. *Siphnos.* – Kastro, Akropolis, „Votive deposit".
– Fibelfragment, L. noch 2,1 cm *(Taf. 14, 422)*. – Kleinfunde aus dem „Votive deposit": Keramik; Terrakotten; Platten von Brillenfibeln, Elfenbein. – Arch. Slg.
Siphnos (o. Nr.). – J. K. Brock/G. Mackworth Young,
Ann. BSA. 44, 1949, 3ff. 26 Nr. 6 Taf. 11, 15.
423. *Delos.* – Aus dem Kabirion, 1909. – Fibelbügel, L.
noch 4,5 cm *(Taf. 14, 423)*. – Mus. Delos (B 3968). – Delos XVIII 289 Abb. 336; Blinkenberg, Fibules 101
(IV 12c).
424. *Paros.* – Delion, unter dem Fußboden des Tempels.
– Fibelfragment, L. noch 3,7 cm *(Taf. 15, 424)*. – Nationalmus. Athen (12169). – Blinkenberg, Fibules 100
(IV 11g); Rubensohn, Delion 68 Nr. 13.
425. *Emporio, Chios.* – „Harbour Sanctuary", Fläche
H. – Fibel, L. 5,3 cm *(Taf. 15, 425* nach Boardman).
– *Datierung:* Emporio, Periode II. – Mus. Chios. –
Boardman, Emporio 207ff. Nr. 194 Abb. 137, 194.
426. *Delos.* – Ausgrabung Homolle 1878. – Fibel, Nadel
und Fuß fehlen, L. noch 5 cm *(Taf. 15, 426)*. – Nationalmus. Athen (o. Nr.). – Unpubliziert.
427. *Ialysos, Rhodos.* – Akropolis, aus dem Athena-
Heiligtum. – Fibel, L. 6,7 cm. – Mus. Rhodos (9396).
– Unpubliziert.
428. *Ialysos, Rhodos.* – Akropolis, aus dem Athena-

Heiligtum. – Fibel, L. 3,5 cm. – Mus. Rhodos (9397).
– Unpubliziert.
429. *Ialysos, Rhodos.* – Akropolis, aus dem Athena-
Heiligtum. – Fibel, L. 9 cm. – Mus. Rhodos (9398).
– Unpubliziert.
430. *Ialysos, Rhodos.* – Akropolis, aus dem Athena-
Heiligtum. – Fibel, L. 7,5 cm. – Mus. Rhodos (9399).
– Unpubliziert.
431. *Ialysos, Rhodos.* – Akropolis, aus dem Athena-
Heiligtum. – Fibel, L. 4,2 cm. – Mus. Rhodos (9400).
– Unpubliziert.
432. *Ialysos, Rhodos.* – Akropolis, aus dem Athena-
Heiligtum. – Fibel, L. 9,5 cm. – Mus. Rhodos (9401).
– Unpubliziert.
433. *Ialysos, Rhodos.* – Akropolis, aus dem Athena-
Heiligtum. – Fibel, L. 4 cm. – Mus. Rhodos (9402).
– Unpubliziert.
434.–438. *Ialysos, Rhodos.* – Akropolis, aus dem Athena-Heiligtum. – Fünf Fibeln, L. 7,5 cm, 5,7 cm, 4,5 cm,
9 und 4,5 cm. – Mus. Rhodos (9403–9407). – Unpubliziert.
439.–443. *Ialysos, Rhodos.* – Akropolis, aus dem Athena-Heiligtum. – Fünf Fibeln, L. 8 cm, 6 cm, 5 cm, 6 und
8 cm. – Mus. Rhodos (9408–9412). – Unpubliziert.
444.–448. *Ialysos, Rhodos.* – Akropolis, aus dem Athena-Heiligtum. – Fünf Fibeln, L. 5,5 cm, 6 cm, 5,5 cm,
6 und 7 cm. – Mus. Rhodos (9413–9417). – Unpubliziert.
449.–453. *Ialysos, Rhodos.* – Akropolis, aus dem Athena-Heiligtum. – Fünf Fibeln, L. 5,5 cm, 5,5 cm, 6 cm,
7 und 5,5 cm. – Mus. Rhodos (9418–9421. 9395). – Unpubliziert.

P. Jacobsthal zeigte,[5] daß doppelkonische Zierglieder in der Gestaltung geometrischer und subgeome-
trischer Kleinbronzen eine bedeutende Rolle spielen. Diese Ansicht wird durch die Fibeln unterstrichen:
Alle Exemplare dieser Art gehören in die geometrische oder archaische Zeit. Man fand sie auf Aigina,
Chios (Ende 8.–6. Jh.), Delos, Kreta (geometrische Zeit in Vrokastro, spätegeometrisch-archaische Zeit
in Arkades), Lesbos (früharchaisch), Melos (spätgeometrisch), Naxos (geometrisch), Paros (Ende der
geometrischen Zeit), Rhodos (geometrisch-archaisch: Ialysos, Lindos) Siphnos (700–550 v. Chr.) und
Thera (Ende der geometrischen bis früharchaische Zeit). Entsprechungen in Italien sind die „Raupenfi-
beln" vom Typ B II α g Sundwalls.[6] Fibeln dieses Typs gibt es auch auf dem Balkan und zwar vorallem in
Bulgarien, wo ebenso wie in Thrakien während des 7.–6. Jh. starker ägäischer Einfluß bemerkbar ist.[7]

TYP IIId

Fibeln mit horizontal abgeflachten Kugelgliedern, in der gleichen Anordnung wie bei den Typen IIIa
und IIIc. Die Rückseite ist fast flach. Bei diesem Typ ist das mittlere Kugelglied ziemlich höher als die

[5] P. Jacobsthal, Greek Pins (1956) 17ff.
[6] Sundwall, Fibeln 32.
[7] V. Mikov, Stations et Trouvailles Préhistoriques en Bulga-
rie (1933) 139 Abb. 2; P. Detev, Godišnik Nar. Muz. Plovdiv 5,
1963, 45 Abb. 8; B. Diakovic, Izv. Bulg. Arch. Inst. NF. 1,
1921–22, 36f. Abb. 21. 22; A. Milčev, in: Festschrift D. Dečev
(1958) 437 Abb. 4. – Der Typ findet sich auch in Smyrna
(8. Jh.): A. A. Mus. Ist. 1958, 75 Abb. 13, 2–4.

übrigen, die Spitze ist als Konus gebildet. Die Fußplatte ist schmal gestreckt. Der Bügelschaft von rundem Querschnitt zeigt keine weiteren Dekorglieder.

454. 455. *Ialysos*, Rhodos. – Akropolis, aus dem Athena-Heiligtum. – Zwei Fibeln, L. 4 cm. – Mus. Rhodos (11225. 11226). – Unpubliziert.

456. *Ialysos*, Rhodos. – Akropolis, aus dem Athena-Heiligtum. – Fibelbügel, L. noch 6,5 cm *(Taf. 15, 456)*. – Mus. Rhodos (11096). – Unpubliziert.

457. *Ialysos*, Rhodos. – Grundstück Zambico 1927, Grab LVI (Area di cremazione a 4 pozzetti), gestört. – Fibel, Maße unbekannt. – Beifunde, Aufbewahrungsort und Lit. vgl. Nr. 397.

458. *Chios*. – Fibelbügel, L. noch 3,5 cm *(Taf. 15, 458)*. – Mus. Chios (o. Nr.). – Unpubliziert.

459. *Kamiros*, Rhodos. – Papatislures, Grab XXII (Area di cremazione). – Fibel, Bügel mit sechs kugeligen Ziergliedern, Fuß fehlt, Maße unbekannt. – Beifunde: Fibel Nr. 1014; unbestimmbare Fibelfragmente; Phiale, Bronzeblech; Oinochoe, Kleeblattmündung, geometrische Bemalung; Oinochoe. – Mus. Rhodos (?). – Jacopi, Camiro II 73 ff. Abb. 82.

460. *Thasos*. – Artemis-Heiligtum. – Fibel, Spiralwindung und Nadel fehlen, L. noch 4,5 cm *(Taf. 15, 460)*. – Mus. Thasos. – Unpubliziert.

461. *Emporio*, Chios. – „Harbour Sanctuary", Fläche H. – Oberflächenfund. – Fibelbügel, L. noch 4,6 cm *(Taf. 15, 461* nach Boardman). – Mus. Chios. – Boardman, Emporio 207 ff. Nr. 199 Abb. 137, 199.

462. *Emporio*, Chios. – „Harbour Sanctuary", Fläche H. – Fibel, Nadel und Fuß fehlen, L. noch 6 cm *(Taf. 15, 462* nach Boardman). – *Datierung:* Emporio, Periode IV. – Mus. Chios. – Boardman, Emporio 207 ff. Nr. 204 Abb. 137, 204.

462 A. *Kastro*, Leros. – Grabfund, Kinderbestattung in Pithos, gestört. – Fibelbügel mit fünf gleich großen Kugelgliedern, Maße unbekannt. – Arch. Slg. Leros. – Arch. Delt. Chron. 20, 1965, 601 Taf. 766 γ.

Fibeln dieses Typs gibt es von Chios (Ende 8. Jh. – Beginn 6. Jh. v. Chr.), Delos, Rhodos (Lindos, Ialysos: geometrisch-früharchaisch), Leros und Thasos. Der Typ gehört also an das Ende der geometrischen und in die früharchaische Zeit.

TYP IIIe

Bei diesen Fibeln entspricht die Anordnung der Kugelglieder den Typen IIIa. c und d. Der Typ IIIe ist durch den Wechsel kugeliger und doppelkonischer Zierglieder charakterisiert: Je zwei doppelkonische Glieder rahmen ein kugeliges ein, die beiden doppelkonischen bestehen oft aus einfachen Ringwülsten. In einigen wenigen Fällen wechselt das Schema, indem ein mittleres doppelkonisches Glied von je einem Paar kugeliger gerahmt wird. Bei einem Exemplar trägt die Kugel Ritzdekor. Der Fuß ist zungenförmig, dreieckig oder rechteckig mit hochgezogener Spitze. Einmal ist an Stelle der Fußplatte ein gerippter Schaft mit einem einer geschlossenen Faust gleichenden Nadelhalter verwendet (vgl. die entsprechende Bildung bei den östlichen Fibeln vom Typ XIIB). Der Bügelschaft hat meist runden Querschnitt, manchmal auch rhombischen; mehrfach ist eine Kombination von beidem zu beobachten. Die Schäfte von rundem Querschnitt sind mit ein oder zwei Kugeln oder Kuben verziert, die noch durch Ritzdekor bereichert sein können; auch der Schaft selbst kann Ritzdekor tragen. Ganz allgemein spielt beim Typ IIIe der Ritzdekor eine bedeutende Rolle (Blinkenberg IV 11).

463. *Ialysos*, Rhodos. – Akropolis, aus dem Athena-Heiligtum. – Fibel, Fuß fehlt, L. noch 6 cm *(Taf. 15, 463)*. – Mus. Rhodos (8925). – Unpubliziert.

464. *Ialysos*, Rhodos. – Akropolis, aus dem Athena-Heiligtum. – Fibel, Nadel und Fuß fehlen, L. noch 4 cm *(Taf. 15, 464)*. – Mus. Rhodos (8920). – Unpubliziert.

465. *Ialysos*, Rhodos. – Akropolis, aus dem Athena-Heiligtum. – Fibelbügel, L. noch 4,4 cm *(Taf. 15, 465)*. – Mus. Rhodos (8932). – Unpubliziert.

466. *Ialysos*, Rhodos. – Akropolis, aus dem Athena-Heiligtum. –Fibel, L. 4,4 cm *(Taf. 15, 466)*. – Mus. Rhodos (8935). – Unpubliziert.

467. *Ialysos,* Rhodos. – Akropolis, aus dem Athena-Heiligtum. – Fibel, Nadel fehlt, L. 3,9 cm *(Taf. 15, 467).* – Mus. Rhodos (8938). – Unpubliziert.

468. *Ialysos,* Rhodos. – Akropolis, aus dem Athena-Heiligtum. – Fibel, Spiralwindung und Nadel fehlen, L. noch 2,7 cm *(Taf. 15, 468).* – Mus. Rhodos (8941). – Unpubliziert.

469. *Ialysos,* Rhodos. – Akropolis, aus dem Athena-Heiligtum. – Fibel, Spiralwindung und Nadel fehlen, L. noch 3,5 cm *(Taf. 15, 469).* – Mus. Rhodos (8940). – Unpubliziert.

470. *Ialysos,* Rhodos. – Akropolis, aus dem Athena-Heiligtum. – Fibelbügel, L. noch 2,9 cm *(Taf. 15, 470).* – Mus. Rhodos (8937). – Unpubliziert.

471. *Ialysos,* Rhodos. – Akropolis, aus dem Athena-Heiligtum. – Fibel, Spiralwindung und Nadel fehlen, L. noch 3,5 cm *(Taf. 15, 471).* – Mus. Rhodos (8934). – Unpubliziert.

472. *Ialysos,* Rhodos. – Akropolis, aus dem Athena-Heiligtum. – Fibel, Nadel fehlt, L. 4,7 cm *(Taf. 15, 472).* – Mus. Rhodos (8928). – Unpubliziert.

473. *Ialysos,* Rhodos. – Akropolis, aus dem Athena-Heiligtum. – Fibel, Spiralwindung und Nadel fehlen, L. noch 5,7 cm *(Taf. 15, 473).* – Mus. Rhodos (8939). – Unpubliziert.

474. *Ialysos,* Rhodos. – Akropolis, aus dem Athena-Heiligtum. – Fibel, Spiralwindung und Nadel fehlen, L. noch 5,5 cm *(Taf. 15, 474).* – Mus. Rhodos (8930). – Unpubliziert.

475. *Ialysos,* Rhodos. – Akropolis, aus dem Athena-Heiligtum. – Fibel, L. 8 cm *(Taf. 15, 475).* – Mus. Rhodos (8927). – Unpubliziert.

476.–505. *Ialysos,* Rhodos. – Akropolis, aus dem Athena-Heiligtum. – Fragmente von 30 Fibeln dieser Form. – Mus. Rhodos (o. Nr.). – Unpubliziert.

506. *Kamiros,* Rhodos. – Papatislures, Grab XVI, Kinderbestattung in Pithos. – Fibel, Bügel mit kugeligem Zierglied zwischen je zwei Ringwülsten, Maße unbekannt. – Beifunde: Tonstatuette; Skyphos, protokorinthisch; Oinochoe, Kleeblattmündung, Streifenbemalung; drei Kugelaryballoi; ovoider Aryballos; drei einhenkelige Tassen; Schale; Alabastron. – Mus. Rhodos (?). – Jacopi, Camiro II 64 ff. mit Abb. 76.

507.–509. *Ialysos,* Rhodos. – Akropolis, aus dem Athena-Heiligtum. – Drei Fibeln, L. 7,5 cm, 4,5 und 5,5 cm. – Mus. Rhodos (8462. 8786. 8787). – Unpubliziert.

510. *Ialysos,* Rhodos. – Grundstück Zambico 1927, Grab CXX, Kinderbestattung in Tonkessel. – Fibel, Maße unbekannt *(Taf. 15, 510* nach Jacopi). – Mus. Rhodos (?). – Jacopi, Jalisso 141 Taf. 5.

511.–515. *Ialysos,* Rhodos. – Akropolis, aus dem Athena-Heiligtum. – Fünf Fibeln, L. 5,5 cm, 4,5 cm, 4 cm,

5 und 5 cm. – Mus. Rhodos (9540–9543. 9539). – Unpubliziert.

516. *Ialysos,* Rhodos. – Akropolis, aus dem Athena-Heiligtum. – Fibel, Spiralwindung und Nadel gebrochen, L. noch 6,2 cm *(Taf. 15, 516).* – Mus. Rhodos (9082). – Unpubliziert.

517. *Ialysos,* Rhodos. – Grundstück Zambico 1927, Grab LVIII (Area di cremazione a 4 pozzetti). – Fibel, Bügel mit kugeligem Zierglied zwischen je zwei Ringwülsten, Maße unbekannt. – Beifunde: Fibeln Nr. 571 A. 804. 1137. 1633 B; zwei Ohrringe, Silber; Hochhalsamphora, bemalt; Krateriskos; mehrere Oinochoen und Kännchen; Fragmente von Kannen mit Gesichtsdarstellung auf dem Hals; Fragmente „kyprischer" Aryballoi und ritzverzierter Gefäße; Fragmente von Tierstatuetten, Ton. – Mus. Rhodos (?). – Jacopi, Jalisso 99 ff. Abb. 93.

518 A. *Ialysos,* Rhodos. – Grundstück Zambico 1927, Grab CXXXII, Kinderbestattung in Pithos. – Fibel, Maße unbekannt *(Taf. 15, 518 A* nach Jacopi). – Beifunde und Lit. vgl. Nr. 205. – Mus. Rhodos (?).

518 B. *Ialysos,* Rhodos. – Grundstück Zambico 1927, Grab LIV (Area di cremazione a 4 pozzetti). – Fibel, Bügel mit kugeligem Zierglied zwischen je zwei Ringwülsten, Maße unbekannt. – Beifunde: Fibel Nr. 801; Lanzenspitze, Eisen; Schale, Bronzeblech; fünf kyprische Oinochoen; flaschenförmige Kanne mit Kleeblattmündung und Streifenbemalung; zwei „kyprische" Aryballoi. – Mus. Rhodos (?). – Jacopi, Jalisso 90 ff.

518 C. *Ialysos,* Rhodos. – Grundstück Zambico 1927, Grab LX (Area di cremazione), gestört. – Fibel, Maße unbekannt. – Beifunde und Lit. vgl. Nr. 399. – Mus. Rhodos (?).

518 D. *Ialysos,* Rhodos. – Grundstück Zambico 1927, Grab CXXXII, Kinderbestattung in Pithos. – Fibel, Maße unbekannt. – Beifunde und Lit. vgl. Nr. 205. – Mus. Rhodos (?).

519. *Ialysos,* Rhodos. – Grundstück Zambico 1926, Grab CI 8, Körperbestattung (Jugendlicher) in Pithos, *(Taf. 15, 519* nach Jacopi). – Beifunde: Fibel Nr. 816; Stierkopfgefäß; zwei einhenkelige Tassen; zwei Kännchen; Kalottenschale; Glasperlen. – Mus. Rhodos (?). – Jacopi, Jalisso 131 f. Abb. 123 Taf. 5.

520. 521. *Lindos,* Rhodos. – Zwei Fibeln, Nadeln fehlen, L. 5,2 und 5,5 cm; insgesamt 84 Exemplare von der Akropolis, drei Exemplare von Kopria sowie Miniaturfibeln der gleichen Form, 19 Exemplare von der Akropolis, zwei Exemplare von Kopria *(Taf. 15, 520; 16, 521* nach Lindos I). – Mus. Istanbul. – Lindos I 80 Nr. 59 a. b Taf. 5, 59 a.

522. *Lindos,* Rhodos. – Fibel, Spiralwindung und Nadel fehlen, L. noch 6,4 cm; insgesamt 30 Exemplare von der Akropolis, zwei Exemplare von Kopria *(Taf. 16, 522*

nach Lindos I). – Mus. Istanbul. – Lindos I 80 Nr. 63a Taf. 5, 63a; Blinkenberg, Fibules 99f. Abb. 108 (IV 11a).

523. *Lindos*, Rhodos. – Fibel, Nadel fehlt, L. 8,6 cm; insgesamt ein Exemplar von der Akropolis, ein Exemplar von Kopria (*Taf. 16, 523* nach Lindos I). – Mus. Istanbul. – Lindos I 80 Nr. 60 Taf. 5, 60.

524. 525. *Lindos*, Rhodos. – Zwei Fibeln, Nadeln fehlen, L. 5,7 und 7,5 cm; insgesamt 17 Exemplare von der Akropolis (*Taf. 16, 524. 525* nach Lindos I). – Mus. Istanbul. – Lindos I 81 Nr. 65 Taf. 5, 65.

526. *Lindos*, Rhodos. – Ein Exemplar von Kopria. – Lit. vgl. Nr. 524.525.

527. *Samos.* – Heraion. – Fibelbügel, L. noch 3,5 cm (*Taf. 16, 527*). – Mus. Vathy, Samos (B 621). – Unpubliziert.

528. *Samos.* – Heraion. – Fibel, Nadel fehlt, L. 6,5 cm (*Taf. 16, 528*). – Mus. Vathy, Samos (B 974). – Unpubliziert.

529. *Samos.* – Fibelfragment, L. noch 1,2 cm (*Taf. 16, 529*). – Mus. Vathy, Samos (o. Nr.). – Unpubliziert.

530. *Samos.* – Heraion. – Fibelfragment, L. noch 3,1 cm (*Taf. 16, 530*). – Mus. Vathy, Samos (B 617). – Unpubliziert.

531. *Praisos*, Ep. Seteia, Kreta. – Ausgrabung Bosanquet 1901–02. – Fibelbügel, L. noch 5 cm (*Taf. 16, 531*). – Mus. Herakleion (647). – Unpubliziert.

532. *Ida, Zeusgrotte*, Kreta. – Ausgrabung Halbherr 1884. – Fibel, Spiralwindung und Nadel fehlen, L. noch 3,3 cm (*Taf. 16, 532*). – Mus. Herakleion (260). – Unpubliziert.

533. *Prinias*, N. Herakleion, Kreta. – Fibel, L. 4,3 cm (*Taf. 16, 533*). – Mus. Herakleion (3088). – Unpubliziert.

534. *Kreta.* – Fibel, Nadel fehlt, L. 5,9 cm (*Taf. 16, 534*). – Mus. Rhethymnon (o. Nr.). – Unpubliziert.

535. *Gortyn*, Ep. Kainourgion, Kreta. – Vor der Südwestecke des Tempels, aus Aschenschicht über dem protogeometrischen „sacrificio di fondazione". – Fibel, Nadel und Fuß fehlen, L. noch 3 cm (*Taf. 16, 535* nach Rizza). – Funde aus der Aschenschicht: Keramik, vorwiegend protogeometrischen Stils; Kopf einer Tonsta-

tuette. – Mus. Herakleion (?). – Rizza/Santa Maria Scrinari, Gortina 24ff. mit Abb. 31, e.

536. *Tsoutsouros*, Ep. Monophatsi, Kreta. – Inatos-Höhle. – Fibelfragment, L. noch 1,7 cm (*Taf. 16, 536*). – Mus. Herakleion (2685). – Unpubliziert.

537. *Praisos*, Ep. Seteia, Kreta. – Kammergrab 53 (Grabung Marshall 1901). – Fibel, Maße unbekannt (*Taf. 16, 537* nach Droop). – Funde aus der Grabkammer: Fibel Nr. 568; Pinzette; Spinnwirtel, Ton; zwei Hydrien; sieben Amphoren; zwei kleine Amphoren; Krug, Bemalung spätgeometrischen Stils. – Mus. Herakleion (?). – J. P. Droop, Ann. BSA. 12, 1905–06, 28ff. Abb. 10 oben rechts.

538. 539. *Vrokastro* bei Pyrgos, Ep. Mirabello, Kreta. – Im Museum mit Angabe „Bone-enclosure VI"; von Hall nicht unter den Funden aus diesem Grab aufgeführt. – Zwei Fibeln, L. noch 3,3 und 3,7 cm (*Taf. 16, 538. 539*). – Mus. Herakleion (o. Nr.).

540. *Paros.* – Delion. – Fibelbügel, L. noch 3,4 cm (*Taf. 16, 540*). – Nationalmus. Athen (12169). – Nicht erwähnt bei Rubensohn, Delion.

541. 542. *Naxos.* – Kaminaki, aus dem Heiligtum. – Zwei Fibeln, L. noch 4,1 und 3 cm (*Taf. 16, 541. 542*). – Mus. Naxos (1456. 1479). – Lit. vgl. Nr. 287.

543. *Aigina.* – Aphaia-Heiligtum, beim Fundament in der Nordostecke der Ostterrasse. – Fibel, Spiralwindung und Nadel fehlen, L. noch 4,4 cm (*Taf. 16, 543*). – Mus. Aigina (3). – Furtwängler, Aegina 403 Nr. 113 Taf. 116, 16.

544. *Aigina.* – Aphaia-Heiligtum. – Fibelbügel, L. noch 5,8 cm (*Taf. 16, 544* nach Furtwängler). – Mus. Aigina (z. Zt. nicht nachweisbar). – Furtwängler, Aegina 403 Nr. 115 Taf. 116, 22; Blinkenberg, Fibules 102 (IV 12e).

545. *Thera.* – Grab 85, Kinderbestattung in Pithos. – Fibel, Maße unbekannt (*Taf. 16, 545* nach Pfuhl). – Verbleib unbekannt. – R. Pfuhl, Athen. Mitt. 28, 1903, 71. 232 Abb. 76; Blinkenberg, Fibules 100 (IV 11e).

546.–548. *Thera.* – Sellada, Schiff'sches Grab. – Drei Fibeln, L. 3,2 cm, 3 und 3,9 cm (*Taf. 17, 546–548* nach Thera II). – Beifunde vgl. Nr. 19. – Verbleib unbekannt. – Thera II 299f. Nr. 9–11 Abb. 489, h–k; Blinkenberg, Fibules 100 (IV 11d).

Diesen Typ hält Bielefeld für einen Typ der östlichen Inseln; er weist ihn der mittelgeometrischen Zeit zu.[8] Fibeln dieses Typs fanden sich auf Aigina, Kreta (Praisos und Vrokastro: geometrische Zeit), Naxos, Rhodos (Ialysos, Lindos) Samos und Thera. Alle gehören der geometrischen und früharchaischen Zeit an. Sehr häufig tragen Fibeln dieses Typs Zierknöpfe (vgl. Typ VII).

---

[8] Bielefeld, Schmuck 49.

TYP IIIf

Gewöhnlich sind Fibeln dieses Typs großformatig; sie sind charakterisiert durch viele – mehr als fünf – gleich große Kugelglieder auf dem Bügel. Der Bügel bildet einen Halbkreis, häufiger jedoch ist er gestreckt bogenförmig. Zwischen die Kugelglieder, die runden oder doppekonischen Querschnitt haben, sind manchmal einfache, doppelte oder sonstige Wulstringe bzw. Scheibenringe eingeschoben. Bei einigen Exemplaren sind sie abgeflacht, so daß der Bügel wellenförmige Kontur zeigt. Dieser Typ steht in unmittelbarem Zusammenhang mit den Typen III a. c. d, zeigt aber auch gewisse Beziehungen zu den östlichen (siehe III e), wie das Exemplar Nr. 549 belegt. Die Fußplatte ist rechteckig und trägt bei den größeren Exemplaren Ritzdekor. Der Bügelschaft hat runden oder rhombischen Querschnitt und ist bei einem Exemplar mit Kugeln verziert (Blinkenberg IV 13).

549. *Ialysos,* Rhodos. – Akropolis, aus dem Athena-Heiligtum. – Fibel, L. 3,9 cm *(Taf. 17, 549).* – Mus. Rhodos (9338). – Unbubliziert.

550. *Ialysos,* Rhodos. – Akropolis, aus dem Athena-Heiligtum. – Fibel, Spiralwindung und Nadel fehlen, L. noch 2 cm *(Taf. 17, 550).* – Mus. Rhodos (9345 bis). – Unpubliziert.

551. *Ialysos,* Rhodos. – Akropolis, aus dem Athena-Heiligtum. – Fibel, Spiralwindung und Nadel fehlen, L. noch 6,4 cm *(Taf. 17, 551).* – Mus. Rhodos (9422). – Unpubliziert.

552. *Ialysos,* Rhodos. – Akropolis, aus dem Athena-Heiligtum. – Fibel, Nadel fehlt, L. 5,9 cm *(Taf. 17, 552).* – Mus. Rhodos (9423). – Unpubliziert.

553. *Ialysos,* Rhodos. – Akropolis, aus dem Athena-Heiligtum. – Fibel, Spiralwindung und Nadel fehlen, L. noch 7,1 cm *(Taf. 17, 553).* – Mus. Rhodos (9425). – Unpubliziert.

554. *Ialysos,* Rhodos. – Akropolis, aus dem Athena-Heiligtum. – Fibel, Spiralwindung und Nadel fehlen, L. noch 4,5 cm *(Taf. 17, 554).* – Mus. Rhodos (9424). – Unpubliziert.

555. *Ialysos,* Rhodos. – Akropolis, aus dem Athena-Heiligtum. – Fibel, Spiralwindung und Nadel fehlen, L. noch 4,8 cm *(Taf. 17, 555).* – Mus. Rhodos (9427). – Unpubliziert.

556. *Ialysos,* Rhodos. – Akropolis, aus dem Athena-Heiligtum. – Fibel, Spiralwindung und Nadel fehlen, L. noch 8,1 cm *(Taf. 17, 556).* – Mus. Rhodos (9428). – Unpubliziert.

557. *Lindos,* Rhodos. – Akropolis, „Grand Dépôt". – Fibel, Spiralwindung und Nadel fehlen, L. noch 19,7 cm *(Taf. 17, 557* nach Lindos I). – Mus. Istanbul. – Lindos I 79f. Nr. 58d Taf. 5, 58d; Blinkenberg, Fibules 102 Abb. 112 (IV 13a).

558. *Lindos,* Rhodos. – Fibel, L. 10,3 cm; insgesamt 64 Exemplare von der Akropolis (davon 11 aus dem „Grand Dépôt") und zwei Exemplare von Kopria; Mi-

niaturfibeln der gleichen Form, L. ca. 5,5 cm, 33 Exemplare von der Akropolis und 2 Exemplare von Kopria *(Taf. 17, 558* nach Lindos I). – Mus. Istanbul. – Lindos I 79 Nr. 58a. b Taf. 5, 58b.

558A.–C. *Lindos,* Rhodos. – Drei Fibelbügel, davon zwei mit Fußplatte, L. noch 9,8 cm, 8,3 und 15,8 cm *(Taf. 17, 558A–C* nach Photo DAI Istanbul). – Mus. Istanbul (3249. 3266. 3274). – Lindos I 79 Nr. 58b.

559. *Lindos,* Rhodos. – Kopria. – Fibel, Nadel fehlt, L. 5,7 cm *(Taf. 17, 559* nach Lindos I). – Mus. Istanbul. – Lindos I 87 Nr. 107b Taf. 8, 107b; Blinkenberg, Fibules 85 (III 10n).

560. *Vroulia,* Rhodos. – Grab 20, vier (?) Brandbestattungen, Beigaben nicht getrennt. – Fibel, Spiralwindung und Nadel fehlen, Fuß gebrochen, L. noch 6,9 cm *(Taf. 18, 560* nach Kinch). – Funde aus dem Grab: Fibel Nr. 564; Fingerring, Silber; Eisenfragment; ovoider Aryballos, protokorinthisch; Oinochoe; zwei Kännchen; drei Kylikes; Vogelaskos; Spinnwirtel. – Verbleib unbekannt. – Kinch, Vroulia 79f. Taf. 42, 20. 4.

561. *Vroulia,* Rhodos. – Grab 2, acht bis neun Brandbestattungen, Beigaben nicht getrennt. – Vier Fragmente einer Fibel *(Taf. 18, 561* nach Kinch). – Funde aus dem Grab: 54 Gefäße, darunter ovoide Aryballoi; Kylikes; Kotylen, protokorinthischen und korinthischen Stils; Teller, Kamiros-Stil; Spinnwirtel. – Verbleib unbekannt. – Kinch, Vroulia 58ff. Taf. 36, 2. 31.

562. 563. *Vroulia,* Rhodos. – Grab 6, neun (?) Brandbestattungen, Beigaben nicht getrennt. – Zwei Fibeln, Spiralwindung und Nadel fehlen *(Taf. 18, 562. 563* nach Kinch). – Funde aus dem Grab: Fibel Nr. 1141; zwei ovoide Aryballoi, protokorinthisch; Kylix; Kotyle; drei Alabastra. – Verbleib unbekannt. – Kinch, Vroulia 66ff. Taf. 38, 6. 14–15.

564. *Vroulia,* Rhodos. – Grab 20, vier (?) Brandbestattungen, Beigaben nicht getrennt. – Fibel wie Nr. 560, Maße unbekannt. – Beifunde vgl. Nr. 560. – Verbleib unbekannt. – Kinch, Vroulia 79 Nr. 11.

565 A. B. *Vroulia*, Rhodos. – Grab 22, zwei (?) Brandbestattungen, Beigaben nicht getrennt. – Zwei Fibeln, Maße unbekannt. – Funde aus dem Grab: Kylikes; kugelige Pyxis; Platschkännchen; Aryballos. – Verbleib unbekannt. – Kinch, Vroulia 81.

566 A.–C. *Vroulia*, Rhodos. – Grab 31, Brandbestattungen. – Drei Fibeln gleicher Form, davon zwei in der Grabmitte, Tiefe 35 cm, eine in 40 cm Tiefe. – Fibel (*Taf. 18, 566A* nach Kinch). – Funde aus dem Grab: Aryballos; zwei Kännchen, tongrundig; Kylix; Omphalos-Schale. – Verbleib unbekannt. – Kinch, Vroulia 85 f. Taf. 44, 31. 1.

567. *Exoche*, Rhodos. – Aus der Nekropole. – Fibel, L. noch 9,8 cm (*Taf. 18, 567* nach Friis Johansen). – Mus. Kopenhagen (12473). – K. Friis Johansen, Acta Arch. 28, 1957, 71 ff. Nr. Z 30 Abb. 166.

568. *Praisos*, Ep. Seteia, Kreta. – Kammergrab 53 (Grabung Marshall 1901). – Fibelbügel, Maße unbekannt (*Taf. 18, 568* nach Droop). – Beifunde, Aufbewahrungsort und Lit. vgl. Nr. 537.

569. *Ialysos*, Rhodos. – Akropolis, aus dem Athena-Heiligtum. – Fibel, Nadel fehlt, L. noch 1,9 cm (*Taf. 18, 569*). – Mus. Rhodos (9346). – Unpubliziert.

570. *Ialysos*, Rhodos. – Akropolis, aus dem Athena-Heiligtum. – Fibelbügel, L. noch 2,9 cm (*Taf. 18, 570*). – Mus. Rhodos (9327). – Unpubliziert.

571. *Ialysos*, Rhodos. – Grundstück Zambico 1927, Grab LV (Area di cremazione a 4 pozzetti), gestört. – Fibel, Maße unbekannt (*Taf. 18, 571* nach Jacopi). – Beifunde: Fibel Nr. 802; Oinochoe, auf der Schulter aufgelegte plastische Arme und Brüste, auf dem Hals menschliches Gesicht; Oinochoe, streifenbemalt; zwei Kännchen, streifenbemalt. – Mus. Rhodos (?). – Jacopi, Jalisso 92 ff. Taf. 5.

571 A. *Ialysos*, Rhodos. – Grundstück Zambico 1927, Grab LVIII (Area di cremazione a 4 pozzetti). – Fibel, Maße unbekannt. – Beifunde und Lit. vgl. Nr. 517. – Mus. Rhodos (?).

572. *Ialysos*, Rhodos. – Akropolis, aus dem Athena-Heiligtum. – Fibelfragment (*Taf. 18, 572*). – Mus. Rhodos (9296). – Unpubliziert.

573. *Ialysos*, Rhodos. – Akropolis, aus dem Athena-Heiligtum. – Fibelfragment (*Taf. 18, 573*). – Mus. Rhodos (9303). – Unpubliziert.

574.–588. *Ialysos*, Rhodos. – Akropolis, aus dem Athena-Heiligtum. – Diverse Fragmente von Fibeln dieses Typs. – Mus. Rhodos (o. Nr.). – Unpubliziert.

Eine Fibel vom Typ IIIf wurde auf Kreta gefunden; viele Exemplare stammen von Rhodos (Ialysos, Lindos, Vroulia). Wir dürfen ihn vornehmlich als rhodisch ansehen und in die Zeit vom Ende des 8. bis zum Anfang des 7. Jh. ansetzen.

Für die Zeitstellung der Fibelgruppe III ist allgemein zu berücksichtigen, daß außer dem einen Protogeometrisch II-Exemplar von Fortetsa (Nr. 339) keine einzige dieser Fibeln älter ist als die geometrische Zeit. Es sei weiterhin bemerkt, daß in der Nekropole von Leukanti, wo die Belegung gegen 850–800 v. Chr. endet, keine Fibel der Gruppe III zum Vorschein gekommen ist, ebenso in frühen Fundkomplexen wie Karphi oder in den Kammergräbern von Vrokastro. Die bekannten Exemplare scheinen nicht vor der Mitte des 8. Jh. einzusetzen. Die Fibelgruppe III beginnt demnach etwa in der Mitte des 8. Jh. und reicht bis ins 6. Jh. hinein. Die Exemplare von Kreta sind vielleicht etwas früher. Snodgrass[9] und Bielefeld[10] rechnen mit einem Beginn dieser Form in der spätprotogeometrischen Zeit, während Benton ihn allgemein in die geometrische Zeit setzte.[11]

Bereits seit geometrischer Zeit kommen der kleine zungenförmige Fibelfuß und die Fußplatte nebeneinander vor. In den „Bone-enclosures" von Vrokastro fanden sich Fibeln der Typengruppe III mit kurzem Fuß ebenso wie solche mit schmalgestreckter Fußplatte. Diese auf den Inseln übliche Formengruppe ist auch auf dem Festland zwischen dem Ende der geometrischen und der archaischen Zeit verbreitet. Wir begegnen ihr beispielsweise im Artemis Orthia-Heiligtum von Sparta (mit großer Fußplatte, geometrische Zeit, wohl gleichalt wie die Brillenfibeln),[12] in Delphi (vier Exemplare, 7.–6. Jh.

[9] Snodgrass, Dark Age 278.
[10] Bielefeld, Schmuck 44.
[11] S. Benton, Ann. BSA. 48, 1953, 350.
[12] Artemis Orthia 198.

v. Chr.),[13] Olympia,[14] Korinth,[15] Thessalien,[16] Ephesos[17] und Halai.[18] In asymmetrischer Ausführung gibt es sie auf Zypern (vgl. Typ XII C).

Dieses weite Verbreitungsgebiet und die Fundmenge von den Inseln zeigen, daß die Fibeln der Gruppe III in spätgeometrischer und früharchaischer Zeit ausgesprochen beliebt waren.

IV. BOGENFIBELN MIT GESCHWOLLENEM BÜGEL

Unsere Fibelgruppe IV ist von Blinkenberg aufgeteilt worden auf seine Typen II 6, 12 c. f, 14 e, 15, 19, 20; III 8 a und IV 2–4, 6, 8, also Typen, die teils nach chronologischen, teils nach regionalen Gesichtspunkten definiert wurden. Hier wird beabsichtigt, alle Fibeln mit dem Hauptmerkmal eines geschwollenen Bügels zusammenzufassen, so daß es möglich wird, die Entstehung, Entwicklung und Weiterbildung dieser Formengruppe auf den Inseln zu verfolgen. Da die leichte Schwellung des Bügels bereits an Fibeln der Gruppe II zu erscheinen beginnt, dürfte die Gruppe IV eng mit jener verbunden sein, vielleicht sogar von ihr abstammen, und zwar insbesondere vom Typ II i, mit dem sie viele Elemente gemeinsam hat.

Hauptcharakteristikum der Fibelgruppe IV ist der kräftige Bügel im Gegensatz zu dem dünneren der Gruppe II. Der allgemeine Eindruck, den die Fibeln der Gruppe IV machen, ist der einer Verkleinerung des Abstandes zwischen Fußplatte und Bügelschaft. Dieser Abstand wiederum ist bei den verschiedenen Varianten der Gruppe unterschiedlich. Die Formengruppe IV ist die einzige, die komplizierten figürlichen Dekor erhält (vgl. Typ VII–VIII).

TYP IVa

Der Bügel dieser Fibeln ist glatt, kräftig, von D-förmigem oder rhombischem Querschnitt, der Fuß dreieckig oder niedrig trapezförmig. Dieser Typ scheint eine Fortsetzung der Typen II a und II b darzustellen, der Bügel ist jedoch mehr geschwollen und trägt bei einem Exemplar Ritzdekor (Blinkenberg II 6).

589. *Lindos,* Rhodos. – Fibel, L. 2,8 cm; insgesamt 15 Exemplare von der Akropolis und fünf Exemplare von Kopria *(Taf. 18, 589* nach Lindos I). – Mus. Istanbul. – Lindos I 84 Nr. 91 Taf. 7, 91.

590. *Ialysos,* Rhodos. – Akropolis, aus dem Athena-Heiligtum. – Fibel, L. 2,5 cm. – Mus. Rhodos (11227). – Unpubliziert.

591. *Ialysos,* Rhodos. – Akropolis, aus dem Athena-Heiligtum. – Fibel, Nadel fehlt, L. noch 2,2 cm *(Taf. 18, 591).* – Mus. Rhodos (9650). – Unpubliziert.

592. *Hephaisteia,* Lemnos. – Fibel mit der Angabe „A CXIVIII (?) 1520"; mit keiner der publizierten Fibeln zu identifizieren, L. 8,3 cm *(Taf. 18, 592).* – Mus. Lemnos. – Unpubliziert.

593. *Hephaisteia,* Lemnos. – Fibel, im Museum ohne Angaben, wohl mit publiziertem Exemplar aus Cinerario B-XLII zu identifizieren, L. 10,2 cm *(Taf. 18, 593).* – Funde aus Cinerario B-XLII: Amphoriskos; einhenkelige Tasse; Beil, Eisen. – Mus. Lemnos (o. Nr.). – Mustilli, Efestia 117ff. Abb. 196.

594. *Hephaisteia,* Lemnos. – Cinerario A-XXXIII, Brandbestattung in Pithos. – Fibel, Nadel und Fuß fehlen, L. noch 7 cm *(Taf. 18, 594* nach Mustilli). – Beifunde: Amphoriskos, tongrundig; Fragmente eines gleichen Amphoriskos; Beil, Eisen. – Mus. Lemnos (o. Nr.). – Mustilli, Efestia 33f. Abb. 41.

595. *Naxos.* – Kaminaki, aus dem Heiligtum. – Fibel, Spiralwindung und Nadel fehlen, L. noch 4,4 cm

---

[13] Delphes V 112 Abb. 396–398.
[14] Olympia IV 55 Nr. 367 Taf. 22.
[15] Corinth XV/1, 125 Taf. 49, 53.
[16] Kilian, PBF. XIV, 2 (1974) 75.
[17] Hogarth, Ephesos 147f. Taf. 17, 3.
[18] H. Goldman, Hesperia 9, 1940, 460f.

(Taf. 18, 595). – Lit. vgl. Nr. 287. – Mus. Naxos (1517).
596. *Paros.* – Delion, unter dem Fußboden des Tempels.
– Fibel, Fuß fehlt, L. noch 3,5 cm *(Taf. 18, 596).* – Nationalmus. Athen (12169). – Blinkenberg, Fibules 83 (III 9a); Rubensohn, Delion 68 Nr. 3 Taf. 12, 6.
597. *Kavoussi*, N. Chania. – Grabfund. – Fibel, Nadel und Fuß fehlen, L. noch 5 cm *(Taf. 18, 597).* – Mus. Chania (303). – Unpubliziert.
598. *Vrokastro* bei Pyrgos, Ep. Mirabello, Kreta. – Fibel, im Museum mit der Angabe „Bone-enclosure VI", von Hall (Vrokastro 163 ff.) nicht unter den Funden erwähnt, L. noch 3,2 cm *(Taf. 18, 598).* – Mus. Herakleion (o. Nr.).

599. *Aigina.* – Aphaia-Heiligtum, unter dem Bauschutt vor der Südost-Ecke des Tempels. – Fibel, Spiralwindung und Nadel fehlen, L. noch 5,8 cm *(Taf. 18, 599).* – Mus. Aigina (291). – Furtwängler, Aegina 401 Nr. 95 Taf. 116, 2; Blinkenberg, Fibules 61 (II 1i).
600. *Lindos*, Rhodos. – Akropolis. – Drei Fibeln, eine davon L. 6,9 cm *(Taf. 18, 600* nach Lindos I). – Mus. Istanbul. – Lindos I 84 Nr. 87 Taf. 7, 87.
601. *Leukanti* (Lefkandi), Ep. Chalkis, Euböa. – Fibel im Museum mit der Angabe T/1/11. – Mus. Eretria (o. Nr.). – Unpubliziert.

Den gleichen Typ gibt es in Italien (Sundwalls Typ B II α d).[1] Auf den Inseln fand sich der Typ IVa auf Ägina, Naxos, Paros und Lemnos; in Ialysos auf Rhodos wurde er in geometrisch-archaischem Fundzusammenhang, in Vrokastro auf Kreta in „Bone-enclosure" VI gefunden. Da diese Form in den älteren Kammergräbern von Vrokastro fehlt, können wir annehmen, daß dieser geometrische Typ eine Fortsetzung der dünneren submykenisch-protogeometrischen Exemplare darstellt. Zwei frühgeometrische Exemplare sind in Attika gefunden worden (Athen, Agora).[2]

TYP IVb

Die Fibeln dieses Typs haben einen Bügel von D-förmigem, rhombischem, quadratischem oder polygonalem Querschnitt, gewöhnlich lang gestreckt, seltener kurz; an den Bügelenden glatte Kugeln zwischen Wulstringen – manchmal mit Ritzdekor –, faßförmige Zierglieder oder glatte bzw. ritzverzierte Wulstringe – die Wulstringe können auch nur an einem Ende angebracht sein. Dieser Typ begegnet in symmetrischer (Nr. 602–637) und asymmetrischer (Nr. 638–662) Ausführung; er ist im allgemeinen schwer, kräftig geschwollen. Der Fuß ist dreieckig, groß zungenförmig oder klein trapezförmig, gewöhnlich niedrig. Der Bügelschaft hat runden, D-förmigen, rechteckigen oder rhombischen Querschnitt. An Fibeln von Lemnos und Skyros gibt es reichen Ritzdekor. Ein Exemplar zeigt Wulstringe oberhalb der Spirale; an einem anderen, ebenfalls von Lemnos, ist die Nadelwindung in S-Form anstelle der üblichen Spiralwindung angelegt (Blinkenberg II 12e; II 19).

602. *Gortyn*, Ep. Kainourgion, Kreta. – Akropolis, Lesefund von S. Marinatos. – Fibel, L. noch 6,3 cm *(Taf. 19, 602).* – Mus. Herakleion (2252). – Unpubliziert.
603. *Vrokastro* bei Pyrgos, Ep. Mirabello, Kreta. – Keine Angaben zur Fundsituation. – Fibel, Nadel fehlt, L. 11,3 cm *(Taf. 19, 603).* – Mus. Herakleion (o. Nr.). – Unpubliziert.
604. *Vrokastro* bei Pyrgos, Ep. Mirabello, Kreta. – „Bone-enclosure" VI, Raum II, Körperbestattung (Kind) in Pithos. – Fibel, L. 6,4 cm *(Taf. 19, 604* nach Hall). – Beifunde: Fibel Nr. 611; Kännchen; Oinochoe;

Hydria; zweihenkelige Schale; Perle, Bergkristall. – Mus. Herakleion (o. Nr.). – Hall, Vrokastro 163 ff. Abb. 100, A.
605. *Vrokastro* bei Pyrgos, Ep. Mirabello, Kreta. – Aus einem der Kammergräber. – Fibel, Nadel fehlt, L. noch 5,2 cm *(Taf. 19, 605* nach Hall). – Mus. Herakleion (?). – Hall, Vrokastro 177 Taf. 20, D.
606. *Fortetsa*, Ep. Temenos, Kreta. – Kammergrab P, zahlreiche Brandbestattungen in Pithoi, keine Angaben zur Fundlage der Fibel. – Fibel, L. 12,9 cm *(Taf. 19, 606).* – Mus. Herakleion (2318). – Brock, Fortetsa 101 ff. Nr. 1581 Taf. 111, 1581.

---

[1] Sundwall, Fibeln 38. 101 Abb. 111.

[2] R. S. Young, Hesperia 18, 1949, 297 Nr. 28–29 Taf. 72; Müller-Karpe, Metallbeigaben 109 Abb. 27.

607. *Fortetsa,* Ep. Temenos, Kreta. – Tholosgrab II, Brandbestattung in Pithos 19. – Fibel, L. 8 cm *(Taf. 19, 607 nach Brock).* – Beifunde: zwei Lanzenspitzen, Eisen; Eisenmesser; Skyphos; Hydria; einhenkelige Tasse; Kännchen, Kleeblattmündung; bauchige Tasse; einhenkeliger Becher; Skyphos; Aryballos; zwei Oinochoen. – Mus. Herakleion (o. Nr.). – Brock, Fortetsa 84ff. Nr. 1098 Taf. 75, 1098; 167, 1098.

608. *Dreros* bei Neapolis, Ep. Mirabello, Kreta. – Grab 18, Brandbestattungen und eine Körperbestattung (Kind), Fibel keiner Bestattung zugewiesen. – Fibelbügel, L. noch 4,9 cm *(Taf. 19, 608 nach Effenterre).* – Funde aus dem Grab: konischer, zweihenkeliger Becher; Eisenfragmente. – Mus. Herakleion (?). – van Effenterre, Mirabello 65 Taf. 23, D 51.

609. *Dreros* bei Neapolis, Ep. Mirabello, Kreta. – Grab 3, Brandbestattung. – Zwei Fragmente einer Fibel wie Nr. 608. – Beifunde: Bügel und Fußplatte einer Eisenfibel; Eisenfragment (Waffe?); zwei Kännchen; einhenkeliger Becher; einhenkelige Tasse. – Mus. Herakleion (?). – van Effenterre, Mirabello 65 Nr. D 52.

610. *Patso,* Ep. Amari, Kreta. – Aus der Höhle. – Fibel, L. 5,7 cm *(Taf. 19, 610).* – Mus. Rhethymnon (26). – Boardman, Cretan Collection 77f. Abb. 34, D.

611. *Vrokastro* bei Pyrgos, Ep. Mirabello, Kreta. – „Bone-enclosure" VI, Raum II, Körperbestattung (Kind) in Pithos. – Fibel, Nadel fehlt, L. 5,6 cm *(Taf. 19, 611 nach Hall).* – Beifunde vgl. Nr. 604. – Mus. Herakleion (?). – Hall, Vrokastro 163ff. Abb. 100, C.

612. *Vrokastro* bei Pyrgos, Ep. Mirabello, Kreta. – Mazichoria, Kammergrab III, mehrere Körperbestattungen, Beigaben nicht getrennt. – Fibel, L. 6,1 cm *(Taf. 19, 612 nach Hall).* – Beifunde vgl. Nr. 58. – Mus. Herakleion (?). – Hall, Vrokastro 143f. Abb. 85, M.

613. *Praisos,* Ep. Seteia, Kreta. – Ausgrabungen Bosanquet 1901. – Fibel, Nadel fehlt, Fußplatte gebrochen, L. noch 11,3 cm *(Taf. 19, 613 nach Blinkenberg).* – Mus. Herakleion (898). – Blinkenberg, Fibules 69 Abb. 48 (II 12e).

614. *Kardiane,* Tenos. – Steinkistengrab I, Körperbestattung (Kind?), S-N orientiert. – Fibel, L. 7 cm *(Taf. 19, 614).* – Beifunde: zwei Fingerringe; zwei doppelkonische Bronzeperlen; Fragmente von Drahtringchen; zwei Bernsteinperlen; Oinochoe, Kleeblattmündung; einhenkeliger Becher; zwei Skyphoi; fünf einhenkelige Tassen. – Nationalmus. Athen (1713b). – D. Levi, Ann. Sc. Arch. Atene 8–9, 1925–26, 212ff. Abb. 11.

615. *Hephaisteia,* Lemnos. – Cinerario A-CLIX, Brandbestattung in Pithos. – Fibel, L. noch 12,9 cm *(Taf. 19, 615).* – Beifunde siehe Nr. 292. – Mus. Lemnos. – Mustilli, Efestia 68f. Abb. 101.

616A. *Hephaisteia,* Lemnos. – Cinerario A-CCIV, Brandbestattung in Pithos. – Insgesamt sieben Fibeln

dieses Typs, davon eine L. 7,5 cm *(Taf. 20, 616 A).* – Beifunde: Fibeln Nr. 616 B–D. 619 A–C; drei Armringe mit übergreifenden Enden; Drahtspirale, Gold. – Mus. Lemnos (o. Nr.). – Mustilli, Efestia 84f. Abb. 133.

616 B.–D. *Hephaisteia,* Lemnos. – Cinerario A-CCIV, Brandbestattung in Pithos. – Drei Fibeln, L. 7–7,5 cm *(Taf. 20, 616 B–D nach Mustilli).* – Beifunde und Lit. vgl. Nr. 616 A. – Mus. Lemnos (z. Zt. nicht nachweisbar).

617. *Hephaisteia,* Lemnos. – Fibelbügel, im Museum mit Angabe „Ossuario VIII"; wahrscheinlich identisch mit dem aus Cinerario A-VIII genannten Exemplar *(Taf. 20, 617).* – Beifunde: Amphoriskos, tongrundig, grau. – Nationalmus. Athen (o. Nr.). – Mustilli, Efestia 24.

618. *Hephaisteia,* Lemnos. – Fibelbügel, im Museum mit Angabe „Ossuario IV"; wohl identisch mit dem aus Cinerario A-IV genannten Exemplar. – Beifunde: Amphoriskos, tongrundig, grau; Beil, Eisen; Fragmente von zwei Messern, Eisen. – Nationalmus. Athen (o. Nr.). – Mustilli, Efestia 20.

619 A.–C. *Hephaisteia,* Lemnos. – Cinerario A-CCIV, Brandbestattung in Urne. – Drei Fibeln, L. ca. 7 cm *(Taf. 20, 619 A–C nach Mustilli).* – Beifunde und Lit. vgl. Nr. 616A. – Verbleib unbekannt.

620. *Hephaisteia,* Lemnos. – Fibel, im Museum mit Angabe „CXXXIII"; in der Publikation wird aus diesem Grab keine Fibel genannt (Mustilli, Efestia 64), L. noch 3,7 cm *(Taf. 20, 620).* – Mus. Lemnos (o. Nr.).

621. *Hephaisteia,* Lemnos. – Cinerario B-XXX, 2 Brandbestattung in Urne. – Fibel, Nadel und Fuß fehlen, L. noch 6,9 cm *(Taf. 20, 621).* – Beifunde: Amphoriskos, tongrundig, grau. – Mus. Lemnos (o. Nr.). – Mustilli, Efestia 118.

622. *Hephaisteia,* Lemnos. – Fibel, Fuß fehlt, L. noch 3,9 cm *(Taf. 20, 622).* – Mus. Lemnos (o. Nr.). – Unpubliziert.

623. *Hephaisteia,* Lemnos. – Cinerario A-CCXXX, Brandbestattung in Urne. – Fibel, L. noch 9,5 cm *(Taf. 20, 623 nach Mustilli).* – Beifunde: Fibel Nr. 637; Fibel, Gold; Ohrring, Gold; Blechbänder, Gold; fünf Amphoriskoi; zwei Kännchen; zwei Saugkännchen; Beil, Eisen; Messerfragment, Eisen. – Mus. Lemnos (o. Nr.). – Mustilli, Efestia 90ff. Abb. 138, 7.

624. *Hephaisteia,* Lemnos. – Fibelbügel, L. noch 6 cm *(Taf. 20, 624).* – Mus. Lemnos (o. Nr.). – Unpubliziert.

625. *Hephaisteia,* Lemnos. – Fibel, im Museum mit Angabe „CCXXIX"; in der Publikation wird aus diesem Grab keine Fibel genannt, L. 7,5 cm *(Taf. 20, 625).* – Mus. Lemnos (o. Nr.).

626. *Hephaisteia,* Lemnos. – Ohne Fundangabe, vielleicht aus Cinerario A–CXXXIII. – Fibel, Spiralwindung und Nadel fehlen, L. noch 3,7 cm *(Taf. 20, 626)*. – Mus. Lemnos (o. Nr.). – Unpubliziert.

627. *Hephaisteia, Lemnos.* – Cinerario B-IV, Brandbestattung in Urne. – Fibel, L. 5,7 cm *(Taf. 20, 627)*. – Beifunde: Fibel Nr. 640; zwei Armringe, Enden übergreifend; zwei Doppelspiralanhänger; Ohrring, Gold; Glas- und Halbedelsteinperlen; Drillingsgefäß. – Mus. Lemnos (o. Nr.). – Mustilli, Efestia 96 Nr. 4.

628. *Hephaisteia, Lemnos.* – Fibelbügel, im Museum mit Angabe „A-231", wohl aus Cinerario A-CCXXXI, L. noch 2,6 cm *(Taf. 20, 628)*. – Beifunde (?): drei Fibeln, Mustilli Typ I; Kännchen, Kleeblattmündung; Spiralröllchen; Eisenfragment (Beil?). – Mus. Lemnos (o. Nr.). – Mustilli, Efestia 94.

629. *Hephaisteia, Lemnos.* – Fibel, im Museum mit Angabe „Cinerario A-CXCIX; kann nicht identisch sein mit der von Mustilli (Efestia 82) genannten Fibel von 6 cm Länge; L. noch 3,9 cm *(Taf. 20, 629)*. – Mus. Lemnos (o. Nr.).

630. *Lindos, Rhodos.* – Akropolis. – Fibel, Nadel fehlt, Fußplatte antik gebrochen und durch Aushämmern des Bügelendes repariert, L. 11 cm *(Taf. 21, 630* nach Lindos I). – Mus. Instanbul. – Lindos I 76 Nr. 41 Taf. 4, 41.

631. *Lindos, Rhodos.* – Akropolis. – Insgesamt vier Exemplare, darunter ein Fibelbügel, L. noch 10 cm *(Taf. 21, 631* nach Lindos I). – Mus. Istanbul (3251). – Lindos I 77 Nr. 43 Taf. 4, 43.

632. *Kreta.* – Fibel, Nadel und Fuß fehlen, L. noch 11,8 cm *(Taf. 21, 632)*. – Mus. Herakleion (o. Nr.). – Unpubliziert.

633. *Leukanti* (Lefkandi), Ep. Chalkis, Euböa. – Insgesamt fünf Fibeln, davon zwei mit den Angaben ST/T59/31 und ST/T59/39. – Mus. Eretria. – Unpubliziert.

634. *Delos.* – Ausgrabung Homolle 1878. – Fibelbügel, L. noch 5,2 cm *(Taf. 21, 634)*. – Nationalmus. Athen (o. Nr.). – Unpubliziert.

635. *Naxos.* – Kaminaki, aus dem Heiligtum. – Fibel, Spiralwindung und Nadel fehlen, L. noch 3,7 cm *(Taf. 21, 635)*. – Mus. Naxos (1535). – Lit. vgl. Nr. 287.

636. *Siphnos.* – Kastro, Akropolis, „Votive deposit". – Fibelbügel, L. noch 2,9 cm *(Taf. 21, 636)*. – Mus. Siphnos. – J. K. Brock, Ann. BSA. 44, 1949, 26 Taf. 11, 19.

637. *Hephaisteia, Lemnos.* – Cinerario A-CCXXX, Brandbestattung in Urne. – Fibel, Nadel und Fuß fehlen, L. noch 4,6 cm *(Taf. 21, 637)*. – Beifunde, Aufbewahrungsort und Lit. vgl. Nr. 623.

638 A.–C. *Vrokastro* bei Pyrgos, Ep. Mirabello, Kreta. – Karakovilia, Kammergrab I, sechs (?) Brandbestattungen in Pithoi, Beigaben nicht getrennt. – Eine vollständige Fibel, L. 6,6 cm und zwei Fußplatten von Fibeln gleichen Typs *(Taf. 21, 638 A* nach Hall). – Funde aus der Grabkammer: zylindrischer Pithos; drei Pilgerfla-

schen; zwei durchbrochene, konische Gefäß-Ständer; zwei Amphoriskoi; acht Krateriskoi; zwei Kratere; Kylix; Oinochoe; Amphoren; Schalen; Bügelkanne; Dreifuß, Bronze; sechs Fayencesiegel; Fayenceperlen. – Mus. Herakleion. – Hall, Vrokastro 123 ff. Taf. 20, C.

639. *Hephaisteia, Lemnos.* – Cinerario B-I, Brandbestattung in Pithos. – Fibel, Nadel fehlt, L. 7,3 cm *(Taf. 21, 639)*. – Beifunde: Amphoriskos; Beil, Eisen; Messerfragment, Eisen. – Mus. Lemnos (o. Nr.). – Mustilli, Efestia 95.

640. *Hephaisteia, Lemnos.* – Cinerario B-IV, Brandbestattung in Urne. – Fibel, L. 6,7 cm *(Taf. 21, 640)*. – Beifunde und Lit. vgl. Nr. 627. – Mus. Lemnos (o. Nr.).

641 A. *Hephaisteia, Lemnos.* – Cinerario A-XXVI, Brandbestattung in Urne. – Fibel, Nadel fehlt, L. noch 6,6 cm *(Taf. 21, 641 A)*. – Beifunde: Fibeln Nr. 641 B.C; bauchige Pyxis mit Deckel; Glasperlen. – Nationalmus. Athen (17151). – Mustilli, Efestia 31 f. Abb. 37.

641 B. C. *Hephaisteia, Lemnos.* – Cinerario A-XXVI, Brandbestattung in Urne. – Zwei Fibeln, L. 6 und 2,7 cm *(Taf. 21, 641 B. C* nach Mustilli). – Beifunde und Lit. vgl. Nr. 641 A. – Verbleib unbekannt.

642. *Hephaisteia, Lemnos.* – Fibel, im Museum mit Angabe „Ossuario N–V"; wahrscheinlich aus Cinerario A-V, L. noch 5,1 cm *(Taf. 21, 642)*. – Beifunde (?): Amphoriskos, tongrundig, grau. – Nationalmus. Athen (17145). – Mustilli, Efestia 22 Abb. 15.

643. *Hephaisteia, Lemnos.* – Fibel, Nadel fehlt, L. 4,6 cm *(Taf. 21, 643)*. – Nationalmus. Athen (17150). – Unpubliziert.

644. *Hephaisteia, Lemnos.* – Fibel, im Museum mit Angabe „Ossuario XCVI", wahrscheinlich aus Cinerario A-XCVI, L. noch 3,4 cm *(Taf. 21, 644)*. – Beifunde (?): Messer aus Eisen. – Nationalmus. Athen (17147). – Mustilli, Efestia 56.

645. *Hephaisteia, Lemnos.* – Cinerario B-XLV, Brandbestattung. – Fibel, Spiralwindung und Nadel fehlen, L. noch 7 cm *(Taf. 21, 645)*. – Beifunde: Fibel Nr. 648; Glasperlen. – Mus. Lemnos. – Mustilli, Efestia 120 Nr. 1.

646. *Hephaisteia, Lemnos.* – Cinerario A-CCXXV, Brandbestattung in Pithos. – Fibel, Nadel fehlt, L. 9,9 cm *(Taf. 21, 646)*. – Beifunde: zwei Amphoriskoi; Kännchen; Beil, Eisen. – Mus. Lemnos (o. Nr.). – Mustilli, Efestia 92 mit Abb. 136.

647. *Hephaisteia, Lemnos.* – Fibel, im Museum mit Angabe „Cinerario A-CCXXVIII"; in der Publikation (Mustilli, Efestia 92) wird aus diesem Grab keine Fibel genannt; L. noch 4,7 cm *(Taf. 22, 647)*. – Mus. Lemnos (o. Nr.).

647 A. *Hephaisteia, Lemnos.* – Fibel wie Nr. 647, ungereinigt. – Mus. Lemnos (o. Nr.). – Unpubliziert.

648. *Hephaisteia, Lemnos.* – Cinerario B-XLV, Brandbestattung in Pithos. – Fragmente einer Fibel wie

Nr. 645. – Beifunde und Lit. vgl. Nr. 645. – Verbleib
unbekannt.
649. *Hephaisteia*, Lemnos. – Fibel, im Museum mit der
Angabe „Oss. IV"; aus Cinerario A-IV wird nur eine
Fibel von Mustillis Typ 1 genannt; L. noch 3,8 cm
(Taf. 22, 649). – Nationalmus. Athen (17148). – Unpubliziert.
650. *Skyros.* – Magazia, aus Gräbern. – Fibel, L. 7,3 cm
(Taf. 22, 650). – Mus. Skyros (9 M. 28). – Unpubliziert.
651. *Skyros.* – Magazia, aus Gräbern. – Fibel, L. 5,6 cm
(Taf. 22, 651). – Mus. Skyros (11 M. T 30). – Unpubliziert.
652. *Skyros.* – Magazia, aus Gräbern. – Fibel, L. 6,3 cm
(Taf. 22, 652). – Mus. Skyros (14 M). – Unpubliziert.
653. *Skyros.* – Magazia, aus Gräbern. – Fibel, L. 6,4 cm
(Taf. 22, 653). – Mus. Skyros (12 M). – Unpubliziert.
654. *Skyros.* – Magazia, aus Gräbern. – Fibel, L. 6,8 cm
(Taf. 22, 654). – Mus. Skyros (15 M). – Unpubliziert.
655. *Skyros.* – Magazia, aus Gräbern. – Fibel, L. 5,5 cm
(Taf. 22, 655). – Mus. Skyros (13 M). – Unpubliziert.
656. *Skyros.* – Magazia, aus Gräbern. – Fibel, L. 6,3 cm
(Taf. 22, 656). – Mus. Skyros (10 M). – Unpubliziert.
657. *Skyros.* – Steinkistengrab, Ausgrabung Papademetriou. – Fibel, L. 11,9 cm *(Taf. 22, 657).* – Beifunde:
Fibeln Nr. 657 A. 658; Bronzeschale; Krempenfalere;
zwei Armringe; Lanzenspitze, Eisen; zehn runde Goldblechscheiben, getriebener Dekor. Außerhalb der Steinkiste: zwei Schüsseln; acht bis zehn einhenkelige Tassen; Kanne. – Nationalmus. Athen (17711). – J. Papademetriou, Arch. Anz. 1936, 228 ff. Abb. 1.
657 A. *Skyros.* – Steinkistengrab, Ausgrabung Papademetriou. – Fibel, Nadel fehlt, Fuß beschädigt, L. noch
10,5 cm *(Taf. 22, 657 A).* – Beifunde und Lit. vgl.
Nr. 657. – Nationalmus. Athen (17712).

658. *Skyros.* – Steinkistengrab, Ausgrabung Papademetriou. – Fibel, L. 14,1 cm; Schaft antik geflickt *(Taf. 22,
658).* – Beifunde und Lit. vgl. Nr. 657. – Nationalmus.
Athen (17710).
659 A. *Skyros.* – Magazia, Grab IV, Ausgrabung Stavropoulos. – Fibel, Nadel fehlt, L. 6,9 cm *(Taf. 22, 659
A).* – Mus. Skyros (530). – Unpubliziert.
659 B. *Skyros.* – Magazia, Grab IV, Ausgrabung Stavropoulos. – Fibel, Spiralwindung und Nadel fehlen, L.
noch 6,6 cm *(Taf. 22, 659 B).* – Mus. Skyros (531). – Unpubliziert.
659 C. *Skyros.* – Magazia, Grab IV, Ausgrabung Stavropoulos. – Fibel, Nadel gebrochen, L. 5,4 cm *(Taf. 22,
659 C).* – Mus. Skyros (586). – Unpubliziert.
660. *Phana*, Chios. – Apollon-Heiligtum, Ausgrabung
Kourouniotes. – Fibel, Spiralwindung und Nadel fehlen, L. noch 7,2 cm *(Taf. 23, 660).* – Mus. Chios
(o. Nr.). – Kourouniotes, Arch. Delt. 2, 1916, 209 ff.
Abb. 32; Blinkenberg, Fibules 70 (II 12 k).
661. *Aigina.* – Aphaia-Heiligtum, an der Südseite des
Tempels in einer Grube unter dem Bauschutt. – Fibelbügel, L. noch 6 cm *(Taf. 23, 661).* – Mus. Aigina (303).
– Furtwängler, Aegina 402 Nr. 108 Taf. 116, 14; Blinkenberg, Fibules 70 (II 12 g).
662. *Leukanti* (Lefkandi), Ep. Chalkis, Euböa.
– Grab 3, Körperbestattung, Fibel in der Grabgrube.
– Fibel, L. 9 cm *(Taf. 23, 662).* – Beifunde in der Grabgrube: Fragmente von Goldblech; Messer, Eisen; auf
der Deckplatte: fünf Kännchen; Tierstatuette, Ton;
Kentaur-Statuette, Ton. – *Datierung:* frühgeometrisch.
– Mus. Eretria (o. Nr.). – V. R. Desborough, Dark Ages
303; R. V. Nicholls/M. Popham, Ann. BSA. 65, 1970,
21 ff. Taf. 11, c.

Fibeln dieses Typs fanden sich auf Kreta (Vrokastro: in subminoisch-protogeometrischen Kammergräbern; Fortetsa: in einem Frühgeometrisch II-Grab; Patso-Höhle: geometrische Zeit oder älter), auf
Skyros (spätgeometrisch), Euböa, Lemnos (geometrisch), Aigina, Chios (geometrische Zeit bis erste
Hälfte 7. Jh.), Naxos (geometrisch), Lindos (geometrisch-archaisch) und auf Siphnos (aufgrund der
Beifunde zwischen 700 und 550 v. Chr.).

In Attika ist dieser Typ in submykenischer und protogeometrischer Zeit bekannt. Submykenische
Exemplare kennen wir aus Grab 108 des Kerameikos, wo dieser Typ zusammen mit Fibeln unserer
Typen I e und II f gefunden wurde,[3] sowie aus dem Kerameikos-Grab 42, in dem er zusammen mit einer
asymmetrischen Fibel unseres Typs II f lag.[4] Charakteristische protogeometrische Exemplare aus Attika
sind die symmetrische Fibel aus Grab 40 des Kerameikos[5] sowie entsprechende Fibeln von der Agora[6]
und aus Nea Ionia.[7] Desborough[8] nahm an, daß in Attika der protogeometrische Typ bis ans Ende des

---

[3] Müller-Karpe, Metallbeigaben 87 Abb. 5, 12.
[4] Ebd. 85 Abb. 3, 10.
[5] Ebd. 93 Abb. 11, 2; 97 Abb. 15, 2 (Grab 48).
[6] Bronzefibel aus Grab 23: Hesperia 6, 1937, 369 ff.

Abb. 30; ebd. 30, 1961, 173; ebd. 37, 1968, 111; AJA. 40, 1936,
192. Eisenfibeln: Inv. Nr. I L 14, 15, 495, 496.
[7] Hesperia 30, 1961, 173 Taf. 27, 58. 59.
[8] Desborough, Dark Ages 301.

9. Jh. weiterlebt. Von Leukanti kennen wir eine Fibel vom Ende der Dark Ages.[9] Bekannt ist auch ein Exemplar des 10. Jh. von der Nordpeloponnes, jetzt in Mainz.[10] Gleichartige asymmetrische Fibeln der submykenischen Zeit kennen wir schließlich noch von Zypern.[11]

Bemerkenswert ist die weitgehende Formgleichheit der Exemplare von Attika, Kreta und Lemnos, ein Umstand, der vielleicht im Sinne einer Ausbreitung dieses Typs von Attika nach Norden und Süden zu deuten ist, zumal er in Attika früher erscheint. Schließlich sei noch angemerkt, daß dieser Typ auf den Inseln von der protogeometrischen bis in die archaische Zeit ohne Unterbrechung vorkommt.

TYP IVc

Dieser Typ steht den Typen IVb und IIi (mit zungenförmigem Fuß) nahe; er unterscheidet sich von diesen hauptsächlich durch die Fußplatte. Der Bügel, gewöhnlich nicht langgestreckt, kann glatt zur Fußplatte bzw. zum Bügelschaft übergehen (Nr. 663–673) oder an beiden Enden Kugelglieder zwischen zwei und mehr Wulstringen tragen (Nr. 674–860). In einigen Fällen sind an den Bügelenden unterschiedliche Zierglieder angebracht, z. B. am einen Ende eine Kugel und ein Wulstring, am Gegenende ein glatter Wulstring. Die Fußplatte ist schmalgestreckt mit nach oben ausgezogener Ecke, die spitz oder abgerundet sein kann; die Außenkante schwingt leicht ein, die Innenkante wird gewöhnlich von einer sich aus dem Bügelende entwickelnden, zum Nadelhalter hin spitz zulaufenden Rippe begleitet. Diese kennzeichnende Fußplatte begegnet sonst nicht. Auf dem griechischen Festland ist die Fußplatte mehr quadratisch, während auf dem Balkan und in Italien sich diese Bügelform mit dem großen Diskusfuß zeigt (Sundwalls Typen B IIIc. d). Die Fußplatte trägt gewöhnlich einen reichen Ritzdekor, der in Ausführung und Vielfalt der Motive zeigt, daß er Ausdruck eines bestimmten Stilempfindens ist und nicht auf Ungeschick zurückgeführt werden kann.[12] Bei den Fibeln mit Kugelzier am Bügel hat der Bügelschaft gewöhnlich rhombischen Querschnitt, bei glattem Bügel runden. Bei einer Fibel hat der Schaft rhombischen Querschnitt, in der Mitte abgestuft. Ein Exemplar, dessen Schaft aus zwei durch Niete verbundenen Teilen gebildet ist, ist offenbar alt repariert. Der Schaft trägt manchmal Ritzdekor, Ringrillen oder andere Muster (Blinkenberg IV 2, 6, 8).

663. *Ialysos,* Rhodos. – Akropolis, aus dem Athena-Heiligtum. – Fibel, Spiralwindung und Nadel fehlen, L. noch 5,3 cm *(Taf. 23, 663).* – Mus. Rhodos (o. Nr.). – Unpubliziert.

664. *Ialysos,* Rhodos. – Akropolis, aus dem Athena-Heiligtum. – Fibel, L. 2,5 cm *(Taf. 23, 664).* – Mus. Rhodos (o. Nr.). – Unpubliziert.

665. *Ialysos,* Rhodos. – Akropolis, aus dem Athena-Heiligtum. – Fibelfragment *(Taf. 23, 665).* – Mus. Rhodos (8438). – Unpubliziert.

666. *Ialysos,* Rhodos. – Akropolis, aus dem Athena-Heiligtum. – Fibel, L. 5,4 cm *(Taf. 23, 666).* – Mus. Rhodos (9083). – Unpubliziert.

667. *Lindos,* Rhodos. – Fibel, Nadel fehlt, L. 9 cm; insgesamt 101 Exemplare von der Akropolis, vier Ex-emplare von Kopria *(Taf. 23, 667* nach Lindos I). – Mus. Istanbul. – Lindos I 78 Nr. 50 Taf. 4, 50; Blinkenberg, Fibules 94 Abb. 97 (IV 6a).

667 A.–C. *Lindos,* Rhodos. – Drei Fibeln, Spiralwindung und Nadel fehlen, L. noch 8,6 cm, 8,9 und 9,3 cm *(Taf. 23, 667 A–C* nach Photo DAI Istanbul). – Mus. Istanbul (3261. 3271. 3273). – Lindos I 78 Nr. 50.

668. *Lindos,* Rhodos. – Fibel, Nadel fehlt, L. 9,9 cm; insgesamt 140 Exemplare von der Akropolis, sechs Exemplare von Kopria *(Taf. 23, 668* nach Lindos I). – Mus. Istanbul. – Lindos I 78 Nr. 51 Taf. 5, 51.

669 A. B. *Exoche,* Rhodos. – Grab F, Brandbestattung in Grabgrube mit je einer kleinen Grube in den vier Ecken, zwei Fibeln zusammen mit einem Tongewicht in der südöstlichen Grube. – Fibel, L. 11 cm; gleichartige

---

[9] Ebd. 302 und aus Pherai ein spätprotogeometrisches Beispiel: PBF. XIV, 2 (Kilian) Nr. 805.

[10] Snodgrass, Dark Age 244 Abb. 87; R. Hampe/E. Simon, CVA. Deutschland 15 Mainz 1 (1959) 12ff. Abb. 3–4.

[11] Gjerstadt, Cyprus Expedition IV/2, 382 Abb. 25, 2a. b.

[12] Gegenteilige Ansicht: de Vries, Incised Fibulae 112.

Fibel, Spiralwindung und Nadel fehlen (*Taf. 23, 669 A* nach Friis Johansen). – Beifunde: zwei Skyphoi; Kännchen; Tongewicht. – Verbleib unbekannt. – K. Friis Johansen, Acta Arch. 28, 1957, 42f. Abb. 89; Blinkenberg, Fibules 94 (IV 6c, irrtümlich „Grab B").

670 A.–D. *Vroulia*, Rhodos. – Grab 15, Brandbestattungen, Beigaben nicht getrennt. – Fibel, Nadel fehlt, L. 9,8 cm; Fragmente von drei weiteren gleichartigen Fibeln (*Taf. 23, 670 A* nach Kinch). – Beifunde: Alabastron; Skyphos; Kännchen. – Verbleib unbekannt. – Kinch, Vroulia 76 Taf. 41, 15.1; Blinkenberg, Fibules 94f. (IV 6d).

671 A.–E. *Vroulia*, Rhodos. – Grab 26, Brandbestattung, vier Fibeln in der Grabmitte, eine am Nordostende. – Zwei kleine und drei größere Fibeln, Form wie Nr. 670 A. – Beifunde: vier Aryballoi; Skyphos; Oinochoe; Eisenfragment. – Verbleib unbekannt. – Kinch, Vroulia 84; Blinkenberg, Fibules 95 (IV 6e).

672. *Kamiros*, Rhodos. – Akropolis, Athena-Heiligtum („Stipe Votiva"). – Fibel, L. 4,3 cm (*Taf. 23, 672* nach Jacopi). – Verbleib unbekannt. – Jacopi, Camiro II 356 Nr. 1 mit Abb. 84.

673 A.–D. *Ialysos*, Rhodos. – Grundstück Zambico 1926, Grab CIII, Körperbestattung (Kind) in Pithos. – Vier gleichartige Fibeln, Maße unbekannt (*Taf. 24, 673 A* nach Jacopi). – Beifunde: Aryballos; Amphoretta; Skyphos; einhenkelige Tasse; Kalottenschale; Glasperle. – Mus. Rhodos (?) – Jacopi, Jalisso 132f. Taf. 5.

674. *Ialysos*, Rhodos. – Akropolis, aus dem Athena-Heiligtum. – Fibel, L. 8 cm (*Taf. 24, 674*). – Mus. Rhodos (o. Nr.). – Unpubliziert.

675. *Ialysos*, Rhodos. – Akropolis, aus dem Athena-Heiligtum. – Fibel, Spiralwindung und Nadel fehlen, L. noch 7,5 cm (*Taf. 24, 675*). – Mus. Rhodos (o. Nr.). – Unpubliziert.

676.–680. *Ialysos*, Rhodos. – Akropolis, aus dem Athena-Heiligtum. – Fünf Fibeln. – Mus. Rhodos (o. Nr.). – Unpubliziert.

681. *Ialysos*, Rhodos. – Akropolis, aus dem Athena-Heiligtum. – Fibel, L. 7,6 cm (*Taf. 24, 681*). – Mus. Rhodos (o. Nr.). – Unpubliziert.

682. *Ialysos*, Rhodos. – Akropolis, aus dem Athena-Heiligtum. – Fragment einer Fußplatte (*Taf. 24, 682*). – Mus. Rhodos (o. Nr.). – Unpubliziert.

683. *Ialysos*, Rhodos. – Akropolis, aus dem Athena-Heiligtum. – Fußplatte mit Bügelansatz (*Taf. 24, 683*). – Mus. Rhodos (o. Nr.). – Unpubliziert.

684. *Ialysos*, Rhodos. – Akropolis, aus dem Athena-Heiligtum. – Fragment einer Fußplatte (*Taf. 24, 684*). – Mus. Rhodos (o. Nr.). – Unpubliziert.

685. *Ialysos*, Rhodos. – Akropolis, aus dem Athena-Heiligtum. – Fragment einer Fußplatte (*Taf. 24, 685*). – Mus. Rhodos (o. Nr.). – Unpubliziert.

686. *Ialysos*, Rhodos. – Akropolis, aus dem Athena-Heiligtum. – Fibel, L. 7,5 cm (*Taf. 24, 686*). – Mus. Rhodos (o. Nr.). – Unpubliziert.

687. *Ialysos*, Rhodos. – Akropolis, aus dem Athena-Heiligtum. – Fibel, Schaft antik geflickt, L. 7,9 cm (*Taf. 24, 687*). – Mus. Rhodos (o. Nr.). – Unpubliziert.

688. *Ialysos*, Rhodos. – Akropolis, aus dem Athena-Heiligtum. – Fibel, L. 8,2 cm (*Taf. 24, 688*). – Mus. Rhodos (o. Nr.). – Unpubliziert.

689. *Ialysos*, Rhodos. – Akropolis, aus dem Athena-Heiligtum. – Fibel wie Nr. 688. – Mus. Rhodos (o. Nr.). – Unpubliziert.

690. *Ialysos*, Rhodos. – Akropolis, aus dem Athena-Heiligtum. – Fußplatte (*Taf. 24, 690*). – Mus. Rhodos (o. Nr.). – Unpubliziert.

691. *Ialysos*, Rhodos. – Akropolis, aus dem Athena-Heiligtum. – Fußplatte (*Taf. 24, 691*). – Mus. Rhodos (o. Nr.). – Unpubliziert.

692. *Ialysos*, Rhodos. – Akropolis, aus dem Athena-Heiligtum. – Fibel, L. 5,1 cm (*Taf. 24, 692*). – Mus. Rhodos (o. Nr.). – Unpubliziert.

693. *Ialysos*, Rhodos. – Akropolis, aus dem Athena-Heiligtum. – Fibel, Fußplatte fehlt, L. der Nadel 4,6 cm (*Taf. 24, 693*). – Mus. Rhodos (o. Nr.). – Unpubliziert.

694. *Ialysos*, Rhodos. – Akropolis, aus dem Athena-Heiligtum. – Fibel, Nadel fehlt, L. 8,1 cm (*Taf. 24, 694*). – Mus. Rhodos (o. Nr.). – Unpubliziert.

695. *Ialysos*, Rhodos. – Akropolis, aus dem Athena-Heiligtum. – Fibel, L. 9,3 cm (*Taf. 25, 695*). – Mus. Rhodos (o. Nr.). – Unpubliziert.

696. *Ialysos*, Rhodos. – Akropolis, aus dem Athena-Heiligtum. – Fibel, L. 7,3 cm (*Taf. 25, 696*). – Mus. Rhodos (o. Nr.). – Unpubliziert.

697. *Ialysos*, Rhodos. – Akropolis, aus dem Athena-Heiligtum. – Fibel, Spiralwindung und Nadel fehlen, Schaft antik geflickt, L. noch 7,7 cm (*Taf. 25, 697*). – Mus. Rhodos (o. Nr.). – Unpubliziert.

698. *Ialysos*, Rhodos. – Akropolis, aus dem Athena-Heiligtum. – Fibel. – Mus. Rhodos (o. Nr.). – Unpubliziert.

699. *Ialysos*, Rhodos. – Akropolis, aus dem Athena-Heiligtum. – Fibel, Nadel fehlt, L. 6,4 cm (*Taf. 25, 699*). – Mus. Rhodos (8180). – Unpubliziert.

700. *Ialysos*, Rhodos. – Akropolis, aus dem Athena-Heiligtum. – Fibel, L. 4 cm. – Mus. Rhodos (8181). – Unpubliziert.

701. *Ialysos*, Rhodos. – Akropolis, aus dem Athena-Heiligtum. – Fibel, Nadel fehlt, L. 5,7 cm (*Taf. 25, 701*). – Mus. Rhodos (o. Nr.). – Unpubliziert.

702.–706. *Ialysos*, Rhodos. – Akropolis, aus dem Athena-Heiligtum. – Fünf Fibeln, L. 4,5 cm, 3,5 cm, 4,5 cm, 5,5 und 5 cm. – Mus. Rhodos (8183–87). – Unpubliziert.

707.–711. *Ialysos*, Rhodos. – Akropolis, aus dem Athena-Heiligtum. – Fünf Fibeln, L. 4,5 cm, 3,5 cm, 3,6 cm, 4,5 und 5,5 cm. – Mus. Rhodos (8188–92). – Unpubliziert.

712.–716. *Ialysos*, Rhodos. – Akropolis, aus dem Athena-Heiligtum. – Fünf Fibeln, L. 4,5 cm, 4,5 cm, 5 cm, 5 und 4,5 cm. – Mus. Rhodos (8193–97). – Unpubliziert.

717.–721. *Ialysos*, Rhodos. – Akropolis, aus dem Athena-Heiligtum. – Fünf Fibeln, L. 5 und 7,5 cm. – Mus. Rhodos (8198–8202). – Unpubliziert.

722.–726. *Ialysos*, Rhodos. – Akropolis, aus dem Athena-Heiligtum. – Fünf Fibeln, L. 4,5 cm, 5 cm, 5 cm, 6 und 5 cm. – Mus. Rhodos (8203–07). – Unpubliziert.

727.–731. *Ialysos*, Rhodos. – Akropolis, aus dem Athena-Heiligtum. – Fünf Fibeln, L. 5,5 cm, 4 cm, 6 cm, 5 und 3 cm. – Mus. Rhodos (8208–12). – Unpubliziert.

732.–736. *Ialysos*, Rhodos. – Akropolis, aus dem Athena-Heiligtum. – Fünf Fibeln, L. 5,4 cm, 6,5 cm, 6,2 cm, 5 und 5,5 cm. – Mus. Rhodos (8213. 8332–35). – Unpubliziert.

737.–741. *Ialysos*, Rhodos. – Akropolis, aus dem Athena-Heiligtum. – Fünf Fibeln, L. 6 cm, 5 cm, 5 cm, 5,5 und 5,5 cm. – Mus. Rhodos (8336–39. 8341). – Unpubliziert.

742.–746. *Ialysos*, Rhodos. – Akropolis, aus dem Athena-Heiligtum. – Fünf Fibeln, L. 4,8 cm, 5,5 cm, 4,5 und 5 cm. – Mus. Rhodos (8342–46). – Unpubliziert.

747.–751. *Ialysos*, Rhodos. – Akropolis, aus dem Athena-Heiligtum. – Fünf Fibeln, L. 4 cm, 5 cm, 3,5 cm, 4 und 4 cm. – Mus. Rhodos (8315–19). – Unpubliziert.

752.–756. *Ialysos*, Rhodos. – Akropolis, aus dem Athena-Heiligtum. – Fünf Fibeln, L. 4 cm, 3,5 cm, 5 cm, 2,5 und 5,2 cm. – Mus. Rhodos (8320–24). – Unpubliziert.

757.–761. *Ialysos*, Rhodos. – Akropolis, aus dem Athena-Heiligtum. – Fünf Fibeln, L. 5,2 cm, 5,3 cm, 4,8 cm, 5 und 5 cm. – Mus. Rhodos (8325–29). – Unpubliziert.

762.–766. *Ialysos*, Rhodos. – Akropolis, aus dem Athena-Heiligtum. – Fünf Fibeln, L. 5,2 cm, 5 cm, 7 cm, 7,1 und 7 cm. – Mus. Rhodos (8330. 8331. 8406–08). – Unpubliziert.

767.–771. *Ialysos*, Rhodos. – Akropolis, aus dem Athena-Heiligtum. – Fünf Fibeln, L. 7 cm, 8 cm, 7 cm, 6,5 und 6,5 cm. – Mus. Rhodos (8409–13). – Unpubliziert.

772.–776. *Ialysos*, Rhodos. – Akropolis, aus dem Athena-Heiligtum. – Fünf Fibeln, L. 3,5 cm, 4,5 cm, 4,5 cm, 9,5 und 4 cm. – Mus. Rhodos (8414–17. 8432). – Unpubliziert.

777.–781. *Ialysos*, Rhodos. – Akropolis, aus dem Athena-Heiligtum. – Fünf Fibeln, L. 3,5 cm, 5 cm, 5 cm, 5,5 und 5 cm. – Mus. Rhodos (8433. 8420–22. 8424). – Unpubliziert.

782.–786. *Ialysos*, Rhodos. – Akropolis, aus dem Athena-Heiligtum. – Fünf Fibeln, L. 4 cm, 4,2 cm, 5 cm, 5 und 4 cm. – Mus. Rhodos (8425–29). – Unpubliziert.

787.–791. *Ialysos*, Rhodos. – Akropolis, aus dem Athena-Heiligtum. – Fünf Fibeln, L. 3,5 cm, 4 cm, 4,7 cm 6 und 5,5 cm. – Mus. Rhodos (8430. 8431. 8463–65). – Unpubliziert.

792.–795. *Ialysos*, Rhodos. – Akropolis, aus dem Athena-Heiligtum. – Vier Fibeln, L. 3,5 cm 5 cm, 2,2 und 7 cm. – Mus. Rhodos (8468. 9130. 9136. 8466). – Unpubliziert.

796. *Kamiros*, Rhodos. – Grab C. 10 (1864). – Fibel mit verdicktem Bügel, Fußplatte mit zwei Reihen geritzter Rauten, L. 5,4 cm. – Brit. Mus. London (152). – Walters, Bronzes Brit. Mus. 12 Nr. 152, Blinkenberg, Fibules 95 f. (IV 8 b).

797. *Phana*, Rhodos. – Gefunden 1854. – Fibel, L. 4,5 cm (*Taf. 25, 797* nach Walters). – Brit. Mus. London (153). – Walters, Bronzes Brit. Mus. 12 Nr. 153 Abb. 8; Blinkenberg, Fibules 96 (IV 8 c).

798. *Rhodos*. – Fibel, Nadel fehlt, Fußplatte mit Resten von Ritzdekor (Winkelband), L. noch 4,8 cm. – Mus. Karlsruhe. – K. Schumacher, Beschreibung der Sammlung antiker Bronzen (1890) 2 Nr. 10; Blinkenberg, Fibules 96 (IV 8 e).

799. *Ialysos*, Rhodos. – Grundstück Drakidis 1925, Grab VIII (Area di cremazione), durch Grab VII gestört. – Fibelfragment, verbrannt. – Beifunde: Fragmente einer Schüssel, einer bauchigen Kanne und einer Pyxis; Lekythos, protokorinthisch. – Mus. Rhodos (?). – Jacopi, Jalisso 37 f.

800. *Ialysos*, Rhodos. – Grundstück Drakidis 1925, Grab XXIII (Area di cremazione). – Fibel, Maße unbekannt. – Beifunde und Lit. vgl. Nr. 206. – Mus. Rhodos (?).

801. *Ialysos*, Rhodos. – Grundstück Zambico 1927, Grab LIV (Area di cremazione a 4 pozzetti). – Fibel, Maße unbekannt. – Beifunde und Lit. vgl. Nr. 518 B. – Mus. Rhodos (?).

802. *Ialysos*, Rhodos. – Grundstück Zambico 1927, Grab LV (Area di cremazione a 4 pozzetti), gestört. – Fibel, Maße unbekannt. – Beifunde und Lit. vgl. Nr. 571. – Mus. Rhodos (?).

803. *Ialysos*, Rhodos. – Grundstück Zambico 1927, Grab LVI (Area di cremazione a 4 pozzetti), gestört. – Fibel, Maße unbekannt. – Beifunde und Lit. vgl. Nr. 397. – Mus. Rhodos (?).

804. *Ialysos*, Rhodos. – Grundstück Zambico 1927, Grab LVIII (Area di cremazione a 4 pozzetti). – Fibel, Maße unbekannt. – Beifunde und Lit. vgl. Nr. 517. – Mus. Rhodos (?).

805. *Ialysos*, Rhodos. – Grundstück Zambico 1927, Grab LX (Area di cremazione), gestört. – Fibel, Maße unbekannt. – Beifunde und Lit. vgl. Nr. 399. – Mus. Rhodos (?).

806. *Ialysos*, Rhodos. – Grundstück Zambico 1927,

Grab LXI (Area di cremazione a 4 pozzetti). – Fibel, Maße unbekannt. – Beifunde: Oinochoe, Hals und Henkel mit Kerbschnittdekor; zwei bauchige Gefäße; Tongewicht. – Mus. Rhodos (?). – Jacopi, Jalisso 105.

807. *Ialysos*, Rhodos. – Grundstück Zambico 1926, Grab CIX, Körperbestattung in Pithos. – Fibel, Maße unbekannt. – Beifunde: Fibel Nr. 811; kleine Oinochoe, Kleeblattmündung; Becher. – Mus. Rhodos (?). – Jacopi, Jalisso 137.

808 A.–C. *Ialysos*, Rhodos. – Grundstück Zambico 1926, Grab CII, Körperbestattung (Kind) in Pithos. – Drei Fibeln, Maße unbekannt. – Beifunde: Skyphos mit Wellenbanddekor. – Mus. Rhodos (?). – Jacopi, Jalisso 132.

809 A. B. *Ialysos*, Rhodos. – Grundstück Zambico 1926, Grab CIV, Körperbestattung (Kind) in Pithos. – Zwei Fibeln, Maße unbekannt. – Beifunde: Kalottenschale; einhenkelige Tasse; Fayence-Statuette; Glasperlen. – Mus. Rhodos (?). – Jacopi, Jalisso 133 f. Abb. 127.

810 A.–C. *Ialysos*, Rhodos. – Grundstück Zambico 1926, Grab CVII, Körperbestattung (Kind) in Pithos. – Drei Fibeln, Maße unbekannt. – Beifunde: Fibel Nr. 1266; Krateriskos; Kännchen, Kleeblattmündung; drei Ohrringe, Silber. – Mus. Rhodos (?). – Jacopi, Jalisso 135 f. Abb. 128.

811. *Ialysos*, Rhodos. – Grundstück Zambico 1926, Grab CIX, 3, Körperbestattung in Pithos. – Fibel, fragmentiert. – Beifunde und Lit. vgl. Nr. 807. – Mus. Rhodos (?).

812. *Ialysos*, Rhodos. – Grundstück Zambico 1926, Grab CX, Körperbestattung (Kind) in Amphore. – Fibel, Maße unbekannt. – Beifunde: Fibeln Nr. 1138. 1335; Kalottenschale. – Mus. Rhodos (?). – Jacopi, Jalisso 137 f. Abb. 130.

813. *Ialysos*, Rhodos. – Grundstück Zambico 1926, Grab CXII, Körperbestattung (Kind) in Pithos. – Fibel, Maße unbekannt. – Beifunde: Fibeln Nr. 1139 B. 1233. 1330; Ohrring, Gold; einhenkelige Tassen; Kalottenschale; Glasperlen; Oinochoe, Kleeblattmündung; zwei Kännchen. – Mus. Rhodos (?). – Jacopi, Jalisso 138 f.

814. *Ialysos*, Rhodos. – Grundstück Zambico 1926, Grab CXIII, Körperbestattung (Kind) in Hydria. – Fibel, Maße unbekannt. – Beifunde: Fibel Nr. 1331; Glasperlen; zwei einhenkelige Tassen; Skyphos. – Mus. Rhodos (?). – Jacopi, Jalisso 139 Abb. 132.

815. *Ialysos*, Rhodos. – Grundstück Zambico 1927, Grab CXXXII, Körperbestattung (Kind) in Pithos. – Fibel, Maße unbekannt. – Beifunde und Lit. vgl. Nr. 205. – Mus. Rhodos (?).

816. *Ialysos*, Rhodos. – Grundstück Zambico 1926, Grab CI, Körperbestattung in Pithos. – Fibel, Maße unbekannt (*Taf. 25, 816* nach Jacopi). – Beifunde und Lit. vgl. Nr. 519. – Mus. Rhodos (?).

817. *Ialysos*, Rhodos. – Akropolis, aus dem Athena-Heiligtum. – Fibel, im Museumskatalog als „Sanguisuga-Fibel" bezeichnet, L. 5 cm. – Mus. Rhodos (8182). – Unpubliziert.

818. *Ialysos*, Rhodos. – Akropolis, aus dem Athena-Heiligtum. – Fibel, Spiralwindung und Nadel fehlen (*Taf. 25, 818*). – Mus. Rhodos (8445). – Unpubliziert.

819. *Ialysos*, Rhodos. – Akropolis, aus dem Athena-Heiligtum. – Fibelbügel mit Ansatz der Fußplatte (*Taf. 25, 819*). – Mus. Rhodos (8243). – Unpubliziert.

820.–838. *Ialysos*, Rhodos. – Akropolis, aus dem Athena-Heiligtum. – Fragmente von 18 Fibeln dieser Form, schlecht erhalten. – Mus. Rhodos (o. Nr.). – Unpubliziert.

839. *Lindos*, Rhodos. – Akropolis. – Fibelbügel, L. noch 10,3 cm; insgesamt vier Exemplare (*Taf. 25, 839* nach Lindos I). – Mus. Istanbul. – Lindos I 76 Nr. 43 Taf. 4, 43.

840. *Vrokastro* bei Pyrgos, Ep. Mirabello, Kreta. – Vermutlich aus „Bone-enclosure" II, jedoch mit keiner der publizierten Fibeln zu identifizieren. – Fibel, L. 3,8 cm (*Taf. 25, 840*). – Mus. Heraklion.

841. *Ida, Zeus-Grotte*, Kreta. – Ausgrabung Halbherr 1884. – Fibel, Spiralwindung antik gebrochen, L. 12,6 cm (*Taf. 25, 841*). – Mus. Heraklion (257). – Blinkenberg, Fibules 91 f. Abb. 93 (IV 2 e).

842. *Ialysos*, Rhodos. – Grundstück Zambico 1927, Grab CXXX, Körperbestattung (Neugeborenes) in Amphora. – Fragmente einer Fibel. – Mus. Rhodos (?). – Jacopi, Jalisso 143.

843. *Thera*. – Sellada, Schiff'sches Grab. – Fibel, Nadel und Fußplatte fehlen, L. noch 1,9 cm (*Taf. 26, 843* nach Thera II). – Beifunde vgl. Nr. 19. – Verbleib unbekannt. – Thera II 301 Nr. 17 Abb. 489, q.

844. *Thera*. – Sellada, Schiff'sches Grab. – Fibel, L. 3,1 cm (*Taf. 26, 844* nach Thera II). – Beifunde vgl. Nr. 19. – Verbleib unbekannt. – Thera II 301 Nr. 18 Abb. 489, r.

845. *Lindos*, Rhodos. – Akropolis. – Fibel, Spiralwindung und Nadel fehlen, L. noch 13,9 cm; insgesamt vier kleinere und fünf größere Exemplare (*Taf. 26, 845* nach Lindos I). – Mus. Istanbul. – Lindos I 77 Nr. 44 Taf. 4, 44; Blinkenberg, Fibules 89 ff. Abb. 91 (IV 2 b).

845 A.–C. *Lindos*, Rhodos. – Drei Fibelbügel, L. noch 13,2 cm, 12,5 und 11,4 cm (*Taf. 26, 845 A–C* nach Photo DAI Istanbul). – Mus. Istanbul (3247. 3274. 3275). – Lindos I 77 Nr. 44.

846. *Lindos*, Rhodos. – Akropolis. – Fibel, Spiralwindung und Nadel fehlen, Fußplatte durch Reparatur der Nadelrast verkürzt, L. 10,9 cm (*Taf. 26, 846* nach Lindos I). – Mus. Istanbul. – Lindos I 76 Nr. 42 Taf. 4, 42.

847.–849. *Lindos*, Rhodos. – Drei Fibeln, L. 4,5 cm, 6,2 und 9,8 cm; insgesamt 119 Exemplare von der Akropolis, 20 Exemplare von Kopria (*Taf. 26, 847–849* nach Lindos I). – Mus. Istanbul. – Lindos I 77f. Nr. 49a Taf. 4, 49a; Blinkenberg, Fibules 95 Abb. 99. 100 (IV 8a).

850. *Exoche*, Rhodos. – Grab A, Brandbestattungen in rechteckiger Grabgrube, je eine kleine Grube in den vier Ecken, Beigaben nicht getrennt. – Fibel, Spiralwindung und Nadel fehlen, L. noch 9 cm (*Taf. 26, 850* nach Friis Johansen). – Beifunde: Fibeln Nr. 1267 A. 1437; Eisenfibel; vier Fingerringe, Silber; Goldblechfragmente; Knochenröhre, Würfelaugendekor; Halsamphore; sechs Kantharoi; Skyphoi, protokorinthisch; zweihenkelige Schüssel; Ringflasche; fünf Aryballoi; drei Ännchen; Pithos; zwei Webgewichte, Ton; Tonspule. – Verbleib unbekannt. – K. Friis Johansen, Acta Arch. 28, 1957, 12ff. Nr. A 31 Abb. 27; Blinkenberg, Fibules 96 (IV 8d).

851. *Exoche*, Rhodos. – Aus der Nekropole. – Fibelbügel, L. noch 5,5 cm (*Taf. 26, 851* nach Friis Johansen). – Ny Carlsberg Glyptothek Kopenhagen (12474). – K. Friis Johansen, Acta Arch. 28, 1957, 73f. Nr. Z 33 Abb. 167.

852. *Arkesine*, Amorgos. – Aus Gräbern. – Fibel, L. 13 cm (*Taf. 27, 852* nach Blinkenberg). – Hofmuseum, Wien (2626). – F. Dümmler, Athen. Mitt. 11, 1886, 22. Beil. 2,3; Blinkenberg, Fibules 89f. Abb. 90 (IV 2a).

853. *Ida, Zeus-Grotte*, Kreta. – Fibel, angeblich wie Nr. 854, L. 12,5 cm. – Verbleib unbekannt. – F. Halbherr, Mus. Ital. 2, 1888, 747.

854. *Ida, Zeus-Grotte*, Kreta. – Fibel, L. 6,6 cm (*Taf. 27, 854*). – Nationalmus. Athen (11778). – E. Fabricius, Athen. Mitt. 10, 1885, 59ff. mit Abb. 8; Blinkenberg, Fibules 91 Abb. 92 (IV 2d).

855. *Tsoutsouros*, Ep. Monophatsi, Kreta. – Inatos-Höhle. – Fibelbügel mit Ansatz der Fußplatte, L. noch 3,2 cm (*Taf. 27, 855*). – Mus. Herakleion (2686). – Unpubliziert.

856. *Samos*. – Fibelbügel, L. noch 3,8 cm (*Taf. 27, 856*). – Mus. Vathy, Samos (B 246). – Unpubliziert.

857. *Samos*. – Fibelbügel, L. noch 2,3 cm (*Taf. 27, 857*). – Mus. Vathy, Samos (B 237). – Unpubliziert.

858. *Samos*. – Fibelfragment, L. noch 1,8 cm (*Taf. 27, 858*). – Mus. Vathy, Samos (B 905). – Unpubliziert.

859. *Phana*, Chios. – Apollon-Heiligtum, Ausgrabung Kourouniotes, aus Terrassenaufschüttung. – Fibel, Fußplatte fehlt, L. noch 2,7 cm (*Taf. 27, 859*). – Mus. Chios (o. Nr.). – K. Kourouniotes, Arch. Delt. 2, 1916, 209 Abb. 32.

860. *Lindos*, Rhodos. – Akropolis. – Fibel, Fußplatte fehlt, L. noch 4 cm (*Taf. 27, 860* nach Lindos I). – Mus. Istanbul. – Lindos I 77 Nr. 46 Taf. 4, 46.

860 A. *Lindos*, Rhodos. – Fibelbügel mit Spiralwindung, L. noch 4 cm (*Taf. 27, 860 A* nach Photo DAI Istanbul). – Mus. Istanbul (3242).

Der Südostbereich der Ägäischen Inseln lieferte sehr viele Exemplare dieses Typs: Amorgos, Rhodos (Ialysos, Lindos, Exoche, Vroulia), Samos und Thera hauptsächlich vom Ende der geometrischen Zeit. Außer den unvermischten Fundkomplexen, aus denen viele der Fibeln stammen, bildet der Ritzdekor einen stilistischen Anhalt für die Datierung. Der Ritzdekor auf der Fußplatte zeigt auch, daß die große Insel-Fußplatte in geometrischer Zeit auf den Inseln ausgebildet wurde. Dieser Typ ist außerhalb der Inseln nicht verbreitet.

TYP IVd

Miniaturfibeln. Sie gleichen dem Typ IVb, sind jedoch schlichter. Der Bügel ist hier kräftiger geschwollen als bei IVb. Die Höhe des Bügels übertrifft häufig die Höhe der schmalgestreckten Fußplatte. Die Schwellung des Bügels ist in vielen Fällen so kräftig, daß sie der des Typs V nahekommt. Bei einigen wenigen Exemplaren zeigt der Bügel Ritzdekor. Blinkenberg[13] vergleicht diesen Typ mit den Sanguisugafibeln, da bei einzelnen Exemplaren, wie etwa dem von Paros, Elemente der Typen F I α a und F I α b Sundwalls[14] zu erkennen sind, die im Villanova-Kreis im 8. Jh. v. Chr. ausgebildet wurden. Freilich dürfte der Typ in Griechenland gleichzeitig und unabhängig entwickelt worden sein. Blinkenberg hielt die Fibeln seines Typs X 2 für Imitationen seines Typs IV 3.

---

[13] Blinkenberg, Fibules 92.

[14] Sundwall, Fibeln 54f.

Die Fibeln dieses Typs sind gewöhnlich symmetrisch; es gibt jedoch etliche asymmetrische Exemplare von Chios. Die Fußplatte ist meist schmalgestreckt, mit spitzer oder abgerundeter Ecke; daneben gibt es Beispiele von trapezförmigen, kleinen rechteckigen und sogar – freilich seltener – zungenförmigen Fibelfüßen. Die Fußplatte ist manchmal durch zwei Wulstringe vom Bügel abgesetzt; bei einer Fibel zeigt sie Ritzdekor. Der Dekor der Fibel von Paros weicht von demjenigen der entsprechenden italischen Fibeln ab; es ist ein Fischgrätenmuster, eine in Griechenland in geometrisch-archaischer Zeit übliche Verzierung.

Der Bügelschaft ist gewöhnlich kurz und hat runden Querschnitt, oder er zeigt eine Kombination von rundem und rhombischem Querschnitt bzw. eine Kombination von rundem Querschnitt und dünnerem Draht, aus welchem dann die Spirale und die Nadel gebildet werden. Nur selten begegnen am Schaft Ritzdekor oder Wulstringe (Blinkenberg IV 3; X 2).

861. *Ialysos*, Rhodos. – Akropolis, aus dem Athena-Heiligtum. – Fibel, L. 2 cm. – Mus. Rhodos (8475). – Unpubliziert.

862. *Ialysos*, Rhodos. – Akropolis, aus dem Athena-Heiligtum. – Fibelbügel *(Taf. 27, 862)*. – Mus. Rhodos (8445). – Unpubliziert.

863. *Ialysos*, Rhodos. – Akropolis, aus dem Athena-Heiligtum. – Fibel, Nadel fehlt, L. 3 cm *(Taf. 27, 863)*. – Mus. Rhodos (8248). – Unpubliziert.

864. *Ialysos*, Rhodos. – Akropolis, aus dem Athena-Heiligtum. – Fibel, L. 2,5 cm. – Mus. Rhodos (8471). – Unpubliziert.

865. *Ialysos*, Rhodos. – Akropolis, aus dem Athena-Heiligtum. – Fibel, L. 2 cm. – Mus. Rhodos (8476). – Unpubliziert.

866. *Ialysos*, Rhodos. – Akropolis, aus dem Athena-Heiligtum. – Fibel, L. 2 cm. – Mus. Rhodos (8477). – Unpubliziert.

868. *Ialysos*, Rhodos. – Akropolis, aus dem Athena-Heiligtum. – Fibel, Spiralwindung und Nadel fehlen, L. noch 2,1 cm *(Taf. 27, 868)*. – Mus. Rhodos (8301). – Unpubliziert.

869. *Ialysos*, Rhodos. – Akropolis, aus dem Athena-Heiligtum. – Fibel, Nadel fehlt, L. 2,5 cm *(Taf. 27, 869)*. – Mus. Rhodos (8302). – Unpubliziert.

870. *Ialysos*, Rhodos. – Akropolis, aus dem Athena-Heiligtum. – Fibel, Spiralwindung und Nadel fehlen, L. noch 2,1 cm *(Taf. 27, 870)*. – Mus. Rhodos (8303). – Unpubliziert.

871. *Ialysos*, Rhodos. – Akropolis, aus dem Athena-Heiligtum. – Fibelbügel mit Ansatz der Fußplatte, L. noch 1,5 cm *(Taf. 27, 871)*. – Mus. Rhodos (8304). – Unpubliziert.

872. *Ialysos*, Rhodos. – Akropolis, aus dem Athena-Heiligtum. – Fibel, Spiralwindung und Nadel fehlen, L. noch 1,9 cm *(Taf. 27, 872)*. – Mus. Rhodos (8305). – Unpubliziert.

873. *Ialysos*, Rhodos. – Akropolis, aus dem Athena-Heiligtum. – Fibelbügel, L. noch 1,5 cm *(Taf. 27, 873)*. – Mus. Rhodos (8306). – Unpubliziert.

874. *Ialysos*, Rhodos. – Akropolis, aus dem Athena-Heiligtum. – Fibel, Spiralwindung und Nadel fehlen, L. noch 1,8 cm *(Taf. 27, 874)*. – Mus. Rhodos (8307). – Unpubliziert.

875. *Ialysos*, Rhodos. – Akropolis, aus dem Athena-Heiligtum. – Fibel, Spiralwindung und Nadel fehlen, L. noch 1,6 cm *(Taf. 27, 875)*. – Mus. Rhodos (8308). – Unpubliziert.

876. *Ialysos*, Rhodos. – Akropolis, aus dem Athena-Heiligtum. – Fibelbügel, L. noch 2,1 cm *(Taf. 27, 876)*. – Mus. Rhodos (8309). – Unpubliziert.

877. *Ialysos*, Rhodos. – Akropolis, aus dem Athena-Heiligtum. – Fibel, Nadel und Fußplatte fehlen, L. noch 2 cm *(Taf. 27, 877)*. – Mus. Rhodos (8310). – Unpubliziert.

878. *Ialysos*, Rhodos. – Akropolis, aus dem Athena-Heiligtum. – Fibel, Nadel fehlt, L. 2 cm *(Taf. 27, 878)*. – Mus. Rhodos (8311). – Unpubliziert.

879. *Ialysos*, Rhodos. – Akropolis, aus dem Athena-Heiligtum. – Fibel, L. 4,1 cm *(Taf. 27, 879)*. – Mus. Rhodos (9060). – Unpubliziert.

880. *Ialysos*, Rhodos. – Akropolis, aus dem Athena-Heiligtum. – Fibel, Nadel und Fußplatte fehlen, L. noch 3,3 cm *(Taf. 27, 880)*. – Mus. Rhodos (9061). – Unpubliziert.

881. *Ialysos*, Rhodos. – Akropolis, aus dem Athena-Heiligtum. – Fibel, Nadel fehlt, L. 3,5 cm *(Taf. 27, 881)*. – Mus. Rhodos (9062). – Unpubliziert.

882. *Ialysos*, Rhodos. – Akropolis, aus dem Athena-Heiligtum. – Fibel, Spiralwindung und Nadel fehlen, L. noch 4,5 cm *(Taf. 27, 882)*. – Mus. Rhodos (9063). – Unpubliziert.

883. *Ialysos*, Rhodos. – Akropolis, aus dem Athena-Heiligtum. – Fibel, Spiralwindung und Nadel fehlen, L. noch 4 cm *(Taf. 27, 883)*. – Mus. Rhodos (9064). – Unpubliziert.

884. *Ialysos,* Rhodos. – Akropolis, aus dem Athena-Heiligtum. – Fibel, Nadel und Fußplatte fehlen, L. noch 3,2 cm *(Taf. 27, 884).* – Mus. Rhodos (9065). – Unpubliziert.

885. *Lindos,* Rhodos. – Fibel, L. 5,5 cm; insgesamt 43 Exemplare von der Akropolis, fünf Exemplare von Kopria *(Taf. 27, 885* nach Lindos I). – Mus. Istanbul. – Lindos I 77 f. Nr. 49 b Taf. 4, 49 b; Blinkenberg, Fibules 92 Abb. 94 (IV 3 a).

885 A. *Lindos,* Rhodos. – Fibel, Spiralwindung und Nadel fehlen, L. noch 5,6 cm *(Taf. 27, 885 A* nach Photo DAI Istanbul). – Mus. Istanbul (3265). – Lindos I 77 f. Nr. 49 b.

886. *Ialysos,* Rhodos. – Akropolis, aus dem Athena-Heiligtum. – Fibel, Spiralwindung und Nadel fehlen, L. noch 2,9 cm *(Taf. 27, 886).* – Mus. Rhodos (9066). – Unpubliziert.

887. *Ialysos,* Rhodos. – Akropolis, aus dem Athena-Heiligtum. – Fibel, Fußplatte fehlt, L. noch 3 cm *(Taf. 27, 887).* – Mus. Rhodos (9067). – Unpubliziert.

888. *Ialysos,* Rhodos. – Akropolis, aus dem Athena-Heiligtum. – Fibelbügel, L. noch 2,9 cm *(Taf. 28, 888).* – Mus. Rhodos (9068). – Unpubliziert.

889. *Ialysos,* Rhodos. – Akropolis, aus dem Athena-Heiligtum. – Fibel, L. 2,6 cm *(Taf. 28, 889).* – Mus. Rhodos (9069). – Unpubliziert.

890. *Ialysos,* Rhodos. – Akropolis, aus dem Athena-Heiligtum. – Fibel, L. 3 cm *(Taf. 28, 890).* – Mus. Rhodos (9070). – Unpubliziert.

891. *Ialysos,* Rhodos. – Akropolis, aus dem Athena-Heiligtum. – Fibel, Spiralwindung und Nadel fehlen, L. noch 2,5 cm *(Taf. 28, 891).* – Mus. Rhodos (9071). – Unpubliziert.

892. *Ialysos,* Rhodos. – Akropolis, aus dem Athena-Heiligtum. – Fibel, Nadel und Fußplatte fehlen, L. noch 2,1 cm *(Taf. 28, 892).* – Mus. Rhodos (9072). – Unpubliziert.

893. *Ialysos,* Rhodos. – Akropolis, aus dem Athena-Heiligtum. – Fibel, Spiralwindung und Nadel fehlen, L. noch 2,8 cm *(Taf. 28, 893).* – Mus. Rhodos (9074). – Unpubliziert.

894. *Ialysos,* Rhodos. – Akropolis, aus dem Athena-Heiligtum. – Fibel, Nadel fehlt, L. 3,1 cm *(Taf. 28, 894).* – Mus. Rhodos (9075). – Unpubliziert.

895. *Ialysos,* Rhodos. – Akropolis, aus dem Athena-Heiligtum. – Fibel, Spiralwindung und Nadel fehlen, L. noch 3,3 cm *(Taf. 28, 895).* – Mus. Rhodos (9076). – Unpubliziert.

896. *Ialysos,* Rhodos. – Akropolis, aus dem Athena-Heiligtum. – Fibel, Spiralwindung und Nadel fehlen, L. noch 2,7 cm *(Taf. 28, 896).* – Mus. Rhodos (9077). – Unpubliziert.

897. *Ialysos,* Rhodos. – Akropolis, aus dem Athena-Heiligtum. – Fibel, L. 2,1 cm *(Taf. 28, 897).* – Mus. Rhodos (9078). – Unpubliziert.

898. *Ialysos,* Rhodos. – Akropolis, aus dem Athena-Heiligtum. – Fibel, Nadel fehlt, L. 2,4 cm *(Taf. 28, 898).* – Mus. Rhodos (9079). – Unpubliziert.

899. *Ialysos,* Rhodos. – Akropolis, aus dem Athena-Heiligtum. – Fibel, Nadel fehlt, L. 2,8 cm *(Taf. 28, 899).* – Mus. Rhodos (9073). – Unpubliziert.

900. *Ialysos,* Rhodos. – Akropolis, aus dem Athena-Heiligtum. – Fibel, Spiralwindung und Nadel fehlen, L. noch 2,5 cm *(Taf. 28, 900).* – Mus. Rhodos (9080). – Unpubliziert.

901. *Ialysos,* Rhodos. – Akropolis, aus dem Athena-Heiligtum. – Fibel, Nadel fehlt, L. 2,5 cm *(Taf. 28, 901).* – Mus. Rhodos (8314). – Unpubliziert.

902. *Ialysos,* Rhodos. – Akropolis, aus dem Athena-Heiligtum. – Fibel, Nadel fehlt, L. 2,5 cm *(Taf. 28, 902).* – Mus. Rhodos (8253). – Unpubliziert.

903. *Ialysos,* Rhodos. – Akropolis, aus dem Athena-Heiligtum. – Fibel, Spiralwindung und Nadel fehlen, L. noch 2,5 cm *(Taf. 28, 903).* – Mus. Rhodos (8254). – Unpubliziert.

904. *Ialysos,* Rhodos. – Akropolis, aus dem Athena-Heiligtum. – Fibel, Spiralwindung und Nadel fehlen, L. noch 3 cm *(Taf. 28, 904).* – Mus. Rhodos (8255). – Unpubliziert.

905. *Ialysos,* Rhodos. – Akropolis, aus dem Athena-Heiligtum. – Fibel, Nadel fehlt, L. 2,1 cm *(Taf. 28, 905).* – Mus. Rhodos (8256). – Unpubliziert.

906. *Ialysos,* Rhodos. – Akropolis, aus dem Athena-Heiligtum. – Fibel, Spiralwindung und Nadel fehlen, L. noch 2 cm *(Taf. 28, 906).* – Mus. Rhodos (8257). – Unpubliziert.

907. *Ialysos,* Rhodos. – Akropolis, aus dem Athena-Heiligtum. – Fibel, Spiralwindung und Nadel fehlen, L. noch 2,7 cm *(Taf. 28, 907).* – Mus. Rhodos (8258). – Unpubliziert.

908. *Ialysos,* Rhodos. – Akropolis, aus dem Athena-Heiligtum. – Fibelbügel, L. noch 2,7 cm *(Taf. 28, 908).* – Mus. Rhodos (8259). – Unpubliziert.

909. *Ialysos,* Rhodos. – Akropolis, aus dem Athena-Heiligtum. – Fibel, Nadel fehlt, L. 2,9 cm *(Taf. 28, 909).* – Mus. Rhodos (8260). – Unpubliziert.

910. *Ialysos,* Rhodos. – Akropolis, aus dem Athena-Heiligtum. – Fibelbügel, L. noch 2,7 cm *(Taf. 28, 910).* – Mus. Rhodos (8261). – Unpubliziert.

911. *Ialysos,* Rhodos. – Akropolis, aus dem Athena-Heiligtum. – Fibelbügel, L. noch 2,5 cm *(Taf. 28, 911).* – Mus. Rhodos (8262). – Unpubliziert.

912. *Ialysos,* Rhodos. – Akropolis, aus dem Athena-Heiligtum. – Fibelbügel, L. noch 2,4 cm *(Taf. 28, 912).* – Mus. Rhodos (8263). – Unpubliziert.

913. *Ialysos,* Rhodos. – Akropolis, aus dem Athena-

Heiligtum. – Fibel, Nadel und Fußplatte fehlen, L. noch 2,8 cm *(Taf. 28, 913)*. – Mus. Rhodos (8264). – Unpubliziert.

914. *Ialysos*, Rhodos. – Akropolis, aus dem Athena-Heiligtum. – Fibel, Nadel fehlt, L. 3,3 cm *(Taf. 28, 914)*. – Mus. Rhodos (8265). – Unpubliziert.

915. *Ialysos*, Rhodos. – Akropolis, aus dem Athena-Heiligtum. – Fibel, Spiralwindung und Nadel fehlen, L. noch 2,9 cm *(Taf. 28, 915)*. – Mus. Rhodos (8266). – Unpubliziert.

916. *Ialysos*, Rhodos. – Akropolis, aus dem Athena-Heiligtum. – Fibelbügel, L. noch 3,1 cm *(Taf. 28, 916)*. – Mus. Rhodos (8267). – Unpubliziert.

917. *Ialysos*, Rhodos. – Akropolis, aus dem Athena-Heiligtum. – Fibelbügel, L. noch 3 cm *(Taf. 28, 917)*. – Mus. Rhodos (8268). – Unpubliziert.

918. *Ialysos*, Rhodos. – Akropolis, aus dem Athena-Heiligtum. – Fibel, Spiralwindung und Nadel fehlen, L. noch 3 cm *(Taf. 28, 918)*. – Mus. Rhodos (8269). – Unpubliziert.

919. *Ialysos*, Rhodos. – Akropolis, aus dem Athena-Heiligtum. – Fibel, Spiralwindung und Nadel fehlen, L. noch 2,5 cm *(Taf. 28, 919)*. – Mus. Rhodos (8270). – Unpubliziert.

920. *Ialysos*, Rhodos. – Akropolis, aus dem Athena-Heiligtum. – Fibel, Spiralwindung und Nadel fehlen, L. noch 2,6 cm *(Taf. 28, 920)*. – Mus. Rhodos (8271). – Unpubliziert.

921. *Ialysos*, Rhodos. – Akropolis, aus dem Athena-Heiligtum. – Fibel, Spiralwindung und Nadel fehlen, L. noch 2,7 cm *(Taf. 28, 921)*. – Mus. Rhodos (8272). – Unpubliziert.

922. *Ialysos*, Rhodos. – Akropolis, aus dem Athena-Heiligtum. – Fibelbügel, L. noch 3,1 cm *(Taf. 28, 922)*. – Mus. Rhodos (8273). – Unpubliziert.

923. *Ialysos*, Rhodos. – Akropolis, aus dem Athena-Heiligtum. – Fibel, Nadel fehlt, L. 2,7 cm *(Taf. 28, 923)*. – Mus. Rhodos (8274). – Unpubliziert.

924. *Ialysos*, Rhodos. – Akropolis, aus dem Athena-Heiligtum. – Fibelbügel, L. noch 2,6 cm *(Taf. 28, 924)*. – Mus. Rhodos (8275). – Unpubliziert.

925. *Ialysos*, Rhodos. – Akropolis, aus dem Athena-Heiligtum. – Fibel, Spiralwindung und Nadel fehlen, L. noch 3,1 cm *(Taf. 28, 925)*. – Mus. Rhodos (8276). – Unpubliziert.

926. *Ialysos*, Rhodos, – Akropolis, aus dem Athena-Heiligtum. – Fibelbügel, L. noch 2,7 cm *(Taf. 28, 926)*. – Mus. Rhodos (8277). – Unpubliziert.

927. *Ialysos*, Rhodos. – Akropolis, aus dem Athena-Heiligtum. – Fibel, Spiralwindung und Nadel fehlen, L. noch 2,8 cm *(Taf. 28, 927)*. – Mus. Rhodos (8278). – Unpubliziert.

928. *Ialysos*, Rhodos. – Akropolis, aus dem Athena-Heiligtum. – Fibel, Spiralwindung und Nadel fehlen, L. noch 2,6 cm *(Taf. 29, 928)*. – Mus. Rhodos (8279). – Unpubliziert.

929. *Ialysos*, Rhodos. – Akropolis, aus dem Athena-Heiligtum. – Fibel, Spiralwindung und Nadel fehlen, L. noch 3,2 cm *(Taf. 29, 929)*. – Mus. Rhodos (8280). – Unpubliziert.

930. *Ialysos*, Rhodos. – Akropolis, aus dem Athena-Heiligtum. – Fibelbügel, L. noch 2,8 cm *(Taf. 29, 930)*. – Mus. Rhodos (8281). – Unpubliziert.

931. *Ialysos*, Rhodos. – Akropolis, aus dem Athena-Heiligtum. – Fibelbügel, L. noch 1,8 cm *(Taf. 29, 931)*. – Mus. Rhodos (8282). – Unpubliziert.

932. *Ialysos*, Rhodos. – Akropolis, aus dem Athena-Heiligtum. – Fibelbügel, L. noch 1,8 cm *(Taf. 29, 932)*. – Mus. Rhodos (8283). – Unpubliziert.

933. *Ialysos*, Rhodos. – Akropolis, aus dem Athena-Heiligtum. – Fibelbügel, L. noch 1,9 cm *(Taf. 29, 933)*. – Mus. Rhodos (8284). – Unpubliziert.

934. *Ialysos*, Rhodos. – Akropolis, aus dem Athena-Heiligtum. – Fibelbügel, L. noch 2,2 cm *(Taf. 29, 934)*. – Mus. Rhodos (8285). – Unpubliziert.

935. *Ialysos*, Rhodos. – Akropolis, aus dem Athena-Heiligtum. – Fibel, Spiralwindung und Nadel fehlen, L. noch 2,2 cm *(Taf. 29, 935)*. – Mus. Rhodos (8286). – Unpubliziert.

936. *Ialysos*, Rhodos. – Akropolis, aus dem Athena-Heiligtum. – Fibel, L. 1,8 cm *(Taf. 29, 936)*. – Mus. Rhodos (8287). – Unpubliziert.

937. *Ialysos*, Rhodos. – Akropolis, aus dem Athena-Heiligtum. – Fibel, Spiralwindung und Nadel fehlen, L. noch 2,4 cm *(Taf. 29, 937)*. – Mus. Rhodos (8288). – Unpubliziert.

938. *Ialysos*, Rhodos. – Akropolis, aus dem Athena-Heiligtum. – Fibel, Nadel fehlt, L. 2 cm *(Taf. 29, 938)*. – Mus. Rhodos (8289). – Unpubliziert.

939. *Ialysos*, Rhodos. – Akropolis, aus dem Athena-Heiligtum. – Fibel, Spiralwindung und Nadel fehlen, L. noch 2,2 cm *(Taf. 29, 939)*. – Mus. Rhodos (8290). – Unpubliziert.

940. *Ialysos*, Rhodos. – Akropolis, aus dem Athena-Heiligtum. – Fibelbügel, L. noch 2,2 cm *(Taf. 29, 940)*. – Mus. Rhodos (8291). – Unpubliziert.

941. *Ialysos*, Rhodos. – Akropolis, aus dem Athena-Heiligtum. – Fibel, Spiralwindung und Nadel fehlen, L. noch 2,8 cm *(Taf. 29, 941)*. – Mus. Rhodos (8292). – Unpubliziert.

942. *Ialysos*, Rhodos. – Akropolis, aus dem Athena-Heiligtum. – Fibel, Nadel fehlt, L. 2 cm *(Taf. 29, 942)*. – Mus. Rhodos (8294). – Unpubliziert.

943. *Ialysos*, Rhodos. – Akropolis, aus dem Athena-Heiligtum. – Fibel, Nadel fehlt, L. 1,6 cm *(Taf. 29, 943)*. – Mus. Rhodos (8295). – Unpubliziert.

944. *Ialysos,* Rhodos. – Akropolis, aus dem Athena-Heiligtum. – Fibel, Fußplatte fehlt, L. noch 1,5 cm *(Taf. 29, 944).* – Mus. Rhodos (8296). – Unpubliziert.

945. *Ialysos,* Rhodos. – Akropolis, aus dem Athena-Heiligtum. – Fibelbügel, L. noch 1,6 cm *(Taf. 29, 945).* – Mus. Rhodos (8297). – Unpubliziert.

946. *Ialysos,* Rhodos. – Akropolis, aus dem Athena-Heiligtum. – Fibel, Nadel fehlt, L. 1,9 cm *(Taf. 29, 946).* – Mus. Rhodos (8298). – Unpubliziert.

947. *Ialysos,* Rhodos. – Akropolis, aus dem Athena-Heiligtum. – Fibel, Nadel fehlt, L. 2,1 cm *(Taf. 29, 947).* – Mus. Rhodos (8299). – Unpubliziert.

948. *Ialysos,* Rhodos. – Akropolis, aus dem Athena-Heiligtum. – Fibel, Nadel fehlt, L. 2,3 cm *(Taf. 29, 948).* – Mus. Rhodos (8300). – Unpubliziert.

949. *Ialysos,* Rhodos. – Akropolis, aus dem Athena-Heiligtum. – Fibel, L. 3,3 cm *(Taf. 29, 949).* – Mus. Rhodos (9593). – Unpubliziert.

950. *Ialysos,* Rhodos. – Akropolis, aus dem Athena-Heiligtum. – Fibel, L. 2,7 cm *(Taf. 29, 950).* – Mus. Rhodos (9585). – Unpubliziert.

951. *Ialysos,* Rhodos. – Akropolis, aus dem Athena-Heiligtum. – Fibel, L. 2,5 cm *(Taf. 29, 951).* – Mus. Rhodos (9579). – Unpubliziert.

952. *Ialysos,* Rhodos. – Akropolis, aus dem Athena-Heiligtum. – Fibel, L. 2,2 cm *(Taf. 29, 952).* – Mus. Rhodos (9206). – Unpubliziert.

953.–970. *Ialysos,* Rhodos. – Akropolis, aus dem Athena-Heiligtum. – Fragmente von 17 Fibeln dieser Form. – Mus. Rhodos. – Unpubliziert.

971. *Ialysos,* Rhodos. – Akropolis, aus dem Athena-Heiligtum. – Fibelbügel, L. noch 3,4 cm *(Taf. 29, 971).* – Mus. Rhodos (9556). – Unpubliziert.

972. *Ialysos,* Rhodos. – Akropolis, aus dem Athena-Heiligtum. – Fibel, Nadel fehlt, Fußplatte gebrochen, L. noch 3,8 cm *(Taf. 29, 972).* – Mus. Rhodos (9559). – Unpubliziert.

973. *Ialysos,* Rhodos. – Akropolis, aus dem Athena-Heiligtum. – Fibel, Nadel fehlt, L. 3,3 cm *(Taf. 29, 973).* – Mus. Rhodos (9553). – Unpubliziert.

974. *Ialysos,* Rhodos. – Akropolis, aus dem Athena-Heiligtum. – Fibel. – Mus. Rhodos (9567). – Unpubliziert.

975. *Ialysos,* Rhodos. – Akropolis, aus dem Athena-Heiligtum. – Fibel, Spiralwindung und Nadel fehlen, L. noch 3 cm *(Taf. 29, 975).* – Mus. Rhodos (8214). – Unpubliziert.

976. *Ialysos,* Rhodos. – Akropolis, aus dem Athena-Heiligtum. – Fibelbügel, L. noch 2 cm *(Taf. 29, 976).* – Mus. Rhodos (8215). – Unpubliziert.

977. *Ialysos,* Rhodos. – Akropolis, aus dem Athena-Heiligtum. – Fibelbügel, L. noch 3 cm *(Taf. 29, 977).* – Mus. Rhodos (8216). – Unpubliziert.

978. *Ialysos,* Rhodos. – Akropolis, aus dem Athena-Heiligtum. – Fibel, Nadel fehlt, L. 2,9 cm *(Taf. 29, 978).* – Mus. Rhodos (8217). – Unpubliziert.

979. *Ialysos,* Rhodos. – Akropolis, aus dem Athena-Heiligtum. – Fibel, Nadel und Fußplatte fehlen, L. noch 3 cm *(Taf. 29, 979).* – Mus. Rhodos (8218). – Unpubliziert.

980. *Ialysos,* Rhodos. – Akropolis, aus dem Athena-Heiligtum. – Fibel, Nadel fehlt, L. 3 cm *(Taf. 29, 980).* – Mus. Rhodos (8219). – Unpubliziert.

981. *Ialysos,* Rhodos. – Akropolis, aus dem Athena-Heiligtum. – Fibel, Nadel fehlt, L. 2,8 cm *(Taf. 29, 981).* – Mus. Rhodos (8220). – Unpubliziert.

982. *Ialysos,* Rhodos. – Akropolis, aus dem Athena-Heiligtum. – Fibel, Spiralwindung und Nadel fehlen, L. noch 3,6 cm *(Taf. 29, 982).* – Mus. Rhodos (8221). – Unpubliziert.

983. *Ialysos,* Rhodos. – Akropolis, aus dem Athena-Heiligtum. – Fibel, Spiralwindung und Nadel fehlen, L. noch 3,1 cm *(Taf. 29, 983).* – Mus. Rhodos (8222). – Unpubliziert.

984. *Ialysos,* Rhodos. – Akropolis, aus dem Athena-Heiligtum. – Fibel, Nadel fehlt, L. 3,2 cm *(Taf. 29, 984).* – Mus. Rhodos (8223). – Unpubliziert.

985. *Ialysos,* Rhodos. – Akropolis, aus dem Athena-Heiligtum. – Fibel, Nadel fehlt, L. 2,9 cm *(Taf. 29, 985).* – Mus. Rhodos (8224). – Unpubliziert.

986. *Ialysos,* Rhodos. – Akropolis, aus dem Athena-Heiligtum. – Fibel, Nadel und Fußplatte fehlen, L. noch 2,7 cm *(Taf. 29, 986).* – Mus. Rhodos (8225). – Unpubliziert.

987. *Ialysos,* Rhodos. – Akropolis, aus dem Athena-Heiligtum. – Fibel, Nadel fehlt, Fußplatte gebrochen, L. noch 3,3 cm *(Taf. 29, 987).* – Mus. Rhodos (8226). – Unpubliziert.

988. *Ialysos,* Rhodos. – Akropolis, aus dem Athena-Heiligtum. – Fibel, Spiralwindung und Nadel fehlen, L. noch 3,3 cm *(Taf. 29, 988).* – Mus. Rhodos (8227). – Unpubliziert.

989. *Ialysos,* Rhodos. – Akropolis, aus dem Athena-Heiligtum. – Fibel, Spiralwindung und Nadel fehlen, L. noch 3,6 cm *(Taf. 29, 989).* – Mus. Rhodos (8228). – Unpubliziert.

990. *Ialysos,* Rhodos. – Akropolis, aus dem Athena-Heiligtum. – Fibel, Spiralwindung und Nadel fehlen, L. noch 3,3 cm *(Taf. 29, 990).* – Mus. Rhodos (8229). – Unpubliziert.

991. *Ialysos,* Rhodos. – Akropolis, aus dem Athena-Heiligtum. – Fibel, Nadel fehlt, L. 2,9 cm *(Taf. 30, 991).* – Mus. Rhodos (8230). – Unpubliziert.

992. *Ialysos,* Rhodos. – Akropolis, aus dem Athena-Heiligtum. – Fibel, Spiralwindung und Nadel fehlen, L.

noch 3,2 cm *(Taf. 30, 992)*. – Mus. Rhodos (8231). – Unpubliziert.

993. *Ialysos,* Rhodos. – Akropolis, aus dem Athena-Heiligtum. – Fibel, Nadel und Nadelrast fehlen, L. 3,3 cm *(Taf. 30, 993)*. – Mus. Rhodos (8232). – Unpubliziert.

994. *Ialysos,* Rhodos. – Akropolis, aus dem Athena-Heiligtum. – Fibel, Spiralwindung und Nadel fehlen, L. noch 3 cm *(Taf. 30, 994)*. – Mus. Rhodos (8233). – Unpubliziert.

995. *Ialysos,* Rhodos. – Akropolis, aus dem Athena-Heiligtum. – Fibel, Spiralwindung und Nadel fehlen, Fußplatte gebrochen, L. noch 2,4 cm *(Taf. 30, 995)*. – Mus. Rhodos (8234). – Unpubliziert.

996. *Ialysos,* Rhodos. – Akropolis, aus dem Athena-Heiligtum. – Fibel, Nadel fehlt, L. 3 cm *(Taf. 30, 996)*. – Mus. Rhodos (8235). – Unpubliziert.

997. *Ialysos,* Rhodos. – Akropolis, aus dem Athena-Heiligtum. – Fibel, Nadel fehlt, L. 4 cm *(Taf. 30, 997)*. – Mus. Rhodos (8236). – Unpubliziert.

998. *Ialysos,* Rhodos. – Akropolis, aus dem Athena-Heiligtum. – Fibelbügel, L. noch 3 cm *(Taf. 30, 998)*. – Mus. Rhodos (8237). – Unpubliziert.

999. *Ialysos,* Rhodos. – Akropolis, aus dem Athena-Heiligtum. – Fibelbügel, L. noch 3,2 cm *(Taf. 30, 999)*. – Mus. Rhodos (8238). – Unpubliziert.

1000. *Ialysos,* Rhodos. – Akropolis, aus dem Athena-Heiligtum. – Fibel, Nadel fehlt, L. 2,5 cm *(Taf. 30, 1000)*. – Mus. Rhodos (8239). – Unpubliziert.

1001. *Ialysos,* Rhodos. – Akropolis, aus dem Athena-Heiligtum. – Fibel, Spiralwindung und Nadel fehlen, L. noch 2,5 cm *(Taf. 30, 1001)*. – Mus. Rhodos (8240). – Unpubliziert.

1002. *Ialysos,* Rhodos. – Akropolis, aus dem Athena-Heiligtum. – Fibel, Spiralwindung und Nadel fehlen, L. noch 3,4 cm *(Taf. 30, 1002)*. – Mus. Rhodos (8241). – Unpubliziert.

1003. *Ialysos,* Rhodos. – Akropolis, aus dem Athena-Heiligtum. – Fibel, Spiralwindung und Nadel fehlen, L. noch 3 cm *(Taf. 30, 1003)*. – Mus. Rhodos (8242). – Unpubliziert.

1004. *Ialysos,* Rhodos. – Akropolis, aus dem Athena-Heiligtum. – Fibel, Nadel fehlt, L. 2,7 cm *(Taf. 30, 1004)*. – Mus. Rhodos (8243). – Unpubliziert.

1005. *Ialysos,* Rhodos. – Akropolis, aus dem Athena-Heiligtum. – Fibel, Fußplatte gebrochen, L. 3,4 cm *(Taf. 30, 1005)*. – Mus. Rhodos (8244). – Unpubliziert.

1006. *Ialysos,* Rhodos. – Akropolis, aus dem Athena-Heiligtum. – Fibel, Nadel fehlt, L. 3,4 cm *(Taf. 30, 1006)*. – Mus. Rhodos (8245). – Unpubliziert.

1007. *Ialysos,* Rhodos. – Akropolis, aus dem Athena-Heiligtum. – Fibelbügel, L. noch 3,9 cm *(Taf. 30, 1007)*. – Mus. Rhodos (8246). – Unpubliziert.

1008. *Ialysos,* Rhodos. – Akropolis, aus dem Athena-Heiligtum. – Fibel, Spiralwindung und Nadel fehlen, L. noch 3,2 cm *(Taf. 30, 1008)*. – Mus. Rhodos (8247). – Unpubliziert.

1009. *Ialysos,* Rhodos. – Akropolis, aus dem Athena-Heiligtum. – Fibel, Spiralwindung und Nadel fehlen, L. noch 3,2 cm *(Taf. 30, 1009)*. – Mus. Rhodos (8248). – Unpubliziert.

1010. *Ialysos,* Rhodos. – Akropolis, aus dem Athena-Heiligtum. – Fibel, Nadel fehlt, Fußplatte gebrochen, L. 3,4 cm *(Taf. 30, 1010)*. – Mus. Rhodos (8249). Unpubliziert.

1011. *Ialysos,* Rhodos. – Akropolis, aus dem Athena-Heiligtum. – Fibelbügel, L. noch 3 cm *(Taf. 30, 1011)*. – Mus. Rhodos (8250). – Unpubliziert.

1012. *Ialysos,* Rhodos. – Akropolis, aus dem Athena-Heiligtum. – Fibelbügel, L. noch 4 cm *(Taf. 30, 1012)*. – Mus. Rhodos (8251). – Unpubliziert.

1013. *Ialysos,* Rhodos. – Akropolis, aus dem Athena-Heiligtum. – Fibelbügel mit Ansatz der Fußplatte, L. noch 3,7 cm *(Taf. 30, 1013)*. – Mus. Rhodos (8252). – Unpubliziert.

1014. *Kamiros,* Rhodos. – Papatislures, Grab XXII (Area di cremazione). – Fibelfragment, Maße unbekannt. – Beifunde und Lit. vgl. Nr. 459. – Verbleib unbekannt.

1015. *Kamiros,* Rhodos. – Akropolis, aus dem Athena-Heiligtum („Stipe Votiva"). – Fibel, Nadel fehlt, Fußplatte gebrochen, L. noch 9 cm *(Taf. 30, 1015* nach Jacopi). – Verbleib unbekannt. – Jacopi, Camiro II 357 Nr. 13 mit Abb. 85.

1016 A.–D. *Kamiros,* Rhodos. – Akropolis, aus dem Athena-Heiligtum („Stipe Votiva"). – Vier Fibeln, L. noch 4,5–6 cm *(Taf. 30, 1016 A–D* nach Jacopi). – Verbleib unbekannt. – Jacopi, Camiro II 357 Nr. 13 mit Abb. 85.

1018. *Kalymnos.* – Fibel, Nadel und Fußplatte fehlen, L. noch 1,9 cm *(Taf. 30, 1018)*. – Mus. Kalymnos (2). – Unpubliziert.

1019. *Lindos,* Rhodos. – Akropolis. – Fibel, L. 2,7 cm; insgesamt drei Exemplare *(Taf. 30, 1019* nach Lindos I). – Mus. Istanbul. – Lindos I 84 Nr. 88–90 Taf. 7, 90.

1021. *Exoche,* Rhodos. – Aus der Nekropole. – Fibelbügel, L. noch 3,5 cm *(Taf. 30, 1021* nach Friis Johansen). – Verbleib unbekannt. – K. Friis Johansen, Acta Arch. 28, 1957, 73 f. Nr. Z 28 Abb. 165.

1022. *Zagora,* Andros. – Siedlungsfund, Fläche H 20, obere Schicht. – Fibelbügel, Eisen, L. noch 5,5 cm *(Taf. 30, 1022)*. – Arch. Slg. Andros. – A. Kampitoglou/ J. R. Green, Arch. Eph. 1970, 193. 232 f. Taf. 76.

1023. *Dreros* bei Neapolis, Ep. Mirabello, Kreta. – Grab 11, Brandbestattungen, Beigaben nicht getrennt. – Drei Fragmente einer Fibel *(Taf. 30, 1023* nach Effenterre). – Funde aus dem Grab: Schwert, Eisen; Beil, Eisen; Amphoriskos, auf dem Gefäßkörper plastische Vertikalrippen. – Mus. Herakleion (?). – van Effenterre, Mirabello 19. 65 Taf. 23; 43, D 50.

1024. *Vrokastro* bei Pyrgos, Ep. Mirabello, Kreta. – Ausgrabung Hall. – Fibel, Fußplatte gebrochen, L. 3,3 cm. – Mus. Herakleion (1782, z. Zt. nicht nachweisbar). – Blinkenberg, Fibules 92 (IV 3 c).

1025. *Tsoutsouros*, Ep. Monophatsi, Kreta. – Inatos-Höhle. – Fibelbügel, L. noch 2,6 cm *(Taf. 31, 1025)*. – Mus. Herakleion (2688). – Unpubliziert.

1026. *Klopede*, Lesbos. – An der Südseite des älteren Tempels. – Fibel, L. 5,9 cm *(Taf. 31, 1026* nach Evaggelides)*. – Verbleib unbekannt. – D. Evaggelides, Praktika 1928, 133 f. Abb. 11.

1027. *Antissa (?)*, Lesbos. – Fibelbügel im Museum mit Angabe „33/20 Ac centro I, 225", L. noch 3,2 cm *(Taf. 31, 1027)*. – Mus. Mytilene (o. Nr.). – Unpubliziert (vgl. Nr. 333).

1028. *Tsoutsouros*, Ep. Monophatsi, Kreta. – Inatos-Höhle. – Fibel, Spiralwindung und Nadel fehlen, L. noch 3,1 cm *(Taf. 31, 1028)*. – Mus. Herakleion (2686). – Unpubliziert.

1029. *Paros.* – Delion, unter dem Fußboden des Tempels. – Fibelbügel, L. noch 2,7 cm *(Taf. 31, 1029)*. – Nationalmus. Athen (12169). – Blinkenberg, Fibules 82 (III 8 c); Rubensohn, Delion 67 Nr. 2.

1030. *Paros.* – Delion, unter dem Fußboden des Tempels. – Fibel, L. 4,4 cm *(Taf. 31, 1030)*. – Nationalmus. Athen (12169). – Blinkenberg, Fibules 82 Abb. 74 (III 8 a); Rubensohn, Delion 67 Nr. 1.

1031. *Paros.* – Delion, unter dem Fußboden des Tempels. – Fibelbügel, L. noch 2 cm *(Taf. 31, 1031)*. – Nationalmus. Athen (12169). – Blinkenberg, Fibules 92 (IV 4 a); Rubensohn, Delion 68.

1032. *Aigina.* – Aphaia-Heiligtum. – Fibelbügel, L. noch 3,4 cm *(Taf. 31, 1032)*. – Mus. Aigina (295). – Furtwängler, Aegina 401 Nr. 99 Taf. 116, 9.

1033. *Aigina.* – Aphaia-Heiligtum, vor der Südwestecke des Tempels, unter dem Bauschutt. – Fibelbügel mit Ansatz der Fußplatte, L. noch 4,4 cm *(Taf. 31, 1033)*. – Mus. Aigina (298). – Furtwängler, Aegina 401 Nr. 102 Taf. 116, 8.

1034. *Aigina.* – Aphaia-Heiligtum. – Fibel, Spiralwindung und Nadel fehlen, Fußplatte gebrochen, L. noch 2,7 cm *(Taf. 31, 1034)*. – Mus. Aigina (296). – Furtwängler, Aegina 401 Nr. 100 Taf. 116, 10.

1035. *Aigina.* – Kap Kolonna, Apollon („Aphrodite")-Heiligtum, Ausgrabung 1904. – Fibel, Nadel und Fußplatte fehlen, L. noch 2,4 cm *(Taf. 31, 1035)*. – Mus. Aigina (850). – Unpubliziert.

1036. *Phana*, Chios. – Apollon-Heiligtum, Ausgra-

bung Kourouniotes. – Fibel, Nadel fehlt, L. 2,2 cm *(Taf. 31, 1036)*. – Mus. Chios (o. Nr.). – K. Kourouniotes, Arch. Delt. 2, 1916, 209 ff. Abb. 32.

1037. *Phana*, Chios. – Apollon-Heiligtum, Ausgrabung Lamb. – Fibel, Fußplatte gebrochen, L. noch 2,6 cm *(Taf. 31, 1037)*. – Mus. Chios (o. Nr.). – Unpubliziert.

1038. *Phana*, Chios. – Apollon-Heiligtum, Ausgrabung Lamb. – Fibel, Fußplatte fehlt, L. noch 1,5 cm *(Taf. 31, 1038)*. – Mus. Chios. – Unpubliziert.

1039. *Phana*, Chios. – Apollon-Heiligtum, Ausgrabung Lamb. – Fibelbügel, L. noch 1,6 cm *(Taf. 31, 1039)*. – Mus. Chios. – Unpubliziert.

1040. *Phana*, Chios. – Apollon-Heiligtum, Ausgrabung Lamb. – Fibel, Nadel fehlt, L. noch ca. 3 cm *(Taf. 31, 1040* nach Lamb)*. – Nationalmus. Athen (o. Nr.). – W. Lamb, Ann. BSA. 35, 1934–35, 152 Taf. 31, 4.

1041. *Phana*, Chios. – Apollon-Heiligtum, Ausgrabung Lamb. – Fibel, Nadel fehlt, L. ca. 2,5 cm *(Taf. 31, 1041* nach Lamb)*. – Nationalmus. Athen (o. Nr.). – W. Lamb, Ann. BSA. 35, 1934–35, 152 Taf. 31, 13.

1042. *Phana*, Chios. – Apollon-Heiligtum, Ausgrabung Lamb. – Fibel, L. noch ca. 2 cm *(Taf. 31, 1042* nach Lamb)*. – Nationalmus. Athen (o. Nr.). – W. Lamb, Ann. BSA. 35, 1934–35, 152 Taf. 31, 12.

1043. *Phana*, Chios. – Apollon-Heiligtum, Ausgrabung Lamb (?). – Fibel, Spiralwindung und Nadel fehlen, L. noch 1,5 cm *(Taf. 31, 1043)*. – Nationalmus. Athen (o. Nr.). – Unpubliziert.

1044. *Emporio*, Chios. – „Harbour Sanctuary", Oberflächenfund. – Fibel, L. 2,3 cm *(Taf. 31, 1044* nach Boardman)*. – Mus. Chios (o. Nr.). – Boardman, Emporio 207 f. Nr. 177 Abb. 137, 177.

1045. *Emporio*, Chios. – „Harbour Sanctuary", Fläche H. – Fibel, Spiralwindung und Nadel fehlen, L. noch 2,6 cm *(Taf. 31, 1045* nach Boardman)*. – *Datierung:* Emporio, Periode IV. – Mus. Chios (o. Nr.). – Boardman, Emporio 207 f. Nr. 178 Abb. 137, 178.

1046. *Emporio*, Chios. – „Harbour Sanctuary", Fläche H. – Fibel, Spiralwindung und Nadel fehlen, L. noch 2 cm *(Taf. 31, 1046* nach Boardman)*. – *Datierung:* Emporio, Periode IV. – Mus. Chios (o. Nr.). – Boardman, Emporio 207 f. Nr. 179 Abb. 137, 179.

1047. *Leukanti* (Lefkandi), Ep. Chalkis, Euböa. – Angabe ST/T 59/34. – Fibel, Spiralwindung und Nadel fehlen, L. noch 3,3 cm *(Taf. 31, 1047)*. – Mus. Eretria (o. Nr.). – Unpubliziert.

1048. *Leukanti* (Lefkandi), Ep. Chalkis, Euböa. – Angabe PP/T 43/7. – Fibel. – Mus. Eretria (o. Nr.). – Unpubliziert.

Dieser Typ begegnet auf vielen Inseln der Ägäis. Zu den frühen Beispielen zählen die Fibeln von Euböa (Nr. 1047. 1048) und von Dreros, Kreta (Nr. 1023), die vermutlich in die spätprotogeometrische Zeit gehören. Außer auf Euböa und Kreta fand sich dieser Typ auf Chios, Andros, Aigina, Kalymnos, Lesbos und Paros, hauptsächlich aber auf Rhodos (Ialysos, Lindos, Kamiros, Exoche). Alle diese Exemplare sind ans Ende der geometrischen und in die archaische Zeit datiert. Dieser Typ scheint vor allem in spätgeometrischer und früharchaischer Zeit vorzukommen. Entsprechende Fibeln kennen wir aus dem archaischen Tempel von Ephesos und Smyrna (8.–7. Jh.)[15] und aus dem Hera Limenia-Heiligtum von Perachora,[16] wo sie zusammen mit protokorinthischer Keramik gefunden wurden.

TYP IVe

Diese Fibeln stellen eine Variante des Typs IVd dar. Der Bügel ist kräftig geschwollen, die Rückseite plan, die Vorderseite plastisch gewölbt, mit Rippengruppen und Ritzlinien. Wie wir von dem einzigen vollständig erhaltenen Exemplar wissen, ist der Fuß hoch. Am Übergang vom Bügel zur Fußplatte sitzen Rippen. Der Bügelschaft von D-förmigem Querschnitt ist mit Rippengruppen verziert (Blinkenberg IV 16).

1049. *Ialysos*, Rhodos. – Akropolis, aus dem Athena-Heiligtum. – Fibelbügel, L. noch 6,2 cm *(Taf. 31, 1049)*. – Mus. Rhodos (10947). – Unpubliziert.
1050. *Lindos*, Rhodos. – Akropolis. – Insgesamt fünf Exemplare. – Mus. Istanbul. – Lindos I 85f. Nr. 99; Blinkenberg, Fibules 105 (IV 16d).
1051. *Ialysos*, Rhodos. – Akropolis, aus dem Athena-Heiligtum. – Fibelbügel, L. noch 5 cm *(Taf. 31, 1051)*. – Mus. Rhodos (9554). – Unpubliziert.
1052.–1055. *Ialysos*, Rhodos. – Akropolis, aus dem Athena-Heiligtum. – Fragmente von vier Fibeln wie Nr. 1051. – Mus. Rhodos (9556. 9557. 9560. 9562). – Unpubliziert.

1056. *Lindos*, Rhodos. – Akropolis. – Fibel, Spiralwindung und Nadel fehlen, L. noch 7,7 cm *(Taf. 31, 1056* nach Lindos I). – Mus. Istanbul. – Lindos I 85 Nr. 97 Taf. 7, 97; Blinkenberg, Fibules 105 Abb. 116 (IV 16b).
1057. *Lindos*, Rhodos. – Akropolis. – Fibel, L. noch 6,3 cm; insgesamt fünf Exemplare *(Taf. 31, 1057* nach Lindos I). – Mus. Istanbul (3240). – Lindos I 85 Nr. 98 Taf. 8, 98; Blinkenberg, Fibules 105 (IV 16c).
1058. 1059. *Lindos*, Rhodos. – Zwei Fibelbügel, L. noch 8,5 cm; insgesamt vier Exemplare von der Akropolis, zwei Exemplare von Kopria *(Taf. 31, 1058. 1059* nach Lindos I). – Mus. Istanbul (3259). – Lindos I 86 Nr. 100 Taf. 8, 100; Blinkenberg, Fibules 105 (IV 16e).

Dieser Typ ist auf dem griechischen Festland unbekannt. Die Exemplare von Mesembria, Thrakien,[17] dürften jünger sein; jedenfalls handelt es sich bei ihnen um wenig qualitätsvolle Nachahmungen der Inselfibeln. Fibeln dieses Typs fanden sich auf Rhodos (Ialysos und Lindos). Aufgrund dieses Vorkommens dürfen wir den Typ IVe als rhodisch bezeichnen. Fibeln dieser Art scheinen auch in Thrakien[18] und Bulgarien[19] beliebt gewesen zu sein. Das ist nicht verwunderlich, denn wir wissen von griechischen Handelsbeziehungen in früharchaischer Zeit gerade mit den Rhodopischen Gebieten.[20]

---

[15] Hogarth, Ephesos 98 Taf. 17, 17. 20; A. A. Mus. Ist. 1958, 75 Abb. 13, 17, 18.
[16] Perachora I 168 Taf. 73, 24.
[17] BCH. 92, 1968, 928ff. Abb. 17; Ergon 1967, 66f. (aus vermischtem Fundzusammenhang). Die thessalischen Fibeln (vgl. Kilian, PBF. XIV, 2 [1974] Nr. 1556) können nicht als Variante dieses Typs bezeichnet werden; sie zeigen lediglich eine bemerkenswerte Übereinstimmung einiger Merkmale.
[18] Zlatkovskaya/Chelov, Sov. Arch. 1971/4, 55 Abb. 2, 2.

[19] A. Milčev, in: Festschrift D. Dečev (1958) 425 Abb. 1–3; der Verf. nimmt eine Herkunft aus dem Mittelmeer-Raum an (vgl. auch L. Getov, Izv. Bulg. Arch. Inst. 28, 1965, 208 Abb. 7).
[20] I. Venedikov, Klio 39, 1961, 38ff. (Herkunft der thrakischen Fibeln von den Ägäischen Inseln); Zlatkoskaya/Chelov, Sov. Arch. 1971/4, 54ff. mit älterer Literatur.

TYP IVf

Einen Typ eigenen Stils, Blinkenberg unbekannt, bilden Fibeln mit kräftigem, im Scheitel von Kannelu-ren unterteiltem Bügel. Die Exemplare von Lemnos haben einen Bügel von quadratischem Querschnitt, an dessen Enden Rippen sitzen. Den Scheitel zieren zwei tiefe Kanneluren zwischen je zwei Wulstringen. Aus beiden Bügelenden entwickeln sich zylindrische Schäfte; der zur Spirale führende trägt bei einem Exemplar einen Wulstring mit geritztem Gittermuster. Die ritzverzierte Fußplatte ist hoch und trapez-förmig. Der Übergang vom Bügel zur Fußplatte ist durch Wulstringe markiert; am Ansatz der Fußplatte sitzt ein plastisches Dreieck. Bei einer Fibel von Thera ist die Kannelur asymmetrisch angebracht, was an entsprechende Exemplare von Zypern erinnert.

1060. *Hephaisteia,* Lemnos. – Cinerario A-XXIV, Brandbestattung in Pithos. – Fibel, Spiralwindung und Nadel fehlen, L. noch 10 cm *(Taf. 32, 1060* nach Mustil-li).* – Beifunde: zwei Amphoriskoi, Streifenbemalung; zwei gedrückt kugelige Pyxiden; Messerfragment, Ei-sen; Glasperle. – Verbleib unbekannt. – Mustilli, Efe-stia 30f. Abb. 35.
1061. *Hephaisteia,* Lemnos. – Cinerario A-CXXIV, Brandbestattung in Urne. – Fibel, L. 11,9 cm *(Taf. 32, 1061).* – Beifunde: Amphoriskos, tongrundig; Beil, Ei-

sen. – Mus. Lemnos (1708). – Mustilli, Efestia 63f. Abb. 93 Taf. 15, 16.
1062. *Hephaisteia,* Lemnos. – Fibel im Museum mit der Angabe „A 234 – A-CCCXIV", ist mit keiner der publi-zierten zu identifizieren; Fibelfragment, L. noch 5,7 cm *(Taf. 32, 1062).* – Mus. Lemnos (o. Nr.). – Unpubliziert.
1063. *Thera.* – Sellada, Schiff'sches Grab. – Fibel, Nadel fehlt, L. 3,2 cm *(Taf. 32, 1063* nach Thera II). – Beifun-de vgl. Nr. 19. – Verbleib unbekannt. – Thera II 299f. Abb. 489, f.

Dieser Typ gehört der geometrischen Zeit an. Die mittlere Kannelur mit rahmenden Wulstringen hat Entsprechungen an phrygischen Fibeln.[21] Auch die Ausbildung der Bügelenden ist ein Merkmal phrygi-scher Fibeln.[22] Vielleicht also haben die Inselfibeln dieses Typs östliche Vorbilder.

Die Fibeln der Gruppe IV und speziell jene des Typs IVc werden durch ihren reichen Ritzdekor charakterisiert. Die Motive sind geometrisch; es begegnen die folgenden: Spiralband, einfach oder mit eingesetzten Punkten; S-Reihen, einfach oder versetzt; Winkelband; Linienbündel; Schrägkreuze; Winkelhaken; Halbmonde; konzentrische Kreise; Fischgrätenmuster. Mit Ritzdekor verziert ist haupt-sächlich die Fußplatte, aber auch der Bügelschaft.

Die Formengruppe IV, die in Griechenland in submykenischer Zeit beginnt und bis in die archaische Zeit fortdauert, scheint während der archaischen Zeit im Kaukasusgebiet beliebt zu werden.[23] Die Ansicht, daß diese Form auf den ägäischen Inseln beheimatet ist, wird dadurch bestätigt, daß zwei Inselfibeln anderen Typs in Urartu gefunden wurden[24] und soweit ein Austausch derartiger Artikel zwischen den Inseln und jenen Gegenden gesichert ist.

V. INSELFIBELN MIT EINER KUGEL IM BÜGEL

Eine Formengruppe, deren Herkunft und Verbreitungszentren nach Blinkenbergs Umschreibung als gesichert gelten, umfaßt Fibeln mit einem Kugelglied im Bügel – mit oder ohne Zierknopf – und mit schmalgestrecktem Fuß. Diese Form ist im Westen und Norden unbekannt. Im Inselgebiet wurde sie

[21] Muscarella, Phrygian Fibulae Taf. 10; eine ähnliche Fibel gibt es aus Kazanlak (Zeichnung K. Kilian).
[22] Ebd. Taf. 10, 51.
[23] Muscarella, AJA. 69, 1965, 233ff.
[24] R. D. Barnett, Anat. Stud. 19, 1963, 153ff.

sicherlich durch das Aufschieben einer Perle auf den Fibelbügel herausgebildet. Die Umwandlung der Perle in eine Metallform wurde auf den Inseln und in Italien ästhetisch unterschiedlich gelöst. Im allgemeinen haben diese Fibeln Miniaturformat; sie begegnen in zwei Typen:

TYP V a

Das Kugelglied bildet den oberen Abschnitt des Bügels; aus ihm entwickeln sich die Fußplatte und der Bügelschaft. Die Proportionen von Kugel und Fußplatte sind nicht festgelegt. Gewöhnlich ist die Kugel klein, die Fußplatte hoch und schmalgestreckt; manchmal jedoch ist das Verhältnis anders (Blinkenberg IV 10 6). Bei einigen Exemplaren sitzen Wulstringe beiderseits der Kugel, oder nur ein Wulstring ist zwischen Kugel und Fußplatte bzw. Schaft eingeschoben. Bei einer Fibel von Chios (Nr. 1179) trägt das Kugelglied Ritzdekor. Die Fußplatte ist schmalgestreckt mit nach oben ausgezogener Ecke, die spitz oder abgerundet sein kann. Bei einer Fibel aus Ialysos ist die Fußplatte fast dreieckig. Der Übergang vom Bügel zur Fußplatte ist meist glatt, manchmal auch abgestuft. Der Bügelschaft hat runden oder quadratischen Querschnitt; mitunter begegnet eine Kombination von beidem. An Fibeln von Aigina, Chios und Lesbos trägt der Bügelschaft Ritzdekor (Blinkenberg IV 10).

1064. *Ialysos*, Rhodos. – Akropolis, aus dem Athena-Heiligtum. – Fibel, Spiralwindung und Nadel fehlen, Fußplatte gebrochen, L. noch 2 cm *(Taf. 32, 1064)*. – Mus. Rhodos (8996). – Unpubliziert.
1065. *Ialysos*, Rhodos. – Akropolis, aus dem Athena-Heiligtum. – Fibel, Spiralwindung und Nadel fehlen, L. noch 2,1 cm *(Taf. 32, 1065)*. – Mus. Rhodos (8312). – Unpubliziert.
1066. *Ialysos*, Rhodos. – Akropolis, aus dem Athena-Heiligtum. – Fibel, Nadel und Fußplatte fehlen, L. noch 3,4 cm *(Taf. 32, 1066)*. – Mus. Rhodos (8997). – Unpubliziert.
1067. *Ialysos*, Rhodos. – Akropolis, aus dem Athena-Heiligtum. – Fibel, Nadel fehlt, L. 2,9 cm *(Taf. 32, 1067)*. – Mus. Rhodos (8998). – Unpubliziert.
1068. *Ialysos*, Rhodos. – Akropolis, aus dem Athena-Heiligtum. – Fibel, L. 3 cm *(Taf. 32, 1068)*. – Mus. Rhodos (8590). – Unpubliziert.
1069. *Ialysos*, Rhodos. – Akropolis, aus dem Athena-Heiligtum. – Fibel, Fußplatte fehlt, L. noch 2,7 cm *(Taf. 32, 1069)*. – Mus. Rhodos (8999). – Unpubliziert.
1070. *Ialysos*, Rhodos. – Akropolis, aus dem Athena-Heiligtum. – Fibel, Spiralwindung und Nadel fehlen, L. noch 3,5 cm *(Taf. 32, 1070)*. – Mus. Rhodos (9000). – Unpubliziert.
1071. *Ialysos*, Rhodos. – Akropolis, aus dem Athena-Heiligtum. – Fibel, Nadel fehlt, L. 3,6 cm *(Taf. 32, 1071)*. – Mus. Rhodos (9001). – Unpubliziert.
1072. *Ialysos*, Rhodos. – Akropolis, aus dem Athena-Heiligtum. – Fibel, Nadel gebrochen, L. 4 cm *(Taf. 32, 1072)*. – Mus. Rhodos (9002). – Unpubliziert.

1073. *Ialysos*, Rhodos. – Akropolis, aus dem Athena-Heiligtum. – Fibel, Nadel und Fußplatte fehlen, L. noch 4,1 cm *(Taf. 32, 1073)*. – Mus. Rhodos (9003). – Unpubliziert.
1074. *Ialysos*, Rhodos. – Akropolis, aus dem Athena-Heiligtum. – Fibel, Nadel fehlt, L. 3,1 cm *(Taf. 32, 1074)*. – Mus. Rhodos (9004). – Unpubliziert.
1075. *Ialysos*, Rhodos. – Akropolis, aus dem Athena-Heiligtum. – Fibel, L. 3,4 cm *(Taf. 32, 1075)*. – Mus. Rhodos (9005). – Unpubliziert.
1076. *Ialysos*, Rhodos. – Akropolis, aus dem Athena-Heiligtum. – Fibel, Nadel und Fußplatte fehlen, L. noch 3 cm *(Taf. 32, 1076)*. – Mus. Rhodos (9006). – Unpubliziert.
1077. *Ialysos*, Rhodos. – Akropolis, aus dem Athena-Heiligtum. – Fibel, Spiralwindung und Nadel fehlen, L. noch 2,8 cm *(Taf. 32, 1077)*. – Mus. Rhodos (9007). – Unpubliziert.
1078. *Ialysos*, Rhodos. – Akropolis, aus dem Athena-Heiligtum. – Fibel, L. 2,8 cm *(Taf. 32, 1078)*. – Mus. Rhodos (9008). – Unpubliziert.
1079. *Ialysos*, Rhodos. – Akropolis, aus dem Athena-Heiligtum. – Fibel, L. 2,6 cm *(Taf. 32, 1079)*. – Mus. Rhodos (9010). – Unpubliziert.
1080. *Ialysos*, Rhodos. – Akropolis, aus dem Athena-Heiligtum. – Fibel, L. 5,1 cm *(Taf. 32, 1080)*. – Mus. Rhodos (9009). – Unpubliziert.
1081. *Ialysos*, Rhodos. – Akropolis, aus dem Athena-Heiligtum. – Fibel, L. 2,9 cm *(Taf. 32, 1081)*. – Mus. Rhodos (9011). – Unpubliziert.
1082. *Ialysos*, Rhodos. – Akropolis, aus dem Athena-

Heiligtum. – Fibel, L. 2,5 cm *(Taf. 32, 1082)*. – Mus. Rhodos (9012). – Unpubliziert.

1083. *Ialysos,* Rhodos. – Akropolis, aus dem Athena-Heiligtum. – Fibel, L. 3,6 cm *(Taf. 32, 1083)*. – Mus. Rhodos (9013). – Unpubliziert.

1084. *Ialysos,* Rhodos. – Akropolis, aus dem Athena-Heiligtum. – Fibelbügel, L. noch 3,9 cm *(Taf. 32, 1084)*. – Mus. Rhodos (9014). – Unpubliziert.

1085. *Ialysos,* Rhodos. – Akropolis, aus dem Athena-Heiligtum. – Fibelbügel, L. noch 3,5 cm *(Taf. 32, 1085)*. – Mus. Rhodos (9015). – Unpubliziert.

1086. *Ialysos,* Rhodos. – Akropolis, aus dem Athena-Heiligtum. – Fibel, Spiralwindung und Nadel fehlen, L. noch 2,9 cm *(Taf. 32, 1086)*. – Mus. Rhodos (9016). – Unpubliziert.

1087. *Ialysos,* Rhodos. – Akropolis, aus dem Athena-Heiligtum. – Fibel, Nadel fehlt, L. 3 cm *(Taf. 32, 1087)*. – Mus. Rhodos (9017). – Unpubliziert.

1088. *Ialysos,* Rhodos. – Akropolis, aus dem Athena-Heiligtum. – Fibelbügel, L. noch 2,9 cm *(Taf. 32, 1088)*. – Mus. Rhodos (9018). – Unpubliziert.

1089. *Ialysos,* Rhodos. – Akropolis, aus dem Athena-Heiligtum. – Fibelbügel, L. noch 2,9 cm *(Taf. 32, 1089)*. – Mus. Rhodos (9019). – Unpubliziert.

1090. *Ialysos,* Rhodos. – Akropolis, aus dem Athena-Heiligtum. – Fibel, Spiralwindung und Nadel fehlen, L. noch 3,3 cm *(Taf. 32, 1090)*. – Mus. Rhodos (8979). – Unpubliziert.

1091. *Ialysos,* Rhodos. – Akropolis, aus dem Athena-Heiligtum. – Fibel, L. 5 cm. – Mus. Rhodos (8991). – Unpubliziert.

1092. *Ialysos,* Rhodos. – Akropolis, aus dem Athena-Heiligtum. – Fibel, L. 3,3 cm *(Taf. 32, 1092)*. – Mus. Rhodos (9021). – Unpubliziert.

1093.–1097. *Ialysos,* Rhodos. – Akropolis, aus dem Athena-Heiligtum. – Fünf Fibeln, L. 2,5 cm, 3,5 cm, 3 cm, 3,5 und 3 cm. – Mus. Rhodos (9022–25. 9027). – Unpubliziert.

1098.–1102. *Ialysos,* Rhodos. – Akropolis, aus dem Athena-Heiligtum. – Fünf Fibeln, L. 3 cm, 6 cm, 3 cm, 2,5 und 2 cm. – Mus. Rhodos (9028–32). – Unpubliziert.

1103.–1107. *Ialysos,* Rhodos. – Akropolis, aus dem Athena-Heiligtum. – Fünf Fibeln, L. 2 cm, 3 cm, 3,5 und 4 cm. – Mus. Rhodos (9033. 9037–39. 11232). – Unpubliziert.

1108.–1112. *Ialysos,* Rhodos. – Akropolis, aus dem Athena-Heiligtum. – Fünf Fibeln, L. 3,5 cm. – Mus. Rhodos (11233. 11234–36. 11117). – Unpubliziert.

1113.–1129. *Ialysos,* Rhodos. – Akropolis, aus dem Athena-Heiligtum. – Fragmente von 16 weiteren Fibeln dieser Form. – Mus. Rhodos (o. Nr.). – Unpubliziert.

1130. *Vroulia,* Rhodos. – Grab 27, Kinderbestattung in Reliefpithos; zwei Fibeln beim Kopf. – Fibel, L. 5,3 cm;

Fragmente einer gleichartigen Fibel *(Taf. 33, 1130* nach Kinch)*. – Beifunde: sechs Aryballoi; Ringgefäß; zwei Skarabäen, Fayence; Muschel, gelocht. – Kinch, Vroulia 84f. Taf. 31, 9.

1131.–1133. *Kamiros,* Rhodos. – Akropolis, aus dem Athena-Heiligtum („Stipe Votiva"). – Drei Fibeln, L. 2–4,5 cm *(Taf. 33, 1131–1133* nach Jacopi)*. – Jacopi, Camiro II 357 Nr. 11 mit Abb. 85.

1134. *Ialysos,* Rhodos. – Grundstück Zambico 1926, Grab CXII, Körperbestattung (Kind) in Pithos. – Fibel, Maße unbekannt. – Beifunde und Lit. vgl. Nr. 813. – Mus. Rhodos (?).

1135. *Ialysos,* Rhodos. – Grundstück Zambico 1927, Grab CXXXI, Körperbestattung (Neugeborenes) in Pithos. – Fibel, Maße unbekannt *(Taf. 33, 1135* nach Jacopi)*. – Beifunde und Lit. vgl. Nr. 398. – Mus. Rhodos (?).

1136. *Ialysos,* Rhodos. – Grundstück Drakidis, Grab XIII (Area di cremazione). – Fibelbügel, Maße unbekannt *(Taf. 33, 1136* nach Jacopi)*. – Beifunde: Nadeln mit doppelkonischer Schaftperle und flacher Kopfscheibe; Miniaturgefäß. – Mus. Rhodos (?). – Jacopi, Jalisso 42 Taf. 5.

1137. *Ialysos,* Rhodos. – Grundstück Zambico 1927, Grab LVIII (Area di cremazione a 4 pozzetti). – Fibel, Maße unbekannt. – Beifunde und Lit. vgl. Nr. 517.

1138. *Ialysos,* Rhodos. – Grundstück Zambico 1926, Grab CX, Körperbestattung (Kind) in Amphore. – Fibel, Maße unbekannt. – Beifunde und Lit. vgl. Nr. 812. – Mus. Rhodos (?).

1139. *Ialysos,* Rhodos. – Grundstück Zambico 1927, Grab LVI (Area di cremazione a 4 pozzetti), gestört. – Fibelbügel, Maße unbekannt. – Beifunde und Lit. vgl. Nr. 397.

1140. *Lindos,* Rhodos. – Akropolis. – Fibel, Nadel fehlt, L. 6,5 cm; insgesamt 23 Exemplare dieser Form *(Taf. 33, 1140* nach Lindos I)*. – Mus. Istanbul. – Lindos I 83 Nr. 77 Taf. 6, 77; Blinkenberg, Fibules 99 Abb. 105 (IV 10h).

1141. *Vroulia,* Rhodos. – Grab 6, neun (?) Brandbestattungen, Beigaben nicht getrennt. – Fibelbügel, L. noch 2,4 cm *(Taf. 33, 1141* nach Kinch)*. – Beifunde vgl. Nr. 562. – Kinch, Vroulia 66f. Taf. 38, 6. 16.

1142. *Vroulia,* Rhodos. – „Chapelle". – Neun Fragmente einer Fibel mit einem Kugelglied im Bügel. – Kinch, Vroulia 26.

1143. *Kalymnos.* – Fibelbügel, L. noch 2 cm *(Taf. 33, 1143)*. – Arch. Slg. Kalymnos (3 a). – Unpubliziert.

1144. *Kalymnos.* – Fibelbügel, L. noch 1,8 cm *(Taf. 33, 1144)*. – Arch. Slg. Kalymnos (3γ). – Unpubliziert.

1145. *Samos.* – Fibelbügel, L. noch 1,7 cm *(Taf. 33, 1145)*. – Mus. Vathy, Samos (B 889). – Unpubliziert.

1146. *Samos.* – Fibel, Spiralwindung und Nadel fehlen,

L. noch 2,5 cm *(Taf. 33, 1146).* – Mus. Vathy, Samos (B 1459). – Unpubliziert.

1147. *Samos.* – Fibelbügel, L. noch 1,2 cm *(Taf. 33, 1147).* – Mus. Vathy, Samos (1174). – Unpubliziert.

1148. *Samos.* – Fibelbügel, L. noch 2,2 cm *(Taf. 33, 1148).* – Mus. Vathy, Samos (1173). – Unpubliziert.

1149. *Samos.* – Fibel, Spiralwindung und Nadel fehlen, L. noch 2 cm *(Taf. 33, 1149).* – Mus. Vathy, Samos (o. Nr.). – Unpubliziert.

1150. *Samos.* – Fibelbügel, L. noch 1 cm *(Taf. 33, 1150).* – Mus. Vathy, Samos (o. Nr.). – Unpubliziert.

1151. *Samos.* – Fibelbügel, L. noch 1,9 cm *(Taf. 33, 1151).* – Mus. Vathy, Samos (B 1107). – Unpubliziert.

1152. *Samos.* – Fibel, Spiralwindung und Nadel fehlen, L. noch 2,9 cm *(Taf. 33, 1152).* – Mus. Vathy, Samos (B 625). – Unpubliziert.

1153. *Samos.* – Fibelbügel, L. noch 2,6 cm *(Taf. 33, 1153).* – Mus. Vathy, Samos (B 625 b). – Unpubliziert.

1154. *Samos.* – Fibelbügel, L. noch 1,6 cm *(Taf. 33, 1154).* – Mus. Vathy, Samos (625 c). – Unpubliziert.

1155. *Samos.* – Fibelbügel, L. noch 1,2 cm *(Taf. 33, 1155).* – Mus. Vathy, Samos (B 625 d). – Unpubliziert.

1156. *Samos.* – Fibelbügel, L. noch 1,9 cm *(Taf. 33, 1156).* – Mus. Vathy, Samos (B 238 d). – Unpubliziert.

1157. *Samos.* – Fibelbügel, L. noch 1,4 cm *(Taf. 33, 1157).* – Mus. Vathy, Samos (B 238 c). – Unpubliziert.

1158. *Samos.* – Fibelbügel, L. noch 1,3 cm *(Taf. 33, 1158).* – Mus. Vathy, Samos (B 238 c). – Unpubliziert.

1159. *Samos.* – Fibelbügel, L. noch 1,6 cm *(Taf. 33, 1159).* – Mus. Vathy, Samos (B 238 d). – Unpubliziert.

1160. *Arkades,* Ep. Pediada, Kreta. – Nekropole auf dem Prophet Elias, Pithos 135; Fibel im Pithos. – Fibel, Fußplatte fehlt, L. noch 1,7 cm *(Taf. 33, 1160).* – Beifund, außerhalb des Pithos, in Höhe des Henkels: einhenkelige Tasse. – Mus. Herakleion. – Levi, Arkades 166f. Taf. 6, P. 138.

1161. *Paros.* – Delion. – Fibelbügel, L. noch 1,7 cm *(Taf. 33, 1161).* – Nationalmus. Athen (12169). – Unpubliziert.

1162. *Paros.* – Delion. – Fibelbügel, L. noch 2 cm *(Taf. 33, 1162).* – Nationalmus. Athen (12169). – Unpubliziert.

1163. *Aigina.* – Aphaia-Heiligtum, aus dem Nordgraben. – Fibel, Nadel fehlt, L. 4,2 cm *(Taf. 33, 1163).* – Mus. Aigina (305). – Furtwängler, Aegina 402 Nr. 110 Taf. 116, 24; Blinkenberg, Fibules 98f. (IV 10f).

1164. *Aigina.* – Aphaia-Heiligtum. – Fibelbügel, L. noch 3,2 cm *(Taf. 33, 1164).* – Mus. Aigina (o. Nr.). – Furtwängler, Aegina Taf. 115.

1165. *Aigina.* – Aphaia-Heiligtum, vor der Höhle. – Fibel, Nadel fehlt, L. 3 cm *(Taf. 33, 1165).* – Mus. Aigina (304). – Furtwängler, Aegina 402 Nr. 109 Taf. 116, 23; Blinkenberg, Fibules 98f. (IV 10f).

1166. *Samothrake.* – Heiligtum der Großen Götter, „Hall of Votive Gifts", unter dem Fußboden. – Fibelbügel, L. noch 2,3 cm *(Taf. 33, 1166).* – Mus. Samothrake. – K. Lehmann, Hesperia 22, 1953, 7; Samothrace 4/1, 151 Nr. 98.

1167. *Samothrake.* – Heiligtum der Großen Götter, aus der Terrassenmauer. – Fibel. – Mus. Samothrake. – K. Lehmann, Hesperia 22, 1953, 7; Samothrace 4/1, 152.

1168. *Samothrake.* – Heiligtum der Großen Götter, „Hall of Votive Gifts", unter dem Fußboden. – Fibel, Fußplatte fehlt, L. noch 2,2 cm *(Taf. 33, 1168).* – Mus. Samothrake. – K. Lehmann, Hesperia 22, 1953, 7 Taf. 3, d; Samothrace 4/1, 152f. Nr. 100.

1169. *Phana,* Chios. – Apollon-Heiligtum, Ausgrabung Kourouniotes. – Fibel, Spiralwindung und Nadel fehlen, L. noch 1,9 cm *(Taf. 33, 1169).* – Mus. Chios (o. Nr.). – K. Kourouniotes, Arch. Delt. 2, 1916, 209 Abb. 32.

1170. *Phana,* Chios. – Apollon-Heiligtum, Ausgrabung Kourouniotes. – Fibel, Spiralwindung und Nadel fehlen, L. noch 1,5 cm *(Taf. 33, 1170).* – Mus. Chios (o. Nr.). – K. Kourouniotes, Arch. Delt. 2, 1916, 209 Abb. 32.

1171 A. B. *Phana,* Chios. – Apollon-Heiligtum, Ausgrabung Kourouniotes. – Zwei Fibelbügel, L. noch 1,9 und 2 cm *(Taf. 33, 1171 A. B).* – Mus. Chios (o. Nr.). – K. Kourouniotes, Arch. Delt. 2, 1916, 210.

1172. *Phana,* Chios. – Apollon-Heiligtum, Ausgrabung Lamb, Angabe „all levels". – Fibelbügel, L. noch 2,7 cm *(Taf. 33, 1172).* – Mus. Chios (o. Nr.). – Unpubliziert.

1173. *Phana,* Chios. – Apollon-Heiligtum, Ausgrabung Lamb, Angabe „all levels". – Fibel, Spiralwindung und Nadel fehlen, L. noch 2 cm *(Taf. 33, 1173).* – Mus. Chios (o. Nr.). – Unpubliziert.

1174. *Phana,* Chios. – Apollon-Heiligtum, Ausgrabung Lamb, Angabe „all levels". – Fibel, L. 1,7 cm *(Taf. 33, 1174).* – Mus. Chios (o. Nr.). – Unpubliziert.

1175. *Phana,* Chios. – Apollon-Heiligtum, Ausgrabung Lamb. – Fibelbügel, L. noch 2,4 cm *(Taf. 33, 1175* nach Lamb). – Nationalmus. Athen (o. Nr.). – W. Lamb, Ann. BSA 35, 1934–35, 152 Taf. 31, 2.

1176. *Phana,* Chios. – Apollon-Heiligtum, Ausgrabung Lamb. – Fibel, Spiralwindung und Nadel fehlen, L. noch 3 cm *(Taf. 33, 1176* nach Lamb). – Nationalmus. Athen (o. Nr.). – W. Lamb, Ann. BSA 35, 1934–35, 152 Taf. 31, 3.

1177. *Phana,* Chios. – Apollon-Heiligtum, Ausgrabung Lamb. – Fibel, Nadel fehlt, L. 3,3 cm *(Taf. 33, 1177* nach Lamb). – Nationalmus. Athen (o. Nr.). – W. Lamb, Ann. BSA 35, 1934–35, 152 Taf. 31, 22.

1178. *Emporio,* Chios. – Akropolis, von der Terrasse

des Athena-Tempels. – Fibelbügel, L. noch 3,4 cm
(Taf. 33, 1178). – Mus. Chios (o. Nr.). – Boardman,
Emporio 207f. Nr. 169 Abb. 137, 169.
1179. *Emporio*, Chios. – „Harbour Sanctuary", Fläche
H. – Fibel, Spiralwindung und Nadel fehlen, L. noch
4,2 cm *(Taf. 34, 1179 nach Boardman).* – *Datierung:*
Emporio, Periode I. – Mus. Chios. – Boardman, Emporio 207f. Nr. 168 Abb. 137, 168.
1180 A. B. *Thera.* – Nekropole am Stadtberg, Grab 10,
mehrere Brandbestattungen in Amphoren; zwei Fibeln
in Amphore 2. – Fibel, Nadel fehlt, L. 2,9 cm; Fragmente einer zweiten Fibel *(Taf. 34, 1180 A nach Pfuhl).*
– Beifunde aus Amphore 2: Fragmente einer Bronzena-
del; Fragmente einer Eisennadel; Kännchen; Napf,
Grobkeramik. – Verbleib unbekannt. – E. Pfuhl, Athen.
Mitt. 28, 1903, 23 ff. 232 Abb. 75, a.
1181. *Klopede*, Lesbos. – Östlich des älteren Tempels.
– Fibel, Nadel fehlt, L. 2,1 cm *(Taf. 34, 1181 nach Evaggelides).* – Mus. Mytilene (z. Zt. nicht nachweisbar).
– D. Evaggelides, Praktika 1928, 134 Abb. 12.

Dieser Typ wurde auf vielen Inseln der Ägäis gefunden und zwar auf Aigina, Chios (frühgeometrisch-
archaisch), Kalymnos, Lesbos (früharchaisch), Paros (Ende 8. Jh.–Anfang 7. Jh.), Rhodos (Ialysos,
Lindos, Vroulia: spätgeometrisch – früharchaisch), Samos, Samothrake, Thera und Kreta (eine archaische Fibel). Wie aus der obigen Zusammenstellung hervorgeht, ist der Typ V a typisch vor allem für die
Inseln der mittleren Ägäis, denn auf Kreta ist er selten. Kein Exemplar dieser Art ist in Leukanti gefunden
worden. Zusammenfassend sei bemerkt, daß diese Form vor dem 8. Jh. einsetzt und ihre Verwendung bis
in archaische Zeit dauert.

TYP V b

Die Fibeln dieses Typs haben die gleiche Form wie der Typ V a, das Kugelglied im Bügel ist jedoch
größer als bei diesem. Stärker sind auch der Bügelschaft und die Fußplatte. Das Kugelglied wird
beiderseits von eingetieften Ringrillen gerahmt, zwischen die bei einer Fibel von Leukanti Schrägstriche
eingeritzt sind. Der Bügelschaft hat quadratischen oder trapezförmigen Querschnitt, die Fußplatte ist
niedrig und quadratisch oder trapezförmig.

1182. *Skyros.* – Magazia, Grab II, Ausgrabung Stavropoulos. – Fibel, Spiralwindung und Nadel fehlen, L.
noch 5,1 cm *(Taf. 34, 1182).* – Mus. Skyros (587). – Unpubliziert.
1183. *Skyros.* – Magazia, Grab II, Ausgrabung Stavropoulos. – Fibel, Spiralwindung und Nadel fehlen, Fußplatte gebrochen, L. noch 4,7 cm *(Taf.34, 1183).* – Mus.
Skyros (588). – Unpubliziert.
1184. *Leukanti* (Lefkandi), Ep. Chalkis, Euböa. – Fibel
im Museum mit Angabe T 13/12, L. 4,7 cm *(Taf. 34,
1184).* – Mus. Eretria (o. Nr.). – Unpubliziert.
1185. *Leukanti* (Lefkandi), Ep. Chalkis, Euböa. – Fibel
im Museum mit Angabe ST, Pipeline 11. – Mus. Eretria
(o. Nr.). – Unpubliziert.
1186. *Leukanti* (Lefkandi), Ep. Chalkis, Euböa. – Fibel
im Museum mit Angabe Grab 2. – Mus. Eretria (o. Nr.).
– Unpubliziert.
1187. *Leukanti* (Lefkandi), Ep. Chalkis, Euböa. – Fibel
im Museum mit Angabe T/T 22/21. – Mus. Eretria
(o. Nr.). – Unpubliziert.
1188. *Leukanti* (Lefkandi), Ep. Chalkis, Euböa. – Fibel
im Museum mit Angabe T/22/26. – Mus. Eretria
(o. Nr.). – Unpubliziert.
1189. *Leukanti* (Lefkandi), Ep. Chalkis, Euböa. – Fibel
im Museum mit Angabe Grab IV Pyre 28. – Mus. Eretria (o. Nr.). – Unpubliziert.
1190. *Leukanti* (Lefkandi), Ep. Chalkis, Euböa. – Fibel
im Museum mit Angabe Grab BA Pyre 2. – Mus. Eretria
(o. Nr.). – Unpubliziert.
1191. *Leukanti* (Lefkandi), Ep. Chalkis, Euböa. – Fibel
im Museum mit Angabe Grab Γ (T55 ΓII). – Mus. Eretria (o. Nr.). – Unpubliziert.
1192. *Leukanti* (Lefkandi), Ep. Chalkis, Euböa. – Fibel
im Museum mit Angabe Grab SQ 9T32. – Mus. Eretria
(o. Nr.). – Unpubliziert.
1193. *Leukanti* (Lefkandi), Ep. Chalkis, Euböa. – Fibel
im Museum mit Angabe Grab AIV Pyre 2. – Mus. Eretria (o. Nr.). – Unpubliziert.

Fibeln dieser Form wurden nur auf Skyros und auf Euböa (Leukanti) gefunden. Auf diesen beiden Inseln ist auch der protogeometrische Typ IVb üblich, mit dem sie oft zusammen gefunden wurden. Offensichtlich also ist dieser Typ älter als die Form Va, denn wir kennen keine Exemplare aus der Zeit nach 800 v. Chr., und aus ihm wurde vielleicht die Form Va der zentralen Ägäis entwickelt. Fibeln der Form Vb kennen wir aus keiner anderen Gegend des griechischen Festlandes, ausgenommen die vergleichbaren, jedoch jüngeren Exemplare von Mesembria, Thrakien.[1]

Auf dem Balkan begegnen sie häufiger.[2] Im Gegensatz dazu hat die Form Va eine weite Verbreitung bis in die umliegenden Gebiete. In Ephesos, im archaischen Artemision, begegnen bei einer Gesamtzahl von 21 Fibeln fünf Exemplare der Form Va.[3] Auf der Peloponnes erscheint sie beispielsweise im Argivischen Heraion[4] und im Artemis Orthia-Heiligtum,[5] in Attika auf der Agora von Athen,[6] in Thessalien im Artemis Enodia-Heiligtum von Pherai.[7] Aus Epirus und Mazedonien dagegen kennen wir kein einziges Exemplar der Form Va. Ihr Fehlen dort könnte einen Unterschied in der Bekleidung oder in Details des Gewandes anzeigen, denn andere Inseltypen (etwa der Gruppe III) erreichen Nordgriechenland, wenn auch erst etwas später, und bleiben dort lange Zeit in Gebrauch.

VI. FESTLÄNDISCHE FIBELTYPEN MIT KUGELN IM BÜGEL

Diese Typen erscheinen auf den Inseln nicht so häufig wie im festländischen Griechenland. Die wenigen Fibeln, deren Hauptmerkmal ein Kugelglied zwischen verschiedenartigen Wulst- und Scheibenringen ist (Blinkenberg VII 7–11 und VI 20) werden deshalb hier zu einer Gruppe zusammengefaßt.

TYP VIa

Der Bügel dieser Fibeln besitzt ein mittleres Kugelglied, beidseits der Kugel ist er kräftig gerippt; zur Fußplatte hin folgen zwei bis drei, zum Bügelschaft hin zahlreiche Rippen. Bei einer Fibel ist die Kugel durch ein faßförmiges Zierglied ersetzt. Es gibt diesen Typ auch mit gleicher Rippenzahl beidseits der Kugel. Bei den Exemplaren von den Inseln ist die Fußplatte nicht erhalten, ausgenommen eine Fibel von Lindos mit quadratischer Fußplatte, deren Oberkante einschwingt. Der Übergang vom Bügel zur Platte ist leicht abgestuft. Hierher dürften auch die Fragmente von Fußplatten mit Zierknopf gehören (Klopede auf Lesbos sowie Stücke von Samos). Auf der Fußplatte der Fibel von Klopede gibt es den für die geometrischen Fußplattenfibeln Griechenlands charakteristischen Ritzdekor. An einer Fibel von Ialysos (Nr. 1199) hat die Fußplatte die schmalgestreckte Form der Inseltypen, ein Umstand, der vielleicht zeigt, daß es sich um ein lokales Erzeugnis handelt; dieser Typ kam also nicht nur als Importware auf die Inseln, sondern wurde von einheimischen Handwerkern nach eigenem Geschmack abgewandelt. Der Bügelschaft ist entweder ganz gerippt oder nur teilweise, der untere Teil hat dann rhombischen Querschnitt (Blinkenberg VII 7a. e. f).

---

[1] BCH. 92, 1968, 926ff. Abb. 17; Ergon 1967, 66f. Abb. 66.

[2] Für Bulgarien: P. Detev, Godišnik Nar. Muz. Plovdiv 5, 1963, 45 Abb. 8; A. Milčev, in: Festschrift D. Dečev (1958) 428 Abb. 3,b (Datierung: 8.–7. Jh. v. Chr.); für Thrakien: T. D. Zlatkovskaya/D. B. Chelov, Sov. Arch. 1971/4, 57 Abb. 2, 5.

[3] Hogarth, Ephesos 147 Taf. 17, 21–25.

[4] Argive Heraeum 243 Nr. 869–870 Taf. 86.

[5] Artemis Orthia 198 Taf. 83, i (geometrisch).

[6] Nr. B 119 – Geometrisches Grab 18: Müller-Karpe, Metallbeigaben 112 Abb. 30.

[7] Blinkenberg, Fibules 99; zur Datierung vgl. Kilian, PBF. XIV, 2 (1974) 137f. Nr. 1543–1560. Zu Funden aus der Troas und Smyrna: ebd. 139 Anm. 10.11; A. A. Mus. Ist. 1958, 75 Abb. 13, 22–26.

1194. *Ialysos,* Rhodos. – Akropolis, aus dem Athena-Heiligtum. – Fibelbügel, L. noch 7 cm *(Taf.34, 1194).* – Mus. Rhodos (8933). – Unpubliziert.

1195. *Ialysos,* Rhodos. – Akropolis, aus dem Athena-Heiligtum. – Fibel, Spiralwindung und Nadel fehlen, Fußplatte gebrochen, L. noch 4,2 cm *(Taf. 34, 1195).* – Mus. Rhodos (8936). – Unpubliziert.

1196. *Ialysos,* Rhodos. – Akropolis, aus dem Athena-Heiligtum. – Fibelbügel, L. noch 3,7 cm *(Taf. 34, 1196).* – Mus. Rhodos (11108). – Unpubliziert.

1196 A. *Ialysos,* Rhodos. – Akropolis, aus dem Athena-Heiligtum. – Fibel wie Nr. 1196. – Mus. Rhodos (11115). – Unpubliziert.

1197. *Ialysos,* Rhodos. – Akropolis, aus dem Athena-Heiligtum. – Fibel, L. 2,1 cm *(Taf. 34, 1197).* – Mus. Rhodos (11121). – Unpubliziert.

1198. *Ialysos,* Rhodos. – Akropolis, aus dem Athena-Heiligtum. – Fibelbügel, L. noch 5 cm *(Taf. 34, 1198).* – Mus. Rhodos (9089). – Unpubliziert.

1199. *Ialysos,* Rhodos. – Akropolis, aus dem Athena-Heiligtum. – Fibel, Nadel fehlt, L. 3,9 cm *(Taf. 34, 1199).* – Mus. Rhodos (9092). – Unpubliziert.

1200. *Ialysos,* Rhodos. – Akropolis, aus dem Athena-Heiligtum. – Fibel. – Mus. Rhodos (11228). – Unpubliziert.

1201. *Ialysos,* Rhodos. – Grundstück Drakidis 1925, Grab XIII (Area di cremazione). – Fibelbügel *(Taf. 34, 1201 nach Jacopi).* – Beifunde und Lit. vgl. Nr. 1136. – Verbleib unbekannt.

1202. 1203. *Lindos,* Rhodos. – Zwei Fibeln, L. noch 5,1 und 6,3 cm; insgesamt 19 Exemplare von der Akropolis, ein Exemplar von Kopria *(Taf. 34, 1202. 1203 nach Lindos I).* – Mus. Istanbul (3236). – Lindos I 82 Nr. 73 Taf. 6, 73; Blinkenberg, Fibules 137f. Abb. 172. 173 (VII 7e).

1204. *Lindos,* Rhodos. – Akropolis. – Fibel, Nadel und Fußplatte fehlen, L. noch 6,9 cm; insgesamt sechs Exemplare von der Akropolis *(Taf.34, 1204 nach Lindos I).* – Mus. Istanbul (3244). – Lindos I 82 Nr. 74 Taf. 6, 74; Blinkenberg, Fibules 132 (VII 1e).

1205. *Klopede,* Lesbos. – Fibelfragment *(Taf. 34, 1205).* – Mus. Mytilene (o. Nr.). – Unpubliziert.

1206. *Samos.* – Fibelfragment, L. noch 4 cm *(Taf. 34, 1206).* – Mus. Vathy, Samos (B 624). – Unpubliziert.

Der Typ VIa erscheint auf Aigina, Lesbos, Rhodos (Ialysos, Lindos) und Samos. Er gehört dem Ende der geometrischen und dem Beginn der archaischen Zeit an. Diesen Fibeln recht ähnlich sind solche aus dem Argivischen Heraion[1] und von Delphi.[2]

TYP VIb

Bei diesem Typ trägt der Bügel drei Kugelglieder: zwei kleinere Kugeln beiderseits einer größeren mittleren, anschließend folgen Rippen. Bei einer Fibel gibt es auch zwischen den Kugelgliedern Rippen; bei anderen zeigen die Kugeln Öffnungen für Einlagen aus anderem Material. Die Flußplatte, die an den meisten Exemplaren von den Inseln nur schlecht erhalten ist, dürfte rechteckig gewesen sein, wie es nach dem Exemplar von Rhodos den Anschein hat, und wie wir es von den Stücken vom griechischen Festland wissen. Der Bügelschaft hat runden Querschnitt; er ist mit geritzten Ringrillen verziert, offensichtlich in Nachahmung der gleichfalls geritzten Rillen bei Typus VIa, oder mit Wulst- bzw. Scheibenringen und faßförmigen Ziergliedern (Blinkenberg VII 8, 9.11). Dieser Typ wurde auf Aigina, Paros und Rhodos in geometrischem und frütharchaischem Fundzusammenhang gefunden.[3]

1207. *Lindos,* Rhodos. – Akropolis. – Fibel, Nadel und Fußplatte fehlen, L. noch 9,4 cm; insgesamt sechs Exemplare von der Akropolis *(Taf. 35, 1207 nach Lindos I).* – Mus. Istanbul (3227). – Lindos I 82 Nr. 70 Taf. 6, 70; Blinkenberg, Fibules 141 Abb. 179 (VII 9a).

1207 A. *Lindos,* Rhodos. – Akropolis. – Fibelbügel, L. noch 8 cm *(Taf. 35, 1207 A nach Photo DAI. Istanbul).* – Mus. Istanbul (3546). – Lindos I 82 Nr. 70.

1208. *Paros.* – Delion, unter dem Fußboden des Tempels. – Fibelbügel, L. noch 3,8 cm *(Taf. 35, 1208).* – Nationalmus. Athen (12169). – Blinkenberg, Fibules 140 (VII 8g); Rubensohn, Delion 68 Nr. 14.

---

[1] Argive Heraeum 243 Nr. 872. 875 Taf. 86.
[2] Delphes V 111 Abb. 386. 387.
[3] Vgl. auch ebd. 112 Nr. 590 Abb. 399. Verbreitung des Typs bis Thessalien: PBF. XIV, 2 (Kilian) Nr. 1522–1525.

1209. *Aigina.* – Aphaia-Heiligtum. – Fibelbügel, L. noch 3,7 cm *(Taf. 35, 1209).* – Mus. Aigina (849). – Unpubliziert.
1210. *Lindos,* Rhodos. – Akropolis. – Fibel, Nadel und Fußplatte fehlen, L. noch 7 cm; insgesamt drei Exemplare von der Akropolis *(Taf. 35, 1210* nach Lindos I). – Mus. Istanbul. – Lindos I 82 Nr. 71 Taf. 6, 71; Blinkenberg, Fibules 143 Abb. 181 (VII 11 a).

TYP VIc

Dieser Typ ist nach der Formulierung Blinkenbergs „colossal". Der Bügel trägt im Scheitel eine Kugel, seitlich folgen je ein oder zwei Scheibenringe und dann je ein Kubus. Bei einigen Exemplaren zeigen diese Kuben Öffnungen zur Aufnahme von Einlagen aus anderem Material; Kugeln bzw. Kuben können Zierknöpfe tragen. Bei einer Variante aus Lindos sitzen an Stelle der Kuben Kugeln, dazwischen Scheibenringe. Bei anderen Exemplaren fehlen die seitlichen Kuben oder Kugeln völlig, oder die Kugeln und Kuben sind durch zylindrische Zierglieder ersetzt, die Scheibenringe fehlen. Bei einem schweren Exemplar mit gedrückten Kugeln und Kuben ist ein ganzes Tier angebracht (s. bei Typ VIII). Wie auch bei den anderen Typen dieser Gruppe ist die Fußplatte nicht an allen Fibeln erhalten; sie dürfte insbesondere nach den Gegenstücken Thessaliens zu rekonstruieren sein. An Exemplaren von Lindos und Aigina tritt eine langgestreckte Fußplatte mit tief eingesattelter Oberkante auf. Ein Exemplar zeigt am Übergang vom Bügel zur Fußplatte einen zwischengestellten Kubus. Der Bügelschaft hat runden oder rhombischen Querschnitt. Eine offenbar typische Variante des thessalischen Typus VI 20 nach Blinkenberg bietet eine Fibel von Lemnos mit einer Kugel im Scheitel, gerahmt von zwei Scheibenringen; anschließend trägt der Bügel Ringrillen. Aigina, Lemnos, Rhodos (Ialysos, Lindos) haben Fibeln dieses Typs geliefert, die zwischen das Ende der geometrischen und den Anfang der archaischen Zeit gehören.[4] (Blinkenberg VI 9b, 20c, 24a, 27f; VII 12.)

1211. *Aigina.* – Kap Kolonna, Apollon („Aphrodite")-Heiligtum. – Fußplatte einer Fibel, L. noch 3,6 cm *(Taf. 35, 1211).* – Mus. Aigina (854). – Unpubliziert.
1212. *Ialysos,* Rhodos. – Akropolis, aus dem Athena-Heiligtum. – Fibelbügel, L. noch 6,9 cm *(Taf. 35, 1212).* – Mus. Rhodos (9090). – Unpubliziert.
1213. *Samos.* – Fibelbügel, L. noch 4 cm *(Taf. 35, 1213).* – Mus. Vathy, Samos (o. Nr.) – Unpubliziert.
1214. *Ialysos,* Rhodos. – Akropolis, aus dem Athena-Heiligtum. – Fibel, Nadel fehlt, L. 4 cm *(Taf. 35, 1214).* – Mus. Rhodos (8972). – Unpubliziert.
1215. *Lindos,* Rhodos. – Akropolis. – Fibelbügel, L. noch 11,7 cm *(Taf. 35, 1215* nach Lindos I). – Mus. Istanbul. – Lindos I 83f. Nr. 82 Taf. 7, 82; Blinkenberg, Fibules 127 Abb. 159 (VI 27g).
1216. *Lindos,* Rhodos. – Akropolis. – Fibelbügel, L. noch 11,5 cm *(Taf. 35, 1216* nach Lindos I). – Mus. Istanbul (3228). – Lindos I 84 Nr. 85 Taf. 7, 85; Blinkenberg, Fibules 123 Abb. 153 (VI 24a).
1217. *Aigina.* – Kap Kolonna, Apollon („Aphrodite")-Heiligtum. – Fibelbügel, L. noch 8,3 cm *(Taf. 35, 1217).* – Mus. Aigina (845). – Unpubliziert.
1218. *Aigina.* – Aphaia-Heiligtum. – Fibel, Nadel fehlt, L. 8,1 cm *(Taf. 35, 1218).* – Mus. Aigina (308). – Furtwängler, Aegina 402 Nr. 112 Taf. 116, 18.
1219. *Aigina.* – Aphaia-Heiligtum, von der Südseite des Tempels, unter dem Bauschutt. – Fibelbügel, L. noch 7,2 cm *(Taf. 35, 1219).* – Mus. Aigina (302). – Furtwängler, Aegina 402 Nr. 107 Taf. 116, 19; Blinkenberg, Fibules 127 (VI 27e).
1220. *Aigina.* – Aphaia-Heiligtum, aus dem Nordgraben. – Fibelbügel, L. noch 4,1 cm *(Taf. 36, 1220).* – Mus. Aigina (307). – Furtwängler, Aegina 402 Nr. 111 Taf. 116, 15.
1221. *Aigina.* – Fibelfragment, L. noch 3,7 cm *(Taf. 36, 1221).* – Mus. Aigina (o. Nr.). – Unpubliziert.
1222. *Lindos,* Rhodos. – Akropolis. – Fibel, Nadel und Fußplatte fehlen, L. noch 8,7 cm *(Taf. 36, 1222* nach Lindos I). – Mus. Istanbul (3229). – Lindos I 83f. Nr. 82 Taf. 7, 82; Blinkenberg, Fibules 127 (VI 27g).
1222 A. *Lindos,* Rhodos. – Fibelbügel, L. noch 6 cm *(Taf. 36, 1222 A* nach Photo DAI Istanbul). – Mus. Istanbul (3284).
1223 A. B. *Lindos,* Rhodos. – Akropolis. – Zwei Fibeln,

---

[4] Zur Datierung dieses Typs im übrigen Griechenland und zu seiner Verbreitung s. Kilian, PBF. XIV, 2 (1974) 36f. 39f. 49.

L. 8,2 und noch 6,4 cm (*Taf. 36, 1223 A. B* nach Lindos
I). – Mus. Istanbul. – Lindos I 83 Nr. 78 Taf. 6, 78;
Blinkenberg, Fibules 115 (VI 9b).
1224. *Kamiros*, Rhodos. – Papatislures, Grab IX (Area
di cremazione a 2 pozzetti). – Zwei Fragmente eines
Fibelbügels, L. noch 12 cm (*Taf. 36, 1224* nach Jacopi).
– Beifunde: „Zyprischer" Aryballos. – Verbleib unbekannt. – Jacopi, Camiro II 38ff. Abb. 42.
1225. *Lindos*, Rhodos. – Akropolis. – Fibelbügel, L.
noch 6,1 cm; insgesamt 6 Exemplare von der Akropolis
(*Taf. 36, 1225* nach LindosI). – Mus. Istanbul. – Lindos
I 83 Nr. 80 Taf. 6, 80; Blinkenberg, Fibules 144 (VII
12g).

1226. *Lindos*, Rhodos. – Akropolis. – Fibel, Spiralwindung und Nadel fehlen, L. noch 10,7 cm (*Taf. 36, 1226*
nach Lindos I). – Mus. Istanbul. – Lindos I 84 Nr. 86
Taf. 7, 86.
1226 A. *Lindos*, Rhodos. – Fibelbügel, L. noch 6,3 cm
(*Taf. 36, 1226 A* nach Photo DAI Istanbul). – Mus.
Istanbul (3233).
1227. *Hephaisteia*, Lemnos. – Cinerario B-XXVI,
Brandbestattung in Pithos. – Fibel, Nadel fehlt, L.
10,5 cm (*Taf. 36, 1227*). – Beifunde: zwei Amphoriskoi;
Beil, Eisen; Messerfragment, Eisen. – Mus. Lemnos
(1710). – Mustilli, Efestia 114ff. Abb. 188.

TYP VI d

Einen eigenen Typ mit Elementen vieler Typen, der aufgrund der einzelnen Kugel, der trapezförmigen
Fußplatte, der massiven Ausführung und der Kanneluren beidseits der Kugel zwischen die Gruppen V
und VI – wohl näher an VI – zu stellen ist, bilden die Fibeln Nr. 1228–1231 von Paros, Aigina und Kreta.
Wohl etwas jüngere Exemplare (5. Jh. v. Chr.) vergleicht Robinson[5] mit kreto-thessalischen Fibeln des
10. Jh. v. Chr. und mit archaischen Fibeln der Gruppen III und V von Rhodos.

Eine Fibel dieses Typs hat einen zungenförmig-trapezförmigen Fuß; bei den übrigen ist der Fuß nicht
erhalten. Der Fund einer solchen Fibel in Vrokastro weist diesen Typ mindestens teilweise noch der
geometrischen Zeit zu (vor das 8. Jh.). Eine dem Exemplar von Paros ähnliche Fibel kennen wir vom
Aetos auf Ithaka,[6] die Benton in die frühgeometrische Zeit setzt. Dieser Typ dürfte also innerhalb der
Gruppe VI der ältere sein.[7]

Nur allgemein unserer Gruppe VI, nicht aber einem näher bestimmten Typ zuweisen lassen sich die
beiden Fibelfragmente 1231 A. B von Aigina.

1228. *Kavoussi*, N. Chania, Kreta. – Fibelfragment, H.
5,5 cm (*Taf. 36, 1228*). – Mus. Chania (o. Nr.). – Unpubliziert.
1229. *Vrokastro* bei Pyrgos, Ep. Mirabello, Kreta.
– Siedlung, Raum 13, obere Schicht. – Fragment einer
Fibel (*Taf. 36, 1229* nach Hall). – Beifunde: Nadel,
oblonge Schaftperle zwischen Wülsten, flache Kopfscheibe; Nadel, Bein; zweihenkelige Schüssel. – Mus.
Herakleion. – Hall, Vrokastro 107f. Taf. 19, 1.
1230. *Paros*. – Delion, unter dem Fußboden des Tempels. – Fibel, Nadel fehlt, L. 6,8 cm (*Taf. 36, 1230*).
– Nationalmus. Athen (12169). – Rubensohn, Delion 68
Nr. 12 Taf. 12, 9.

1231. *Aigina*. – Kap Kolonna, Apollon („Aphrodite")-
Heiligtum, Ausgrabung 1904. – Fibelbügel, L. noch
4,7 cm (*Taf. 36, 1231*). – Mus. Aigina (o. Nr.). – Unpubliziert.
1231 A. *Aigina*. – Kap Kolonna, Apollon („Aphrodite")-Heiligtum, Ausgrabung 1904. – Fibelfragment, L.
noch 7 cm (*Taf. 37, 1231 A*). – Mus. Aigina (860). – Unpubliziert.
1231 B. *Aigina*. – Aphaia-Heiligtum. – Fibelbügel, L.
noch 5,3 cm (*Taf. 37, 1231 B*). – Mus. Aigina (o. Nr.).
– Furtwängler, Aegina 401f. Nr. 105 Taf. 116, 13; Blinkenberg, Fibules 132 (VII 1f).

Es sei hier noch angemerkt, daß weder im Norden noch in Italien gleichartige Fibeln gefunden wurden,
und daß, abgesehen vom Typ VId, keiner dieser Typen in frühgeometrischen Schichten zum Vorschein

---

[5] Olynthus X 112 Nr. 396–398.
[6] S. Benton, Ann. BSA. 48, 1953, 350 Nr. E 224 Taf. 69.

[7] Zu diesem Typ allgemein vgl. Kilian, PBF. XIV, 2 (1974).

kam. Bezeichnend ist auch, daß Entsprechungen sowohl in Leukanti als auch im Kerameikos, auf der
Agora und in den älteren Schichten von Emporio auf Chios fehlen. Wir dürfen also den Schluß ziehen,
daß sie auf den Inseln zumindest am Ende der geometrischen und während der archaischen Zeit in
Gebrauch waren. Von Bedeutung ist auch der Hinweis auf einen Austausch solcher Gegenstände
zwischen dem griechischen Festland und den Ägäischen Inseln während dieser Zeit.

VII. VARIANTEN DER TYPEN II–IV MIT ZIERKNÖPFEN AUF DEM BÜGEL

Der Typ mit zusätzlichen Zierknöpfen ist durch Exemplare verschiedener der oben behandelten Typen
vertreten, hauptsächlich aber durch die folgenden: Typ II (Bogenfibeln, insbesondere solche, die Elemente östlicher Inspiration wie Viereckscheiben an den Bügelenden zeigen), Typen III, IV und V (zu
zwei Exemplaren aus Aigina vgl. den Grundtyp).

Es mag befremdlich erscheinen, daß hier mehrere Fibeln der oben behandelten Typen zu einem
eigenen Typ VIIa zusammengestellt werden. Zweifellos wird ein Typ nicht nur durch das Hinzufügen
eines im Grunde sekundären Merkmals, wie es die Zierknöpfe sind, definiert. Da unser Typ VIIa jedoch
zeitgleich, in einigen Fällen auch älter ist als unsere Typen VIIb und c, und da er der Vorläufer des
Typus VIII ist, hielten wir es für richtig, ihn von den Grundformen (ohne Zierknöpfe) abzutrennen,
damit auch unter kunstgeschichtlichem Aspekt der ästhetische Wandel der schlichteren Formen deutlich
werde. Damit soll Typ VIIa aber typologisch nicht grundsätzlich von jenen Typen getrennt werden, aus
denen er sich entwickelt hat. Typ VIIb dagegen ist klar als eigenständiger Typ zu verstehen; zurecht hat
ihn auch Sundwall unter die „Figurenfibeln" eingereiht.

TYP VIIa

Die Zierknöpfe bestehen aus einer einfachen oder doppelten Kugel, aus Konus oder Doppelkonus,
hornartigen Zapfen, vertikaler Scheibe, gedrückter Kugel zwischen Scheiben, einer oder zwei Scheiben.

1232. *Ialysos*, Rhodos. – Grundstück Zambico 1927,
Grab CXXXII, Körperbestattung (Kind) in Pithos.
– Fibel, Maße unbekannt *(Taf. 37, 1232* nach Jacopi).
– Beifunde und Lit. vgl. Nr. 205.
1233. *Ialysos*, Rhodos. – Grundstück Zambico 1926,
Grab CXII, Körperbestattung (Kind) in Pithos. – Fibel,
Maße unbekannt. – Beifunde und Lit. vgl. Nr. 813.
1234. *Ialysos*, Rhodos. – Grundstück Drakidis 1925,
Grab XIII (Area di cremazione). – Fibelbügel, Maße
unbekannt *(Taf. 37, 1234* nach Jacopi). – Beifunde und
Lit. vgl. Nr. 1136.
1235. *Ialysos*, Rhodos. – Akropolis, aus dem Athena-
Heiligtum. – Fibel, L. 3,7 cm *(Taf. 37, 1235)*. – Mus.
Rhodos (9534). – Unpubliziert.
1236. *Ialysos*, Rhodos. – Akropolis, aus dem Athena-
Heiligtum. – Fibel. – Mus. Rhodos (9540). – Unpubli-
ziert.

1237. *Ialysos*, Rhodos. – Akropolis, aus dem Athena-
Heiligtum. – Fibel, L. 5 cm. – Mus. Rhodos (9544).
– Unpubliziert.
1238.–1246. *Ialysos*, Rhodos. – Akropolis, aus dem
Athena-Heiligtum. – Neun Fibeln. – Mus. Rhodos
(9539. 9543. 9541. 8785. 8790–94). – Unpubliziert.
1247. *Ialysos*, Rhodos. – Akropolis, aus dem Athena-
Heiligtum. – Fibelbügel, L. noch 4,7 cm *(Taf. 37, 1247)*.
– Mus. Rhodos (9330). – Unpubliziert.
1248. *Arkades*, Ep. Pediada, Kreta. – Nekropole auf
dem Prophet Elias, Pithos 107, Fibel im Pithos. – Fibelbügel, L. noch 3 cm *(Taf. 37, 1248)*. – Beifunde (?),
außerhalb des Pithos: bauchige Kanne. – Mus. Herakleion. – Levi, Arkades 157 Taf. 6.
1249. *Ialysos*, Rhodos. – Akropolis, aus dem Athena-
Heiligtum. – Fibel, L. 5,5 cm *(Taf. 37, 1249)*. – Mus.
Rhodos (9517). – Unpubliziert.

1250. *Ialysos*, Rhodos. – Akropolis, aus dem Athena-Heiligtum. – Fibel, L. 4,2 cm. – Mus. Rhodos (9545). – Unpubliziert.

1251. *Ialysos*, Rhodos. – Akropolis, aus dem Athena-Heiligtum. – Fibel, L. 3,8 cm *(Taf. 37, 1251)*. – Mus. Rhodos (8344). – Unpubliziert.

1252. *Ialysos*, Rhodos. – Akropolis, aus dem Athena-Heiligtum. – Fibel, L. 3,2 cm. – Mus. Rhodos (9519). – Unpubliziert.

1253. *Ialysos*, Rhodos. – Akropolis, aus dem Athena-Heiligtum. – Fibel, L. 4,4 cm *(Taf. 37, 1253)*. – Mus. Rhodos (9516). – Unpubliziert.

1254.–1259. *Ialysos*, Rhodos. – Akropolis, aus dem Athena-Heiligtum. – Sechs Fibeln, L. 2 cm, 4,5 cm 2,3 und 2,7 cm. – Mus. Rhodos (9523. 9535. 9525–27). – Unpubliziert.

1260.–1265. *Ialysos*, Rhodos. – Akropolis, aus dem Athena-Heiligtum. – Sechs Fibeln, L. 5 cm, 4 cm, 5 cm, 4 und 4,5 cm. – Mus. Rhodos (9537. 9538. 9528. 9530. 9531. 9533). – Unpubliziert.

1266. *Ialysos*, Rhodos. – Grundstück Zambico 1926, Grab CVII, Körperbestattung (Kind) in Pithos. – Fibel, Maße unbekannt *(Taf. 37, 1266* nach Jacopi). – Beifunde und Lit. vgl. Nr. 810. – Mus. Rhodos (?).

1267 A. *Exoche*, Rhodos. – Grab A, Brandbestattung in rechteckiger Grabgrube, in den vier Ecken je eine kleine Grube; Fibel in Pithos 25. – Fibel, L. 4 cm *(Taf. 37, 1267 A* nach Friis Johansen). – Beifunde vgl. Nr. 850. – Verbleib unbekannt. – K. Friis Johansen, Acta Arch. 28, 1957, 12 ff. Abb. 28.

1267 B. *Exoche*, Rhodos. – Aus der Nekropole. – Fibel, Fußplatte fehlt, L. noch 2,5 cm *(Taf. 37, 1267 B* nach Friis Johansen). – Ny Carlsberg Glyptothek Kopenhagen (12467). – K. Friis Johansen, Acta Arch. 28, 1957, 71 ff. Abb. 161.

1268. *Samos*. – Fibel, Spiralwindung und Nadel fehlen, L. noch 2,8 cm *(Taf. 37, 1268)*. – Mus. Vathy, Samos (B 841). – Unpubliziert.

1269. *Paros*. – Delion. – Fibel, Nadel und Fußplatte fehlen, L. noch 2,6 cm *(Taf. 37, 1269)*. – Nationalmus. Athen (12169). – Unpubliziert.

1270. *Paros*. – Delion. – Fibelbügel, L. noch 2,4 cm *(Taf. 37, 1270)*. – Nationalmus. Athen (12169). – Unpubliziert.

1271. 1272. *Thera*. – Sellada, Schiff'sches Grab. – Zwei Fibeln, L. noch 3,8 und 2,7 cm *(Taf. 37, 1271. 1272* nach Thera II). – Beifunde vgl. Nr. 19. – Verbleib unbekannt. – Thera II 299 f. Nr. 12. 13 Abb. 489, l. m; Blinkenberg, Fibules 93 (IV 4 d).

1273. *Paros*. – Delion. – Fibelbügel, L. noch 2,4 cm *(Taf. 37, 1273)*. – Nationalmus. Athen (12169). – Unpubliziert.

1274. *Aigina*. – Fibelbügel, L. noch 4,6 cm *(Taf. 37, 1274)*. – Mus. Aigina (o. Nr.). – Unpubliziert.

1275. *Aigina*. – Kap Kolonna, Apollon („Aphrodite")-Heiligtum. – Fibelbügel, L. noch 4,7 cm *(Taf. 37, 1275)*. – Mus. Aigina (856). – Unpubliziert.

1276. *Phana*, Chios. – Apollon-Heiligtum, Ausgrabung Lamb. – Fibel, Spiralwindung und Nadel fehlen, L. noch 2,1 cm *(Taf. 37, 1276)*. – Mus. Chios (o. Nr.). – Unpubliziert.

1277. *Phana*, Chios. – Apollon-Heiligtum, Ausgrabung Lamb. – Fibelbügel, L. noch 1,6 cm *(Taf. 37, 1277)*. – Mus. Chios (o. Nr.). – Unpubliziert.

1278. *Phana*, Chios. – Apollon-Heiligtum, Ausgrabung Lamb. – Fibelbügel, L. noch 2,2 cm *(Taf. 37, 1278)*. – Mus. Chios (o. Nr.). – Unpubliziert.

1279. *Phana*, Chios. – Apollon-Heiligtum, Ausgrabung Lamb. – Fibelbügel, L. noch 1,6 cm *(Taf. 37, 1279)*. – Mus. Chios (o. Nr.). – Unpubliziert.

1280. *Phana*, Chios, Apollon-Heiligtum, Ausgrabung Lamb. – Fibelbügel, L. noch 1,8 cm *(Taf. 37, 1280)*. – Mus. Chios (o. Nr.). – Unpubliziert.

1281. *Phana*, Chios. – Apollon-Heiligtum, Ausgrabung Lamb. – Fibelbügel, L. noch 2,5 cm *(Taf. 37, 1281)*. – Mus. Chios (o. Nr.). – Unpubliziert.

1282. *Phana*, Chios. – Apollon-Heiligtum, Ausgrabung Lamb. – Fibel, Spiralwindung und Nadel fehlen *(Taf. 37, 1282* nach Lamb). – Nationalmus. Athen (o. Nr.). – W. Lamb, Ann. BSA. 35, 1934–35, 152 Taf. 31, 5.

1283. *Phana*, Chios. – Apollon-Heiligtum, Ausgrabung Lamb. – Fibel, Nadel fehlt, L. 2,4 cm *(Taf. 37, 1283* nach Lamb). – Verbleib unbekannt. – W. Lamb, Ann. BSA. 35, 1934–35, 152 Taf. 31, 9.

1284. *Phana*, Chios. – Apollon-Heiligtum, Ausgrabung Lamb. – Fibel, Spiralwindung und Nadel fehlen, L. noch ca. 2 cm *(Taf. 37, 1284* nach Lamb). – Nationalmus. Athen (o. Nr.). – W. Lamb, Ann. BSA. 35, 1934–35, 152 Taf. 31, 14.

1285. *Emporio*, Chios. – „Harbour Sanctuary", Fläche H. – Fibel, Spiralwindung und Nadel fehlen, L. noch 2,8 cm *(Taf. 37, 1285)*. – *Datierung:* Emporio, Periode III–IV. – Mus. Chios (o. Nr.). – Boardman, Emporio 20 ff. Nr. 171 Abb. 137, 171.

1286. *Emporio*, Chios. – „Harbour Sanctuary", Fläche H. – Fibelbügel, L. noch 2,2 cm *(Taf. 37, 1286* nach Boardman). – *Datierung:* Emporio, Periode II. – Mus. Chios (o. Nr.). – Boardman, Emporio 207 f. Nr. 172 Abb. 137, 172.

1287. *Emporio*, Chios. – „Harbour Sanctuary", Fläche H. – Fibel, L. 2,5 cm *(Taf. 37, 1287* nach Boardman). – *Datierung:* Emporio, Periode II. – Mus. Chios (o. Nr.). – Boardman, Emporio 207 f. Nr. 173 Abb. 137, 173.

1288. *Emporio*, Chios. – „Harbour Sanctuary", Fläche H. – Fibelbügel, L. noch 1,4 cm (*Taf. 37, 1288* nach Boardman). – *Datierung:* Emporio, Periode I. – Mus. Chios (o. Nr.). – Boardman, Emporio 207f. Nr. 175 Abb. 137, 175.

1289. *Phana*, Chios. – Apollon-Heiligtum, Ausgrabung Kourouniotes. – Fibel, Fußplatte und Nadel fehlen, L. noch 1,8 cm (*Taf. 37, 1289*). – Mus. Chios (o. Nr.). – K. Kourouniotes, Arch. Delt. 2, 1916, 209 Abb. 32.

1290. *Phana*, Chios. – Apollon-Heiligtum, Ausgrabung Kourouniotes. – Fibel, Spiralwindung und Nadel fehlen, L. noch 3 cm (*Taf. 37, 1290*). – Mus. Chios (o. Nr.). – K. Kourouniotes, Arch. Delt. 2, 1916, 208ff.

1291. *Phana*, Chios. – Apollon-Heiligtum, Ausgrabung Kourouniotes. – Fibelbügel, L. noch 2,1 cm (*Taf. 37, 1291*). – Mus. Chios (o. Nr.). – K. Kourouniotes, Arch. Delt. 2, 1916, 208ff.

1292. *Thera.* – Sellada, Schiff'sches Grab. – Fibel, L. 2,4 cm (*Taf. 37, 1292* nach Thera II). – Beifunde vgl. Nr. 19. – Verbleib unbekannt. – Thera II 300f. Nr. 14 Abb. 489, n; Blinkenberg, Fibules 97 (IV 9f).

1292 A. B. *Thera.* – Sellada, Grab 52, Brandbestattung in Amphore; zwei Fibeln in der Amphore. – Zwei Fibeln, Maße unbekannt (*Taf. 37, 1292 A* nach Thera II). – Beifunde: Fragmente einer bemalten Kanne. – Verbleib unbekannt. – Thera II 46f. Abb. 149.

1293.–1297. *Ialysos,* Rhodos. – Akropolis, aus dem Athena-Heiligtum. – Fünf Fibeln, L. 3 cm, 2,5 und 2 cm. – Mus. Rhodos (11131. 11135. 11133. 11139. 11140). – Unpubliziert.

1298.–1302. *Ialysos,* Rhodos. – Akropolis, aus dem Athena-Heiligtum. – Fünf Fibeln, L. 2 cm, 2 cm, 3 cm, 3 und 2,5 cm. – Mus. Rhodos (11141–43. 9044. 9045). – Unpubliziert.

1303.–1307. *Ialysos,* Rhodos. – Akropolis, aus dem Athena-Heiligtum. – Fünf Fibeln, L. 2,5 cm, 3 cm, 2,8 cm, 2,7 und 2,5 cm. – Mus. Rhodos (9046–50). – Unpubliziert.

1308.–1312. *Ialysos,* Rhodos. – Akropolis, aus dem Athena-Heiligtum. – Fünf Fibeln, L. 2 cm, 1,7 cm, 2,5 cm, 2,8 und 2,2 cm. – Mus. Rhodos (9051–55). – Unpubliziert.

1313.–1317. *Ialysos,* Rhodos. – Akropolis, aus dem Athena-Heiligtum. – Fünf Fibeln, L. 2,2 cm, 2 cm, 2,9 cm, 3 und 3,5 cm. – Mus. Rhodos (9056–59. 8474). – Unpubliziert.

1318.–1321. *Ialysos,* Rhodos. – Akropolis, aus dem Athena-Heiligtum. – Vier Fibeln, L. 2,5 cm, 3 cm, 3 und 2,2 cm. – Mus. Rhodos (8470. 8472. 8473. o. Nr.). – Unpubliziert.

1322. *Ialysos,* Rhodos. – Akropolis, aus dem Athena-Heiligtum. – Fibel, Spiralwindung und Nadel fehlen, L.

noch 2,8 cm (*Taf. 38, 1322*). – Mus. Rhodos (9518). – Unpubliziert.

1323.–1325. *Ialysos,* Rhodos. – Akropolis, aus dem Athena-Heiligtum. – Drei Fibeln. – Mus. Rhodos (9521. 11231. 8478). – Unpubliziert.

1326. *Ialysos,* Rhodos. – Akropolis, aus dem Athena-Heiligtum. – Fibel, L. 3,4 cm; und weitere 25 gleichartige Exemplare (*Taf. 38, 1326*). – Mus. Rhodos (11230). – Unpubliziert.

1327 A. B. *Lindos,* Rhodos. – Akropolis. – Zwei Fibeln, L. 5,2 und 4,2 cm; insgesamt 15 Exemplare von der Akropolis (*Taf. 38, 1327 A. B* nach Lindos I). – Mus. Istanbul. – Lindos I 82 Nr. 75 Taf. 6, 75; Blinkenberg, Fibules 96f. Abb. 101. 102 (IV 9a).

1328. *Ialysos,* Rhodos. – Akropolis, aus dem Athena-Heiligtum. – Fibel, L. 4 cm. – Mus. Rhodos (9524). – Unpubliziert.

1329. *Ialysos,* Rhodos. – Grundstück Zambico 1927, Grab CXXXI, Körperbestattung (Neugeborenes) in Pithos. – Fibel, Maße unbekannt (*Taf. 38, 1329* nach Jacopi). – Beifunde vgl. Nr. 398. – Jacopi, Jalisso 143f. Taf. 5.

1330. *Ialysos,* Rhodos. – Grundstück Zambico 1926, Grab CXII, Körperbestattung (Kind) in Pithos. – Fibel. – Beifunde und Lit. vgl. Nr. 813.

1331. *Ialysos,* Rhodos. – Grundstück Zambico 1926, Grab CXIII, Körperbestattung (Kind) in Hydria. – Fibel. – Beifunde und Lit. vgl. Nr. 814.

1332. *Ialysos,* Rhodos. – Grundstück Zambico 1927, Grab CXVIII, Körperbestattung (Kind) in Pithos. – Fibel. – Beifunde: zweihenkelige Schale. – Mus. Rhodos (?). – Jacopi, Jalisso 140.

1333. *Ialysos,* Rhodos. – Grundstück Zambico 1927, Grab CXXXVI, Körperbestattung (Kind) in Pithos. – Fragmente von fünf Fibeln mit Zierknopf auf dem Kugelglied des Bügels. – Beifunde: Fibel Nr. 1549 A; einhenkelige Tasse. – Mus. Rhodos (?). – Jacopi, Jalisso 145.

1334. *Ialysos,* Rhodos. – Grundstück Zambico 1927, Grab CXXXII, Körperbestattung (Kind) in Pithos. – Fibel, Maße unbekannt. – Beifunde und Lit. vgl. Nr. 205.

1335. *Ialysos,* Rhodos. – Grundstück Zambico 1926, Grab CX, Körperbestattung (Kind) in Amphore. – Fibel, Maße unbekannt. – Beifunde und Lit. vgl. Nr. 812.

1336. *Lindos,* Rhodos. – Akropolis. – Fibel, L. 2,7 cm; insgesamt 53 Exemplare von der Akropolis (*Taf. 38, 1336* nach Lindos I). – Mus. Istanbul. – Lindos I 83 Nr. 76b Taf. 6, 76b.

1337. *Kalymnos.* – Fibel, Fußplatte und Nadel fehlen, L. noch 2 cm (*Taf. 38, 1337*). – Arch. Slg. Kalymnos (3 b). – Unpubliziert.

1338. *Ida, Zeus-Grotte,* Kreta. – Ausgrabung Halbherr

1884. – Fibel, Nadel fehlt, Fußplatte gebrochen, L. noch 1,8 cm *(Taf. 38, 1338)*. – Mus. Herakleion (259). – Unpubliziert.
1339. *Kreta.* – Fibel, Fußplatte und Nadel fehlen, L. noch 2,6 cm *(Taf. 38, 1339)*. – Mus. Rhethymnon (o. Nr.). – Unpubliziert.
1340. *Samos.* – Fibelbügel, L. noch 3,3 cm *(Taf. 38, 1340)*. – Mus. Vathy, Samos (B 866). – Unpubliziert.
1341. *Lindos,* Rhodos. – Akropolis. – Fibel, Fußplatte und Nadel fehlen, L. noch 6 cm; insgesamt zwei Exemplare von der Akropolis *(Taf. 38, 1341* nach Lindos I). – Mus. Istanbul. – Lindos I 84 Nr. 83 Taf. 7, 83.
1342. *Ialysos,* Rhodos. – Akropolis, aus dem Athena-Heiligtum. – Fibel, Spiralwindung und Nadel fehlen, L. noch 3,8 cm *(Taf. 38, 1342)*. – Mus. Rhodos (9648). – Unpubliziert.
1343. *Ialysos,* Rhodos. – Akropolis, aus dem Athena-Heiligtum. – Fibelbügel, L. noch 3,2 cm *(Taf. 38, 1343)*. – Mus. Rhodos (7918). – Unpubliziert.

1344. 1345. *Ialysos,* Rhodos. – Akropolis, aus dem Athena-Heiligtum. – Zwei Fibeln. – Mus. Rhodos (8174. 8162). – Unpubliziert.
1346. *Ialysos,* Rhodos. – Akropolis, aus dem Athena-Heiligtum. – Fibel, Spiralwindung und Nadel fehlen, L. noch 3,8 cm *(Taf. 38, 1346)*. – Mus. Rhodos (9594). – Unpubliziert.
1347. *Emporio,* Chios. – „Harbour Sanctuary", Fläche H. – Fibelbügel, L. noch 4,4 cm *(Taf. 38, 1347* nach Boardman). – *Datierung:* Emporio, Periode I. – Mus. Chios (o. Nr.). – Boardman, Emporio 209f. Nr. 206 Abb. 138, 206.
1348. *Emporio,* Chios. – „Harbour Sanctuary", Fläche H. – Fibel, Nadel fehlt, Fußplatte gebrochen, L. noch 4 cm *(Taf. 38, 1348* nach Boardman). – *Datierung:* Emporio, Periode II. – Mus. Chios (o. Nr.). – Boardman, Emporio 209f. Nr. 207 Abb. 138, 207.

Zierknöpfe dieser Art finden sich an Fibeln aus der ersten bis vierten Periode des Hafenheiligtums von Emporio auf Chios (750–600 v. Chr.), von Aigina, Kalymnos, Kreta (geometrische Fibel aus der Idäischen Höhle, orientalisierende Fibel von Arkades), Lemnos, Rhodos (Ialysos, Lindos, Exoche), Samos und Thera. Die genannten Exemplare zeigen, daß dieser Typ von der Mitte des 8. Jh. v. Chr. bis etwa 600 v. Chr. vorkommt.

Fibeln aus anderen Gegenden, die einer der Varianten dieses Typs angehören, kennen wir vom Aetos auf Ithaka,[1] aus dem archaischen Tempel von Ephesos und aus Smyrna,[2] aus dem Artemis Orthia-Heiligtum,[3] aus Delphi[4] und aus dem Argivischen Heraion.[5] Keine Entsprechungen fanden sich dagegen in Leukanti und in Attika.

TYP VIIb

Eine auf den Inseln recht gebräuchliche Verzierung ist ein Wasservogel auf dem Bügel. Der Vogel ist klein, dick, mit gebogenem Schnabel und kleinem Schwanz.[6] Er sitzt auf dem Bügelscheitel von Fibeln des Typus IV, ausnahmsweise auf Miniaturfibeln vom Typ If. Nicht selten sind es drei oder vier Vögel auf der Oberseite des Bügels; er kann auch auf die obere Ecke der schmalgestreckten Fußplatte gesetzt sein (Blinkenberg IV 1 c, 5, 7).

1349. *Ialysos,* Rhodos. – Akropolis, aus dem Athena-Heiligtum. – Fibelbügel, L. noch 2,7 cm *(Taf. 38, 1349)*. – Mus. Rhodos (9502). – Unpubliziert.
1350. *Ialysos,* Rhodos. – Akropolis, aus dem Athena-Heiligtum. – Fibel, Nadel fehlt, Fußplatte gebrochen, L. noch 3,8 cm *(Taf. 38, 1350)*. – Mus. Rhodos (9503). – Unpubliziert.

1351.–1385. *Ialysos,* Rhodos. – Akropolis, aus dem Athena-Heiligtum. – 35 Fibeln dieses Typs auf den Taf. 12489–518. 11084. – Mus. Rhodos. – Unpubliziert.
1386. *Ialysos,* Rhodos. – Akropolis, aus dem Athena-Heiligtum. – Fibel, Nadel fehlt, L. 3,4 cm *(Taf. 38, 1386)*. – Mus. Rhodos (9491). – Unpubliziert.
1387. 1388. *Ialysos,* Rhodos. – Akropolis, aus dem

[1] M. Robertson, Ann. BSA. 43, 1948, 118 Taf. 50, E 19.
[2] Hogarth, Ephesos 147 Taf. 17, 19.
[3] Artemis Orthia Taf. 83, f (Ende der geometrischen Zeit).
[4] Delphes V 112 Nr. 581 Abb. 392 (archaische Zeit).
[5] Argive Heraeum 244 Nr. 280 Taf. 86.
[6] J. Bouzek, Eirene 6, 1967, 121.

Athena-Heiligtum. – Zwei ineinander gehängte Fibeln, L. 1,9 und 2,2 cm *(Taf. 38, 1387. 1388)*. – Mus. Rhodos (9485. 9486). – Unpubliziert.

1389. *Ialysos,* Rhodos. – Akropolis, aus dem Athena-Heiligtum. – Fibel, Spiralwindung und Nadel fehlen, L. noch 2,7 cm *(Taf. 38, 1389)*. – Mus. Rhodos (9474). – Unpubliziert.

1390. *Ialysos,* Rhodos. – Akropolis, aus dem Athena-Heiligtum. – Fibel, Fußplatte und Nadel fehlen, L. noch 2,4 cm *(Taf. 38, 1390)*. – Mus. Rhodos (9475). – Unpubliziert.

1391. *Ialysos,* Rhodos. – Akropolis, aus dem Athena-Heiligtum. – Fibel, Spiralwindung und Nadel fehlen, L. noch 3 cm *(Taf. 38, 1391)*. – Mus. Rhodos (9476). – Unpubliziert.

1392. *Ialysos,* Rhodos. – Akropolis, aus dem Athena-Heiligtum. – Fibelbügel, L. noch 3,4 cm *(Taf. 38, 1392)*. – Mus. Rhodos (9477). – Unpubliziert.

1393. *Ialysos,* Rhodos. – Akropolis, aus dem Athena-Heiligtum. – Fibel, Fußplatte und Nadel fehlen, L. noch 2 cm *(Taf. 38, 1393)*. – Mus. Rhodos (9478). – Unpubliziert.

1394. *Ialysos,* Rhodos. – Akropolis, aus dem Athena-Heiligtum. – Fibel, Fußplatte und Nadel fehlen, L. noch 2,7 cm *(Taf. 38, 1394)*. – Mus. Rhodos (9479). – Unpubliziert.

1395. *Ialysos,* Rhodos. – Akropolis, aus dem Athena-Heiligtum. – Fibelbügel, L. noch 3,1 cm *(Taf. 38, 1395)*. – Mus. Rhodos (9480). – Unpubliziert.

1396. *Ialysos,* Rhodos. – Akropolis, aus dem Athena-Heiligtum. – Fibel, Spiralwindung und Nadel fehlen, L. noch 2,4 cm *(Taf. 38, 1396)*. – Mus. Rhodos (9481). –Unpubliziert.

1397. *Ialysos,* Rhodos. – Akropolis, aus dem Athena-Heiligtum. – Fibel, Nadel fehlt, Fußplatte gebrochen, L. noch 3,6 cm *(Taf. 38, 1397)*. – Mus. Rhodos (9482). – Unpubliziert.

1398. *Ialysos,* Rhodos. – Akropolis, aus dem Athena-Heiligtum. – Fibel, Nadel und Fußplatte fehlen, L. noch 2,8 cm *(Taf. 38, 1398)*. – Mus. Rhodos (9483). – Unpubliziert.

1399. *Ialysos,* Rhodos. – Akropolis, aus dem Athena-Heiligtum. – Fibel, L. 2,8 cm *(Taf. 38, 1399)*. – Mus. Rhodos (9484). – Unpubliziert.

1400. *Ialysos,* Rhodos. – Akropolis, aus dem Athena-Heiligtum. – Fibel, L. 3 cm *(Taf. 38, 1400)*. – Mus. Rhodos (9486 bis). – Unpubliziert.

1401. *Ialysos,* Rhodos. – Akropolis, aus dem Athena-Heiligtum. – Fibel, L. 2,9 cm *(Taf. 38, 1401)*. – Mus. Rhodos (9487). – Unpubliziert.

1402. *Ialysos,* Rhodos. – Akropolis, aus dem Athena-Heiligtum. – Fibel, L. 2,7 cm *(Taf. 39, 1402)*. – Mus. Rhodos (9488). – Unpubliziert.

1403. *Ialysos,* Rhodos. – Akropolis, aus dem Athena-Heiligtum. – Fibel, L. 3,6 cm *(Taf. 39, 1403)*. – Mus. Rhodos (9489). – Unpubliziert.

1404. *Ialysos,* Rhodos. – Akropolis, aus dem Athena-Heiligtum. – Fibel, Spiralwindung und Nadel fehlen, L. noch 3 cm *(Taf. 39, 1404)*. – Mus. Rhodos (9490). – Unpubliziert.

1405. *Ialysos,* Rhodos. – Akropolis, aus dem Athena-Heiligtum. – Fibel, Nadel fehlt, L. 3,2 cm *(Taf. 39, 1405)*. – Mus. Rhodos (9492). – Unpubliziert.

1406. *Ialysos,* Rhodos. – Akropolis, aus dem Athena-Heiligtum. – Fibel, Nadel gebrochen, L. 3,7 cm *(Taf. 39, 1406)*. – Mus. Rhodos (9493). – Unpubliziert.

1407. *Ialysos,* Rhodos. – Akropolis, aus dem Athena-Heiligtum. – Fibel, Spiralwindung und Nadel fehlen, L. noch 3,4 cm *(Taf. 39, 1407)*. – Mus. Rhodos (9494). – Unpubliziert.

1408. *Ialysos,* Rhodos. – Akropolis, aus dem Athena-Heiligtum. – Fibel, Nadel fehlt, L. 3 cm *(Taf. 39, 1408)*. – Mus. Rhodos (9495). – Unpubliziert.

1409. *Ialysos,* Rhodos. – Akropolis, aus dem Athena-Heiligtum. – Fibelbügel, L. noch 3,6 cm *(Taf. 39, 1409)*. – Mus. Rhodos (9496). – Unpubliziert.

1410. *Ialysos,* Rhodos. – Akropolis, aus dem Athena-Heiligtum. – Fibel, Nadel fehlt, L. 3,1 cm *(Taf. 39, 1410)*. – Mus. Rhodos (9497). – Unpubliziert.

1411. *Ialysos,* Rhodos. – Akropolis, aus dem Athena-Heiligtum. – Fibel, L. 3,2 cm *(Taf. 39, 1411)*. – Mus. Rhodos (9498). – Unpubliziert.

1412. *Ialysos,* Rhodos. – Akropolis, aus dem Athena-Heiligtum. – Fibelbügel, L. noch 2,3 cm *(Taf. 39, 1412)*. – Mus. Rhodos (9499). – Unpubliziert.

1413. *Ialysos,* Rhodos. – Akropolis, aus dem Athena-Heiligtum. – Fibel, L. 4 cm *(Taf. 39, 1413)*. – Mus. Rhodos (9500). – Unpubliziert.

1414. *Ialysos,* Rhodos. – Akropolis, aus dem Athena-Heiligtum. – Fibel, L. 3,8 cm *(Taf. 39, 1414)*. – Mus. Rhodos (9501). – Unpubliziert.

1415.–1420. *Ialysos,* Rhodos. – Akropolis, aus dem Athena-Heiligtum. – Sechs Fibeln, L. 3,5 cm, 3 cm, 2,9 cm, 2,3 und 2,5 cm. – Mus. Rhodos (11144–49). – Unpubliziert.

1421. 1422. *Ialysos,* Rhodos. – Akropolis, aus dem Athena-Heiligtum. – Zwei gleichartige Fibeln, L. 2,5 cm *(Taf. 39, 1421)*. – Mus. Rhodos (o. Nr.). – Unpubliziert.

1423. *Ialysos,* Rhodos. – Akropolis, aus dem Athena-Heiligtum. – Fibel, L. 3,3 cm *(Taf. 39, 1423)*. – Mus. Rhodos (9506). – Unpubliziert.

1424. *Ialysos,* Rhodos. – Akropolis, aus dem Athena-Heiligtum. – Fibel, L. 3,6 cm *(Taf. 39, 1424)*. – Mus. Rhodos (9507). – Unpubliziert.

1425. *Ialysos,* Rhodos. – Akropolis, aus dem Athena-

Heiligtum. – Fibel, Spiralwindung und Nadel fehlen, L. noch 3,1 cm *(Taf. 39, 1425)*. – Mus. Rhodos (9508). – Unpubliziert.

1426. *Ialysos*, Rhodos. – Akropolis, aus dem Athena-Heiligtum. – Fibel, Spiralwindung und Nadel fehlen, L. noch 3,1 cm *(Taf. 39, 1426)*. – Mus. Rhodos (9509). – Unpubliziert.

1427. *Ialysos*, Rhodos. – Akropolis, aus dem Athena-Heiligtum. – Fibelbügel, L. noch 2,8 cm *(Taf. 39, 1427)*. – Mus. Rhodos (9510). – Unpubliziert.

1428. *Ialysos*, Rhodos, – Akropolis, aus dem Athena-Heiligtum. – Fibelbügel, L. noch 2,7 cm *(Taf. 39, 1428)*. – Mus. Rhodos (9511). – Unpubliziert.

1429. *Ialysos*, Rhodos. – Akropolis, aus dem Athena-Heiligtum. – Fibelbügel, L. noch 3 cm *(Taf. 39, 1429)*. – Mus. Rhodos (9512). – Unpubliziert.

1430. *Ialysos*, Rhodos. – Akropolis, aus dem Athena-Heiligtum. – Fibelbügel, L. noch 3 cm *(Taf. 39, 1430)*. – Mus. Rhodos (9513). – Unpubliziert.

1431. *Ialysos*, Rhodos. – Akropolis, aus dem Athena-Heiligtum. – Fibelbügel, L. noch 2,8 cm *(Taf. 39, 1431)*. – Mus. Rhodos (9514). – Unpubliziert.

1432. *Ialysos*, Rhodos. – Grundstück Zambico 1927, Grab LVI (Area di cremazione a 4 pozzetti), gestört. – Fibel, Fußplatte und Nadel fehlen *(Taf. 39, 1432 nach Jacopi)*. – Beifunde vgl. Nr. 397. – Jacopi, Jalisso 94ff. Abb. 90 Taf. 5.

1433 A. B. *Lindos*, Rhodos. – Akropolis. – Zwei Fibeln, Spiralwindung und Nadel fehlen, L. noch 3,1 und 3,4 cm; insgesamt 52 Exemplare von der Akropolis *(Taf. 39, 1433 A. B nach Lindos I)*. – Mus. Istanbul. – Lindos I 78f. Nr. 54 Taf. 5, 54; Blinkenberg, Fibules 93 Abb. 95 (IV 5 a).

1434. *Lindos*, Rhodos. – Akropolis. – Fibel, L. 2,7 cm; insgesamt sieben Exemplare von der Akropolis *(Taf. 39, 1434 nach Lindos I)*. – Mus. Istanbul. – Lindos I 79 Nr. 55 Taf. 5, 55.

1435. *Lindos*, Rhodos. – Akropolis. – Fibel, Spiralwindung und Nadel fehlen, L. noch 4,2 cm; insgesamt 12

Exemplare von der Akropolis *(Taf. 39, 1435 nach Lindos I)*. – Mus. Istanbul. – Lindos I 79 Nr. 56 Taf. 5, 56.

1435 A. B. *Lindos*, Rhodos. – Fragmente von zwei Fibelbügeln, L. noch 4,5 und 3,4 cm *(Taf. 39, 1435 A. B nach Photo DAI Istanbul)*. – Mus. Istanbul (3290. 3294). – Lindos I 79 Nr. 56.

1436 A. B. *Lindos*, Rhodos. – Akropolis. – Zwei ineinander gehängte Fibeln, L. 2,9 und 2,7 cm; insgesamt fünf Exemplare von der Akropolis *(Taf. 40, 1436 A. B nach Lindos I)*. – Mus. Istanbul. – Lindos I 84 Nr. 92 Taf. 7, 92; Blinkenberg, Fibules 196 Abb. 219 (X 3 a).

1437. *Exoche*, Rhodos. – Grab A, Brandbestattungen in rechteckiger Grabgrube mit je einer kleinen Grube in den vier Ecken. – Fibel *(Taf. 40, 1437 nach Friis Johansen)*. – Beifunde vgl. Nr. 850. – Ny Carlsberg Glyptothek, Kopenhagen (12425). – K. Friis Johansen, Acta Arch. 28, 1957, 20 Abb. 29.

1438.–1442. *Kamiros*, Rhodos. – Akropolis, aus dem Athena-Heiligtum („Stipe Votiva"). – Fünf Fibeln, L. noch 2–3 cm *(Taf. 40, 1438–1442 nach Jacopi)*. – Mus. Rhodos (?). – Jacopi, Camiro II 339 Abb. 85; Blinkenberg, Fibules 93 (IV 5 c).

1443. *Ialysos*, Rhodos. – Akropolis, aus dem Athena-Heiligtum. – Fibel, L. noch 5,6 cm *(Taf. 40, 1443)*. – Mus. Rhodos (9505). – Unpubliziert.

1444. *Ialysos*, Rhodos. – Akropolis, aus dem Athena-Heiligtum. – Fibel, L. 7 cm *(Taf. 40, 1444)*. – Mus. Rhodos (9504). – Unpubliziert.

1445 A. B. *Lindos*, Rhodos. – Zwei Fibelbügel, L. noch 6,5 und 6,6 cm; insgesamt 20 Exemplare von der Akropolis, ein Exemplar von Kopria *(Taf. 40, 1445 A. B nach Lindos I)*. – Mus. Istanbul (3288). – Lindos I 79 Nr. 57a. b Taf. 5, 57a; Blinkenberg, Fibules 93 Abb. 96 (IV 5 b).

1446. *Lindos*, Rhodos. – Akropolis. – Fibel, Spiralwindung und Nadel fehlen, L. noch 12,5 cm *(Taf. 40, 1446 nach Lindos I)*. – Mus. Istanbul (3287). – Lindos I 77 Nr. 48 Taf. 4, 48; Blinkenberg, Fibules 89f. Abb. 89 (IV 1 c).

Diese Form ist vor allem ein Inseltyp. Auf dem griechischen Festland fand er sich im Artemis Orthia-Heiligtum (850–700 v. Chr.) und im Argivischen Heraion.[7] Bielefeld hielt ihn für einen Typ der östlichen Inseln;[8] er wurde jedoch hauptsächlich auf Rhodos gefunden (Ialysos, Lindos, Kamiros, Exoche). Auch der Vogeltyp ist für Rhodos charakteristisch.[9]

Jacobsthal[10] nannte Entsprechungen auf geometrischen Nadeln und verwies auf frühkykladische Exemplare. Dieser rhodische Vogeltyp ist charakteristisch für das Ende der geometrischen und für die fr"üharchaische Zeit.

---

[7] Argive Heraeum 244 Nr. 281 Taf. 87. Typ auch aus Smyrna bekannt: A. A. Mus. Ist. 1958, 75 Abb. 13. 16. 19.

[8] Bielefeld, Schmuck 49.

[9] Bouzek, Eirene 6, 1967, 122.

[10] P. Jacobsthal, Greek Pins (1956) 62f.

TYP VII c

Außergewöhnlich ist die aus Blech gefertigte Fibel mit Öse an der Basis des Bügels und einem Vogel im Scheitel von Kaminaki auf Naxos. Diese Fibel erinnert an nördliche Anhänger; ihnen entsprechende Anhänger begegnen auch in Thessalien.[11]

1447. *Naxos.* – Kaminaki, aus dem Heiligtum. – Fibel-bügel, L. noch 6,1 cm *(Taf. 40, 1447).* – Mus. Naxos (1441). – Ch. Karousos/N. Kontoleon, Praktika 1937, 119ff.

Von einer ähnlichen Fibel unbekannter Herkunft gibt es eine Photographie im Deutschen Archäologischen Institut, Athen. Und ein drittes, offensichtlich gleiches, jedoch stark fragmentiertes Exemplar wurde in einer Schicht mit protogeometrischer Keramik auf Ithaka gefunden.[12] Bouzek führte ähnliche Anhänger des 8.–6. Jh. von den Inseln auf, aber keiner entspricht völlig dem Exemplar Nr. 1447 von Naxos.[13] Von den zwei Typen der Gruppe VII dürfte Typ VIIb als reine Inselform – und zwar als rhodische – bezeichnet werden. Falls es sich bei dem unter Nr. 1447 aufgeführten Stück um eine Fibel handelt, ist sie nördlicher Herkunft; sie wurde hier lediglich wegen des Vogelaufsatzes der Gruppe VII zugeordnet. Bei den italischen Fibeln gibt es zahlreiche plastische Zierglieder als Bekrönung von Bogen- und Sanguisugafibeln. Sundwall[14] hielt die griechischen Inselfibeln mit Vögeln für kaum früher als die italischen Gegenstücke, die er um 725 v. Chr. ansetzte. Er vermutete eine Entstehung der italischen Fibeln mit Vogelbesatz im 10. Jh. im umbrischen Apennin, hielt die stilistischen Merkmale der Vögel aber für jünger. Bouzek, der die geometrischen Bronzevögel behandelt[15] und dabei auch die symbolische Bedeutung des Vogels untersucht, ist demgegenüber der Ansicht, daß der Vogeltyp in den dorischen Gebieten seit der zweiten Hälfte des 9. Jh. v. Chr. entwickelt wurde. Die Fibeln von Rhodos datiert er richtig in die spätgeometrische Zeit.

VIII. FIBELN MIT FIGÜRLICH PLASTISCHEM DEKOR

Neben der Gruppe VII mit Zierknöpfen bzw. Vögeln auf dem Bügel gibt es eine weitere Fibelgruppe mit einer pompösen Bereicherung des Bügels. Die Ziermotive am Bügel sind Menschen- und Tiergestalten (vor allem Panther, einmal ein Pferdchen).

Menschen- und Tiergestalten an Fibeln kennen wir aus Italien. Die „Figurenfibeln" beginnen dort in der Stufe Benacci II (8. Jh. v. Chr.).[1] Menschen- und Tierfiguren sind auch an Nadeln bekannt.[2]

Menschen- und Tierfiguren sind an Fibeln vom Typ IV angebracht, seltener an einem Typ der Violinbogen- oder Bogenfibeln.

TYP VIII a

Fibeln mit Tieraufsatz, Pferd oder Panther (Blinkenberg IV 15a).

1448. *Ialysos,* Rhodos. – Akropolis, aus dem Athena-Heiligtum. – Fibelbügel, L. noch 3,7 cm *(Taf. 40, 1448).* – Mus. Rhodos (o. Nr.). – Unpubliziert.

1449. *Ialysos,* Rhodos. – Akropolis, aus dem Athena-Heiligtum. – Fibel, Nadel fehlt, L. 6,5 cm *(Taf. 40, 1449).* – Mus. Rhodos (o. Nr.). – Unpubliziert.

---

[11] Wird von I. Kilian für einen Anhänger mazedonischer Provenienz gehalten.
[12] H. G. Payne, Journ. Hell. Stud. 52, 1932, 245f. Abb. 10.
[13] Bouzek, Graeco-Macedonian Bronzes (1974) 1ff.
[14] Sundwall, Fibeln 62ff.

[15] Bouzek, Eirene 6, 1967, 115ff.
[1] Sundwall, Fibeln 62ff.
[2] P. Jacobsthal, Greek Pins (1956) 3. 52ff. 85 Nr. 247, 261–265.

1450. *Ialysos*, Rhodos. – Akropolis, aus dem Athena-Heiligtum. – Fibel, Spiralwindung und Nadel fehlen, L. noch 4,1 cm *(Taf. 40, 1450).* – Mus. Rhodos (o. Nr.). – Unpubliziert.

1451. *Ialysos*, Rhodos. – Akropolis, aus dem Athena-Heiligtum. – Fibel, Fußplatte und Nadel fehlen, L. noch 7,5 cm *(Taf. 41, 1451).* – Mus. Rhodos (o. Nr.). – Unpubliziert.

1452. *Ialysos*, Rhodos. – Akropolis, aus dem Athena-Heiligtum. – Fibelbügel, L. noch 6 cm *(Taf. 41, 1452).* – Mus. Rhodos (o. Nr.). – Unpubliziert.

1453. *Ialysos*, Rhodos. – Akropolis, aus dem Athena-Heiligtum. – Fibelbügel, L. noch 5,1 cm *(Taf. 41, 1453).* – Mus. Rhodos (o. Nr.). – Unpubliziert.

1454. *Ialysos*, Rhodos. – Akropolis, aus dem Athena-Heiligtum. – Fibel, Spiralwindung und Nadel fehlen, H. 6,7 cm *(Taf. 41, 1454).* – Mus. Rhodos (o. Nr.). – Unpubliziert.

1455. *Lindos*, Rhodos. – Akropolis. – Fibelbügel, L. noch 12,3 cm *(Taf. 41, 1455* nach Lindos I). – Mus. Istanbul. – Lindos I 85 Nr. 96 Taf. 7, 96.

1456. *Kalymnos*. – Keine Angaben zur Herkunft. – Fibelfragment, L. noch 8,3 cm *(Taf. 41, 1456).* – Arch. Slg. Kalymnos (28). – Unpubliziert.

Das älteste Exemplar ist sicherlich die zweiteilige Pferdchenfibel von Aloni, Ep. Hierapetra (Nr. 50). Das Motiv dieser Fibel kennen wir aus Italien (Este), dem Hallstattkreis und dem Kaukasus.[3] Die Fibel von Aloni (Nr. 50) ist jedoch älter und zwar aus folgenden Gründen: 1) Sie hat das frühe zweiteilige Schema (siehe oben bei Typ Ih), das auch von anderen frühen Inselfibeln bekannt ist. 2) Der Ritzdekor auf dem Rücken des Pferdchens gleicht demjenigen der Spätminoisch III B-C Blattbügelfibeln (Nr. 21–23). 3) Der Fibelfuß und die Form überhaupt, abgesehen von der plastischen Gestaltung, gleichen den älteren Fibeln Siziliens und nicht den italischen oder nördlichen Tierfibeln des 8.–6. Jh. V. Milojčić[4] setzte diese Fibel, die er für nördlich hielt, an das Ende der Bronzezeit und den Beginn der Eisenzeit, jedenfalls nicht später als 950 v. Chr. Dieses Exemplar darf als die älteste Tierfibel gelten.

Außer dieser singulären Pferdefigur an einer Fibel sind die üblicherweise dargestellten Tiere Panther (vor allem Pantherköpfe), die sich aus dem Bügel von Fibeln des Typus IV entwickeln. An der Außernseite des Fibelbügels sitzen nur der Kopf oder auch die Füße eines Panthers. Manchmal wird dieser Kopf von zwei kleineren gerahmt; bei einer Fibel ist zusätzlich zu den drei Köpfen noch ein zwitterhaftes Tier angebracht, vielleicht ein Junges der gleichen Tierart. In einem Fall wird der Tierkopf von zwei Vögeln gerahmt, die auf der Vorderseite des Fibelbügels sitzen. Meistens sind auch die Füße des Tieres wiedergegeben und zwar so, als ob es auf ihnen säße. Die deutlichste Darstellung der hockenden Tierprotome ist an einer Bogenfibel von Rhodos angebracht. Dem gleichen Typ dürfte auch ein Exemplar von Kalymnos angehören. Die Fibeln mit Tierfiguren wurden, ausgenommen die frühe Pferdchenfibel von Kreta, auf der Dodekanes (Rhodos, Kalymnos) gefunden.

TYP VIIIb

Menschliche Gestalt, allein oder mit Tieren kombiniert (Blinkenberg IV 15a).

1457. *Ialysos*, Rhodos. – Akropolis, aus dem Athena-Heiligtum. – Fibel, Nadelrast gebrochen, L. noch 8,1 cm *(Taf. 41, 1457).* – Mus. Rhodos (10932). – Unpubliziert.

1458. *Ialysos*, Rhodos. – Akropolis, aus dem Athena-Heiligtum. – Fibel, L. noch 6,3 cm *(Taf. 41, 1458).* – Mus. Rhodos (10934). – Unpubliziert.

1459. *Fundort unbekannt.* – In Smyrna gekauft. – Fibel, L. 7,6 cm *(Taf. 41, 1459* nach Blinkenberg). – Ehem. Antiquarium, Berlin. – Arch. Anz. 1892, 110 Nr. 5; Blinkenberg, Fibules 104f. Abb. 114 (IV 5a) („Smyrna").

1460. *Ialysos*, Rhodos. – Akropolis, aus dem Athena-Heiligtum. – Fibelfragment, L. noch 6 cm *(Taf. 42, 1460).* – Mus. Rhodos (11219). – Unpubliziert.

---

[3] Sundwall, Fibeln 63.

[4] Milojčić, Fremdlinge 163 Abb. 3, 20.

1461. *Paros.* – Delion. – Fibelfragment (Kopf) *(Taf. 42, 1461)*. – Nationalmus. Athen. – Rubensohn, Delion 71 Taf. 12, 19.

1462. *Phana*, Chios. – Apollon-Heiligtum. – Ausgrabung Lamb. – Fibelfragment (Kopf) *(Taf. 42, 1462)*. – Mus. Chios. – Unpubliziert.

Drei Fibeln dieses Typs stammen von Rhodos; sie stellen eine Variante der Gruppe IV dar.

Menschliche Gestalten an Fibeln kennen wir aus Italien nicht, abgesehen von den stilisierten Figuren der Reiterfibeln und dem Sundwall-Typus J I d, die im Villanovakreis um 700 v. Chr. beginnen.[5] Bei den Inselfibeln dieses Typs wächst aus dem Bügelscheitel der Kopf eines Tieres, analog dem Typ VIII a. Bei einer Fibel sind auch die Füße des Tieres zu erkennen; noch deutlicher sind sie an einem vierten, von Blinkenberg[6] als aus Smyrna stammend zitierten Exemplar, das aber wegen seiner entschiedenen Ähnlichkeit mit den Fibeln von Ialysos als rhodisch gelten kann (Nr. 1459).

Bei zwei Exemplaren dieses Typs von Rhodos sitzt im inneren Scheitel des Bügels eine menschliche Gestalt mit dädalischer Frisur. Beide Arme der Figur sind erhoben; aus dem einen entwickelt sich die rechteckige, ritzverzierte Fußplatte in Form eines Schildes, während der andere von rechteckigem Querschnitt den Bügelschaft bildet. Bei der Fibel Nr. 1459 wird der äußere, der menschlichen Figur gegenüberliegende Bügelscheitel von einem Löwenkopf zwischen zwei kleinen Löwen geziert. Zu einer Bogenfibel dürften auch der Kopf Nr. 1460 von Rhodos, der dädalische Kopf von Paros und ein entsprechender Kopf von Chios (Nr. 1462) gehören. Damit ist eine Verbreitung dieses Typs auch auf Inseln außerhalb der Dodekanes nachgewiesen.

Für keine der genannten Fibeln kennen wir den genauen Fundzusammenhang. Es gibt jedoch einige stilistische Kriterien, die den Typ zeitlich einzugrenzen vermögen: a) die Fußplatte mit dem in geometrischer Zeit üblichen Ritzdekor; b) die „bead-and-reels" Profilierung, die soweit es die Nadeln betrifft zumindest in subgeometrische Zeit gehört; c) die Plastizität, die Frisur und die Frontalansicht, die an Werke der Kleinkunst aus früharchaischer (dädalischer) Zeit erinnern. Bereits Hampe betonte die Beziehungen der Fibeln zur Kleinplastik.[7] Aufgrund dieser Anhalte dürfte der Typ VIII b zwischen das Ende der geometrischen und die früharchaische Zeit zu setzen sein.

Zu den jüngeren griechischen Fibeln mit figürlichem Dekor s. S. 103 f.

TYP VIII c

Tierfibeln (Dragofibeln nach Sundwall).

1463. *Naxos.* – Kaminaki, aus dem Heiligtum. – Fibel, Nadel fehlt, L. noch 6,2 cm *(Taf. 42, 1463)*. – Mus. Naxos (1478). – Ch. Karousos/N. Kontoleon, Praktika 1937, 119 ff.

1464. *Aigina.* – Aphaia-Heiligtum, vor der Nordostecke des Tempels. – Fibel, Nadel und Fuß fehlen, L. noch 4,2 cm *(Taf. 42, 1464)*. – Mus. Aigina (o. Nr.). – Furtwängler, Aegina 404 Nr. 125 Taf. 116, 26; Blinkenberg, Fibules 200 (XI 4 e).

1465. *Lindos,* Rhodos. – Akropolis. – Fibelbügel, L. noch 4,6 cm *(Taf. 42, 1465* nach Lindos I). – Mus. Istanbul. – Lindos I 87 Nr. 105 Taf. 8, 105; Blinkenberg, Fibules 200 (XI 4 f).

1465 A. *Lindos,* Rhodos. – Bügelfragment einer Dragofibel, L. noch 1,8 cm *(Taf. 42, 1465 A* nach Photo DAI Istanbul). – Mus. Istanbul (3291).

Fibeln dieses Typs kennen wir von Rhodos, Naxos und Aigina. Der Typ ist gegen Ende der geometrischen und in früharchaische Zeit zu setzen. Ähnlich, jedoch nicht entsprechend sind die

---

[5] Mon. Ant. 5, 1895, 248 Taf. 17, 126; Sundwall, Fibeln 256 Abb. 433.

[6] Blinkenberg, Fibules 104 Abb. 114.
[7] Hampe, Sagenbilder 32.

italischen Dragofibeln des 7. und 6. Jh.[8] Die Exemplare von Naxos und Aigina sind ziemlich naturalistisch; sie gleichen in der Gesamtform einem Iltis. Stilisierter und den italischen Beispielen ähnlicher ist die Fibel von Lindos (Nr. 1465).

Der naturalistische Charakter der in geometrische Zeit datierten Exemplare von Aigina und Naxos ist im Rahmen der Tatsache zu sehen, daß in dieser und in der früharchaischen Zeit Figuralfibeln auf den Inseln typisch sind (vgl. Typ VIII a. b). Diese müssen also keine Beziehungen zu den Schlangenfibeln haben, wie sie in Italien, im nördlichen Balkan und im Kobangebiet begegnen. Sundwall[9] hielt auch die „Schlangenfibeln" von Phaistos und Lindos (s. S. 114) für Vorläufer der Dragofibeln. Es scheint, daß das naturalistische Motiv der Fibeln von Naxos und Aigina bei der Fibel von Lindos, bei den stilisierten griechischen Exemplaren und auch bei denen Italiens in einer mehr dekorativen Weise verwendet wurde. Jedenfalls zeigt der Typ VIII c auf den Inseln nähere Beziehungen zu den italischen Figurenfibeln Typ J als zu den dortigen Dragofibeln. Die stilisierte Ausführung ist wegen ihrer Hörnchen dann jedoch eher mit dem Typ H Sundwalls zu vergleichen. Sicherlich handelt es sich hier um einen Typ Griechenlands und der Inseln, denn hier sind die meisten Exemplare an das Ende der geometrischen und in die fr_harchaische Zeit datiert, während die italischen in das 7. Jh. gehören dürften; außerdem haben sie alle einen gestreckten Fuß und Knöpfe, die nach Sundwall nur vor der Mitte des 7. Jh. auftreten.[10]

Figürliche Prachtfibeln sind bei Homer erwähnt (Od. 19, 226–228). Neuerdings übernimmt Bielefeld[11] die Meinung Studniczkas, der in dieser Beschreibung eine „bestimmte Art östlicher Fibeln" erkannte, während er die Ansicht Lorimers,[12] wonach hier eine Beschreibung etruskischer Fibeln vorliege, für zweifelhaft hält. Die Ansicht Studniczkas und Bielefelds wird durch das heute insgesamt vorliegende Fundmaterial bestätigt, indem die „östlichen Fibeln" hauptsächlich im Bereich der südöstlichen Ägäischen Inseln zu lokalisieren sind, was in der bisherigen Forschung nicht deutlich genug herausgestellt worden ist. So meinte J. Wiesner[13] von der Pferdchenfibel von Aloni, Ep. Hierapetra, das Motiv sei nördlicher Herkunft, jedenfalls in der östlichen Kunst nicht üblich. Auch Sundwall war der Ansicht, daß die Fibeln mit figürlichen Motiven aus dem Norden oder aus Italien herzuleiten seien, wo sie mit kleinem Fuß in der Stufe Benacci II (8. Jh. v. Chr.) beginnen, bzw. mit großem Fuß im 7. Jh. Und weiter meinte er, daß die Griechen sie dann durch Vermittlung der Griechen von Syrakus übernommen hätten. Jedoch gibt es außer dem Zeugnis Homers noch weitere Argumente für ein frühes Auftreten in Griechenland. Was die Pferdchenfibel von Aloni, Ep. Hierapetra betrifft, so wurden die Hauptargumente bereits vorgetragen (vgl. oben bei Typ VIII a). Die übrigen figürlichen Darstellungen auf Fibeln sind charakteristisch für die Plastik vom Ende der geometrischen und vom Anfang der archaischen Zeit, zeitlich also der bei Homer erwähnten Prachtfibel entsprechend, mit der eine Fibel vom Ende des 8. Jh. gemeint ist.[14]

Im Gegensatz zu Sundwall haben viele Forscher, so P. Orsi und H. Hencken, sich für eine griechische Herkunft dieser Fibelform ausgesprochen. Orsi[15] war der Meinung, daß die Fibeln „a cavalluccio ed a piccolo quadrupede" in Griechenland entstanden und von dort nach außerhalb verpflanzt worden seien. Hencken hielt weder Griechenland noch den Osten für das Herkunftsgebiet dieses Typs,[16] da Blinkenberg nur das eine Beispiel von Aloni erwähnt, sondern er sah in ihm eine Erfindung der Griechen in den Kolonien Süditaliens und Siziliens. Robertson gab indes ein weiteres Exemplar aus Ithaka bekannt,[17] und unter den griechisch-festländischen Fibeln befinden sich noch viele weitere Stücke mit

---

[8] Sundwall, Fibeln 59 ff.
[9] Ebd. 59.
[10] Ebd. 60 f.
[11] Bielefeld, Schmuck 7.
[12] Lorimer, Homer 511.

[13] J. Wiesner, Arch. Anz. 1939, 328.
[14] Bielefeld, Schmuck 50.
[15] Orsi, Contributi 202.
[16] H. Hencken, AJA. 62, 1958, 268 f.
[17] Ann. BSA. 43, 1948, 117 Nr. E 23 Taf. 40.

figürlichem Dekor (Tierdarstellung), so Fibeln mit Löwe von Sparta (Ende 7. Jh.),[18] von Olympia,[19] aus dem Argivischen Heraion[20] und aus dem Apollon Kynourias-Heiligtum.[21] In der Umgebung von Kalamata fand sich kürzlich im archaischen Artemis Limnatis-Heiligtum von Volymos eine zweiteilige Fibel mit der Darstellung einer Sirene,[22] und eine zweiteilige Fibel aus den alten Grabungen von Olympia ist mit einer Vogelfigur geschmückt.[23] Die meisten dieser Fibeln gehören in archaische Zeit.

Was die menschlichen Figuren betrifft, so wissen wir, daß sie in Italien nach 650 v. Chr. im Dekor von Fibeln erscheinen. Folglich haben sie als gleichzeitig oder jünger als die Exemplare von den Ägäischen Inseln zu gelten.

Zusammenfassend ergibt sich somit, daß die Fibeln vom griechischen Festland sowohl in ihren Figuralmotiven (Löwe mit Schlangenschwanz, Pferd, Vogel) als auch im Stil nähere Beziehungen zu den italischen Fibeln des 7. und 6. Jh. zeigen und diese vielleicht sogar nachahmen, während die Inselfibeln in ihren Motiven, deren Anordnung und im Stil so individuell sind, daß wir sie als lokale Schöpfungen ansehen dürfen. Für den Typ VIIIc nahmen Blinkenberg[24] und Sundwall[25] eine Herkunft aus Italien an; Orsi hielt ihn für griechisch-festländisch.[26] Dragofibeln mit seitlichen Knöpfen aus der Mitte des 8. Jh. wurden nach Erscheinen von Sundwalls Fibelbuch in den griechischen Kolonien Italiens (Ischia, Pithekussai) gefunden; Hencken[27] hielt diese für eine Adaption des griechischen Typs in Italien. Aufgrund des oben Dargelegten müssen wir jedoch diesen Typ von den übrigen Dragofibeln abtrennen und können dann den Entwicklungsgang wie folgt sehen: 1) Naturalistische Ausführung wie Naxos und Aigina (Ende der geometrischen bis früharchaische Zeit); 2) Stilisierung (vielleicht schon vor dem 7. Jh.), ebenso in Griechenland (stilisierte Exemplare fanden sich im Argivischen Heraion,[28] in Olympia,[29] Delphi,[30] auf Ithaka[31] und in Perachora) wie auch in Süditalien;[32] 3) die verschiedenen italischen Varianten. Für den Typ VIIIc darf demnach mit einiger Gewißheit eine Herkunft von den Inseln angenommen werden. Die Fibeln mit figürlichem Dekor wurden für apotropäisch gehalten. Sundwall glaubte besonders bei Fibeln mit drei Vögeln an eine symbolische Bedeutung. Fibeln mit Tieren und Menschen aus dem Iran deutete Muscarella ebenfalls in apotropäischem Sinn (vgl. oben bei Typ VII S. 100).[33]

IX. FIBELFORMEN DES GRIECHISCHEN FESTLANDES MIT NAVICELLABÜGEL, MANDEL- ODER HALBMONDFÖRMIGEM BÜGEL

Die hier zusammengestellten Fibeln bilden einen nur kleinen Prozentsatz der auf die Inseln exportierten Fibelformen des Festlandes, die bereits in speziellen Studien behandelt worden sind.

Die drei Formen a, b und c der Gruppe IX haben in der Forschung die Bezeichnungen Dipylonfibel,[1] Argivische Fibel (wegen der häufigen Heraklesdarstellungen),[2] Attisch-Böotische Fibel[3] und schließlich

[18] W. Lamb, Greek and Roman Bronzes (1929) 77 Taf. 23, a; A. J. B. Wace, Ann. BSA. 15, 1908–09, 147.
[19] Staatl. Museen zu Berlin. Führer durch das Antiquarium I Bronzen (1924) 51; Olympia IV 152 Nr. 966 Taf. 57.
[20] Argive Heraeum Taf. 88, 946.
[21] Praktika 1911, 264.
[22] Mus. Kalamata, Inv. Nr. 20.
[23] Mus. Olympia, Inv. Nr. B 5662.
[24] Blinkenberg, Fibules 200.
[25] Sundwall, Fibeln 60f.
[26] Orsi, Contributi 201.
[27] Hencken, AJA. 62, 1958, 269.

[28] Argive Heraeum 242 Nr. 847. 848.
[29] Olympia IV 52 Nr. 356–358.
[30] Delphes V 112 Nr. 593. 594 Abb. 402. 403.
[31] S. Benton, Ann. BSA. 48, 1953, 351 Nr. E 228 Taf. 66.
[32] Sundwall, Fibeln 60f.
[33] O. W. Muscarella, Journ. Near East. Stud. 1967, 86.
[1] Olympia IV 53.
[2] E. Reisinger, Jb. Dtsch. Arch. Inst. 31, 1916, 298; N. Himmelmann-Wildschütz, Antiken aus dem Akademischen Kunstmuseum Bonn (1969) 26f.
[3] Blinkenberg, Fibules 147ff.

Böotische Fibel[4] erhalten. Es handelt sich um Fibeln mit blattförmigem, gewölbtem (Navicella-)Bügel (Dipylon- oder Plattenfibel, Blinkenberg VIII 2), mit mandelförmig verbreitertem, massivem Bügel (Blinkenberg VII 3), die eine Variante der Fibeln mit Navicellabügel bilden, und schließlich die Fibeln mit halbmondförmigem Bügel (Blinkenberg IX 1; Hampe: halbmondförmig).

Die Lebensdauer dieser Form erstreckt sich vom 9. bis zum 7. Jh. v. Chr.[5] Das Hauptmerkmal dieser Fibeln ist der Ritzdekor mit freier Motivwahl auf der Fußplatte, ähnlich wie bei den thessalischen Fibeln. Dieser Ritzdekor beginnt in Böotien am Ende der geometrischen Zeit, in Attika etwas früher. Die Erforschung der Böotischen Fibeln ist soweit fortgeschritten, daß bereits Meister unterschieden wurden.[6] Fibeln der Gruppe IX wurden ebenso auf den dem Festland benachbarten Inseln (Euböa, Aigina) wie auf Skyros und Kreta, auf der Dodekanes und den Kykladen gefunden. Kennzeichnend ist, daß keine Fibel diese Gruppe auf den Inseln der Äoler (Chios, Lesbos, Lemnos) zum Vorschein gekommen ist.

Der Terminus „attico-beotiens" für die ersten drei Formen wurde von Blinkenberg geprägt, da die älteren Fibeln dieser Art (Mitte 9. Jh.–Mitte 8. Jh.) in Attika (Kerameikos) gefunden wurden, während die jüngeren (um 750 v. Chr.) aus Böotien stammen.[7] Neufunde von Leukanti auf dem nahe bei Böotien gelegenen Euböa bestätigen nicht nur Hampes Ansicht, daß sich das Herstellungszentrum nach Böotien verlagerte, sondern es scheint sogar, daß das Vorkommen dieses Typs in der Umgebung von Euböa früher einsetzt, denn Siedlung und Nekropole von Leukanti wurden nach 800 v. Chr. aufgelassen.

Im einzelnen begegnen auf den Inseln die folgenden Typen der Attisch-Böotischen Fibeln:

TYP IX a

Fibeln mit kleinem, gewölbtem Navicellabügel. Dieser ist entweder glatt belassen oder trägt Dekor aus Linienbündeln, die längs der Bügelmitte verlaufen; manchmal sind diese Linien geritzt. An einer Fibel von Skyros ist der Bügel rhombisch; Exemplare von Siphnos und Kreta zeigen komplizierteren Dekor. Die Fußplatte ist klein, dreieckig, rechteckig, quadratisch oder auch trapezförmig, manchmal mit Ritzdekor. Der Übergang vom Bügel zur Fußplatte ist glatt; es können aber auch zwei Wulstringe oder Ringrillen angebracht sein. Der Schaft hat runden oder rhombischen Querschnitt, am Übergang zum Schaft sitzen Wulstringe oder Ringrillen (Blinkenberg VIII 1–4).

1466. *Ialysos,* Rhodos. – Akropolis, aus dem Athena-Heiligtum. – Fibelbügel, L. noch 4,2 cm *(Taf. 42, 1466).* – Mus. Rhodos (9552). – Unpubliziert.
1467. *Ialysos,* Rhodos. – Akropolis, aus dem Athena-Heiligtum. – Fibel, Spiralwindung und Nadel fehlen, L. noch 5,2 cm *(Taf. 42, 1467).* – Mus. Rhodos (9126). – Unpubliziert.
1468. *Ialysos,* Rhodos. – Akropolis, aus dem Athena-Heiligtum. – Fibel, Spiralwindung und Nadel fehlen, L. noch 6,4 cm *(Taf. 42, 1468).* – Mus. Rhodos (9565). – Unpubliziert.
1469. 1470. *Ialysos,* Rhodos. – Akropolis, aus dem Athena-Heiligtum. – Zwei Fibeln. – Mus. Rhodos (11220. 11217). – Unpubliziert.

1471. *Ialysos,* Rhodos. – Akropolis, aus dem Athena-Heiligtum. – Fibel, Nadel fehlt, L. noch 6 cm *(Taf. 42, 1471).* – Mus. Rhodos (9553). – Unpubliziert.
1472. *Ialysos,* Rhodos. – Akropolis, aus dem Athena-Heiligtum. – Fibelbügel, L. noch 4 cm *(Taf. 42, 1472).* – Mus. Rhodos 9556). – Unpubliziert.
1473. *Ialysos,* Rhodos. – Akropolis, aus dem Athena-Heiligtum. – Fibelbügel. – Mus. Rhodos (9564). – Unpubliziert.
1474. *Ialysos,* Rhodos. – Akropolis, aus dem Athena-Heiligtum. – Fibel, Fußplatte fehlt, L. noch 3,1 cm *(Taf. 42, 1474).* – Mus. Rhodos (9568). – Unpubliziert.
1475. *Ialysos,* Rhodos. – Akropolis, aus dem Athena-

---

[4] Hampe, Sagenbilder; de Vries, Incised Fibulae 115 ff.
[5] Hampe, Sagenbilder 10.

[6] Ebd. 11 f.; de Vries, Incised Fibulae 197.
[7] Vgl. Hampe, Sagenbilder 9 f.; de Vries, Incised Fibulae 113.

Heiligtum. – Fibel. – Mus. Rhodos (9567). – Unpubliziert.

1476. *Ialysos*, Rhodos. – Akropolis, aus dem Athena-Heiligtum. – Fibel, Spiralwindung und Nadel fehlen, L. noch 4 cm *(Taf. 42, 1476)*. – Mus. Rhodos (9563). – Unpubliziert.

1477. *Prinias*, N. Herakleion, Kreta. – Fibel. – Verbleib unbekannt. – G. Rizza, Cronache di Archeologia e di Storia 8, 1969, 30f. Taf. 13, 3.

1478. *Vrokastro* bei Pyrgos, Ep. Mirabello, Kreta. – Karakobilia, „Bone-enclosure" II, Brandbestattungen. – Fibel, Fußplatte fehlt, verbogen, L. noch 6,5 cm *(Taf. 42, 1478)*. – Beifunde vgl. Nr. 343. – Mus. Herakleion (o. Nr.). – Hall, Vrokastro 158 Taf. 20, E.

1479. *Prinias*, Ep. Malevizi, Kreta. – Eisenfibel, Spiralwindung und Nadel fehlen, L. noch 6,5 cm *(Taf. 42, 1479)*. – Mus. Herakleion (Grabungs-Nr. 73). – Unpubliziert.

1480. *Prinias*, Ep. Malevizi, Kreta. – Fibel, L. 4,8 cm *(Taf. 42, 1480)*. – Mus. Herakleion (Grabungs-Nr. P.205). – Unpubliziert.

1481. *Fortetsa*, Ep. Temenos, Kreta. – Kammergrab II, Seitenkammer des Dromos, Brandbestattung in Pithos X; zwei Fibeln in Pithos X. – Fibel, L. 4,1 cm *(Taf. 42, 1481)*. – Beifunde: Fibel Nr. 1483; Perlen, Fayence und Halbedelstein; vier einhenkelige Tassen; Oinochoe; Kännchen. – Mus. Herakleion. – Brock, Fortetsa 84 ff. Nr. 1114 Taf. 167, 1114; Hampe, Böotische Fibeln 89.

1482. *Arkades*, Ep. Pediada, Kreta. – Nekropole auf dem Prophet Elias. – Fibel in Pithos 106. – Fibelbügel, L. noch 4,7 cm *(Taf. 42, 1482)*. – Beifunde: Kännchen; Fragmente einer Tonstatuette. – Mus. Herakleion (2127). – Levi, Arkades 157f. Taf. 6.

1483. *Fortetsa*, Ep. Temenos, Kreta. – Kammergrab II, Seitenkammer des Dromos, Brandbestattung in Pithos X. – Fibelbügel, L. noch 3,2 cm *(Taf. 42, 1483)*. – Beifunde vgl. Nr. 1481. – Mus. Herakleion. – Brock, Fortetsa 97 Nr. 1115 Taf. 167, 1115.

1484. *Kreta*. – Fibel, Fußplatte und Nadel fehlen, L. noch 5 cm *(Taf. 42, 1484)*. – Mus. Chania (60). – Unpubliziert.

1485. *Skyros*. – Monopetros. – Fibel, L. 4,3 cm *(Taf. 42, 1485)*. – Mus. Skyros (584). – Unpubliziert.

1486. *Aigina*. – Aphaia-Heiligtum. – Fibelbügel, L. noch 5,1 cm *(Taf. 42, 1486)*. – Mus. Aigina (299). – Mit keiner der von Furtwängler, Aegina publizierten Fibeln zu identifizieren.

1487. *Vrokastro* bei Pyrgos, Ep. Mirabello, Kreta. – Karakobilia, „Bone-enclosure" II, Brandbestattungen. – Fibel, L. 4 cm *(Taf. 43, 1487 nach Hall)*. – Beifunde vgl. Nr. 343. – Mus. Herakleion (?). – Hall, Vrokastro 158 Taf. 20, J.

1488. *Thera*. – Sellada, Schiff'sches Grab. – Fibelbügel, L. noch 3,8 cm *(Taf. 43, 1488 nach Thera II)*. – Beifunde vgl. Nr. 19. – Verbleib unbekannt. – Thera II 300f. Abb. 489, s; Blinkenberg, Fibules 178 (VIII 7 e).

1489. *Thera*. – Sellada, Schiff'sches Grab. – Fibel, Nadel fehlt, Fußplatte gebrochen, L. noch 4,2 cm *(Taf. 43, 1489 nach Thera II)*. – Beifunde vgl. Nr. 19. – Verbleib unbekannt. – Thera II 300f. Abb. 489, p.

1490. *Siphnos*. – Kastro, Akropolis, „Votive Deposit". – Fibelbügel, massiv, L. noch 2,8 cm *(Taf. 43, 1490 nach Brock)*. – Arch. Slg. Siphnos (o. Nr.). – J. K. Brock/ G. Mackworth/R. S. Young, Ann. BSA. 44, 1949, 3ff. 26 Nr. 2 Taf. 11, 16.

1491. *Siphnos*. – Kastro, Akropolis, vom Nordostabhang. – Fibel mit massivem Bügel. – Arch. Slg. Siphnos. – J. K. Brock/G. Mackworth/R. S. Young, Ann. BSA. 44, 1949, 3ff. 26 Nr. 1.

1492. *Samos*. – Fibelbügel, L. noch 2,8 cm *(Taf. 43, 1492)*. – Mus. Vathy, Samos (B 619). – Unpubliziert.

1493. *Delos*. – Westseite, außerhalb des Peribolos. – Fibelbügel, L. noch 5,4 cm *(Taf. 43, 1493)*. – Mus. Delos (B 1329). – Delos XVIII, 290 Abb. 340.

Dieser Typ ist hauptsächlich auf den südlichen Inseln der Ägäis verbreitet, auf Aigina, Delos, Kreta, Rhodos, Samos, Siphnos und Thera. Die nördlichste Fundstelle der Inseln ist Skyros. Er fand sich nicht auf den Inseln der Äoler, auch nicht auf Thasos und Samotrake.[8]

Die Fibeln von den Inseln stammen entweder aus zweifelhaftem Fundzusammenhang oder sind unpubliziert. Nur wenige Exemplare sind in das Ende der geometrischen Zeit datiert.

TYP IX b

Fibeln mit großem Navicellabügel, auf dem Bügel Rillen oder Rippen, längs der Mitte und der Ränder verlaufend. Bei einer Fibel von Thera wird der Bügel von zwei Blattgliedern gebildet. Der Übergang vom

---

[8] Zur Verbreitung vgl. Hampe, Sagenbilder 9f.; de Vries, Incised Fibulae 113.

Bügel zur Fußplatte kann glatt oder durch eingeschobene Rippen bzw. Kugel zwischen Rippen markiert sein. Die Fußplatte ist dreieckig oder quadratisch; kennzeichnend ist der reiche Ritzdekor. Der Bügelschaft hat rhombischen Querschnitt (Blinkenberg VIII, 4i, 5, 7a).

1494. *Kreta.* – Fibel, Fußplatte und Nadel fehlen, L. noch 12 cm *(Taf. 43, 1494)*. – Mus. Herakleion (o. Nr.). – Unpubliziert.

1494 A. *Dreros* bei Neapolis, Ep. Mirabello, Kreta. – Grab 13, Brandbestattung. – Fibelbügel, L. noch 14,3 cm *(Taf. 43, 1494 A nach Effenterre)*. – Beifunde: Kalottenschale; Steatitgefäß, rechteckig; Nadel. – Mus. Herakleion (?). – van Effenterre, Mirabello 65 Taf. 47, D 53.

1495. *Vrokastro* bei Pyrgos, Ep. Mirabello, Kreta. – Karakobilia, „Bone-enclosure" II, Brandbestattungen. – Fibel, L. 13 cm *(Taf. 43, 1495 nach Hall)*. – Beifunde vgl. Nr. 343. – Mus. Herakleion (o. Nr.). – Hall, Vrokastro 157 Taf. 20, H; Blinkenberg, Fibules 159 (VIII 1 a).

1496. *Prinias*, Ep. Malevizi, Kreta. – Fibel, L. 14,4 cm *(Taf. 43, 1496)*. – Mus. Herakleion (3094). – Unpubliziert.

1497. *Ida, Zeus-Grotte*, Kreta. – Fibel, Spiralwindung und Nadel fehlen, L. noch 20,7 cm *(Taf. 44, 1497)*. – Nationalmus. Athen (11765). – Blinkenberg, Fibules 163 Abb. 195 (VIII 4i); Hampe, Sagenbilder 17f. Taf. 14; ders., Böotische Fibeln 91 Taf. 91; de Vries, Figured Fibula in Lerna 14.

1498. *Skyros.* – Magazia, Grundstück Nikolaos, Ausgrabung 1968, aus Gräbern. – Fibel, L. 13 cm *(Taf. 44, 1498)*. – Mus. Skyros. – Unpubliziert.

1499. *Skyros.* – Magazia, Grundstück Nikolaos, Ausgrabung 1968, aus Gräbern. – Fibel, L. 10,4 cm *(Taf. 44, 1499)*. – Mus. Skyros. – Unpubliziert.

1500. *Skyros.* – Magazia, Grundstück Nikolaos, Ausgrabung 1968, aus Gräbern. – Fibel, Nadel fehlt, L. 12,9 cm *(Taf. 45, 1500)*. – Mus. Skyros. – Unpubliziert.

1501. *Skyros.* – Magazia, Grundstück Nikolaos, Ausgrabung 1968, aus Gräbern. – Fibel, Spiralwindung und Nadel fehlen, L. noch 9,8 cm *(Taf. 45, 1501)*. – Mus. Skyros. – Unpubliziert.

1502. *Delos.* – Artemision. – Fibel, Spiralwindung und Nadel fehlen, L. noch 9 cm *(Taf. 45, 1502)*. – Mus. Delos (B 1320). – Delos XVIII 290 Abb. 339; Blinkenberg, Fibules 169 (VIII 4l).

1503. *Delos.* – Hieron, innerhalb des Peribolos, Westseite. – Fibelbügel, L. noch 6,1 cm *(Taf. 45, 1503)*. – Mus. Delos (B 1328). – Delos XVIII 290 Taf. 87, 739.

1504. *Lindos*, Rhodos. – Akropolis. – Insgesamt zwei vollständige und zwei fragmentierte Fibeln *(Taf. 45, 1504 nach Lindos I)*. – Mus. Istanbul. – Lindos I 86 Nr. 107a Taf. 8, 107a; Blinkenberg, Fibules 169 (VIII 4k).

1504 A. *Kamiros*, Rhodos. – Akropolis, aus dem Athena-Heiligtum („Stipe Votiva"). – Fibelbügel, L. noch 5,4 cm *(Taf. 45, 1504 A nach Jacopi)*. – Mus. Rhodos (?). – Jacopi, Camiro II 356 Nr. 2 mit Abb. 84.

Es ist merkwürdig, daß dieser Typ in Leukanti fehlt. Er fehlt auch auf den Inseln der Äoler und erscheint nur auf den südlichen Ägäischen Inseln wie Delos, Kreta und Rhodos. Das nördlichste Exemplar stammt von Skyros. Die Gesamtverbreitung dieses Typs im übrigen Griechenland wurde von Hampe und de Vries näher untersucht.[9]

Auch hier gibt es lediglich Fibeln ohne gesicherten Fundzusammenhang oder unpublizierte Stücke. Anhand der publizierten Exemplare von Lindos und mit Hilfe der Fibeln von Kreta kann dieser Typ auf den Inseln an das Ende der geometrischen und in die früharchaische Zeit datiert werden.

TYP IXc

Hierzugerechnet wurden Fibeln, die einen massiven, mandelförmigen Bügel von horizontaler oder vertikaler Stellung haben. Der Querschnitt des Bügels ist D-förmig oder vierpaßartig. Der Bügel ist entweder unverziert oder mit eingetieften Längsrillen geschmückt, die manchmal auch längs des Randes verlaufen, wie bei den Typen IX a. b. Die Fußplatte ist gewöhnlich klein und rechteckig oder quadratisch, der Bügelschaft hoch, selten niedrig, von rundem Querschnitt, glatt, ritzverziert oder mit Wulstringen.

---

[9] Vgl. Anm. 4.

Im Übergang vom Bügel zur Fußplatte sitzen eine oder zwei Rippen, Ringrillen oder eine Kombination von beidem (Blinkenberg VIII 3).

1505. *Ialysos*, Rhodos. – Akropolis, aus dem Athena-Heiligtum. – Fibel, Nadelhalter gebrochen, L. 5,5 cm *(Taf. 45, 1505)*. – Mus. Rhodos (9125). – Unpubliziert.

1506. *Ialysos*, Rhodos. – Akropolis, aus dem Athena-Heiligtum. – Fibel, Nadel fehlt, L. 5,6 cm *(Taf. 45, 1506)*. – Mus. Rhodos (9127). – Unpubliziert.

1507. *Ialysos*, Rhodos. – Akropolis, aus dem Athena-Heiligtum. – Fibel, Nadel fehlt, Fußplatte gebrochen, L. noch 4,8 cm *(Taf. 45, 1507)*. – Mus. Rhodos (9129). – Unpubliziert.

1508. *Ialysos*, Rhodos. – Akropolis, aus dem Athena-Heiligtum. – Fibelbügel, L. noch 5,2 cm *(Taf. 45, 1508)*. – Mus. Rhodos (9128). – Unpubliziert.

1509. *Ialysos*, Rhodos. – Akropolis, aus dem Athena-Heiligtum. – Fibel, L. 2,9 cm *(Taf. 45, 1509)*. – Mus. Rhodos (9131). – Unpubliziert.

1510. *Ialysos*, Rhodos. – Akropolis, aus dem Athena-Heiligtum. – Fibelbügel, L. noch 2,5 cm *(Taf. 45, 1510)*. – Mus. Rhodos (9135). – Unpubliziert.

1511. *Ialysos*, Rhodos. – Akropolis, aus dem Athena-Heiligtum. – Fibel, Spiralwindung und Nadel fehlen, L. noch 3,2 cm *(Taf. 45, 1511)*. – Mus. Rhodos (9137). – Unpubliziert.

1512. *Ialysos*, Rhodos. – Akropolis, aus dem Athena-Heiligtum. – Fibel, Nadel fehlt, L. 2,6 cm *(Taf. 45, 1512)*. – Mus. Rhodos (9133). – Unpubliziert.

1513. *Lindos*, Rhodos. – Akropolis. – Fibel, Nadel fehlt, L. 3,3 cm; insgesamt vier Exemplare von der Akropolis *(Taf. 46, 1513 nach Lindos I)*. – Mus. Istanbul. – Lindos I 87 Nr. 106a Taf. 8, 106a.

1514. *Kalymnos*. – Fibel, Nadel fehlt, Fuß gebrochen, L. noch 3,4 cm *(Taf. 46, 1514)*. – Arch. Slg. Kalymnos (4). – Unpubliziert.

1515. *Ialysos*, Rhodos. – Akropolis, aus dem Athena-Heiligtum. – Fibel, L. 4,6 cm *(Taf. 46, 1515)*. – Mus. Rhodos (9124). – Unpubliziert.

1516. *Fortetsa*, Ep. Temenos, Kreta. – Grab I (Dromos von Kammergrab P); Fibel in der Nähe von Pithos 1. – Fibelbügel, L. noch 8,5 cm *(Taf. 46, 1516)*. – Mus. Herakleion. – Brock, Fortetsa 98f. Nr. 1147 Taf. 76, 1147; 167.

1517. *Kavoussi*, Ep. Hierapetra, Kreta. – Aus Tholosgräbern, Ankauf 1898. – Fibel, L. 5,9 cm *(Taf. 46, 1517)*. – Mus. Herakleion (403). – Blinkenberg, Fibules 158 Abb. 188; J. Boardman, Kret. Chron. 23, 1971, 5 Taf. 1, 3.

1518. *Kardiane*, Tenos. – Steinkistengrab 1, Körperbestattung (Kind?). – Fibelbügel, L. noch 2,9 cm *(Taf. 46, 1518)*. – Beifunde und Lit. vgl. Nr. 614. – Nationalmus. Athen (17183b).

1519. *Paros*. – Delion; vermutlich identisch mit der von Rubensohn, Delion 68 Nr. 11 Taf. 12, 8 abgebildeten Fibel; Fibelbügel, L. noch 3 cm *(Taf. 46, 1519)*. – Nationalmus. Athen (12169).

1520. *Aigina*. – Aphaia-Heiligtum. – Fragment eines Fibelbügels, L. noch 2,9 cm *(Taf. 46, 1520)*. – Mus. Aigina (294). – Furtwängler, Aegina 401 Nr. 98 Taf. 116, 5.

1521. *Aigina*. – Aphaia-Heiligtum. – Fibelfragment. – Mus. Aigina (o. Nr.). – Unpubliziert.

1522. *Aigina*. – Aphaia-Heiligtum. – Fibelbügel, L. noch 5 cm *(Taf. 46, 1522)*. – Mus. Aigina (292). – Furtwängler, Aegina 401ff. Taf. 115.

1523. *Aigina*. – Aphaia-Heiligtum. – Fibelbügel, L. noch 3 cm *(Taf. 46, 1523)*. – Mus. Aigina (296). – Furtwängler, Aegina 401 Nr. 97 Taf. 116, 3.

1524. *Leukanti* (Lefkandi), Ep. Chalkis, Euböa. – Fibel *(Taf. 46, 1524)*. – Mus. Eretria (o. Nr.). – Archaeology 1972, 19.

1525. *Leukanti* (Lefkandi), Ep. Chalkis, Euböa. – Fibel, im Museum mit der Angabe Grab 15-7-70. Grab X SF Nr. 2. – Mus. Eretria (o. Nr.). – Unpubliziert.

Diesen Typ fand man auf Aigina, Kalymnos, Kreta, Paros, Rhodos (Lindos und Ialysos) und Tenos. Zwei Fibeln von Leukanti haben einen blattförmigen, massiven und großen Bügel, analog dem Typ IV c. Sie werden hier nur wegen ihres massiven Bügels in diesen Typ aufgenommen, während ihre beachtliche Größe sie eher in die Nähe des Typus IX b stellt. Fibeln des gleichen Typs fanden sich in Grab 41 des Kerameikos, das um 850 v. Chr. angesetzt wird. In diesem Grab lagen auch vier Halbmondfibeln.[10] In die gleiche Zeit dürften die Exemplare von Leukanti gehören. In beiden Gegenden tragen diese Fibeln reichen Ritzdekor.

---

[10] Müller-Karpe, Metallbeigaben 106f. Abb. 24, 3; 25; Snodgrass, Dark Age 262 Abb. 91, a.

TYP IX d

Fibeln mit halbmondförmigem Bügel. Der Halbmondbügel ist symmetrisch und trägt Ritzdekor; der Fibelfuß ist glatt und zungenförmig. Der Übergang vom Bügel zum Fuß ist bei einer Fibel von Aigina so ausgebildet wie bei Blinkenbergs Typ IX, 1. Bei den Exemplaren von Leukanti und Skyros sitzt am Übergang vom Bügel zu Fußplatte und Bügelschaft je eine Kugel. Jene zur Fußplatte hin wird von zwei Rippen gerahmt, während die beim Schaft mit einem Stachelkranz verziert ist. Die Stacheln enden mit kleinen Kügelchen, so daß im Ganzen ein sternartiges Gebilde entsteht. Beidseits dieses Ziergliedes ist der Schaft mit Ringrillen verziert (Blinkenberg IX).

1526. *Aigina.* – Aphaia-Heiligtum, aus dem Nordgraben. – Fragment eines Fibelbügels, H. 5,9 cm *(Taf. 46, 1526)*. – Mus. Aigina. – Furtwängler, Aegina 402 Nr. 106 Taf. 116, 6; Blinkenberg, Fibules 188 (IX 1 i).

1527. *Leukanti* (Lefkandi), Ep. Chalkis, Euböa. – Fibel *(Taf. 46, 1527)*. –Mus. Eretria PP/T45/2. – Archaeology 1972, 18.

1528. *Skyros.* – Steinkistengrab, Ausgrabung Papademetriou. – Fibel, Nadel gebrochen, L. 13,1 cm *(Taf. 46, 1528)*. – Beifunde und Lit. vgl. Nr. 657. – Nationalmus. Athen (17713 a. b).

1529. *Skyros.* – Monopetros. – Fibelschaft mit Spiralwindung, H. 5,2 cm *(Taf. 46, 1529)*. – Mus. Skyros (585). – Unpubliziert.

Fibeln dieser Art wurden auf Aigina, in Leukanti und auf Skyros gefunden, d. h. in einer Randzone des Verbreitungsgebietes der Attisch-Böotischen Fibeln. Gleichartige Fibeln kennen wir aus dem geometrischen Grab 41 des Kerameikos, wo sie zusammen mit Fibeln des zuvor behandelten Typs (IX c) lagen.[11] Dort allerdings sind sie nicht mit den charakteristischen Stachelkugeln, wie wir sie von den böotischen Fibeln kennen, ausgestattet.[12]

Ihre Herkunft dürfte auf submykenische und frühprotogeometrische Fibeln vom Typ II d zurückzuführen sein mit einer Tendenz zur Verbreiterung des Bügels. Der gleichen Ansicht ist auch J. Sundwall bei dem entsprechenden italischen Typ. Er leitet nämlich dessen Herkunft von den Typen B II a und i ab und datiert ihn zwischen 725–675/50 (Zeit der Koloniegründungen) und Hallstattzeit (7.–6. Jh.), d. h. in jüngere Zeit als die griechischen Exemplare.

Offensichtlich wurde dieser Typ in beiden Gebieten unabhängig aus lokalen Formen entwickelt. Lamb ist der Meinung,[13] daß die Fibeln dieses Typs jünger sind als die übrigen mit großer verzierter Fußplatte. Auch Bielefeld[14] vertritt die Ansicht, daß dieser Typ gegen Ende des 8. Jh. geschaffen wurde, als eine Tendenz zu Übergrößen herrschte. Das gilt vielleicht für Böotien, denn in Attika gibt es solche Fibeln seit der Mitte des 9. Jh. (Kerameikos, Grab 41); auch die Fibeln von Leukanti können nicht später als 800 v. Chr. datiert werden.

Es sei schließlich noch angemerkt, daß in das 8. Jh. und in den Beginn des 7. Jh. die Halbmondfibeln von Luristan datiert werden, für die Muscarella eine Entstehung unter Einwirkung der entsprechenden böotischen Fibeln annimmt.[15] Es ist nur natürlich, wenn wir annehmen, daß die Ausbreitung auf dem Weg über die Inseln vor sich ging.

Die große Fußplatte der Fibeln der Gruppe IX jedenfalls ist einmalig. Eine Tendenz zu großen Fußplatten zeigt sich jedoch seit der Mitte des 8. Jh. mit der Entstehung des großen Diskusfußes an den italischen Fibeln.[16] Der Eindruck des Pompösen, der in Italien mit dem großen Diskusfuß erreicht wird, erscheint also vielleicht auch an den griechischen Fibeln.

---

[11] Müller-Karpe, Metallbeigaben 106 Abb. 24, 8–11.

[12] Zur Verbreitung vgl. Hampe, Sagenbilder; ders., Böotische Fibel.

[13] W. Lamb, Greek and Roman Bronzes (1929) 49.

[14] Bielefeld, Schmuck 50.

[15] O. W. Muscarella, AJA. 69, 1965, 235.

[16] Sundwall, Fibeln 41.

X. FIBELN NÖRDLICHER FORM ODER NÖRDLICHER HERKUNFT

Die Gruppe X umfaßt Fibeln nördlicher Herkunft (Import) oder Nachahmungen nördlicher Formen. Es werden hier also ebenso die Brillenfibeln und Scheibenfibeln behandelt wie verschiedene andere Formen nördlicher Herkunft oder nördlichen Ursprungs.

GRUPPE X A

Spiral- und Scheibenfibeln.

Über Brillenfibeln ist bereits viel geschrieben worden. Chr. Blinkenberg[1] meinte, daß sie an mykenischen Geschmack erinnern, und daß sie aus einem Gebiet kommen müßten, das vom mykenischen Stil beeinflußt war (Hallstattkreis). Systematischer wurde diese Form von J. Alexander behandelt,[2] der alle bisher zu diesem Thema geäußerten Ansichten, die Verbreitung der Form und ihre zeitliche Stellung kritisch untersuchte.[3]

Eine Herkunft der Brillenfibeln aus dem Norden nahm als erster J. L. Myres[4] an, der mit ihrem Erscheinen in Griechenland gegen 1140 v. Chr. rechnete. E. Hall[5] war der Ansicht, daß diese Fibeln mit den Dorern nach Griechenland gelangt seien. Sundwall[6] zog eine illyrische Herkunft in Betracht, da sie sich häufig an der Adriaküste finden. Für eine nördliche Herkunft trat auch J. Wiesner, ebenso G. v. Merhart[7] ein. Alexander wies darauf hin, daß sich Brillenfibeln in der ersten Hälfte des letzten Jahrtausends vom Baltikum bis in das zentrale Nordosteuropa ausbreiteten, wo sie sich während der Hallstattzeit weiterentwickelten. Alexander betonte auch die spezielle Form, die die Brillenfibel in Griechenland erhält.[8] Bielefeld[9] dagegen hielt die Brillenfibeln Mazedoniens für gleichzeitig mit den balkanischen, bosnischen und italischen, und Robinson[10] äußerte die Ansicht, daß der Typ ägäischer Herkunft sei, da er von den Bronzenadeln der Kykladen mit Spiralkopf abzuleiten sei; zum Vergleich zog er ägäischen Spiralschmuck heran.

In dem von Blinkenberg zitierten Material gibt es nur wenige Brillenfibeln von den Inseln. Auch bei Alexander sind die Exemplare von Mastambas und aus dem Athena-Heiligtum von Ialysos/Rhodos nicht genannt. Vom griechischen Festland sind die Fibeln von Vergina[11] wichtig, da ihr frühes Auftreten in Mazedonien die nördliche Herkunft des Typs bestätigt.

Brillenfibeln stammen vor allem aus dem Südostbereich der Inseln. Von Ialysos kennen wir acht Exemplare, von Lindos drei und ebenso viele von Kreta und Thera. Im Depot des Athena-Heiligtumes von Ialysos fanden sich zudem noch fünf Scheibenfibeln.

Von den unten genannten Fibeln gehört nur ein Exemplar von Fortetsa (Typ X A b, Nr. 1532) zu einem geschlossenen Fundverband der mittelgeometrischen Zeit (um 750 v. Chr.). Die übrigen Stücke dürften allgemein dem Ende der geometrischen und der archaischen Zeit zuzuweisen sein. Zurecht

[1] Blinkenberg, Fibules 254f.
[2] Alexander, Spectacle Fibulae 7ff. Über Verbreitung vgl. auch Kilian, PBF XIV, 2 (1975) 142ff.
[3] Zur Datierung vgl. auch Journ. Hell. Stud. 70, 1950, 17f.
[4] J. L. Myres, Handbook of the Cesnola Collection of Antiquities from Cyprus (1914) 483f.
[5] Nach Müller-Karpe, Germania 40, 1962, 258.

[6] Sundwall, Fibeln 51.
[7] J. Wiesner, Arch. Anz. 1939, 317ff.
[8] Alexander, Spectacle Fibulae 7.
[9] Bielefeld, Schmuck 49.
[10] Olynthus X 95f. Taf. 19 (type I, archaisch).
[11] Andronikos, Vergina 227ff.

bemerkte Blinkenberg,[12] daß sie in Fundkomplexen gefunden werden, die der gleichen Zeit angehören wie sein Typ IV.

Von den zweiundzwanzig Varianten Alexanders erscheinen in Griechenland nur einige wenige bereits früher, z.B. unsere Typen X A e. g (Alexander III und IV); der Typ X A c von Thera ist als außergewöhnlich anzusehen.

Mit den Neufunden von den Inseln treten die folgenden Typen der Spiral- und Plattenfibeln auf:

TYP X A a

Brillenfibel aus dünnem, rundstabigem Draht; kleine, vertikal gestellte Achterschleife; Spiralscheiben und Nadel aus einem Draht (Blinkenberg XIV 2 p; Alexander I a). Das Fragment Nr. 1531 gehört vermutlich zu diesem Typ.

1530. *Ialysos*, Rhodos. – Akropolis, aus dem Athena-Heiligtum. – Fibel, L. 3,6 cm *(Taf. 47, 1530)*. – Mus. Rhodos (8950). – Unpubliziert.

1531. *Ialysos*, Rhodos. – Akropolis, aus dem Athena-Heiligtum. – Spirale einer Brillenfibel, Dm. 2 cm *(Taf. 47, 1531)*. – Mus. Rhodos (8846). – Unpubliziert.

Kleine Brillenfibeln dieses Typs mit einer Länge von 3 cm gibt es auch in Vergina.[13] Dieser Typ hat als italische Parallele den Typ E I α b Sundwalls.[14]

Die Fibeln von Ialysos werden hier zum ersten Mal vorgelegt; sie sind dem Katalog Alexanders anzufügen. Dieser Typ ist nach Alexander charakteristisch für Österreich und den Hallstattkreis des 10. und 9. Jh.; in Griechenland ist er durch zwei Exemplare von Vergina aus dem Beginn des 9. Jh. vertreten.

TYP X A b

Dieser Typ ist in der bisherigen Forschung noch nicht herausgestellt worden. Die zentrale Achterschleife ist hier längsgerichtet. Die Spiralscheiben sind aus dünnem, rundstabigem Draht gewickelt.

1532. *Fortetsa*, Ep. Temenos, Kreta. – Kammergrab X, Brandbestattung in Pithos L 7. – Fibel, L. 5,5 cm *(Taf. 47, 1532* nach Brock). – Beifunde: vier Eisennadeln. – *Datierung:* Mittel-Geometrisch. – Mus. Herakleion. – Brock, Fortetsa 41 ff. 54 Nr. 558 Taf. 37, 558.
1533. *Herakleion-Mastambas*, Kreta. – Kammergrab,

Brandbestattung 6 in vierhenkeligem Pithos. – Spirale einer Brillenfibel, Dm. 1,9 cm *(Taf. 47, 1533)*. – Beifunde: drei einhenkelige Tassen; Teller; Kännchen, Typ Praisos; Lanzenspitze, Eisen. – *Datierung:* Subgeometrisch-Orientalisierend. – Mus. Herakleion (o. Nr.). – Praktika 1970, 287 ff. Taf. 403, b.

Dieser Typ ist mit einem sicheren Exemplar von Fortetsa vertreten; die Spiralscheibe von Mastambas gehört vielleicht ebenfalls dazu. Die Fibel von Fortetsa datiert diesen Typ sicher in mittelgeometrische Zeit.

---

[12] Blinkenberg, Fibules 254.
[13] I b nach Andronikos, Vergina 227.

[14] Sundwall, Fibeln 170 Abb. 267.

TYP X A c

Brillenfibel aus dünnem, rundstabigem Draht mit Blechscheibe zwischen den Spiralen, die bei der geometrischen Fibel von Thera mit getriebenen Punktbuckeln verziert bzw. bei dem Exemplar von Ialysos glatt ist (Blinkenberg XIV 3 a; Alexander I h). Alexander hält die Fibel von Thera für außergewöhnlich.[15]

1534. *Ialysos*, Rhodos. – Akropolis, aus dem Athena-Heiligtum. – Fibel, L. 4,4 cm *(Taf. 47, 1534)*. – Mus. Rhodos (8954). – Unpubliziert.
1535. *Thera*. – Sellada, Schiff'sches Grab. – Fibel, L.

4,7 cm *(Taf. 47, 1535* nach Thera II). – Beifunde vgl. Nr. 19. – Verbleib unbekannt. – Thera II 301 Nr. 21 Abb. 489, v; Blinkenberg, Fibules 259 (XIV 3 a) Abb. 305.

TYP X A d

Brillenfibel mit Blechscheibe und Drahtschlaufe anstelle der Achterschleife. Das einzige Exemplar Griechenlands wurde auf Thera gefunden. Zwischen den beiden Spiralscheiben sitzt eine in beide Richtungen überstehende Schlaufe quer zur Längsachse der Spiralen; auf dieser Schlaufe ist leicht exzentrisch die Blechscheibe mit getriebenem Buckeldekor befestigt (Blinkenberg XIV 12 a).

1536. *Thera*. – Sellada, Schiff'sches Grab. – Fibel, L. 3,1 cm *(Taf. 47, 1536* nach Thera II). – Beifunde vgl.

Nr. 19. – Verbleib unbekannt. – Thera II 301 Nr. 20 Abb. 489, u.

TYP X A e

S-förmige Doppelspirale mit Schlaufe, in der Mitte Blechscheibe mit Niet. Da die eine der Spiralen bei der Fibel Nr. 1537 kleiner ist als die andere, kann hier nicht von einer Vierspiralfibel wie Typ X A g (siehe unten) die Rede sein (Blinkenberg XIV 6 c). Vergleichbare Fibeln aus Sparta und Tegea nennt bereits Blinkenberg;[16] es handelt sich bei jenen allerdings um Vierspiralfibeln. Auch Alexander rechnet die Fibel Nr. 1537 von Lindos seinem Typ IV a i zu, der unserem Typ X A g entspricht.

1537. *Lindos*,[17] Rhodos. – Akropolis. – Fibelfragment *(Taf. 47, 1537* nach Lindos I). – Mus. Istanbul. – Lindos

I 90 Nr. 131 Taf. 9, 131; Blinkenberg, Fibules 260 (XIV 6 c).

TYP X A f

Dreifache Spirale aus rundstabigem Draht; der Nadelhalter wird von einer Drahtschlaufe gebildet. Die Fibel Nr. 1538 von Rhodos ist das einzige Exemplar dieses Typs. Anzuschließen ist wohl Nr. 1539, die

---

[15] Alexander, Spectacle Fibulae 11.
[16] Blinkenberg, Fibules 260 (XIV 6 a. b).
[17] Die Fibel von Lindos konnte ich nicht persönlich untersu-

chen; die Abbildung zeigt aber deutlich zwei Spiralen unterschiedlichen Durchmessers.

jedoch von Scheiben, nicht von Spiralen gebildet wird. Zwei dieser Scheiben berühren sich, während die dritte am anderen Ende des Bügels befestigt ist, aus dem sich auch der Nadelhalter entwickelt. Die gleiche Konstruktion zeigt die Fibel Nr. 1540, die eine Kombination der beiden zuerstgenannten Formen darstellt. Alle drei Exemplare wurden in Ialysos gefunden.

1538. *Ialysos*, Rhodos. – Akropolis, aus dem Athena-Heiligtum. – Fibelfragment *(Taf. 47, 1538)*. – Mus. Rhodos (8953). – Unpubliziert.
1539. *Ialysos*, Rhodos. – Akropolis, aus dem Athena-Heiligtum. – Fibelfragment *(Taf. 47, 1539)*. – Mus. Rhodos (8958). – Unpubliziert.

1540. *Ialysos*, Rhodos. – Akropolis, aus dem Athena-Heiligtum. – Fibelfragment, L. noch 5,2 cm *(Taf. 47, 1540)*. – Mus. Rhodos (8952). – Unpubliziert.

TYP X A g

Vierspiralfibel, gebildet aus zwei Brillenfibeln; dünner, rundstabiger Draht, in der Mitte unverzierte Scheibe (Blinkenberg XIV 8 a, 9 b; Alexander IV a i). Das Exemplar von Rhodos ist klein, das von Kreta ziemlich groß. Außer den zwei genannten Exemplaren wurde ein drittes auf Thera gefunden, d. h. stets in Gebieten der Dorer.

1541. *Ialysos*, Rhodos. – Akropolis, aus dem Athena-Heiligtum. – Fibel *(Taf. 47, 1541)*. – Mus. Rhodos (8955). – Unpubliziert.
1542. *Ida, Zeus-Grotte*, Kreta. – Ausgrabung Halbherr. – Fibel *(Taf. 47, 1542)*. – Mus. Herakleion. – Blinkenberg, Fibules 261 (XIV 8 a).

1543. *Thera*. – Sellada, Schiff'sches Grab. – Fibel *(Taf. 47, 1543* nach Thera II). – Beifunde vgl. Nr. 19. – Verbleib unbekannt. – Thera II 300ff. Nr. 22 Abb. 489, w; Blinkenberg, Fibules 261 (XIV 9b).

TYP X A h

Scheibenfibeln. Fibeln dieses Typs bestehen aus einer runden, glatten Scheibe, die auf dem Bügel einer Fibel einfachster Konstruktion (Sicherheitsnadel) befestigt ist (Blinkenberg XV 11). Fibeln dieser Form finden sich auf Kreta und Rhodos. Blinkenberg[18] datierte diese Form in geometrisch-archaische Zeit; er hielt sie für einen Typ des Hallstattkreises.[19]

1544. *Ialysos*, Rhodos. – Akropolis, aus dem Athena-Heiligtum. – Fibel, Dm. 3,5 cm *(Taf. 47, 1544)*. – Mus. Rhodos (8948). – Unpubliziert.
1545. *Ialysos*, Rhodos. – Akropolis, aus dem Athena-Heiligtum. ; Fibel, Dm. 2,9 cm *(Taf. 47, 1545)*. – Mus. Rhodos (8944). – Unpubliziert.
1546. 1547. *Ialysos*, Rhodos. – Akropolis, aus dem Athena-Heiligtum. – Zwei Scheibenfibeln. – Mus. Rhodos (8945. 8946). – Unpubliziert.
1548. *Kissamos* (Kastelli), Ep. Kissamos, Kreta. – Aus Kammergrab (?), 1891 von Evans angekauft. – Fibel, Dm. 4,6 cm *(Taf. 47, 1548* nach Boardman). – Ashmolean Mus. Oxford (AE. 122b, 1891, 655). – Boardman, Cretan Collection 92 Nr. 385 Abb. 37 Taf. 30, 37.

---

[18] Ebd. 263 f. 30 Beispiele sind aus Smyrna bekannt (8.–7. Jh.): A. A. Mus. Ist. 1958, 75 Abb. 13, 20–22.
[19] In Leukanti wurde eine Brillenfibel aus Blei gefunden; sie besteht aus zwei Scheiben, dazwischen gesetzt ist ein rhombisches Blech mit eingeschlagenem Punktdekor. Fundangabe ST./T. 59/38-4-7-69; unpubliziert.

1549. *Lindos*, Rhodos. – Akropolis. – Fibel, Dm. 3,6 cm; insgesamt sechs Exemplare von der Akropolis (*Taf. 47, 1549* nach Lindos I). – Mus. Istanbul. – Lindos I 90 Nr. 132 Taf. 9, 132; Blinkenberg, Fibules 274 (XV 11 b).

1549 A. *Ialysos*, Rhodos. – Grundstück Zambico 1927, Grab CXXXVI, Körperbestattung (Kind) in Pithos. – Fibel (*Taf. 47, 1549 A* nach Jacopi). – Beifunde vgl. Nr. 1333. – Mus. Rhodos (?). – Jacopi, Jalisso 145 Taf. 5.

Es sei hier noch vermerkt, daß die Spirale einmal in Kombination mit einer Bogenfibel vom Typ II f (Nr. 208) erscheint.

GRUPPE X B

Andere Fibeln nördlicher Form oder nördlicher Herkunft. Von den Fibeln dieser Gruppe erscheinen die Form a und b im südlichen Abschnitt der Ägäis (Dodekanes und Kreta), also dort, wo auch die Gruppe X A (Brillenfibeln) auftritt, während die Formen c und d im Norden innerhalb des von Leukanti, Chios und Lemnos gebildeten Dreiecks vorkommen.

TYP X B a

Schlangenfibeln (Blinkenberg I 13 a).

1550. *Ialysos*, Rhodos. – Akropolis, aus dem Athena-Heiligtum. – Fibel, L. 3,6 cm (*Taf. 47, 1550*). – Mus. Rhodos (9586). – Unpubliziert.
1551. *Ialysos*, Rhodos. – Akropolis, aus dem Athena-Heiligtum. – Fibel, L. 3,7 cm (*Taf. 47, 1551*). – Mus. Rhodos (9081). – Unpubliziert.
1552. *Lindos*, Rhodos. – Akropolis. – Fibel, L. 3,5 cm (*Taf. 47, 1552* nach Lindos I). – Mus. Istanbul. – Lindos I 84f. Nr. 95 Taf. 7, 95; Blinkenberg, Fibules 196 Abb. 200 (X 4 a).

1553. *Exoche*, Rhodos. – Aus der Nekropole. – Fibel, Nadel fehlt, L. 4,3 cm (*Taf. 47, 1553* nach Friis Johansen). – Ny Carlsberg Glyptothek, Kopenhagen (12468). – K. Friis Johansen, Acta Arch. 28, 1957, 73 f. Nr. Z 25 Abb. 162.
1554. *Phaistos*, Ep. Pyrgiotissa, Kreta. – Palast, aus den oberen Schichten. – Fibel, Fuß fehlt, L. noch 4,3 cm (*Taf. 47, 1554* nach Pernier). – Verbleib unbekannt. – L. Pernier, Mon. Ant. 12, 1902, 105 Abb. 38, 10; Blinkenberg, Fibules 56 (I 13 a).

Exemplare dieser Form finden wir auf Rhodos (Lindos, Ialysos, Exoche) und Kreta. Die Fibel von Phaistos datiert Blinkenberg[20] in die Zeit nach der subminoischen Periode, während V. Milojčić[21] sie für subminoisch bis protogeometrisch und aus Mitteleuropa kommend hält.

Diese Fibelform entspricht den italischen Dragofibeln vom Typ H nach Sundwall,[22] die in Italien charakteristisch für Männerbestattungen des 7.–6. Jh. sind. Zu ihrer Herkunft meinte Sundwall, daß es sich um einen balkanischen Typ handelt und nannte Beispiele aus dem Kaukasus,[23] die wegen ihres zungenförmigen Fußes älter seien als die italischen. Er glaubte nicht an eine subminoische Zeitstellung der Fibel von Phaistos, deren Fuß nicht erhalten ist. Wie die Fibeln aus dem Kaukasus so zeigt auch die von Rhodos einen kleinen, zungenförmigen Fuß, der, falls wir ihn mit Sundwall als chronologischen Anhalt werten dürfen, anzeigt, daß die ägäischen Exemplare älter sind als die italischen.

---

[20] Blinkenberg, Fibules 56.
[21] Milojčić, Fremdlinge 163.

[22] Sundwall, Fibeln 52.
[23] Ebd. 59 Abb. 30, a.

TYP X B b

Größere Schlangenfibel aus rundstabigem Draht.

1555. *Ialysos, Rhodos.* – Akropolis, aus dem Athena-Heiligtum. – Fibel, L. 5,6 cm *(Taf. 47, 1555).* – Mus. Rhodos (10933). – Unpubliziert.

An den Stellen, wo sich die Windungen des Bügels der Fibelnadel nähern, ist je eine quadratische Platte gebildet (an der Fibel von Rhodos im ganzen vier), die Ritzdekor trägt (ein von Doppellinien gebildetes Kreuz mit je einem Kreis zwischen den Armen). Die Form ist illyrisch-bosnisch und erinnert an Entsprechungen aus dem Glasinac-Gebiet;[24] sie begegnet auch im Kaukasus, dort wie auf Rhodos mit kleinem Fuß.

TYP X B c

Bogenfibel mit schildförmigem Fuß; Fuß mit vier vertikalen Ritzlinien und vier Würfelaugen verziert.

1556. *Emporio, Chios.* – „Harbour Sanctuary", Fläche H. – Fibel, Schaft mit Spiralwindung und Nadel fehlt, L. noch 5,2 cm *(Taf. 47, 1556* nach Boardman). – *Datierung:* Emporio, Periode IV. – Mus. Chios (o. Nr.). – Boardman, Emporio 209ff. Nr. 240 Abb. 138, 240.

Das einzige Exemplar von den Inseln ist die Fibel von Chios; sie stammt aus der Periode IV (7. Jh. v. Chr.) des Hafenheiligtums von Emporio. Das einzige Gegenstück vom griechischen Festland ist eine Fibel aus dem Hera Limenia-Heiligtum von Perachora, die in die Zeit nach dem 7. Jh. v. Chr. datiert wird. H. Payne[25] hielt Illyrien oder Thrakien für ihre Heimat. F. Maier[26] verwies auf das Fundmaterial aus dem Glasinac-Gebiet und aus Donja Dolina als Parallele zu der Fibel von Perachora, was als Hinweis auf deren bosnische Heimat gewertet wurde. Die Fibel datierte er in die Hallstattzeit. Kürzlich hat J. Bouzek[27] Vergleichsfunde aus Mazedonien zusammengestellt, die er für Import aus dem Balkan hielt. Vor kurzem wurden auch entsprechende Exemplare aus Bulgarien und Thrakien bekannt; sie wurden dort zusammen mit Inselfibeln vom Typ IVe, Vb und XIIc gefunden.[28]

TYP X B d

Bogenfibel mit breitem Fuß, der italischen und nördlichen Fibelfüßen gleicht; auf dem Bügel drei Kugelglieder, einfach oder zwischen Wulstringen.

1557. *Emporio, Chios.* – „Harbour Sanctuary", Fläche H. – Fibelfragment, L. noch 3,1 cm *(Taf. 48, 1557* nach Boardman). – *Datierung:* Emporio, Periode II. – Mus. Chios. – Boardman, Emporio 209ff. Nr. 226 Abb. 138, 226.

1558. *Hephaisteia, Lemnos.* – Fibelfragment im Museum mit Angabe „A 231"; in der Publikation aus Grab A-CCXXXI nicht erwähnt; Fragment vom Bügel einer Fibel, L. noch 2,7 cm *(Taf. 48, 1558).* – Mus. Lemnos (o. Nr.). – Unpubliziert.

---

[24] Ebd. 33 Abb. 18, b.
[25] Perachora I 171 Nr. 18 Taf. 73.
[26] Maier, Germania 34, 1956, 64 Abb. 1.

[27] J. Bouzek, Graeco-Macedonian Bronzes (1974) 133.
[28] T. D. Zlatkovskaya/D. B. Chelov, Sov. Arch. 1971/4, 60 Abb. 5; A. Milčev, in: Festschrift D. Dečev (1958) 431. 443.

1559 A. *Leukanti* (Lefkandi), Ep. Chalkis, Euböa. – Fibel im Museum mit der Angabe T 32/11, L. 7,1 cm *(Taf. 48, 1559 A)*. – Mus. Eretria (o. Nr.). – Unpubliziert.
1559 B. *Leukanti* (Lefkandi), Ep. Chalkis, Euböa. – Fibel im Museum mit Angabe T 32/12. Tomba SQ Q25-7-70. – Mus. Eretria (o. Nr.). – Unpubliziert.
1560. *Leukanti* (Lefkandi), Ep. Chalkis, Euböa. – Fibel im Museum mit Angabe SQ 9. – Mus. Eretria. – Unpubliziert.

Exemplare dieses Typs wurden auf Chios (Periode II von Emporio) und in Leukanti gefunden. Vielleicht gibt es auch auf Lemnos eine gleiche Fibel, sie ist jedoch stark fragmentiert.

XI. ITALISCHE FIBELN

Fibeln westlicher Form sind hauptsächlich auf den Inseln nahe der Küste Kleinasiens gefunden worden (Chios, Samos, Rhodos). Eine Ausnahme bildet Aigina, wo zwei Sanguisuga-Navicella-Fibeln zum Vorschein gekommen sind.

Von den bekannten italischen Formen erscheinen auf den Inseln die folgenden:

TYP XI a

Bogenfibel mit langgestrecktem Fuß (Blinkenberg XI 10; Sundwall G I β b).

1561. *Ialysos,* Rhodos. – Akropolis, aus dem Athena-Heiligtum. – Fibel, L. 8,8 cm *(Taf. 48, 1561)*. – Mus. Rhodos (8637). – Unpubliziert.
1562. *Ialysos,* Rhodos. – Akropolis, aus dem Athena-Heiligtum. – Fibel, L. 7 cm *(Taf. 48, 1562)*. – Mus. Rhodos (9535). – Unpubliziert.
1563. *Ialysos,* Rhodos. – Akropolis, aus dem Athena-Heiligtum. – Fibel, Spiralwindung und Nadel fehlen, L. noch 7,8 cm *(Taf. 48, 1563)*. – Mus. Rhodos (9632). – Unpubliziert.
1564. *Ialysos,* Rhodos. – Akropolis, aus dem Athena-Heiligtum. – Fibel, Nadel fehlt, L. 7,9 cm *(Taf. 48, 1564)*. – Mus. Rhodos (9631). – Unpubliziert.
1565. *Ialysos,* Rhodos. – Akropolis, aus dem Athena-Heiligtum. – Fibel, L. 12,9 cm *(Taf. 48, 1565)*. – Mus. Rhodos (9626). – Unpubliziert.
1566. *Ialysos,* Rhodos. – Akropolis, aus dem Athena-Heiligtum. – Zwei nicht anpassende Fragmente einer Fibel, rekonstruierte L. ca. 7,2 cm *(Taf. 48, 1566)*. – Mus. Rhodos (9634). – Unpubliziert.
1567. *Ialysos,* Rhodos. – Akropolis, aus dem Athena-Heiligtum. – Fibel, L. 5 cm *(Taf. 48, 1567)*. – Mus. Rhodos (9628). – Unpubliziert.

1568. *Ialysos,* Rhodos. – Akropolis, aus dem Athena-Heiligtum. – Fibel, L. 7 cm *(Taf. 48, 1568)*. – Mus. Rhodos (9640). – Unpubliziert.
1569. 1570. *Ialysos,* Rhodos. – Akropolis, aus dem Athena-Heiligtum. – Zwei Fibeln. – Mus. Rhodos (9625. 9641). – Unpubliziert.
1571. *Ialysos,* Rhodos. – Akropolis, aus dem Athena-Heiligtum. – Fibel, auf dem Bügel Reste vom Beinbesatz, L. 9,8 cm *(Taf. 48, 1571)*. – Mus. Rhodos (9636). – Unpubliziert.
1572. *Ialysos,* Rhodos. – Akropolis, aus dem Athena-Heiligtum. – Fibel, auf dem Bügel Reste vom Beinbesatz, L. noch 6,9 cm *(Taf. 48, 1572)*. – Mus. Rhodos (9639). – Unpubliziert.
1573. *Ialysos,* Rhodos. – Akropolis, aus dem Athena-Heiligtum. – Fibelfragment, auf dem Bügelansatz Reste vom Beinbesatz *(Taf. 48, 1573)*. – Mus. Rhodos (10922). – Unpubliziert.
1574. *Emporio,* Chios. – „Harbour Sanctuary", Fläche H. – Bügelfragment mit Beinbesatz *(Taf. 48, 1574* nach Boardman). – *Datierung:* Emporio, Periode II. – Mus. Chios (o. Nr.). – Boardman, Emporio 209 ff. Nr. 241 Abb. 138, 241.

Nach Blinkenberg erscheint dieser Typ in Italien wie auch in Griechenland im 7. Jh. v. Chr.; nur die in Lindos gefundenen Exemplare sollen aus dessen Kolonie Gela stammen. Sundwall meinte, daß sowohl die griechischen als auch die balkanischen Exemplare aus Italien kommen. Inzwischen ist diese Form jedoch durch Neufunde von Ialysos und insbesondere Chios bereichert, die beweisen, daß diese Fibeln gleichzeitig sind mit den italischen.

Der Bügel ist violinbogen- oder bogenförmig, mit ein oder zwei Windungen zur Nadel, von rundem oder rechteckigem Querschnitt. Der Fuß ist langgestreckt, trichterförmig, einmal mit Schlußknopf.

Da auf dem Bügel vieler dieser Fibeln noch aufgeschobene konische oder scheibenförmige Besatzstücke aus Knochen sitzen, nehmen wir an, daß auch die übrigen Fibeln in gleicher Weise mit vergänglichem Material ausgestattet waren, das heute nicht mehr erhalten ist. In der Anordnung der Besatzstücke alternieren die konischen mit Scheiben aus Elfenbein, Knochen oder Bronze. Die konischen Besatzstücke sind paarweise antithetisch angeordnet, so daß die Schmalseiten des Konus nach außen gerichtet sind.

Die näher datierbare Fibel von Chios gehört der Periode II (690–650 v. Chr.) des Hafenheiligtums von Emporio an; sie ist also gleichzeitig mit dem Typ G I b Italiens, den Sundwall ins 7. Jh. datiert.[1]

TYP XI b

Fibeln mit bogenförmigem, gewelltem oder abgewinkeltem Bügel und dreieckigem Fuß.

1575. *Ialysos,* Rhodos. – Akropolis, aus dem Athena-Heiligtum. – Zwei Bügelfragmente mit Beinbesatz *(Taf. 48, 1575).* – Mus. Rhodos (9084). – Unpubliziert.
1576. *Ialysos,* Rhodos. – Akropolis, aus dem Athena-Heiligtum. – Fibelfragment, Fußplatte genietet, Bügel mit Beinbesatz, L. noch 10,1 cm *(Taf. 48, 1576).* – Mus. Rhodos (o. Nr.). – Unpubliziert.
1577. *Ialysos,* Rhodos. – Akropolis, aus dem Athena-Heiligtum. – Fibel, L. 6,5 cm *(Taf. 49, 1577).* – Mus. Rhodos (10949). – Unpubliziert.
1578. *Ialysos,* Rhodos. – Akropolis, aus dem Athena-Heiligtum. – Fibel, Nadel fehlt, L. 6,2 cm *(Taf. 49, 1578).* – Mus. Rhodos (10945). – Unpubliziert.
1579. *Ialysos,* Rhodos. – Akropolis, aus dem Athena-

Heiligtum. – Fibel, Spiralwindung und Nadel fehlen, L. noch 8,8 cm *(Taf. 49, 1579).* – Mus. Rhodos (9639). – Unpubliziert.
1580. *Ialysos,* Rhodos. – Akropolis, aus dem Athena-Heiligtum. – Fibel, Spiralwindung und Nadel fehlen, L. noch 6,5 cm *(Taf. 49, 1580).* – Mus. Rhodos (9638). – Unpubliziert.
1581. *Lindos,* Rhodos. – Akropolis. – Mehrere Fragmente von Bügeln und Beinbesatzstücken *(Taf. 49, 1581 nach Lindos I).* – Mus. Istanbul. – Lindos I 86 Nr. 103 Taf. 8, 103; Blinkenberg, Fibules 204 (XI 9 0).
1582. *Samos.* – Fibelfragment, L. 7,1 cm *(Taf. 49, 1582).* – Mus. Vathy, Samos (B 612). – Unpubliziert.

Bei einer Fibel ist der Bügel abgewinkelt mit einer Spiralwindung im Scheitel; bei einer anderen mit gewelltem Bügel sitzen oberhalb des Fußes zwei Wulstringe. Der Querschnitt des Bügels ist rund, häufiger rechteckig. Bei einem Exemplar (Nr. 1576) ist der Bügel durch alternierende Bronze- und Knochenscheiben bereichert. Beim Fußansatz sitzt ein stabiler Bronzekubus mit Eintiefung zur Aufnahme einer Inkrustation. Hierher dürfte auch die Fibel Nr. 1581 gehören. Nr. 1576 mit den beweglich aufgeschobenen Besatzstücken und den stabilen Ziergliedern bestätigt in gewisser Weise die Auffassung, daß dieser Typ aus der älteren Gruppe III entwickelt wurde.

Der Übergang vom Bügel zum Fuß ist glatt oder abgestuft. Der Fuß ist kleiner oder größer dreieckig; gleichartige Ausprägungen begegnen nicht unter den italischen Formen. Eine gewisse Beziehung zeigt diese Form aufgrund ihres kleinen, aber dreieckigen Fußes zu den Fibeln F II b 14 und F II b 16 Sundwalls (Sanguisugafibeln[2]), die dieser ins 8. Jh. datiert. Andererseits können die Fibeln Nr. 1575 und 1577 von Rhodos mit dem Typ D I δ a Sundwalls verglichen werden, der nach 700 v. Chr. anzusetzen ist.[3]

---

[1] Sundwall, Fibeln 57.
[2] Ebd. 55 f.
[3] Ebd. 45, 140 Abb. 201.

Entsprechende Exemplare sind in Griechenland aus Olympia[4] und aus dem Argivischen Heraion[5] bekannt.

Der Typ XI b wurde auf Rhodos (Ialysos, Lindos) und Samos gefunden. Leider kann keines der oben genannten Exemplare näher datiert werden. Der kleine, dreieckige Fuß, der für diese Fibeln kennzeichnend ist, weist sie vermutlich in die Zeit vor dem 7. Jh. v. Chr. Diese Form dürfte als frühen Vorfahren die Fibel Nr. 43 von Vrokastro haben.[6]

TYP XI c

Die einzige Fibel dieser Form von Ialysos hat einen gewellten Bügel und eine bogenförmige Nadel. Zur Nadel hin verbreitert sich der Bügel und teilt sich in drei schmale Bänder mit Zwischenräumen. Der Fuß ist langgestreckt.

1583. *Ialysos,* Rhodos. – Akropolis, aus dem Athena-Heiligtum. – Fibel, L. 7,8 cm *(Taf. 49, 1583).* – Mus. Rhodos (9083). – Unpubliziert.

Parallelen treffen wir in Italien nicht, jedoch eine ausreichende Zahl vergleichbarer Stücke (Dragofibeln H II α c 1; H II α b; H II α d 6; H II α d 9).[7] Diese Fibelart ist in Mittelitalien vor 700 v. Chr. üblich[8] und lebt weiter bis ins 7. Jh. v. Chr. Vom festländischen Griechenland wird ein entsprechendes Exemplar aus Olympia mit Doppelnadel und Sanguisugabügel erwähnt.[9]

TYP XI d

Sanguisuga- und Navicellafibeln (Blinkenberg XI 6–7).

1584. *Lindos,* Rhodos. – Akropolis, – Fibel, Fußplatte und Nadel fehlen, L. noch 4,5 cm; insgesamt drei Exemplare von der Akropolis *(Taf. 49, 1584* nach Lindos I). – Mus. Istanbul. – Lindos I 87 Nr. 104 Taf. 8, 104; Blinkenberg, Fibules 112 (irrtümlich bei VI 1 b).
1585. *Samos.* – Fibelfragment, L. noch 8,3 cm *(Taf. 49, 1585).* – Mus. Vathy, Samos, (B 1326). – Unpubliziert.
1586. *Samos.* – Fibel, Nadel fehlt, L. 12,3 cm *(Taf. 49, 1586).* – Mus. Vathy, Samos (B 98). – Unpubliziert.
1587. *Aigina.* – Aphaia-Heiligtum. – Fibel, L. 2,3 cm *(Taf. 49, 1587).* – Mus. Aigina (319). – Furtwängler, Aegina 404 Nr. 124 Taf. 116, 12; Blinkenberg, Fibules 201 (XI 8 a).
1588. *Aigina.* – Bügelfragment, L. noch 3,1 cm *(Taf. 49, 1588).* – Mus. Aigina (o. Nr.). – Furtwängler, Aegina 404 Nr. 125 Taf. 116, 26; Blinkenberg, Fibules 200 (XI 4 e).

1589. *Aigina.* – Kap Kolonna, Apollon („Aphrodite")-Heiligtum. – Fibelbügel, L. noch 4,3 cm *(Taf. 49, 1589).* – Mus. Aigina (858). – Unpubliziert.
1590. *Emporio,* Chios. – „Harbour Sanctuary", Fläche F. – Fibelbügel, L. noch 2,9 cm *(Taf. 49, 1590* nach Boardman). – *Datierung:* Emporio, Periode IV. – Mus. Chios (o. Nr.). – Boardman, Emporio 207f. Nr. 180 Abb. 137, 180.
1591. *Emporio,* Chios. – „Harbour-Sanctuary", Fläche H. – Fibel, Spiralwindung und Nadel fehlen, L. noch 2,2 cm *(Taf. 49, 1591* nach Boardman). – *Datierung:* Emporio, Periode IV. – Mus. Chios (o. Nr.). – Boardman, Emporio 207f. Nr. 184 Abb. 137, 184.
1592. *Exoche,* Rhodos. – Aus der Nekropole. – Fibel, Nadel fehlt, L. 3,1 cm *(Taf. 49, 1592* nach Friis Johansen). – Ny Carlsberg Glyptothek, Kopenhagen (12470).

[4] Olympia IV 52 Nr. 354 Taf. 21.
[5] Argive Heraeum 24 Taf. 85, 827. 828.
[6] H. Hencken, AJA. 62, 1958, 271; ders., PPS. NS 22, 1956, 213.
[7] Sundwall, Fibeln 239 Abb. 39; 240 Abb. 389; 393f.
[8] Ebd. 61.
[9] Olympia IV 52 Nr. 355.

– K. Friis Johansen, Acta Arch. 28, 1957, 73 f. Nr. Z 27 Abb. 164.

1593. *Emporio, Chios.* – Harbour Sanctuary", Fläche H. – Fibelbügel, L. noch 2 cm (*Taf. 49, 1593* nach Boardman). – *Datierung:* Emporio, Periode II. – Mus. Chios (o. Nr.). – Boardman, Emporio 207 f. Nr. 185 Abb. 137, 185.

1594. *Emporio, Chios.* – „Harbour Sanctuary", Fläche H. – Fibel, L. 3,3 cm (*Taf. 49, 1594* nach Boardman). – *Datierung:* Emporio, Periode III. – Mus. Chios (o. Nr.). – Boardman, Emporio 207 f. Nr. 182 Abb. 137, 182.

Hierher gehört die Sanguisugafibel Nr. 1587 von Aigina mit langgestrecktem, trichterförmigem Fuß, der italischen Formen entspricht. Die Exemplare von Chios (Nr. 1590. 1591. 1593. 1594) sind Inselvarianten italischer Typen, wie aus dem Unterschied in der Bügelform und dem rein insularen Fuß hervorgeht. Im Gegensatz dazu ist die Verzierung mit längs- und quergestellten Linienbündeln charakteristisch für die italischen Sanguisugafibeln. Außer auf Chios und Aigina wurden Fibeln dieser Form auch auf Rhodos (Lindos) und Samos gefunden.

Nach Sundwall wurde diese Form in der zweiten Hälfte des 8. Jh. im Nordvillanova-Gebiet entwickelt.[10] Die außerhalb Italiens zutage gekommenen Exemplare betrachtete Sundwall als Export aus Italien. Hencken[11] nannte Fibeln aus Kyme und Pithekussai aus der Mitte des 8. Jh. und meinte, daß sie Schöpfungen der griechischen Kolonien in Italien seien. Die sicher datierten Exemplare von Chios gehören in die erste Hälfte des 7. Jh.

Die Navicellafibeln gleichen den Sanguisugafibeln, doch ist der Bügel innen hohl und nach unten geöffnet. In Italien ist ihr Herstellungszentrum Apulien und die Ostküste. Auf den Ägäischen Inseln sind die Exemplare von Samos (Nr. 1585. 1586) groß, die von Lindos (1584) und Aigina (Nr. 1588) klein. Bei den meisten dieser Fibeln ist der Fuß nicht erhalten. An dem vollständigeren Stück von Samos ist der Fuß klein und zungenförmig, ein Merkmal früher Zeitstellung. Der Bügelschaft dieser Fibel hat D-förmigen Querschnitt. Der gesamte Bügel ist mit feinen Ritzlinien verziert, die an den Bügelenden von doppelten Querlinien gerahmt werden. Bei einer anderen Fibel von Samos (Nr. 1586) wie auch bei den Beispielen von Aigina (Nr. 1588) und Lindos gibt es zwei seitliche Auszipfelungen in der Mitte des Bügels. Der Bügel einer Fibel von Aigina ist zudem noch mit zwei quergestellten Doppelrippen verziert.

Keine der oben genannten Fibeln stammt aus gesichertem Fundzusammenhang; sie gehören allgemein der geometrischen und archaischen Zeit an. Die Exemplare vom griechischen Festland sind ebenfalls in die Zeit des 8.–7. Jh. v. Chr. zu setzen.[12] Wesentlich jünger (5. Jh.) sind die Exemplare von Olynth.[13] Genau entsprechende Gegenstücke zu den großen Fibeln von Samos werden bei Sundwall aus Italien nicht aufgeführt. Diesen Fibeln von Samos nahestehend ist Sundwalls Typ F I a b,[14] mit kompliziertem Dekor, der in die zweite Hälfte des 8. Jh. v. Chr. datiert wird. Der Dekor der samischen Fibeln zeigt eher lokale Inspiration.

H. Hencken[15] nimmt, wie auch P. Orsi und G. Buchner, eine griechische Herkunft dieses Typs und ebenso des langgestreckten Fußes an, die in den griechischen Kolonien seit der Mitte des 8. Jh. begegnen. Blinkenberg[16] hielt die Fibeln seines Typs XI für italisch und setzte sie in die Epoche der Kolonisation und der Handelsbeziehungen zwischen Griechenland und Italien. Die gleiche Meinung vertrat auch Sundwall.[17] Im Gegensatz dazu handelt es sich nach Orsi,[18] Benton[19] und Hencken[20] um unabhängige

---

[10] Sundwall, Fibeln 55.

[11] Hencken, AJA. 62, 1958, 270.

[12] Perachora I 17. 170 Taf. 73; Artemis Orthia 198 Taf. 72, a. b. e. f. i. k.

[13] Olynthus X 104 f.

[14] Sundwall, Fibeln 55. 179 Abb. 288; 292.

[15] Hencken, AJA. 62, 1958, 270 ff.

[16] Blinkenberg, Fibules 198.

[17] Sundwall, Fibeln 83.

[18] Orsi, Contributi 200.

[19] S. Benton, Ann. BSA. 48, 1953, 350.

[20] Hencken, AJA. 62, 1958, 272.

Schöpfungen. Nach letzterem ist der vollentwickelte Typ mit langgestrecktem Fuß bei den Griechen auf Ischia bereits vor 750 v. Chr. verbreitet.

Die Ausbildung des Typus XI a in Griechenland ebenso wie in Italien dürfte eine Folge der weitverbreiteten Tradition der Bogenfibel sein. Einfach oder mit Perle finden sich solche Fibeln im Inselbereich nach 800 v. Chr. Es sei angemerkt, daß Fibeln dieser Art in dem gut datierten Leukanti nicht gefunden wurden, während sie auf dem griechischen Festland in Sparta, Olympia und im Argivischen Heraion zutage kamen. Für die Herleitung der Certosafibel sollten wir jedoch die vorangehende und auch gleichzeitige Verwendung der Fibeln vom Typ III auf den Inseln im Auge behalten, einer sicher insularen Form, deren Bügel mit fest aufgezogenen Perlen geschmückt ist. Dies zeigt die frühe Verwendung von Perlen auf den Inseln und beweist damit, daß dieses Merkmal auf den Inseln gleichzeitig oder sogar früher als in Italien erscheint. Die beiden verwandten Formen der Sanguisugafibel (massiver Bügel) und Navicellafibel (hohl, schiffförmig) wurden in der Forschung viel behandelt. Blinkenberg,[21] Müller-Karpe,[22] Bielefeld[23] und Sundwall,[24] um nur einige Bearbeiter zu nennen, denken an eine italische Herkunft. Letzterer war der Meinung, daß die Sanguisugafibel in Italien im ersten Viertel des 8. Jh. erschien und durch das Aufschieben von Besatzstücken entstanden ist. Nach ihm wurden die Sanguisugafibeln anfangs aus anderem Material hergestellt und erst später aus Bronze. Das Erscheinen der Navicellafibel setzt er ins 7. Jh. v. Chr. Das einzige griechische Merkmal ist nach Sundwall der vertikale Schlußknopf, der im 6. Jh. dem Fuß aufgesetzt wird.[25]

Im Gegensatz dazu vermuten Orsi und Hencken eine griechische Herkunft dieser Fibelform. Benton[26] ist der Ansicht, daß die Sanguisugafibel eine Weiterentwicklung des Fibeltyps mit geschwollenem Bügel darstellt, während sie[27] die Fibel Nr. 43 von Vrokastro für älter als ihre italischen Entsprechungen hält, die im ersten Viertel des 8. Jh. in Pithekussai, etwas später dann in Kyme und im 7. Jh. in Syrakus auftreten.

Unter den vielen Exemplaren vom griechischen Festland (Olympia, Halai, Dodona, Delphi, Argivisches Heraion, Sparta) sind erwähnenswert die geometrischen aus dem Hera Akraia-Heiligtum von Perachora, die für die zuletzt dargestellte Ansicht entscheidende Bedeutung haben.

XII. ÖSTLICHE FIBELN
GRUPPE XII A. PHRYGISCHE FIBELN

Blinkenberg,[1] der die Entwicklung dieser Form von ihrer Entstehung bis ins 4. Jh. v. Chr. verfolgte und auch ihre Verbreitung behandelte, nannte sie „Typ Kleinasiens", da sie in Ephesos und in Gordion gefunden wurde (Blinkenberg XII). Später ordnete und untersuchte R. S. Young[2] das umfangreiche Fundmaterial von Gordion und definierte als phrygisch vier Grundtypen, die er zwischen 725–700 v. Chr. datierte und lokalen Werkstätten zuwies.

Neuerdings hat sich O. W. Muscarella mit den phrygischen Fibeln beschäftigt.[3] Er gibt eine systemati-

[21] Blinkenberg, Fibules 200.
[22] Müller-Karpe, Metallbeigaben 68.
[23] Bielefeld, Schmuck 49.
[24] Sundwall, Fibeln 38 f.
[25] Ebd. 38. 54 ff.
[26] Benton, Journ. Hell. Stud. 70, 1950, 20.

[27] Dies., Ann. BSA. 48, 1953, 350.
[1] Blinkenberg, Fibules 206.
[2] R. S. Young, AJA. 61, 1957, 319 ff.
[3] Muscarella, Phrygian Fibulae; ders., Journ. Near East. Stud. 26, 1967, 82 ff.; ders. ebd. 30, 1971, 149 ff.

sche typologische Untersuchung und trennt dabei die phrygischen Fibeln von den urartäisch-nordsyri-
schen. Gestützt auf die Funde aus den Grabhügeln von Gordion (datiert zwischen 8.–6. Jh. v. Chr.), aus
der Stadt („City Mound", zerstört nach 700 v. Chr.) und auf Funde nach der Stadtzerstörung („Small
Mound") bestimmte er die Lebensdauer dieser Fibeln. Er untersuchte auch die Verbreitung der phrygischen Fibeln sowohl auf den Inseln wie auf dem griechischen Festland.

Jüngst haben U. Jantzen,[4] G. Kopke und R. M. Boehmer[5] die phrygischen Fibeln von Samos behan-
delt. Ansichten zur Chronologie, Herkunft und Verbreitung haben auch andere Spezialisten verschiedener Fachrichtungen geäußert, z. B. E. Akurgal,[6] der die Funde von Gordion als Werke phrygischer
Toreuten ansah und zwischen 730–725 v. Chr. datierte, Bielefeld,[7] der das Vorkommen phrygischer
Fibeln des 8. Jh. in allen panhellenischen Heiligtümern betonte, und Snodgrass,[8] der die chronologische
Stellung der Fibeln von Gordion diskutierte. Im folgenden wird die Typologie Muscarellas zugrunde
gelegt.

Hauptmerkmal dieser Fibeln, das sie von den übrigen östlichen Fibeln unterscheidet, ist der Fuß, der
von einem T-förmigen Blechband bekrönt ist. Fibeln dieser Art sind im griechischen Gebiet ziemlich
verbreitet. Die meisten Exemplare von den Inseln stammen aus ungesichertem Fundzusammenhang oder
sind unpubliziert, so daß wir ihre Datierung nicht kennen; umso bedeutsamer sind die stratifizierten
Funde von Emporio auf Chios. Aufgrund dieser Fibeln, aber auch anhand eines Vergleiches zwischen
den Stücken von den Inseln und denen von Gordion scheint es, daß diese Form auf den Inseln zwischen
dem Ende des 8. Jh. und dem Beginn des 7. Jh. beliebt war. Phrygische Fibeln wurden in der Nekropole
von Leukanti, in Attika, auf Kreta und auf Zypern nicht gefunden. Wie bereits Blinkenberg bemerkte,[9]
hat diese Form in einigen Gegenden, so Albanien, Halai und Eretria,[10] noch bis in spätere Zeit
weitergelebt.

TYP XII A a

Rundstabiger Bügel, glatt oder tordiert, an den Bügelenden Profilierungen, bestehend aus drei Wulstringen oder einer Kugel zwischen Wulstringen. Der Fuß ist glatt und T-förmig[11] (Muscarella XII 2).

1595. *Aigina.* – Aphaia-Heiligtum. – Fibel, Nadel fehlt,
L. 2,5 cm *(Taf. 50, 1595)*. – Mus. Aigina. – Furtwängler,
Aegina 403 Nr. 121 Taf. 116, 28; Blinkenberg, Fibules
210 Abb. 231 (XII 1g).
1596. *Phana,* Chios. – Apollon-Heiligtum, Ausgrabung Lamb. – Fibel, L. 2,5 cm *(Taf. 50, 1596* nach
Lamb). – Nationalmus. Athen (o. Nr.). – W. Lamb,
Ann. BSA. 35, 1934–35, 152 Taf. 31, 1.
1597. *Emporio,* Chios. – „Harbour-Sanctuary", Fläche
H. – Fibel, L. 3 cm *(Taf. 50, 1597* nach Boardman).
– *Datierung:* Emporio, Periode IV. – Mus. Chios
(o. Nr.). – Boardman, Emporio 209 f. Nr. 227 Abb. 138,
227.

1598. *Emporio,* Chios. – „Harbour Sanctuary", Fläche
H. – Fibel, L. 2,7 cm *(Taf. 50, 1598* nach Boardman).
– *Datierung:* Emporio, Periode IV. – Mus. Chios
(o. Nr.). – Boardman, Emporio 209 ff. Nr. 228
Abb. 138, 228.
1599. *Emporio,* Chios. – „Harbour Sanctuary", Fläche
H. – Fibel, Spiralwindung und Nadel fehlen, L. noch
3,4 cm *(Taf. 50, 1599* nach Boardman). – *Datierung:*
Emporio, Periode IV. – Mus. Chios (o. Nr.). – Board-
man, Emporio 209 ff. Nr. 229 Abb. 138, 229.
1600. *Emporio,* Chios. – „Harbour Sanctuary", Fläche
H. – Fibel, Nadel und Fuß fehlen, L. noch 2,8 cm
(Taf. 50, 1600 nach Boardman). – *Datierung:* Emporio,

---

[4] Jantzen, Phrygische Fibeln; ders., Samos VIII 48 ff.
[5] G. Kopke, Athen. Mitt. 83, 1968, 294 Taf. 2; R. M. Boehmer, Die Kleinfunde von Boğazköy (1972) 47 ff.
[6] E. Akurgal, Anatolia 4, 1959, 115.
[7] Bielefeld, Schmuck 50.

[8] Snodgrass, Dark Age 359 f.
[9] Blinkenberg, Fibules 208.
[10] Muscarella, Phrygian Fibulae 26.
[11] Ebd. Taf. 1, 2 aus Hügel S 1.

Periode IV. – Mus. Chios (o. Nr.). – Boardman, Emporio 209 ff. Nr. 230 Abb. 138, 230.
1601. *Aigina.* – Aphaia-Heiligtum. – Bügelfragment, L.

noch 3,7 cm *(Taf. 50, 1601).* – Mus. Aigina (316). – Furtwängler, Aegina 403 Nr. 122 Taf. 116, 31.

Fibeln dieses Typs wurden auf Chios und Aigina gefunden. Lamb datierte die Funde von Phana zwischen die geometrische und die archaische Zeit; Boardman meinte, daß sie nicht vor dem 7. Jh. vorkommen könnten. Auf Chios stammen sie aus Schicht IV des Hafenheiligtums von Emporio. Muscarella[12] datierte diesen Typ ebenfalls in das 7. Jh.

TYP XII A b

Dieser Typ entspricht genau der Definition Muscarellas (Typ XII 4).[13] Das einzige Exemplar von Lesbos, das Muscarella beschreibt, konnte im Museum von Mytilene nicht gefunden werden.

1602. *Antissa,* Lesbos. – Aus zerstörten Gräbern südlich der Akropolis. – Fibel. – Verbleib unbekannt.

– W. Lamb, Ann. BSA. 32, 1931–32, 63 f.; Muscarella, Phrygian Fibulae 15.

TYP XII A c

Hufeisenförmiger Bügel von quadratischem oder D-förmigem Querschnitt; Bügelenden kräftig und quadratisch (Muscarella XII, 5–6). Lokale Nachahmung ist die Variante mit Kugeln und punktverziertem Rechteck an den Bügelenden von Chios und auch die Fibel mit Kugeln und Rechteck von Paros.

1603. *Lindos,* Rhodos. – Akropolis. – Insgesamt drei Fibeln, L. 3,1–4,3 cm. – Mus. Istanbul. – Lindos I 88 Nr. 114; Blinkenberg, Fibules 212 (XII 5 g); Muscarella, Phrygian Fibulae 16.
1604. *Samos.* – Fibelbügel, L. 2,9 cm *(Taf. 50, 1604).* – Mus. Vathy, Samos (B 840). – Unpubliziert.
1605. *Paros.* – Delion. – Fibel, Spirale und Nadel fehlen, L. 4,2 cm *(Taf. 50, 1605).* – Nationalmus. Athen (12169). – Blinkenberg, Fibules 213 (XII 6b); Rubensohn, Delion 68 Nr. 15 Taf. 12, 10.
1606. *Phana,* Chios. – Apollon-Heiligtum, Ausgrabung Lamb. – Fibel, L. 3,6 cm *(Taf. 50, 1606* nach Lamb). – Nationalmus. Athen (o. Nr.). – W. Lamb, Ann. BSA. 35, 1934–35, 152 Taf. 31, 26.
1607. *Emporio,* Chios. – „Harbour Sanctuary". – Bügelfragment, L. noch 4,1 cm *(Taf. 50, 1607* nach Boardman). – *Datierung:* Emporio, Periode III. – Mus. Chios (o. Nr.). – Boardman, Emporio 209 f., Nr. 209 Abb. 138, 209.

1608. *Emporio,* Chios. – „Harbour Sanctuary", Fläche H. – Fibel, Dekor einseitig, L. 6 cm *(Taf. 50, 1608* nach Boardman). – *Datierung:* Emporio, Periode III. – Mus. Chios (o. Nr.). – Boardman, Emporio 209 f. Nr. 210 Abb. 138, 210.
1609. *Emporio,* Chios. – „Harbour Sanctuary", Fläche H. – Fibelfragment, Dekor einseitig, L. noch 3 cm *(Taf. 50, 1609* nach Boardman). – *Datierung:* Emporio, Periode III. – Mus. Chios (o. Nr.). – Boardman, Emporio 209 f. Nr. 211 Abb. 138, 211.
1610. *Antissa,* Lesbos. – Hälfte eines Fibelbügels, H. noch 2,5 cm *(Taf. 50, 1610).* – Mus. Mytilene (Grabungs-Nr. 33/28). – Unpubliziert.
1611.–1613. *Antissa,* Lesbos. – Aus zerstörten Gräbern südlich der Akropolis. – Drei Fibelbügel, L. noch 3,5 cm, 3,4 und 3,1 cm *(Taf. 50, 1611–1613).* – Mus. Mytilene (33/62. 33/32. 33/33). – Unpubliziert.

---

[12] Ebd. 14.   [13] Ebd. 15.

Exemplare dieses Typs haben wir von Chios aus der Periode III des Hafenheiligtums von Emporio und von Phana, sowie von Lesbos, Samos, Paros (7. Jh.) und Rhodos (Lindos). Sie werden zwischen 8.–7. Jh. datiert.

TYP XII A d

Hufeisenförmiger Bügel mit würfelförmigen oder komplizierter profilierten Enden (Würfel zwischen Rechteckscheiben); einfache Nadel oder Doppelnadel mit Nadelschutzplatte (Muscarella XII 7).

1614 A. B. *Lindos*, Rhodos. – Akropolis. – Zwei Fibel-bügel, L. 5,2 und 7,4 cm; insgesamt fünf Exemplare von der Akropolis (*Taf. 50, 1614 A. B* nach Lindos I). – Mus. Istanbul (3250). – Lindos I 88 Nr. 118 Taf. 8, 118; Blinkenberg, Fibules 213f. Abb. 237. 238 (XII 7f).

1615. *Samos.* – Heraion. – Fibel, L. 6,1 cm (*Taf. 50, 1615*). – Mus. Vathy, Samos (B 1513). – Jantzen, Phrygi-sche Fibeln 39ff.; Samos VIII 48; G. Kopke, Athen. Mitt. 83, 1968, 294 Taf. 127, 2; Muscarella, Phrygian Fibulae 17 Taf. 45, 20.

In der einfachen Ausführung[14] treffen wir solche Fibeln in Lindos; der Bügel ist hufeisenförmig, kräftig, flach, von quadratischem Querschnitt, die Bügelenden sind reich profiliert (Kombination von Abakus, Torus und Scheiben nach Muscarellas Beschreibung). An einem Exemplar von Lindos besteht die Profilierung des Bügelendes aus einem zylindrischen Glied zwischen Scheiben; eine andere Fibel von Lindos zeigt doppelte Scheiben, getrennt durch kräftige Einziehungen. Außer von Lindos ist dieser Typ mit einem Exemplar von Samos bekannt, das zwischen das Ende des 8. Jh. und den Beginn des 7. Jh. v. Chr. datiert wird. Das Exemplar von Samos hat zwei Nadeln und eine rechteckige Nadelschutzplatte, die Muscarella „Lock-plate" nennt. Die Platte kann gesondert gearbeitet sein; sie diente nach Muscarella zum Verdecken von Nadeln und Nadelspitzen und hatte nur Ziercharakter. Die Doppelnadel ist mit der sich aus dem Bügelende entwickelnden Spirale durch einen Stift verbunden. Die Nadelschutzplatte selbst ist mit dem würfelförmigen Riegel, aus dem die beiden Nadeln herauswachsen, vernietet. Beim Fibelfuß bildet die Platte einen nach vorne offenen, quadratischen Kasten, in den der Fuß eingreift, und in dem der T-förmige Nadelhalter befestigt ist. Das Funktionieren dieser Verschlußvorrichtung beschreibt Muscarella ausführlich.[15]

Blinkenberg[16] und Muscarella[17] geben Listen der entsprechenden Fibeln aus den übrigen Gebieten ihres Vorkommens. Muscarella[18] datiert diesen Typ an das Ende des 8. Jh. und in das frühe 7. Jh., da solche Fibeln den frühen Kimmerier-Einfall überlebten.

TYP XII A e

Der Bügel ist hufeisenförmig, von rechteckigem Querschnitt, dünn, verziert mit Nägeln auf der Vorder-seite und an den Bügelenden, die zwei bis drei Nägel tragen. Der Fuß ist T-förmig mit Mittelrippe (Muscarella XII, 8). Dieser Typ begegnet auf Rhodos und Samos. Das Exemplar von Lindos ist zwischen dem 8. Jh. und dem Beginn des 7. Jh. datiert, das von Samos ins 7. Jh.

---

[14] Ebd. Taf. 5, 25.
[15] Ebd. 17.
[16] Blinkenberg, Fibules 217.

[17] Muscarella, Phrygian Fibulae 18.
[18] Ebd.

1616. *Lindos,* Rhodos. – Akropolis. – Fibel, Spiralwindung und Nadel fehlen, L. 4,8 cm *(Taf. 50, 1616* nach Lindos I). – Mus. Istanbul. – Lindos I 89 Nr. 121 Taf. 9, 121; Blinkenberg, Fibules 214 (XII 8 c).

1617. *Ialysos,* Rhodos. – Akropolis, aus dem Athena-Heiligtum. – Doppelnadel mit Federwindung, L. der Nadel 5,1 cm *(Taf. 50, 1617).* – Mus. Rhodos (9086). – Unpubliziert.

1618. *Samos.* – Heraion. – Bügelfragment mit Fuß, H. noch 3,2 cm *(Taf. 50, 1618).* – Mus. Vathy, Samos (B 838). – Jantzen, Phrygische Fibeln 41 Taf. 10, 5. 6; ders., Samos VIII 48 Taf. 44; Muscarella, Phrygian Fibulae 19 Taf. 6, 30.

TYP XII A f

Der hufeisenförmige Bügel hat rechteckigen Querschnitt und ist mit Nägeln verziert. Auf den rechteckigen Bügelenden sind zwei Reihen von je zwei oder drei Nägeln angebracht. Der Fuß ist gewöhnlich T-förmig (Muscarella XII 9).

1619. *Ialysos,* Rhodos. – Akropolis, aus dem Athena-Heiligtum. – Fibel, Nadel fehlt, L. 5 cm *(Taf. 50, 1619).* – Mus. Rhodos (10937). – Unpubliziert.

1620. *Ialysos,* Rhodos. – Akropolis, aus dem Athena-Heiligtum. – Fibel, Nadel fehlt, L. 4,9 cm *(Taf. 50, 1620).* – Mus. Rhodos (8909). – Unpubliziert.

1621. *Ialysos,* Rhodos. – Akropolis, aus dem Athena-Heiligtum. – Fibel, Nadel fehlt, L. 4,8 cm *(Taf. 51, 1621).* – Mus. Rhodos (8910). – Unpubliziert.

1622. *Ialysos,* Rhodos. – Akropolis, aus dem Athena-Heiligtum. – Fibel, Nadel fehlt, L. 4,7 cm *(Taf. 51, 1622).* – Mus. Rhodos (8911). – Unpubliziert.

1623. *Lindos,* Rhodos. – Akropolis. – Fibel, L. 7,9 cm *(Taf. 51, 1623* nach Lindos I). – Mus. Istanbul. – Lindos I 89 Nr. 120 Taf. 9, 120; Blinkenberg, Fibules 216 Abb. 244 (XII 9 m).

1623 A. *Lindos,* Rhodos. – Fragment eines Fibelbügels, L. noch 7,7 cm *(Taf. 51, 1623 A* nach Photo DAI Istanbul). – Mus. Istanbul (3286).

1624. *Lindos,* Rhodos. – Kopria. – Fibel, Nadel fehlt, L. 9,8 cm *(Taf. 51, 1624* nach Lindos I). – Mus. Istanbul. – Lindos I 88 f. Nr. 119 a Taf. 8, 119 a; Blinkenberg, Fibules 216 (XII 9 l).

1625. *Lindos,* Rhodos. – Akropolis. – Fibel, Nadel fehlt, L. 6,5 cm *(Taf. 51, 1625* nach Lindos I). – Mus. Istanbul. – Lindos I 88 f. Nr. 119 b Taf. 8, 119 b.

1626. *Lindos,* Rhodos. – Akropolis. – Fibel, Nadel fehlt, L. 5,3 cm *(Taf. 51, 1626* nach Lindos I). – Mus. Istanbul. – Lindos I 89 Nr. 120 Taf. 9, 120; Blinkenberg, Fibules 216 (XII 9 m).

1626 A. B. *Lindos,* Rhodos. – Zwei Fibelbügel, L. noch 5,7 und 5 cm *(Taf. 51, 1626 A. B* nach Photo DAI Istanbul). – Mus. Istanbul (3262. 3277).

1627. *Samos.* – Heraion, Rhoikos-Altar 1932. – Fibel, Nadel fehlt, L. 6,5 cm *(Taf. 51, 1627).* – Mus. Vathy, Samos (B 594). – Jantzen, Phrygische Fibeln 41 Taf. 9, 1. 2; Samos VIII 48; Muscarella, Phrygian Fibulae 19 Taf. 7, 33. 34.

1628. *Phana,* Chios. – Apollon-Heiligtum, Ausgrabung Lamb. – Bügelfragment *(Taf. 51, 1628).* – Mus. Chios (o. Nr.). – Unpubliziert.

1629. *Paros.* – Delion, unter dem Fußboden des Tempels. – Fibel, Nadel fehlt, L. 6 cm *(Taf. 51, 1629).* – Nationalmus. Athen (12169). – Blinkenberg, Fibules 216 (XII 9 n); Rubensohn, Delion 68 Nr. 16 Taf. 12, 11.

Dieser Typ findet sich auf Rhodos (Ialysos, Lindos), Samos, Chios und Paros. Auf den Inseln kommt dieser Typ in einigen Varianten vor: Die Nagelung beginnt unmittelbar am Bügelende ohne eingeschobene Profilierung; an Stelle von zwei Nagelpaaren an den Bügelenden sitzt nur eines (diese Ausführung erinnert stark an phrygische Entsprechungen[19]), oder es gibt zwei Nägel am Bügelende und darunter zwei Scheiben. Das Bügelende nach der Spirale zu kann als Scheibe ausgebildet sein. Bei einer Fibel von Samos (Nr. 1627) ist anstelle der Scheibe ein halbkugeliger Abschluß angebracht. An einem Exemplar von Rhodos (Nr. 1615) gibt es eine rechteckige Nadelschutzplatte aus Blech; die Fibel Nr. 1620 hat eine einfache Nadel. Wie aus dem oben Gesagten hervorgeht, gibt es genügend Abweichungen von den

---

[19] Ebd. Typ XII 10. 37.

typisch phrygischen Fibeln. Der Fuß dieses Fibeltyps ist stets T-förmig und hoch, ausgenommen die Fibel von Paros (Nr. 1629), die einen niedrigen Fuß hat. Die Querbalken des T sind manchmal verdoppelt und mit zwei Nägeln verziert (Nr. 1627), oder als Spirale gebildet (Nr. 1625, 1626). Der T-förmige Fuß wird durch senkrechte Rillen dreigeteilt; die Mittelrippe ist breit; die seitlichen flacheren Rippen sind bis oben gezogen, wo sie zwei Vorsprünge bilden. Der Mittelteil kann mit ein bis drei Nägeln verziert sein.

Der T-förmige Fuß kann aber auch aus Blech sein und nur einen Nagel im oberen Abschnitt tragen. Bei einer Fibel wird der Querbalken des Fußes von den Scheiben der Bügelprofilierung gebildet, der Nadelhalter besteht aus dünnem Blech. Bei dem Exemplar Nr. 1621 schließlich ist der ganze Fuß recht dünn.

Die Exemplare von Samos sind nach Muscarella[20] nicht exakt datierbar. Den Fibeltyp stellt er an das Ende des 8. Jh. und in das frühe 7. Jh.; er sieht keine großen Unterschiede zwischen den Typen XII 8 und XII 9.

TYP XII A g

Das einzige Exemplar von Muscarellas Typ XII 10 ist die Fibel Nr. 1630 von Samos. Kennzeichnend für diesen Typ ist das Hinzufügen eines Horizontalstreifens, der die beiden Enden des hufeisenförmigen Bügels verbindet. Bei der Fibel von Samos ist auch noch ein Vertikalstreifen angebracht, so daß das Innenfeld kreuzförmig unterteilt wird. Das so gebildete Kreuz ist mit Blechbuckelchen verziert.

1630. *Samos.* – Heraion, Ausgrabung 1932. – Fibelbügel, L. 11,6 cm *(Taf. 51, 1630).* – Mus. Vathy, Samos (B 473). – Jantzen, Phrygische Fibeln 41 Taf. 44; Muscarella, Phrygian Fibulae 20 Taf. 7, 38–40.

Blinkenberg und Muscarella geben eine Liste von Fibeln dieses Typs aus dem griechischen Raum; anzufügen ist eine Fibel aus Pherai.[21] Es sei hier nur auf einen Neufund aus dem geometrischen Grab 51 von Vitsa, Epirus[22] hingewiesen, wo in der gleichen Dekortechnik – Besatzbuckelchen aus Blech – eine Brillenfibel mit Plattenbügel aus Eisenblech verziert ist. Den Typ XII 10 datiert Muscarella an das Ende des 8. Jh. und in den Beginn des 7. Jh.

TYP XII A h

Bei dem einzigen Exemplar von Siphnos ist der Bügel im Scheitel geschwollen, die Enden sind profiliert (Muscarella XII 11).

1631. *Siphnos.* – Kastro, Akropolis („Votive Deposit"). – Fibelbügel, L. noch 2,3 cm *(Taf. 52, 1631).* – Arch. Slg. Siphnos (o. Nr.). – J. K. Brock/G. Mackworth/R. S. Young, Ann. BSA. 44, 1949, 26 Taf. 11, 17.

Muscarellas Typen XII 12 und XII 13 unterscheiden sich nicht wesentlich; sie werden deshalb hier unter XII A i zusammengefaßt:

---

[20] Ebd. 19f.
[21] Kilian, PBF. XIV, 2 (1974) 153 Nr. 1729.
[22] Mus. Ioannina, Inv. Nr. 2438.

TYP XII A i

Der Bügel von symmetrisch D-förmigem Querschnitt hat profilierte Zierglieder im Scheitel und an den Enden. Die Profilierungen zeigen die folgenden Ausführungen: mehrere Ringscheiben an den drei Stellen; Ringscheiben im Scheitel und faßförmiges Zierglied zwischen Ringscheiben an den Bügelenden, bzw. umgekehrt; faßförmige Perle, gerillt; Kugel zwischen mehreren Ringscheiben im Scheitel, gedrückte Kugel zwischen Ringscheiben an den Bügelenden; glatte Kugeln an den drei Stellen; Kugeln zwischen Ringrillen an den drei Stellen. Ganz selten sind an den Bügelenden unterschiedliche Profilierungen angebracht (Muscarella XII 12. 13).

1632. *Ialysos,* Rhodos. – Akropolis, aus dem Athena-Heiligtum. – Fibel, Nadel fehlt, L. 3 cm *(Taf. 52, 1632).* – Mus. Rhodos (11222). – Unpubliziert.

1632 A. *Kamiros,* Rhodos. – Akropolis, aus dem Athena-Heiligtum („Stipe Votiva"). – Fibel *(Taf. 52, 1632 A* nach Jacopi). – Verbleib unbekannt. – Jacopi, Camiro II 338 Abb. 84.

1633 A. *Ialysos,* Rhodos. – Akropolis, aus dem Athena-Heiligtum. – Fibel, Nadel fehlt, L. 2,8 cm *(Taf. 52, 1633 A).* – Mus. Rhodos (10923). – Unpubliziert.

1634. *Lindos,* Rhodos. – Akropolis. – Fibel, Nadel fehlt, L. 3,3 cm; insgesamt acht Exemplare von der Akropolis *(Taf. 52, 1634* nach Lindos I). – Mus. Istanbul. – Lindos I 88 Nr. 111 Taf. 8, 111; Blinkenberg, Fibules 221 (XII 13 k).

1635. *Lindos,* Rhodos. – Akropolis. – Fibel, L. 3,9 cm; insgesamt sechs Exemplare von der Akropolis *(Taf. 52, 1635* nach Lindos I). – Mus. Istanbul. – Lindos I 88 Nr. 112 Taf. 8, 112; Blinkenberg, Fibules 221 (XII 13 l).

1636. *Lindos,* Rhodos. – Akropolis. – Fibelbügel, L. noch 14,3 cm; insgesamt drei Exemplare von der Akropolis *(Taf. 52, 1636).* – Mus. Istanbul. – Lindos I 88 Nr. 116 Taf. 8, 116; Blinkenberg, Fibules 219 (XII 12 d).

1636 A. *Lindos,* Rhodos. – Akropolis. – Fibelbügel, L. noch 14,5 cm *(Taf. 52, 1636 A* nach Photo DAI Istanbul). – Mus. Istanbul (3275). – Lindos I 88 Nr. 116.

1637. *Antissa,* Lesbos. – Aus Gräbern (?). – Fibelbügel, L. 3,8 cm *(Taf. 52, 1637).* – Mus. Mytilene (o. Nr.; Grabungs-Nr. 33/17 Acf E.S. 32. 32. 5). – W. Lamb, Ann. BSA. 32, 1931–32, 64.

1638. *Antissa,* Lesbos. – Aus Gräbern (?). – Bügelfragment, L. noch 1,7 cm *(Taf. 52, 1638).* – Mus. Mytilene (o. Nr.; Grabungs-Nr. 33/14 A.C.F.E. 45–425). – W. Lamb, Ann. BSA. 32, 1931–32, 64.

1639. *Antissa,* Lesbos. – Aus Gräbern (?). – Fibelbügel, L. 2,9 cm *(Taf. 52, 1639).* – Mus. Mytilene (o. Nr.; Grabungs-Nr. 33/6 Mandra III). – W. Lamb, Ann. BSA. 32, 1931–32, 64.

1640. *Antissa,* Lesbos. – Aus Gräbern (?). – Bügelfragment, L. noch 2,2 cm *(Taf. 52, 1640).* – Mus. Mytilene (o. Nr.; Grabungs-Nr. 32/2 AC + 190). – W. Lamb, Ann. BSA. 32, 1931–32, 64.

1641. *Samos.* – Fibelbügel, L. 3 cm *(Taf. 52, 1641).* – Mus. Vathy, Samos (B 608). – Muscarella, Phrygian Fibulae 21.

1642. *Samos.* – Bügelfragment mit Fuß, L. noch 2,8 cm *(Taf. 52, 1642).* – Mus. Vathy, Samos (B 981). – Unpubliziert.

1643. *Samos.* – Fibelbügel, L. 3,9 cm *(Taf. 52, 1643).* – Mus. Vathy, Samos (B 247). – Unpubliziert.

1644. *Samos.* – Fibel, Nadel fehlt, L. 3,2 cm *(Taf. 52, 1644).* – Mus. Vathy, Samos (o. Nr.). – Unpubliziert.

1645. *Samos.* – Fibel, Nadel fehlt, L. 3 cm *(Taf. 52, 1645).* – Mus. Vathy, Samos (B 1135). – Unpubliziert.

1646. *Samos.* – Fibelbügel, L. 2,2 cm *(Taf. 52, 1646).* – Mus. Vathy, Samos (B 904). – Unpubliziert.

1647. *Samos.* – Fibelbügel mit Spiralwindungen, L. 2,8 cm *(Taf. 52, 1647).* – Mus. Vathy, Samos (B 236). – Unpubliziert.

1648. *Samos.* – Fibelbügel, L. 1,9 cm *(Taf. 52, 1648).* – Mus. Vathy, Samos (B 1136). – Unpubliziert.

1649. *Paros.* – Delion, unter dem Fußboden des Tempels. – Fibel, Spiralwindung und Nadel fehlen, L. 4,8 cm *(Taf. 52, 1649).* – Nationalmus. Athen (12169). – Blinkenberg, Fibules 218 (XII 12 b); Rubensohn, Delion 69 Nr. 17 Taf. 12, 12; Muscarella, Phrygian Fibulae 21.

1650. *Paros.* – Delion, unter dem Fußboden des Tempels. – Fibelbügel, L. 3,2 cm *(Taf. 52, 1650).* – Nationalmus. Athen (12169). – Blinkenberg, Fibules 218 (XII 12 a); Rubensohn, Delion 69 Nr. 18.

1651. *Aigina.* – Bügelfragment mit Fuß, L. noch 4 cm *(Taf. 52, 1651).* – Mus. Aigina (o. Nr.). – Unpubliziert.

1652. *Aigina.* – Zwei Fragmente einer Fibel, ergänzte L. 4,5 cm *(Taf. 52, 1652).* – Mus. Aigina (o. Nr.). – Unpubliziert.

1653. *Aigina.* – Bügelfragment mit Fuß, L. noch 3,3 cm *(Taf. 52, 1653).* – Mus. Aigina (o. Nr.). – Unpubliziert.

1654. *Aigina.* – Aphaia-Heiligtum, von der Mitte der Ostterrasse. – Bügelfragment, L. noch 3,1 cm *(Taf. 52,*

1654). – Mus. Aigina (o. Nr.). – Furtwängler, Aegina 403 Nr. 120 Taf. 116, 32.

1655. *Aigina.* – Aphaia-Heiligtum. – Fibelbügel mit Spiralwindung, L. 2,3 cm *(Taf. 52, 1655).* – Mus. Aigina (314). – Furtwängler, Aegina 403 Nr. 118 Taf. 116, 30; Blinkenberg, Fibules 221 (XII 130); Muscarella, Phrygian Fibulae 22.

1656. *Aigina.* – Aphaia-Heiligtum (?). – Fibelbügel, L. 3,8 cm *(Taf. 52, 1656).* – Mus. Aigina (o. Nr.). – Das Stück vermutlich identisch mit Furtwängler, Aegina 403 Nr. 119 Taf. 116, 29; Blinkenberg, Fibules 221 (XII 130).

1657. *Samothrake.* – Heiligtum der Großen Götter, unter dem Fußboden der „Hall of Votive Gifts". – Fibel, Nadel fehlt, L. 4,1 cm *(Taf. 52, 1657).* – Mus. Samothrake (o. Nr.). – Samothrace 4/1, 152 Nr. 99.

1658. *Delos.* – Aus dem Gebäude südlich der rechteckigen Agora, 1909. – Fibelbügel, L. 5 cm *(Taf. 52, 1658).* – Mus. Delos (B 3979). – Delos XVIII, 289 Taf. 86, 733.

1659. *Phana,* Chios. – Apollon-Heiligtum, Ausgrabung Kourouniotes. – Zwei nicht anpassende Fragmente einer Fibel *(Taf. 52, 1659).* – Mus. Chios (467. 468). – K. Kourouniotes, Arch. Delt. 2, 1916, 191.

1660. *Phana,* Chios. – Apollon-Heiligtum, Ausgrabung Lamb. – Zwei nicht anpassende Bügelfragmente *(Taf. 53, 1660).* – Mus. Chios (o. Nr.; Grabungs-Nr. 94/93). – Unpubliziert.

1661. *Phana,* Chios. – Apollon-Heiligtum, Ausgrabung Lamb. – Fibelbügel, L. 3,4 cm *(Taf. 53, 1661* nach Lamb). – Mus. Chios (o. Nr.). – W. Lamb, Ann. BSA. 35, 1934–35, 152 Taf. 31, 6; Muscarella, Phrygian Fibulae 21.

1662. *Phana,* Chios. – Apollon-Heiligtum, Ausgrabung Lamb. – Fibel, Nadel fehlt, L. 5,2 cm *(Taf. 53, 1662* nach Lamb). – Nationalmus. Athen (o. Nr.). – W. Lamb, Ann. BSA. 35, 1934–35, 152 Taf. 31, 30.

1663. *Emporio,* Chios. – „Harbour Sanctuary", Fläche H. – Bügelfragment mit Fuß, Strichdekor einseitig, L. noch 4,4 cm *(Taf. 53, 1663).* – *Datierung:* Emporio, Periode IV. – Mus. Chios (o. Nr.). – Boardman, Emporio 209 f. Nr. 212 Abb. 138, 212.

1664. *Emporio,* Chios. – „Harbour Sanctuary", Fläche H. – Fibel, Nadel fehlt, L. 2,2 cm *(Taf. 53, 1664* nach Boardman). – *Datierung:* Emporio, Periode IV. – Mus. Chios (o. Nr.). – Boardman, Emporio 209 f. Nr. 214 Abb. 138, 214.

1665. *Emporio,* Chios. – „Harbour Sanctuary", Fläche H. – Fibel, Nadel fehlt, L. 5,2 cm *(Taf. 53, 1665* nach Boardman). – *Datierung:* Emporio, Periode IV. – Mus. Chios (o. Nr.). – Boardman, Emporio 209 ff. Nr. 216 Abb. 138, 216.

1666. *Emporio,* Chios. – „Harbour Sanctuary", Fläche H. – Fibel, L. 2,8 cm *(Taf. 53, 1666* nach Boardman). – *Datierung:* Emporio, Periode II. – Mus. Chios (o. Nr.). – Boardman, Emporio 209 ff. Nr. 217 Abb. 138, 217.

1667. *Emporio,* Chios. – „Harbour Sanctuary", Fläche H. – Fibel, Nadel fehlt, L. 2,8 cm *(Taf. 53, 1667* nach Boardman). – *Datierung:* Emporio, Periode II. – Mus. Chios (o. Nr.). – Boardman, Emporio 209 ff. Nr. 219 Abb. 138, 219.

1668. *Emporio,* Chios. – „Harbour Sanctuary", Fläche H. – Fibel, Fuß gebrochen, L. 4,3 cm *(Taf. 53, 1668* nach Boardman). – *Datierung:* Emporio, Periode II. – Mus. Chios (o. Nr.). – Boardman, Emporio 209 ff. Nr. 220 Abb. 138, 220.

1669. *Emporio,* Chios. – „Harbour Sanctuary", Fläche H. – Fibelbügel, L. 2,3 cm *(Taf. 53, 1669* nach Boardman). – *Datierung:* Emporio, Periode II–IV. – Mus. Chios (o. Nr.). – Boardman, Emporio 209 ff. Nr. 221 Abb. 138, 221.

1670. *Emporio,* Chios. – „Harbour Sanctuary", Fläche H. – Fibelbügel, L. 4,9 cm *(Taf. 53, 1670* nach Boardman). – *Datierung:* Emporio, Periode IV. – Mus. Chios (o. Nr.). – Boardman, Emporio 209 ff. Nr. 222 Abb. 138, 222.

1671. *Emporio,* Chios. – „Harbour Sanctuary", Fläche H. – Fibel, Nadel fehlt, L. 4,3 cm *(Taf. 53, 1671* nach Boardman). – *Datierung:* Emporio, Periode IV. – Mus. Chios (o. Nr.). – Boardman, Emporio 209 ff. Nr. 223 Abb. 138, 223.

1672. *Emporio,* Chios. – „Harbour Sanctuary", Fläche H. – Fibelbügel, L. noch 4,4 cm *(Taf. 53, 1672* nach Boardman). – *Datierung:* Emporio, Periode III–IV. – Mus. Chios (o. Nr.). – Boardman, Emporio 209 ff. Nr. 225 Abb. 138, 225.

1673. *Thera.* – Sellada, Schiff'sches Grab. – Fibel, L. 2,3 cm *(Taf. 53, 1673* nach Thera II). – Beifunde vgl. Nr. 19. – Verbleib unbekannt. – Thera II 299 f. Abb. 489, t; Muscarella, Phrygian Fibulae 21.

1674. *Lindos,* Rhodos. – Fibelbügel, L. noch 4,1 cm. – Mus. Istanbul (3257).

1675. *Ialysos,* Rhodos. – Grundstück Zambico 1927, Grab LVIII (Area di cremazione a 4 pozzetti). – Fibel, Maße unbekannt. – Beifunde vgl. Nr. 517. – Mus. Rhodos (?). – Jacopi, Jalisso 99 ff. Taf. 5.

1676. *Ialysos,* Rhodos. – Akropolis, aus dem Athena-Heiligtum. – Fibelbügel, L. 2,8 cm *(Taf. 53, 1676).* – Mus. Rhodos (10928). – Unpubliziert.

1677. *Ialysos,* Rhodos. – Akropolis, aus dem Athena-Heiligtum. – Fibel, Nadel fehlt, L. 4,1 cm *(Taf. 53, 1677).* – Mus. Rhodos (10927). – Unpubliziert.

Die meisten Exemplare phrygischer Fibeln von den Inseln gehören diesem Typ an. Eine jüngere Fibel
dieses Typs wurde auf der Agora von Athen gefunden.[23] Fibeln vom Typ XIII A i fanden sich auf Aigina,
Chios (die Exemplare von Phana datiert Lamb zwischen 600–580 v. Chr., die von Emporio stammen aus
den Perioden II–IV des Hafenheiligtums), Delos, Lesbos, Paros (von Rubensohn in das 7. Jh. datiert),
Thera, Rhodos (Lindos, Ialysos), Samos und Samothrake, letztere in die erste Hälfte des 6. Jh. datiert.

TYP XII A k

Kennzeichnend für diesen Typ ist die Unterteilung des halbkreisförmigen Bügels durch mehr als drei
Zierglieder. In der Vielfalt der Zierglieder können wir folgende Kombinationen feststellen: gedrückte
Kugeln an allen Stellen; Ringscheiben, gekerbte Doppelkugel zwischen Ringscheiben oder gedrückte
Kugel zwischen Ringscheiben an drei Stellen und glatte Ringscheiben dazwischen; gekerbte schmale
Ringscheiben an allen Stellen. Der Fuß ist glatt mit zwei Kugelkopfnieten oder dreigeteilt mit zwei
Kugelkopfnieten auf dem Querbalken (Muscarella XII 14).

1678. *Thasos.* – Aus dem Artemis-Heiligtum. – Fibel,
L. 4,9 cm *(Taf. 53, 1678).* – Mus. Thasos (1565). – Unpubliziert.
1678 A. *Kamiros*, Rhodos. – Akropolis, aus dem Athena-Heiligtum ("Stipe Votiva"). – Fibel *(Taf. 53, 1678
A nach Jacopi).* – Mus. Rhodos (?). – Jacopi, Camiro II
338 Abb. 84.
1679. *Lindos*, Rhodos. – Akropolis. – Bügelfragment,
L. noch 3,5 cm *(Taf. 53, 1679 nach Lindos I).* – Mus.
Istanbul. – Lindos I 88 Nr. 110 Taf. 8, 110; Blinkenberg,
Fibules 224 (XII 14 i); Muscarella, Phrygian Fibulae 25.
1680. *Samos.* – Fibel, Spiralwindung und Nadel fehlen,
L. 3,7 cm *(Taf. 53, 1680).* – Mus. Vathy, Samos (B 899).
– Unpubliziert.
1681. *Samos.* – Fibelbügel, L. 2,4 cm *(Taf. 53, 1681).*
– Mus. Vathy, Samos (o. Nr.). – Vermutlich das von
Muscarella, Phrygian Fibulae 25 genannte Exemplar.
1682. *Samos.* – Bügelfragment, L. noch 2,6 cm *(Taf. 53,
1682).* – Mus. Vathy, Samos (B 979). – Unpubliziert.
1683. *Samos.* – Fibel, Spiralwindung und Nadel fehlen,
L. 2,7 cm *(Taf. 53, 1683).* – Mus. Vathy, Samos (B 978).
– Unpubliziert.
1684. *Samos.* – Bügelfragment mit Fuß, L. noch 3 cm
(Taf. 53, 1684). – Mus. Vathy, Samos (B 622). – Unpubliziert.
1685. *Samos.* – Fibelbügel, L. 2,5 cm *(Taf. 53, 1685).*
– Mus. Vathy, Samos (B 980). – Unpubliziert.
1686. *Samos.* – Fibelbügel mit Spiralwindung, L. 2,6 cm
(Taf. 53, 1686). – Mus. Vathy, Samos (B 1671). – Unpubliziert.
1687. *Siphnos.* – Kastro, Akropolis ("Votive Deposit").

– Fibelbügel, L. 2,6 cm *(Taf. 53, 1687).* – Arch. Slg.
Siphnos. – J. K. Brock/G. Mackworth/R. S. Young,
Ann. BSA. 44, 1949, 26 Nr. 3 Taf. 11, 18; Muscarella,
Phrygian Fibulae 25.
1687 A. *Siphnos.* – Kastro, Akropolis ("Votive Deposit"). – Fibel. – J. K. Brock/G. Mackworth/R. S.
Young, Ann. BSA. 44, 1949, 26 Nr. 4.
1688. *Arkades*, Ep. Pediada, Kreta. – Eisenfibel. – Mus.
Herakleion (z. Zt. nicht nachweisbar). – Levi, Arkades
Taf. 9.
1689. *Aigina.* – Fibel, Nadel fehlt, L. 3 cm *(Taf. 53,
1689).* – Mus. Aigina (o. Nr.). – Unpubliziert.
1690. *Phana*, Chios. – Apollon-Heiligtum, Ausgrabung Lamb. – Fibel, Fuß fehlt, L. 4,5 cm *(Taf. 53, 1690
nach Lamb).* – Mus. Chios (o. Nr.). – W. Lamb, Ann.
BSA. 35, 1934–35, 152 Taf. 31, 8.
1691. *Phana*, Chios. – Apollon-Heiligtum, Ausgrabung Lamb. – Fibelbügel, L. 4,1 cm *(Taf. 53, 1691* nach
Lamb). – Mus. Chios (o. Nr.). – W. Lamb, Ann.
BSA. 35, 1934–35, 152 Taf. 31, 21.
1692. *Phana*, Chios. – Apollon-Heiligtum, Ausgrabung Lamb. – Fibelbügel, L. 3,7 cm *(Taf. 53, 1692* nach
Lamb). – Mus. Chios (o. Nr.). – W. Lamb, Ann.
BSA. 35, 1934–35, 152 Taf. 31, 17.
1693. *Phana*, Chios. – Apollon-Heiligtum, Ausgrabung Lamb. – Fibelbügel, L. 4,5 cm *(Taf. 53, 1693* nach
Lamb). – Mus. Chios (o. Nr.). – W. Lamb, Ann.
BSA. 35, 1934–35, 152 Taf. 31, 19.
1694. *Phana*, Chios. – Apollon-Heiligtum, Ausgrabung Lamb. – Fibel, Spiralwindung und Nadel fehlen,
L. 4,4 cm *(Taf. 54, 1694 nach Lamb).* – Mus. Chios

---

[23] Agora-Mus. Inv. Nr. B 481, unpubliziert.

(o. Nr.). – W. Lamb, Ann. BSA. 35, 1934–35, 152 Taf. 31, 23.

1695. *Phana,* Chios. – Apollon-Heiligtum, Ausgra-bung Lamb. – Bügelfragment (*Taf. 54, 1695* nach Lamb). – Mus. Chios (o. Nr.). – W. Lamb, Ann. BSA. 35, 1934–35, 152 Taf. 31, 29.

Dieser Typ fand sich auf Ägina, Chios (die Exemplare von Phana datiert Lamb zwischen 600–580 v. Chr.; in Emporio wurden keine gefunden), Rhodos (Lindos), Samos und Siphnos. Vermutlich gehören hierher die beiden Exemplare von Kreta(?) und Thasos.

Die Fibel von Thasos (Nr. 1678), deren zweigeteilter Fuß der Fibel vom Typ XII A d von Samos (Nr. 1615) gleicht, nimmt Muscarella[24] in seinen Typ XII 14 auf wegen der übereinstimmenden Zahl der Zierglieder. Der untere Abschnitt der Fibel von Thasos gleicht der Fibel XII 14 auf Taf. 12, 65 bei Muscarella, ihr Fuß dem des Typus XII 13 Muscarellas, den er in das 8.–7. Jh. datiert (in Gordion kommen die entsprechenden Funde aus Hügel MM, der ans Ende des 8. Jh. und in den Beginn des 7. Jh. datiert wird). Wegen der Ähnlichkeit mit den Fibeln XII 14 Nr. 63 und 65 bei Muscarella dürfte die Fibel von Thasos etwa in den Beginn des 7. Jh. gesetzt werden. Auch dieser Typ gehört zusammen mit unserem Typ XII A i zu den auf den Inseln häufiger begegnenden.

TYP XII A l

Muscarella XII 14 A. Dieser Typ gleicht dem Typ XII 14 nach Muscarella, hat jedoch mehr Zierglieder. Vereinzelt ist das Exemplar Nr. 1696 von Ialysos. Der Bügel ist mit mehreren Kuben verziert. Am Bügelende ist eine Schleife; es ist deshalb nicht sicher, ob eine Fibel vorliegt. Die obere zeitliche Grenze dieses Typs setzt Muscarella in das 8.–7. Jh. v. Chr.[25]

1696. *Ialysos,* Rhodos. – Akropolis, aus dem Athena-Heiligtum. – Fibelbügel, L. 5,4 cm (*Taf. 54, 1696*). – Mus. Rhodos (9462). – Unpubliziert.

Die Fibeln unserer Gruppe XII A, die in Gordion gefunden wurden, halten Young und Akurgal für lokal gefertigt, auch wenn in Gordion selbst bisher noch keine Gußform gefunden wurde.[26] Was die Fibeln dieses Typs außerhalb Phrygiens betrifft, ist Muscarella der Ansicht, daß sie vielleicht lokal hergestellt wurden und zwar entweder auf dem Festland oder auf den Inseln.[27] Der gleichen Meinung ist auch Boardman bei den Fibeln von Emporio. Die Gußformen von Bayrakli bestätigen, daß im griechi-schen Osten tatsächlich derartige Fibeln hergestellt wurden.

GRUPPE XII B. FIBELTYPEN DES NAHEN OSTENS

Blinkenberg hatte die Fibeln dieser Gruppe in seinem Typ XIII (Zyprische Fibeln) zusammengefaßt.[1] Er meinte, daß sie sich von Zypern her ausgebreitet hätten, auch wenn er das Fehlen gewisser Varianten auf dieser Insel anmerkte. Spätere Untersuchungen haben dann gezeigt, daß der Typ XIII Blinkenbergs

---

[24] Muscarella, Phrygian Fibulae 24 Typ XII 14 Nr. 63. 65.
[25] Ebd. 25 f.
[26] Ebd. 35.

[27] Ebd. 40.
[1] Blinkenberg, Fibules 230 ff.

zumindest teilweise im Osten ausgebildet wurde. Schon früher hatte H. Goldman die Meinung geäußert, daß diese Fibeln nicht zyprisch seien, sondern sich „along the eastern end of the Mediterranean" finden.[2]

Kürzlich untersuchte D. Stronach diese Frage.[3] Nach ihm kann die Ausbreitung dieser Fibel nach Osten mit dem mykenischen Handel des 13. Jh. v. Chr. in Verbindung gebracht werden, der anscheinend die in dieser Zeit bekannten Typen kurz vor 1200 v. Chr. an die Küsten des östlichen Mittelmeers brachte. Nach Stronach unterscheiden sich die Typen des Nahen Ostens von denen Anatoliens, dessen landschaftliche Grenzen zwischen Phrygien und Assyrien[4] verlaufen sein dürften, ebenso wie von denen der ostgriechischen Inseln. Stronach betont auch, daß auf den Denkmälern nördlich und südlich des Taurusgebirges unterschiedliche Fibeltypen abgebildet sind. Auf diese Weise gibt er eine Klärung der Begriffe „östlich", „zyprisch", „phrygisch" usw.

In Syrien und Palästina werden sofort nach der ersten Epoche der Nachahmung ägäischer Fibeln – vor allem der asymmetrischen des 12.–9. Jh. v. Chr. – verschiedene Lokalstile entwickelt, die sich vom 8. Jh. an nach Phönikien, Assyrien, Zypern, Rhodos und in geringerem Umfang in das westliche Griechenland ausbreiten.[5] Kennzeichnend ist auch, daß seit dem 8. Jh. die neue Konstruktion der getrennt gefertigten Fibelnadel mit Federspannung, eine Erfindung des Ostens, ohne Beziehungen zu den einteiligen mykenischen oder zu den älteren zweiteiligen „europäischen" Fibeln in Phrygien und im Nahen Osten erscheint. In Griechenland tritt sie erst später in reifgeometrischer Zeit auf (vgl. auch die zweiteiligen Figurenfibeln vom festländischen Griechenland).

Am Ende des 8. Jh. kann im ägäischen Bereich tatsächlich eine Vorliebe für die phrygischen Fibeln unseres Typs XII A und für östliche Fibeln unseres Typs XII B festgestellt werden.

Fibeln der letzteren Gruppe stammen hauptsächlich von Rhodos; zwei Exemplare haben wir von Delos und eines von Chios. Für keine dieser Fibeln kennen wir den genauen Fundzusammenhang; ihre Datierung muß sich folglich auf die entsprechenden Typen Stronachs stützen. Einige von diesen Fibeln sind Importstücke, während es sich bei anderen um lokale Nachahmungen handeln dürfte, wie wir das auch aus anderen Gegenden kennen.[6] Die östliche Mode war anscheinend am Ende des 8. Jh. in der Ägäis sehr beliebt.

Hauptmerkmal dieser Fibeln ist der abgewinkelte Bügel, daher auch die Bezeichnung „Knee-" oder „Elbow-Type".[7] Dieser Typ kommt im Osten zwischen dem 8. und 6. Jh. vor, ohne daß auch der ältere Typ mit halbkreisförmigem Bügel aufgegeben wurde. Von den bei Stronach aufgeführten Typen gibt es auf den Inseln die folgenden:

TYP XII B a

Von den Unterabteilungen des Typus I nach Stronach begegnen auf den Inseln I 1 und I 2 nicht. Sicherlich zu I 3 gehört die Fibel Nr. 1697 von Ialysos.[8] Der Bügel dieser Fibeln hat D-förmigen Querschnitt, am einen Ende sitzen zwei Wulstringe, am anderen einer; der Fuß ist zungenförmig. Stronachs Typ I 3 wird in das 7. Jh. datiert.

Stronachs Typ I 5 ist in das 8. Jh. datiert. Auf dem Bügel trägt er Zierglieder aus Wulstringen und faßförmigen Perlen, der Fuß ist dreieckig. Auf den Inseln ist dieser Typ durch die Fibeln Nr. 1698, 1699

---

[2] H. Goldman, AJA. 41, 1937, 277.
[3] D. Stronach, Iraq 21, 1959, 181 ff.
[4] Ebd. 121.
[5] Ebd. 181; über die Zeit ihrer Ausbreitung gibt es mehrere andere Ansichten, die Stronach S. 193 erwähnt.

[6] Z. B. Perachora I 171.
[7] Stronach, Iraq 21, 1959, 193. Verbreitung bis Iran; vgl. R. Ghirshman, Iran. Ant. 4, 1964, 90 ff.
[8] Ebd. 187 Abb. 2. 3.

und 1701 vertreten; vielleicht auch durch Nr. 1700 von Chios, die keinen T-förmigen Fuß hat, der sie als phrygisch kennzeichnen würde.

1697. *Ialysos,* Rhodos. – Akropolis, aus dem Athena-Heiligtum. – Fibel, Spiralwindung und Nadel fehlen, L. 3,3 cm *(Taf. 54, 1697).* – Mus. Rhodos (11221). – Unpubliziert.

1698. *Ialysos,* Rhodos. – Akropolis, aus dem Athena-Heiligtum. – Fibel, Fuß und Nadel fehlen, L. 2,4 cm *(Taf. 54, 1698).* – Mus. Rhodos (9349). – Unpubliziert.

1699. *Ialysos,* Rhodos. – Akropolis, aus dem Athena-Heiligtum. – Fibelbügel, L. 6,2 cm *(Taf. 54, 1699).* – Mus. Rhodos (9432). – Unpubliziert.

1700. *Phana,* Chios. – Wahrscheinlich Apollon-Heiligtum, Ausgrabung Lamb. – Bügelfragment *(Taf. 54, 1700).* – Nationalmus. Athen (o. Nr.). – Wahrscheinlich die Hälfte der von W. Lamb, Ann. BSA. 35, 1934–35, 152 Taf. 31, 37 abgebildeten Fibel.

1701. *Ialysos,* Rhodos. – Akropolis, aus dem Athena-Heiligtum. – Fibel, Spiralwindung und Nadel fehlen, L. 3,8 cm *(Taf. 54, 1701).* – Mus. Rhodos (10930). – Unpubliziert.

TYP XII B b

Der schlichtere Bogenfibeltyp II Stronachs, der vom halbkreisförmigen zum abgewinkelten Bügel führt, da er bereits eine winklige Bogenführung zeigt, wird von Stronach als Entwicklung des Submykenischen betrachtet und in das 10.–8. Jh. datiert, die Unterabteilungen II, 3–6 dagegen, die hier interessieren, in das 8. und die folgenden Jahrhunderte. Die Entsprechungen von Rhodos dürften gleichzeitig oder etwas jünger sein. Bei diesem Typ ist der Bügel halbkreisförmig mit hochgezogenem, unverziertem Scheitel. Einmal ist der Bügelscheitel mit Ringrillen verziert. Die Bügelenden von D-förmigem oder rhombischem Querschnitt sind mit verschiedenartigen Ziergliedern geschmückt (Kugel zwischen Wulstringen, ein oder mehrere Wulstringe, Kuben usw.). Der Fuß ist dreieckig. Zwischen Bügel und Fuß kann eine rechteckige Platte eingeschoben sein. Als sicheres Exemplar des Typus II ist die Fibel Nr. 1706 von Ialysos anzusehen, mit einem Wulstring beim Fußansatz und mit Kugel zwischen Wulstringen beim Bügelschaft.[9] Die übrigen Exemplare (Nr. 1702–1705. 1707) sind sicherlich lokale Nachahmungen.

1702. *Ialysos,* Rhodos. – Akropolis, aus dem Athena-Heiligtum. – Fibel, Nadel fehlt, L. 7,7 cm *(Taf. 54, 1702).* – Mus. Rhodos (9091). – Unpubliziert.

1703. *Ialysos,* Rhodos. – Akropolis, aus dem Athena-Heiligtum. – Fibel, Spiralwindung und Nadel fehlen, L. 4,2 cm *(Taf. 54, 1703).* – Mus. Rhodos (9729). – Unpubliziert.

1704. *Ialysos,* Rhodos. – Akropolis, aus dem Athena-Heiligtum. – Fibel, Spiralwindung und Nadel fehlen, L. 6,9 cm *(Taf. 54, 1704).* – Mus. Rhodos (o. Nr.). – Unpubliziert.

1705. *Ialysos,* Rhodos. – Akropolis, aus dem Athena-Heiligtum. – Fibel, Spiralwindung und Nadel fehlen, L. 7,6 cm *(Taf. 54, 1705).* – Mus. Rhodos (9093). – Unpubliziert.

1706. *Ialysos,* Rhodos. – Akropolis, aus dem Athena-Heiligtum. – Fibel, Spiralwindung und Nadel fehlen, L. noch 4,4 cm *(Taf. 54, 1706).* – Mus. Rhodos (8164). – Unpubliziert.

1707. *Lindos,* Rhodos. – Akropolis. – Fibel, Nadel antik geflickt, L. 8,2 cm; insgesamt acht Exemplare von der Akropolis *(Taf. 54, 1707* nach Lindos I). – Mus. Istanbul. – Lindos I 89f. Nr. 127 Taf. 9, 127; Blinkenberg, Fibules 240 Abb. 281 (XII 9b).

---

[9] Ebd. Abb. 6, 4.

TYP XII B c

Stronach Typ III 1 „Knee" oder „Elbow-Type"

1708. *Ialysos,* Rhodos. – Akropolis, aus dem Athena-Heiligtum. – Fibel, L. 2,5 cm *(Taf. 54, 1708).* – Mus. Rhodos (o. Nr.). – Unpubliziert.
1709. *Ialysos,* Rhodos. – Akropolis, aus dem Athena-Heiligtum. – Bügel und Nadel einer Fibel, L. noch 5,9 cm *(Taf. 54, 1709).* – Mus. Rhodos (8169). – Unpubliziert.
1710. *Lindos,* Rhodos. – Akropolis. – Fibel, Nadel fehlt, L. 5,2 cm; insgesamt zwei Exemplare von der Akropolis *(Taf. 54, 1710* nach Lindos I). – Mus. Istan-

bul (3280). – Lindos I 90 Nr. 128 Taf. 9, 128; Blinkenberg, Fibules 246 Abb. 295 (XIII 12s).
1711. *Delos.* – Fibel, Nadel fehlt, L. 8,9 cm *(Taf. 54, 1711).* – Mus. Delos (B 1257). – Delos XVIII 290 Abb. 337 Taf. 87, 737; Blinkenberg, Fibules 245 Abb. 293 (XIII 12l).
1712. *Lindos,* Rhodos. – Akropolis. – Fibelbügel mit Fuß, L. noch 4,6 cm *(Taf. 54, 1712* nach Lindos I). – Mus. Istanbul. – Lindos I 89 Nr. 126 Taf. 9, 126; Blinkenberg, Fibules 242f. Abb. 287 (XII 11e).

Die frühen Fibeln der Typen III und IV treten nach Stronach von der Mitte des 8. Jh. bis zum 7. Jh. auf, während die mit weniger abgewinkeltem Bügel zwischen dem 7. Jh. und dem Beginn des 6. Jh. erscheinen.[10]

Von den bei Stronach angeführten Typen begegnet der Typ III 1 – schlichte Dreieckfibel, von rundem Querschnitt mit zungenförmigem Fuß[11] – mit einem Exemplar von Rhodos (Nr. 1708). Das ist die zweite Fibel außerhalb Palästinas nach den von Stronach erwähnten Exemplaren aus Al Mina.

Der Typ III 6 mit glattem Abschnitt im Bügelscheitel und mit profilierten Bügelenden (Wulstringe, Ringscheiben usw.) ist vielleicht durch die Fibel Nr. 1709 vertreten. Mit ihrer weiten Bügelführung stellt sie jedoch ein Zwischenstadium zwischen den Typen II und III dar. Der Typ III 6 wird in das Ende des 8. Jh. und den Beginn des 7. Jh. v. Chr. datiert.[12] Die Fibeln von Rhodos dürften der gleichen Zeit angehören.

Der Typ III 7 mit abgewinkeltem Bügel wie III 1 und mit profilierten Bügelenden (Kugeln oder faßförmige Perlen mit geritzter Kreuzschraffur ähnlich I 5 oder Kugeln alternierend mit Wulstringen) ist mit je einer Fibel von Rhodos (Nr. 1710)[13] und Delos (Nr. 1711) vertreten. Der Fuß dieser Fibeln ist schräg gestellt und hat die Form einer flachen Hand – beim Exemplar von Delos sind auch die Finger durch Ritzlinien angedeutet.

Die Fibel Nr. 1712 von Rhodos gleicht den obengenannten, sie unterscheidet sich nur im Dekor, der sie dem Typ III 8 nach Stronach zuweist. Im Bügelscheitel sind drei Eintiefungen angebracht, die offensichtlich zur Aufnahme von Inkrustationen aus anderem Material dienten. Der Fuß dieses einzigen Exemplars ist rechteckig, schmalgestreckt, jedoch ohne Beziehung zu dem typischen Fuß der Inselfibeln oder zu irgendeinem der Typen Stronachs. Vermutlich handelt es sich bei dieser Fibel um ein Halbfabrikat, denn die Fußplatte ist unten noch nicht zum Nadelhalter umgebogen. Ein älteres Exemplar, das auch Stronach nennt,[14] stammt aus Al Mina.

TYP XII B d

Stronachs Typ IV ist durch die Fibel Nr. 1713 von Lindos vertreten, eine Dreieckfibel mit betontem Scheitel und Ritzdekor. Der Fuß ist dreieckig, ohne Ritzdekor. Dieser Typ bildet das Endstadium in der Entwicklung des nahöstlichen Typs; er wird von Stronach in das 7. Jh. datiert.

---

[10] Ebd. 185.
[11] Ebd. Abb. 7, 1.
[12] Ebd. 196.

[13] Entsprechung: ebd. Abb. 9, 9.
[14] Ebd. 201.

1713. *Lindos,* Rhodos. – Akropolis. – Fibel, Nadel fehlt, L. 6 cm *(Taf. 54, 1713* nach Lindos I). – Mus. Istanbul (3278). – Lindos I 90 Nr. 129 Taf. 9, 129; Blinkenberg, Fibules 247 Abb. 296 (XIII 13 a).

TYP XII B e

Ostgriechische Formen.

1714. *Ialysos,* Rhodos. – Akropolis, aus dem Athena-Heiligtum. – Fibel, L. 4,7 cm *(Taf. 54, 1714).* – Mus. Rhodos (10926). – Unpubliziert.

1715. *Ialysos,* Rhodos. – Akropolis, aus dem Athena-Heiligtum. – Fibel, Nadel fehlt, L. 4 cm *(Taf. 54, 1715).* – Mus. Rhodos (10925). – Unpubliziert.

1716. *Ialysos,* Rhodos. – Akropolis, aus dem Athena-Heiligtum. – Fibelbügel, L. noch 3,2 cm *(Taf. 54, 1716).* – Mus. Rhodos (8165). – Unpubliziert.

1717. *Ialysos,* Rhodos. – Akropolis, aus dem Athena-Heiligtum. – Fibel, Spiralwindung und Nadel fehlen, L. noch 4,7 cm *(Taf. 54, 1717).* – Mus. Rhodos (8466). – Unpubliziert.

1718. *Ialysos,* Rhodos. – Akropolis, aus dem Athena-Heiligtum. – Fibel, Nadel fehlt, L. 4,9 cm *(Taf. 55, 1718).* – Mus. Rhodos (9426). – Unpubliziert.

1719. *Ialysos,* Rhodos. – Akropolis, aus dem Athena-Heiligtum. – Fibel, L. 1,6 cm *(Taf. 55, 1719).* – Mus. Rhodos (o. Nr.). – Unpubliziert.

1719 A. *Ialysos,* Rhodos. – Akropolis, aus dem Athena-Heiligtum. – Fibel, L. 2,8 cm *(Taf. 55, 1719 A).* – Mus. Rhodos (9134). – Unpubliziert.

1720. *Ialysos,* Rhodos. – Akropolis, aus dem Athena-Heiligtum. – Fibel, L. 6,7 cm *(Taf. 55, 1720).* – Mus. Rhodos (9430). – Unpubliziert.

Unter der Bezeichnung „Typ des östlichen Griechenlands" werden Typen zusammengefaßt, die Elemente der phrygischen oder der nahöstlichen Fibeln zeigen, denen aber wesentliche Merkmale fehlen, die jene Typen ihrer Definition nach charakterisieren. So werden hier zusammengestellt:

1) Fibeln mit Elementen der phrygischen Fibeln, jedoch ohne den T-förmigen Fuß. Solche Fibeln wurden früher „Zyprisch" genannt, oder „Dorisch" bzw. „Ionisch", je nach ihrer Stärke. Es dürfte sich jedoch um Nachahmungen phrygischer Vorbilder in der Ägäis handeln. Als Beispiel dieser Art wird hier die Fibel Nr. 1718 angeführt (die Öse an einem Ende gibt Anlaß zu einigen Zweifeln, die bis zu der Frage führen, ob es sich um eine Fibel handelt). Die Nr. 1719 A dagegen ist abgesehen von ihrem T-förmigen Fuß in allen übrigen Merkmalen ägäisch.

2) Fibeln mit nahöstlichen und ägäischen Elementen (Nr. 1715–1717). Die Fibel Nr. 1715 hat einen dreieckigen Fuß und einen Bügelschaft von rhombischem Querschnitt. Nr. 1716 zeigt Zierglieder, die in der Profilierung denen Palästinas entsprechen, während die Fibel Nr. 1717 einen halbkreisförmigen Bügel mit vielen Ziergliedern zusammen mit einem Fuß vom Inseltyp hat. Diese Beispiele machen deutlich, daß die Bewohner der Ägäischen Inseln neben dem Import östlicher Typen und neben deren Nachahmungen auch neue Varianten ausbildeten, die einerseits auf die östlichen Fibeln zurückgehen, andernteils den Inseltypen angepaßt werden.

XII C. FIBELN ZYPRISCHEN TYPS

1721. *Lindos,* Rhodos. – Akropolis. – Fibel, Spiralwindung und Nadel fehlen, L. noch 9,1 cm; insgesamt fünf Exemplare von der Akropolis *(Taf. 55, 1721* nach Lindos I). – Mus. Istanbul. – Lindos I 90 Nr. 130 Taf. 9, 130; Blinkenberg, Fibules 253 Abb. 300 (XIII 15 g).

1722. *Ialysos,* Rhodos. – Akropolis, aus dem Athena-Heiligtum. – Fibelfragment *(Taf. 55, 1722).* – Mus. Rhodos (9087). – Unpubliziert.

1723. *Kamiros* (?), Rhodos. – Fibel, Nadel fehlt, L. noch 11 cm *(Taf. 55, 1723* nach Myres). – Mus. Rhodos.

– J. L. Myres, Ann. Arch. Anthr. 8, 1921, 19 mit Abb.; Blinkenberg, Fibules 253 (XIII 15 h).

1724. *Aigina.* – Aphaia-Heiligtum. – Fibel, Nadel fehlt, L. 13,1 cm *(Taf. 55, 1724).* – Mus. Aigina (318). – Furtwängler, Aegina 403 f. Nr. 123 Taf. 116, 25.

1725. *Aigina.* – Fibelbügel, L. noch 7,5 cm *(Taf. 55, 1725).* – Mus. Aigina (o. Nr.). – Unpubliziert.

1726. *Lindos,* Rhodos. – Akropolis. – Fibel, Spiralwindung und Nadel fehlen, L. noch 4,4 cm; insgesamt neun Exemplare von der Akropolis *(Taf. 55, 1726* nach Lindos I). – Mus. Istanbul. – Lindos I 89 Nr. 122 Taf. 9, 122; Blinkenberg, Fibules 239 (XIII 7 d).

1726 A. *Lindos,* Rhodos. – Akropolis. – Fibelbügel, L. noch 4 cm *(Taf. 55, 1726 A* nach Photo DAI Istanbul). – Mus. Istanbul (3263). – Lindos I 89 Nr. 122.

1727. *Lindos,* Rhodos. – Akropolis. – Fibel, Spiralwindung und Nadel fehlen, L. 6,3 cm *(Taf. 55, 1727* nach Lindos I). – Mus. Istanbul. – Lindos I 89 Nr. 122 Taf. 9, 122.

1728. *Lindos,* Rhodos. – Akropolis. – Fibel, Spiralwindung und Nadel fehlen, L. 8,7 cm; insgesamt vier Exemplare von der Akropolis *(Taf. 55, 1728* nach Lindos I). – Mus. Istanbul. – Lindos I 89 Nr. 124 Taf. 9, 124; Blinkenberg, Fibules 241 Abb. 282 (XIII 10 c).

1729. *Lindos,* Rhodos. – Akropolis. – Fibel, Spiralwin-

dung und Nadel fehlen, L. noch 6,3 cm *(Taf. 55, 1729* nach Lindos I). – Mus. Istanbul. – Lindos I 89 Nr. 125 Taf. 9, 125.

1729 A. *Lindos,* Rhodos. – Fibelbügel, L. noch 5,4 cm *(Taf. 55, 1729 A* nach Photo DAI Istanbul). – Mus. Istanbul (3256).

1730. *Delos.* – Fibel, Spiralwindung und Nadel fehlen, L. noch 5,3 cm *(Taf. 55, 1730).* – Mus. Delos (o. Nr.). – Unpubliziert.

1731. *Hephaisteia,* Lemnos. – Cinerario B-XVII, Brandbestattung. – Fibel, Nadel fehlt, L. 6,4 cm *(Taf. 55, 1731).* – Beifunde: zwei Amphoriskoi, Streifenbemalung; Beil, Eisen. – Mus. Lemnos (o. Nr.). – Mustilli, Efestia 110 Abb. 177, 3.

1732. *Hephaisteia,* Lemnos. – Cinerario B-IX, Brandbestattung. – Fibel, Spirale und Nadel fehlen, L. 6,3 cm *(Taf. 55, 1732).* – Beifunde: Fibel Nr. 1733; Amphoriskos. – Mus. Lemnos (o. Nr.). – Mustilli, Efestia 98 ff. Abb. 153.

1733. *Hephaisteia,* Lemnos. – Cinerario B-IX, Brandbestattung. – Fibel, Spiralwindung und Nadel fehlen, L. noch 6,4 cm *(Taf. 55, 1733).* – Beifunde und Aufbewahrungsort vgl. Nr. 1732. – Mustilli, Efestia 98 ff. Abb. 152.

Wie oben erwähnt, hat Blinkenberg viele Typen des Nahen Ostens für zyprisch gehalten, so daß er eine große Zahl zyprischer Fibeln von den Inseln aufzeigen konnte. Stronach bewies jedoch, daß Blinkenbergs Typ XIII nicht zyprisch sondern nahöstlich ist. Die rein zyprischen Typen hat Gjerstad definiert.[1] Von den Typen, die Gjerstad als rein zyprisch anführt, ist vermutlich Typ 2 d[2] der Prototyp der Fibeln Nr. 1731–1732 von Lemnos, die asymmetrisch sind und deren glatter Bügel drei Kugelglieder trägt. Jedenfalls sind sie den zyprischen nicht ganz gleich und dürften deshalb deren Nachahmung sein. Entsprechende Exemplare haben wir aus geometrischen Gräbern der Agora von Athen.[3] Offensichtlich haben also die Typen 2 c und 2 d Gjerstads Entsprechungen frühgeometrischer Zeit in Attika. Wahrscheinlich ist auch, daß Attika für Lemnos und Zypern die gemeinsame Quelle war. Wir kennen ja bereits die Beziehungen des protogeometrischen attischen Typs IV b zu Lemnos. Vielleicht aber beeinflußte der zyprische Typ Attika und Lemnos, was noch wahrscheinlicher ist, denn es ist bekannt, daß das zyprische Töpfer- und Metallhandwerk auf Attika bereits vor 900 v. Chr. Einfluß ausübte,[4] d. h. in protogeometrischer und frühgeometrischer Zeit, wie ebenfalls auf Kreta und Rhodos. Fibeln zyprischen Typs wurden auf Aigina, Lemnos und Rhodos (Ialysos, Lindos) gefunden. Insbesondere die Fibeln Nr. 1728–29 dürften zyprisch oder zyprischer Art sein.[5] Die Fibeln Nr. 1727 und 1730 gehören Gjerstads Typ 3 b an.[6]

Entsprechungen zu der Fibel Nr. 1732 (Typ 10 nach Mustilli) wurden auch in Bulgarien gefunden. Damit ist der Nachweis einer Verbreitung dieses Typs auch über die Nordgrenze der Ägäis hinaus erbracht.[7]

---

[1] Gjerstad, Cyprus Expedition IV/2, 382 ff.; s. auch Anm. 14 S. 135.

[2] Ebd. 145 Abb. 85, 38; 383 f.

[3] Hesperia 37, 1968, 110. Agora-Mus. Inv. Nr. B 1316.

[4] Snodgrass, Dark Age 331.

[5] Gjerstad, Cyprus Expedition IV/2, 383.

[6] Ebd. 384 Abb. 25.

[7] A. Milčev, in: Festschrift D. Dečev (1958) 428. 443 f. Taf. 5, 2 (nach Verf. ein Typ, der aus dem Mittelmeer-Raum kommt).

Keine einzige Fibel vom Typ 4a nach Gjerstad gibt es von den Inseln. Dagegen erscheint sein Typ 4b[8] in drei Exemplaren von Aigina, Lindos und Kamiros.[9] Hierher gehört vermutlich die Fibel Nr. 1722 mit geripptem Bügelende und dreieckigem Fuß. Die Fibeln dieses Typs haben dreieckigen Umriß und einen Zierknopf oder eine Schlaufe im Bügelscheitel, der beidseits mit Wulstringen abschließt. Die Bügelenden tragen ein plastisches Zierglied, das in der entwickelten Ausführung Doppelbeilform hat; es ist beidseits von Einkerbungen eingefaßt. Die Nadel ist, wie es nach den Exemplaren von Aigina scheint, gesondert gearbeitet und mit einem Niet befestigt; bei der Fibel von Lindos ist das Schaftende nicht erhalten. Der Fuß ist langgestreckt wie bei den italischen Fibeln des 7. Jh., während die Dreieckform des Bügels an Fibeln des Nahen Ostens (Stronach Typ IV) erinnert. Diesen Typ datiert Blinkenberg[10] nicht vor die Mitte des 7. Jh. v. Chr., freilich ohne eine höhere Datierung auszuschließen; auch auf die Verbreitung des Typs geht Blinkenberg ein. Eines der von ihm zitierten Beispiele hält Blinkenberg für geometrisch; seine Herkunft führt er jedoch wegen der Doppelbeilform des Ziergliedes in mykenische Zeit zurück.[11]

Gjerstad ist der Meinung,[12] daß Typ 4b aus dem Typ 4a sizilischer Herkunft entwickelt wurde, welcher sich nach Palästina, nach Westen und auf die Ägäischen Inseln ausbreitete. Kürzlich behauptete Hencken,[13] daß Blinkenbergs Typ XII 15 unmittelbar von der Fibel von Meggiddo abstamme,[14] die ihrerseits mykenischen Ursprungs sei (vgl. die asymmetrische Fibel von Vrokastro). Von der genannten Fibel von Meggiddo sind nach Hencken der Sizilische (Sundwall Typ D IIbb) und der Zyprische Typ (Gjerstad Typ 4b) abzuleiten. Die Theorie Henckens muß nicht für merkwürdig gehalten werden angesichts der Tatsache, daß um 700 v. Chr. Beziehungen zwischen dem Osten und dem Westen bestanden, und daß die westliche Welt hinreichende Elemente der Kunst und des Handwerks aus dem östlichen Zivilisationsraum entlehnte.

---

[8] Blinkenberg, Fibules 248ff. Typ XIII 15.
[9] Ebd. 248ff.
[10] Ebd. 249f.
[11] Ebd. 249.
[12] Gjerstad, Cyprus Expedition IV/2, 384.

[13] Hencken, PPS. NS. 22, 1956, 213ff.
[14] Ebd. Abb. 1, a. Über Zeitstellung, Herkunft und Verbreitung dieses Typs vgl. auch Birmigham, The Development of the Fibula in Cyprus, in: PEQ. 1963, 103ff.

VERZEICHNISSE UND REGISTER

VERZEICHNIS DER ALLGEMEINEN ABKÜRZUNGEN

Abb.   = Abbildung
Br.   = Breite
Dm.   = Durchmesser
Ep.   = Eparchie
Frgt.   = Fragment
H.   = Höhe
Inv. Nr. = Inventar-Nummer
L.   = Länge
Mus.   = Museum
Myk.   = Mykenisch

N.   = Nomos
o. Nr.   = ohne Nummer
Slg.   = Sammlung
SM   = Spätminoisch
s. S.   = siehe Seite
Taf.   = Tafel
Verf.   = Verfasser
vgl.   = vergleiche
z. Zt.   = zur Zeit

VERZEICHNIS DER LITERATURABKÜRZUNGEN

MONOGRAPHIEN UND AUFSÄTZE

Åberg, Chronologie I und V = N. Åberg, Bronzezeitliche und früheisenzeitliche Chronologie I (1930); V (1935).

Alexander, Spectacle Fibulae = J. Alexander, The Spectacle Fibulae of Southern Europe, in: AJA. 69, 1965, 7 ff.

Andronikos, Vergina = M. Andronikos, Vergina I. To Nekrotapheion ton Tymbon (1969).

Argive Heraeum = Ch. Waldstein, The Argive Heraeum (1902–1905).

Artemis Orthia = R. M. Dawkins, The Sanctuary of Artemis Orthia at Sparta, in: Journ. Hell. Stud., Supplementary Paper 5, 1929.

Betsford/Robinson, History = G. Betsford/Ch. Robinson jr., Hellenic History (1948).

Bielefeld, Schmuck = E. Bielefeld, Schmuck. Archaeologia Homerica I C (1968).

Blinkenberg, Fibules = C. Blinkenberg, Fibules Grecques et Orientales (1926).

Boardman, Cretan Collection = J. Boardman, The Cretan Collection in Oxford. The Dictaean Cave and Iron Age Crete (1961).

Boardman, Emporio = J. Boardman, Excavations in Chios 1952–1955, Greek Emporio. British School at Athens Supplement 6 (1967).

Boyd, Gournia = H. A. Boyd, Gournia – Report of the American Exploration Society's Excavations at Gournia, Crete, 1901–1903. Transactions of the Department of Archaeology, University of Pennsilvania 1/1–2, 1904.

Brock, Fortetsa = J. K. Brock, Fortetsa. Early Greek Tombs near Knossos. British School at Athens Supplement 2 (1957).

Coldstream, Geometric Pottery = J. N. Coldstream, Greek Geometric Pottery (1968).

Corinth XV 1 = Corinth XV 1. A. Stillwell, The Potters' Quarter (1948).

Delos XVIII = Exploration Archéologique de Délos XVIII. W. Deonna, Le mobilier Délien (1938).

Delphes V = Fouilles de Delphes V. P. Perdrizet, Monuments figurés, petits bronzes, terre-cuits, antiquités diverses (1908).

Desborough, Protogeometric Pottery = V. R.d'A. Desborough, Protogeometric Pottery (1952).

Desborough, Last Mycenaeans = V. R.d'A. Desborough, The Last Mycenaeans and their Successors (1964).

Desborough, Dark Ages = V. R.d'A. Desborough, The Greek Dark Ages (1972).

Deshayes/Dessenne, Mallia. Maisons 2 = Fouilles executées à Mallia. J. Deshayes/A. Dessenne, Exploration des maisons et quartiers d'habitation (1948–1954) 2, in: Etudes Crétoises 11, 1959.

van Effenterre, Mirabello = H. van Effenterre, Nécropoles du Mirabello, in: Etudes Crétoises 8, 1948.

Furtwängler, Aegina = A. Furtwängler, Aegina. Das Heiligtum der Aphaia (1906).

Furumark, Mycenaean Pottery = A. Furumark, The Mycenaean Pottery. Analysis and Classification (1941).

Gjerstad, Cyprus Expedition IV/2 = The Swedish Cyprus Expedition IV/2. E. Gjerstad, The Cypro-Geometric, Cypro-Archaic and Cypro-Classical Periods (1948).

Hall, Vrokastro = E. Hall, Excavations in Eastern Crete. Vrokastro (1914).

Hampe, Sagenbilder = R. Hampe, Frühe Griechische Sagenbilder in Böotien (1936).

Hampe, Böotische Fibel = R. Hampe, Böotische Bronzefibel, in: R. Hampe/H. Gropengießer, Aus der Sammlung des Archäologischen Institutes der Universität Heidelberg. Werke der Kunst in Heidelberg II (1967) 22.

Hist. Hell. Eth. = Historia tou Hellenikou Ethnous.

Hogarth, Ephesos = D. G. Hogarth, Excavations at Ephesos. The Archaic Artemisia (1908).

Jacopi, Camiro II = G. Jacopi, Esplorazione archeologica di Camiro II, in: Clara Rhodos 6–7, 1932–33, 1 ff.

Jacopi, Jalisso = G. Jacopi, Scavi nella necropoli di Jalisso 1924–28, in: Clara Rhodos 3, 1929, 1 ff.

Jantzen, Phrygische Fibeln = U. Jantzen, Phrygische Fibeln, in: Festschrift F. Matz (1962) 39 ff.

Jantzen, Samos VIII = U. Jantzen, Samos VIII. Die ägyptischen und orientalischen Bronzen aus dem Heraion von Samos (1972).

Kilian, PBF. XIV, 2 (1974) = K. Kilian, Fibeln in Thessalien von der mykenischen bis zur archaischen Zeit (1974).

Kinch, Vroulia = K. F. Kinch, Fouilles de Vroulia (1914).

Kraiker, Plastik = W. Kraiker, Archaische Plastik der Griechen (1976).

Levi, Arkades = D. Levi. Arkades, in: Ann. Sc. Arch. Atene 10–12, 1927–29, 1 ff.

Lindos I = Lindos. Fouilles et recherches 1902–1914. I: C. Blinkenberg, Les petits objets (1931).

Lorimer, Homer = H. L. Lorimer, Homer and the Monuments (1950).

Marinatos, Kleidung = S. Marinatos, Kleidung, Haar- und Barttracht. Archaeologia Homerica I A. B (1967).

Milojčić, Fremdlinge = V. Milojčić, Einige „mitteleuropäische" Fremdlinge auf Kreta, in: Jb. RGZM. 2, 1955, 153 ff.

Morricone, Langada = L. Morricone, Eleona e Langada: Sepolcreti della tarda Età del Bronzo a Coo, in: Ann. Sc. Arch. Atene 43–44 (NS. 27–28) 1965–66, 7 ff.

Müller-Karpe, Metallbeigaben = H. Müller-Karpe, Die Metallbeigaben der früheisenzeitlichen Kerameikos-Gräber, in: Jb. Dtsch. Arch. Inst. 77, 1962, 59 ff.

Muscarella, Phrygian Fibulae = O. W. Muscarella, Phrygian Fibulae from Gordion (1967).

Mustilli, Efestia = D. Mustilli, Efestia, in: Ann. Sc. Arch. Atene 15–16, 1932–33, 1 ff.

Olympia IV = Olympia IV. A. Furtwängler, Die Bronzen und die übrigen kleineren Funde von Olympia (1890).

Olynthus X = Excavations at Olynthus X. D. M. Robinson, Metal and Minor Miscellaneous Finds (1941).

Orsi, Contributi = P. Orsi, Contributi alla storia della fibula greca, in: Opuscula Archaeologica (Festschrift O. Montelius 1908) 189 ff.

PBF. = Prähistorische Bronzefunde.

Perachora I = H. Payne, Perachora. The Sanctuary of Hera Akraia and Limenia (1940).

Rizza/Santa Maria Scrinari, Gortina = G. Rizza/ V. Santa Maria Scrinari, Il Santuario sull'Acropoli di Gortina I (1968).

Rubensohn, Delion = O. Rubensohn, Das Delion von Paros (1962).

Samos VIII = U. Jantzen, Samos VIII. Die ägyptischen und orientalischen Bronzen aus dem Heraion von Samos (1972).

Samothrace 4/1 = Samothrace 4/1. K. Lehmann, The Hall of Votive Gifts (1962).

Sapouna-Sakellarakis, Minoïkon Zoma = E. Sapouna-Sakellarakis, Minoïkon Zoma (1971).

Snodgrass, Dark Age = A. M. Snodgrass, The Dark Age of Greece (1971).

Studniczka, Tracht = F. Studniczka, Beiträge zur Geschichte der Altgriechischen Tracht (1886).

Sundwall, Fibeln = J. Sundwall, Die älteren italischen Fibeln (1943).

Thera II = Thera, Untersuchungen, Vermessungen, Ausgrabungen II. H. Dragendorff, Theraeische Gräber (1903).

de Vries, Incised Fibulae = K. de Vries, Incised Fibulae from Boeotia, in: Forschungen und Berichte 14, 1972, 111 ff.

de Vries, Figured Fibula in Lerna = K. de Vries, A Grave with a Figured Fibula in Lerna, in: Hesperia 43, 1974, 80 ff.

Walters, Bronzes Brit. Mus. = H. B. Walters, Catalogue of the Bronzes, Greek, Roman, Etruscan in the Departement of Greek and Roman Antiquities, British Museum (1899).

ZEITSCHRIFTEN UND REIHEN

A. A. Mus. Ist. = Annual of the Archaeological Museums of Istanbul (Istanbul).

Acta Arch. = Acta Archaeologica (Kopenhagen).

AJA. = American Journal of Archaeology (Cambridge, Mass.).

Anat. Stud. = Anatolian Studies (London).

Ann. Arch. Anthr. = Annals of Archaeology and Anthropology (Liverpool).

Ann. BSA. = Annual of the British School at Athens (London).

Ann. Sc. Arch. Atene = Annuario della Scuola Archeologica di Atene e delle Missioni Italiane in Oriente (Bergamo, Rom).

Arch. An. Athen = Archaiologika Analekta ex Athenon (Athen).

Arch. Anz. = Archäologischer Anzeiger (Berlin).

Arch. Delt. = Archaiologikon Deltion (Athen).

Arch. Delt. Parart./Chron. = Archaiologikon Deltion, Parartema/Chronika (Athen).

Arch. Eph. Chron. = Archaiologike Ephemeris, Chronika (Athen).

Athen. Mitt. = Mitteilungen des Deutschen Archäologischen Instituts. Athenische Abteilung (Berlin).

BCH. = Bulletin de Correspondance Hellénique. Ecole Française d'Archéologie d'Athènes (Paris).

Boll. d'Arte = Bolletino d'Arte (Rom).

CVA. = Corpus Vasorum Antiquorum (München).

Eirene = Eirene. Studia Graeca et Latina (Prag).

Ephem. Arch. = Archaiologike Ephemeris (Athen).

Ergon = To Ergon tes Archaiologikes Hetaireias (Athen).

Godišnik Nar. Muz. Plovdiv = Godišnik na Narodnija Muzej Plovdiv (Annuaire du Musée National Archéologique de Plovdiv) (Plovdiv).

Iran. Ant. = Iranica Antiqua (Leiden).

Izv. Bulg. Arch. Inst. = Izvestija u Bulgarskija Archeologičeski Institut (Bulletin de l'Institut Archéologique Bulgare) (Sofia).

Jb. Dtsch. Arch. Inst. = Jahrbuch des Deutschen Archäologischen Instituts (Berlin).

Jb. RGZM. = Jahrbuch des Römisch-Germanischen Zentralmuseums Mainz (Mainz).

Journ. Hell. Stud. = Journal of Hellenic Studies (London).

Journ. Hell. Stud. Arch. Rep. = Journal of Hellenic Studies, Archaeological Reports (London).

Journ. Near East. Stud. = Journal of Near Eastern Studies (Chicago).

Kret. Chron. = Kretika Chronika (Herakleion).

Mon. Ant. = Monumenti Antichi (Rom).

Mus. Ital. = Museo Italiano di Antichità Classica (Florenz).

Opuscula Arch. = Opuscula Archaeologica (Lund, Leipzig).

Opuscula Athen. = Opuscula Atheniensia (Lund).

Pap. Brit. School Rome = Papers of the British School at Rome (London).

PBF. = Prähistorische Bronzefunde (München).

PEQ. = Palestinian Exploration Quarterly (London).

PPS. = Proceedings of the Prehistoric Society (Cambridge).

Praktika = Praktika tes en Athenais Archaiologikes Hetaireias (Athen).

Sov. Arch. = Sovetskaja Archeologija (Moskau-Leningrad).

VERZEICHNIS DER MUSEEN UND SAMMLUNGEN

(Die Zahlen beziehen sich auf die laufenden Nummern der erfaßten Fibeln)

DÄNEMARK

Kopenhagen, Ny Carlsberg Glyptothek 136, 567, 851, 1267 B, 1437, 1553, 1592.

DEUTSCHLAND

Berlin, ehemals Antiquarium 1459.

Karlsruhe, Badisches Landesmuseum 798.

ENGLAND

London, British Museum 796, 797.
Oxford, Ashmolean Museum 5, 24–26, 29, 36, 40, 46, 48, 216, 1548.

GRIECHENLAND

Aigina, Archäologisches Museum 30, 64, 65, 207–209, 297–299, 352–356, 420, 543, 544, 599, 661, 1032–1035, 1163–1165, 1209, 1211, 1217–1221, 1231, A. B, 1274, 1275, 1464, 1486, 1520–1523, 1526, 1587–1589, 1595, 1601, 1651–1656, 1689, 1724, 1725.

Andros, Archäologische Sammlung 1022.

Athen, Nationalmuseum 33–35, 42, 47, 63, 132, 153, 155, 156, 233, 234, 288, 289, 296, 305–310, 350, 424, 426, 540, 596, 614, 617, 618, 634, 641 A, 642–644, 649, 657, 657 A, 658, 854, 1029–1031, 1040–1043, 1161, 1162, 1175–1177, 1208, 1230, 1269, 1270, 1273, 1282, 1284, 1461, 1497, 1518, 1519, 1596, 1605, 1606, 1629, 1649, 1650, 1662, 1700.

Chania, Archäologisches Museum 537, 568, 597, 1228, 1484.

Chios, Archäologisches Museum 20, 131, 133–135, 154, 300–304, 311, 312, 359–361, 425, 461, 462, 660, 859, 1036–1039, 1044–1046, 1169, 1170, 1171 A. B, 1172–1174, 1178, 1179, 1276–1281, 1285–1291, 1347, 1348, 1462, 1556, 1557, 1574, 1590, 1591, 1593, 1594, 1597–1600, 1607–1609, 1628, 1659–1661, 1663–1672, 1690–1695.

Delos, Archäologisches Museum 11, 367, 358, 423, 1493, 1502, 1503, 1658, 1711, 1730.

Eretria, Archäologisches Museum 16 A–D, 31, 71, 71 A. B, 72, 73, 74 A–D, 146, 148, 157–167, 192, 211,

211 A, 212, 228, 229, 238–242, 601, 633, 662, 1047, 1048, 1184–1193, 1524, 1525, 1527, 1559 A. B, 1560.

Hagios Nikolaos, Archäologisches Museum 201.

Herakleion, Archäologisches Museum 1, 2, 4, 5 A, 8–10, 13–15, 21–23, 27, 28, 39, 43–45, 50, 56, 57, 59, 60–62, 67 A–D, 69, 128–130, 137, 147, 149–151, 168, 171, 174, 190, 191, 194, 196–200, 202, 203, 217, 219–224, 236, 237, 337–340, 342–344, 345, 413–417, 531–533, 535, 536, 538, 539, 598, 602–609, 611–613, 632, 638 A–C, 840, 841, 855, 1023–1025, 1028, 1160, 1229, 1248, 1338, 1478–1483, 1487, 1494, 1494 A, 1495, 1496, 1516, 1517, 1532, 1533, 1542, 1688.

Ikaria, Archäologisches Museum 189 A, 361 A

Kabala, Archäologisches Museum 189, 215, 225.

Kalymnos, Archäologisches Museum 1018, 1143, 1144, 1337, 1456, 1514.

Kos, Archäologisches Museum 6, 32.

Lemnos, Archäologisches Museum 290–295, 351, 592–594, 615, 616 A–D, 620–629, 637, 639, 640, 645–647 A, 1061, 1062, 1227, 1558, 1731 bis 1733.

Leros, Archäologisches Museum 462 A

Melos, Archäologisches Museum 418.

Mytilene, Archäologisches Museum 231, 232, 333, 334, 370, 1027, 1181, 1205, 1610–1613, 1637–1640.

ÖSTERREICH

TÜRKEI

VERBLEIB UNBEKANNT

VERZEICHNIS DER FUNDORTABKÜRZUNGEN AUF TAFEL 56

A	Aphaia-Heiligtum, Aigina		NK	Naxos, Kaminaki
AP	Apollon-Heiligtum, Aigina		PD	Paros, Delion
AN	Antissa		P	Phaistos
AR	Arkades		PH	Phana
DE	Delos		PR	Praisos
D	Dreros		PI	Prinias
EM	Emporio		PS	Psychro
E	Exoche		S	Samothrake
F	Fortetsa		SA	Salamis
G	Gortyn		SH	Samos (Heraion und Nekrpole)
H	Hephaisteia		SI	Siphnos (Kastro und Hag. Andreas)
IA	Ialysos		SK	Skyros (Magazia und Monopetros)
KH	Kavoussi, Hierapetra		TH	Thasos, Theologos
K	Kalymnos		T	Thera
KA	Kamiros		TS	Tsoutsouros
KL	Karphi		V	Vrokastro
LK	Lesbos, Klopede		VR	Vroulia
L	Leukanti		ZG	Zeus-Grotte auf dem Ida
LI	Lindos			

SACHREGISTER

ORTSREGISTER

TAFELN

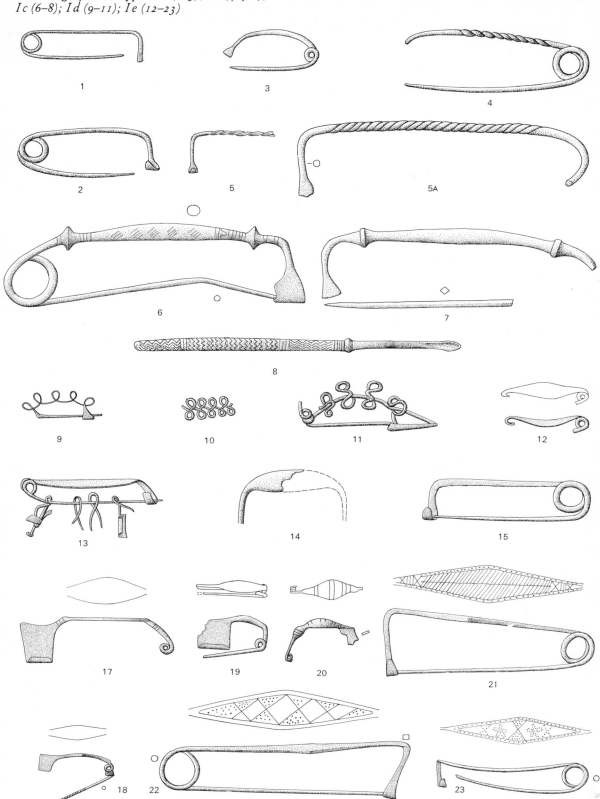

1. 5. 10. 23 Psychro. – 2 Gortyn. – 3 Phaistos. – 4. 8 Karphi. – 5 A Archanes. – 6 Kos. – 7. 21 Kreta. – 9 Tsoutsouros. – 11 Delos. – 12.
17. 18 Ialysos. – 13 Praisos. – 14. 15 Vrokastro. – 19 Thera. – 20 Emporio. – 22 Mallia. – (1 nach Maraghiannis; 2 nach Rizza; 3 nach
Levi; 4 nach Pendlebury; 5. 20 nach Boardman; 7. 8 nach Milojčić; 19 nach Thera II)

M. 2 : 3; 7 ohne M.

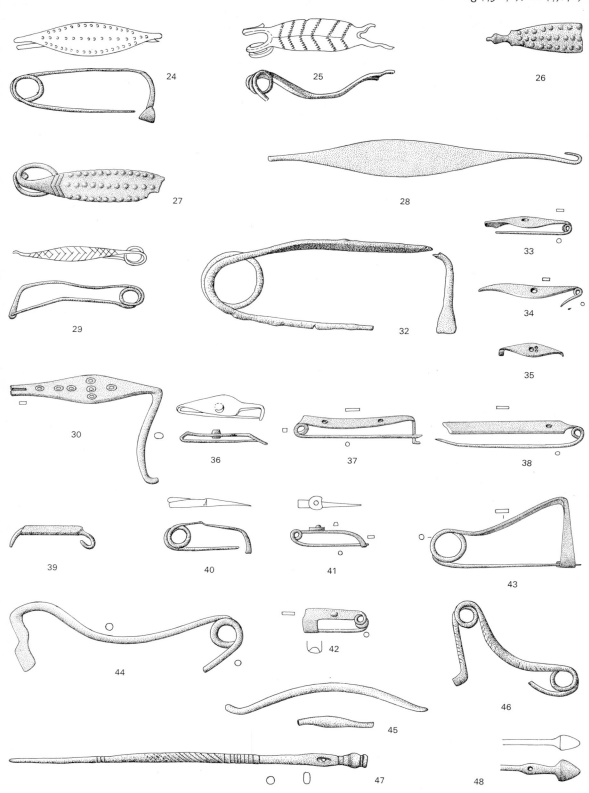

24. 26. 29. 36. 40. 48 Psychro. – 25 Kissamos. – 27. 28 Karphi. – 30 Aigina. – 32 Kos. – 33–35. 42 Paros. – 37. 38 Samos. – 39 Arkades. – 41 Ialysos. – 43 Vrokastro. – 44. 45 Kavoussi, Ep. Hierapetra. – 46 Kydonia. – 47 Naxos. – (24–26. 29. 36. 40. 45. 46. 48 nach Boardman; 27. 28 nach Milojčić; 32 nach Morricone)

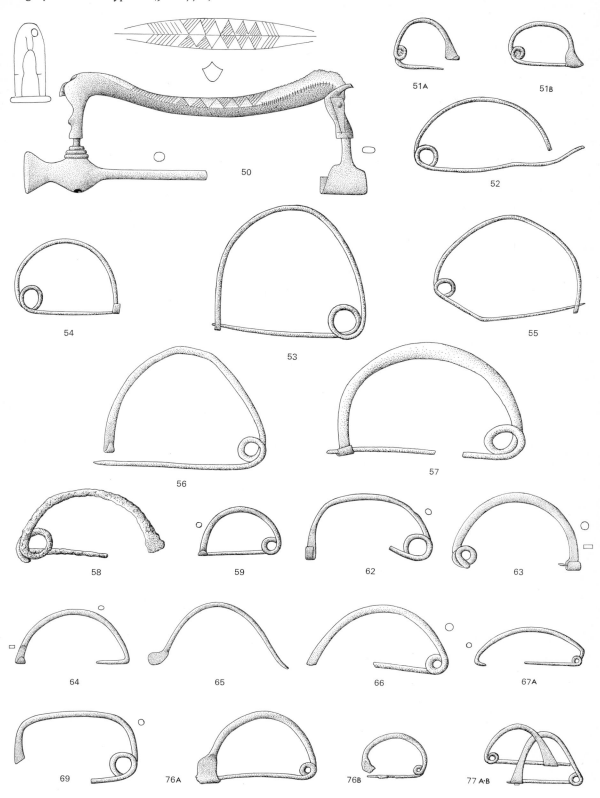

52–55 Karphi. – 50 Aloni. – 51 A. B Gortyn. – 56. 57 Hagios Ioannes. – 58 Vrokastro. – 59 Fortetsa. – 62 Palaikastro. – 63
Salamis. – 64. 65 Aigina. – 66 Samothrake. – 67 A. 69 Arkades. – 76 A. B Kamiros. – 77 A. B Ialysos. – (56. 57 nach Boardman;
52–55 nach Pendlebury; 51 A. B nach Santa Maria Scrinari; 58 nach Hall; 66 nach Samothrace 4/1; 76 A. B nach Jacopi)

M. 2:3

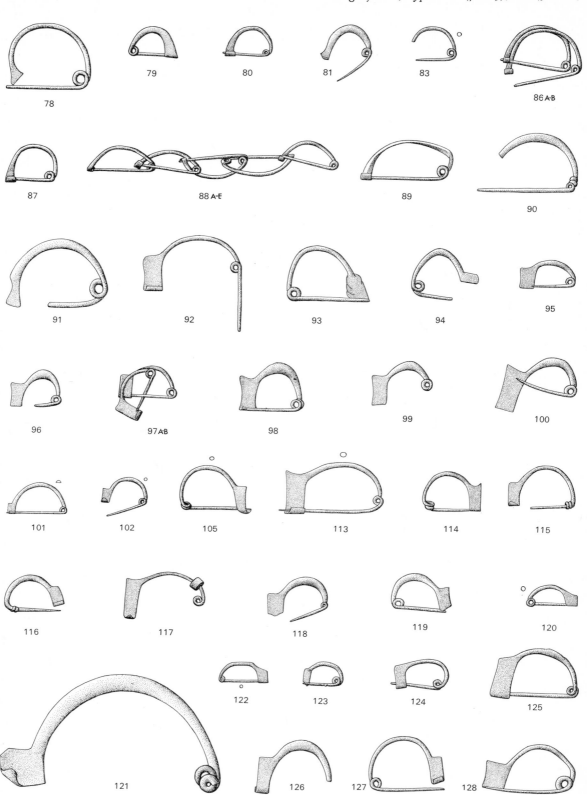

78–83. 90–102. 105. 113–120. 122 Ialysos. – 86 A – 89. 121 Lindos. – 123 Kamiros. – 124–126 Thera. – 127 Samos. – 128 Arkades.
– (86 A – 89. 121 nach Lindos I; 123 nach Jacopi; 124–126 nach Thera II)

M. 2 : 3

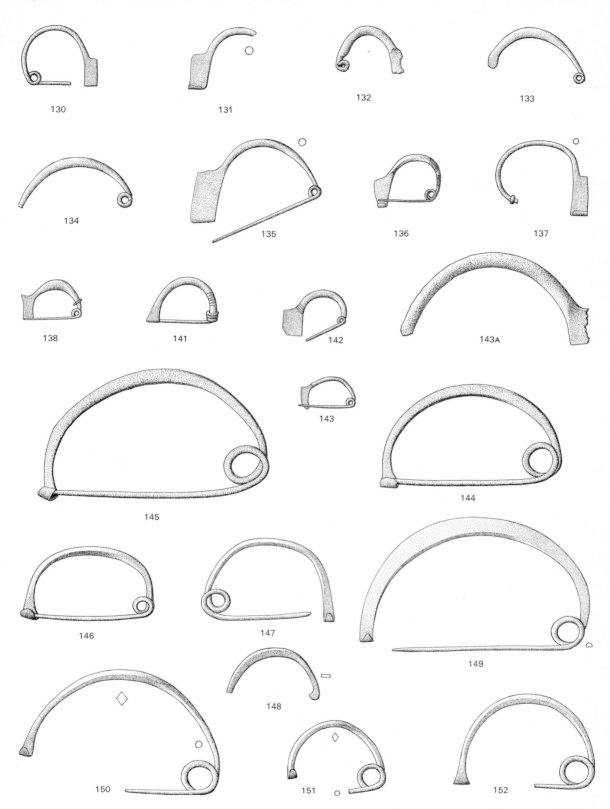

130 Tsoutsouros. – 131. 133–135 Emporio. – 132 Phana. – 136 Exoche. – 137. 151 Arkades. – 138. 141–143 Ialysos. – 143 A Lindos.
– 144. 145 Vrokastro. – 146. 148 Leukanti. – 147. 149 Kavoussi, Ep. Hierapetra. – 150 Palaikastro. – 152 Atsipades. – (131. 133–135
nach Boardman; 136 nach Friis Johansen; 143 A nach Foto; 144. 145 nach Hall)

M. 2:3; 132 ohne M.

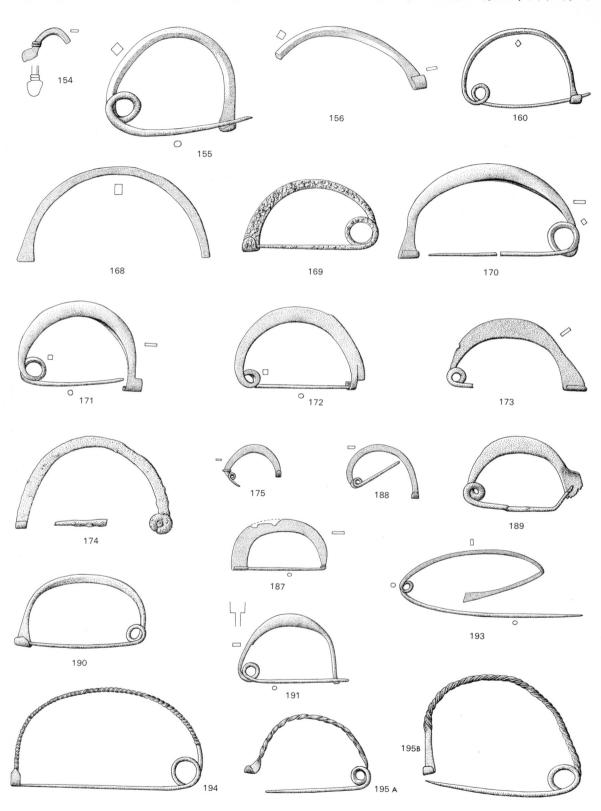

154 Phana. – 155. 156 Salamis. – 160 Leukanti. – 168 Psychro. – 169. 190. 195 A. B Vrokastro. – 170 Praisos. – 171. 172 Kavoussi, Ep. Hierapetra. – 173 Pegaïdakia. – 174 Fortetsa. – 175. 187. 188. 193 Ialysos. – 189 Thasos. – 191 Prinias. – 194 Phaistos. – (160 nach Desborough; 168 nach Boardman; 169. 190. 195 A. B nach Hall; 174 nach Brock)

M. 2:3; 160. 189 ohne M.

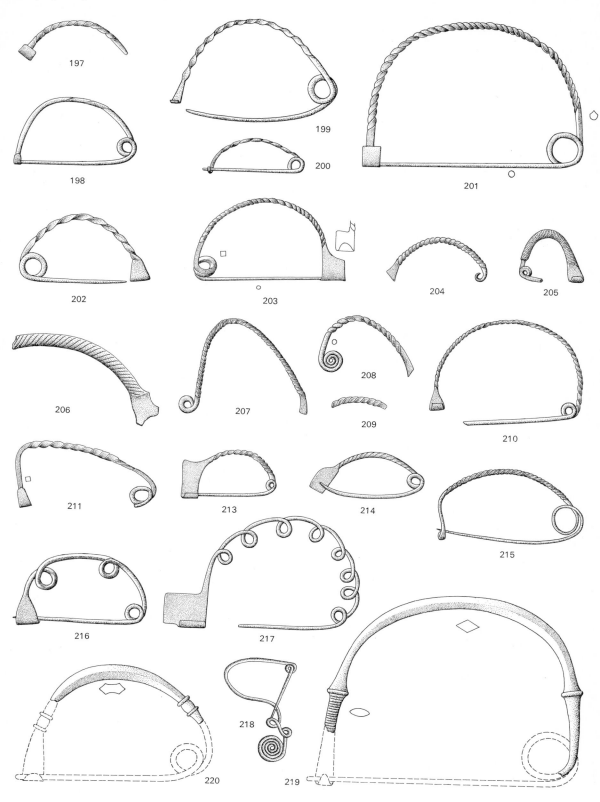

197 Vrokastro. – 198. 199 Fortetsa. – 200. 217 Psychro. – 201 Sklavoi. – 202 Pegaïdakia. – 203 Kavoussi, Ep. Hierapetra. – 204–206.
213. 214. 218 Ialysos. – 207–209 Aigina. – 210 Thera. – 211 Leukanti. – 215 Thasos. – 216 Kreta. – 219. 220 Tylissos. – (199 nach Brock;
205. 206 nach Jacopi; 210 nach Thera II; 215 nach Koukoule-Chrysanthake; 216 nach Boardman; 219. 220 nach Marinatos)
M. 2:3; 205. 206. 215 ohne M.

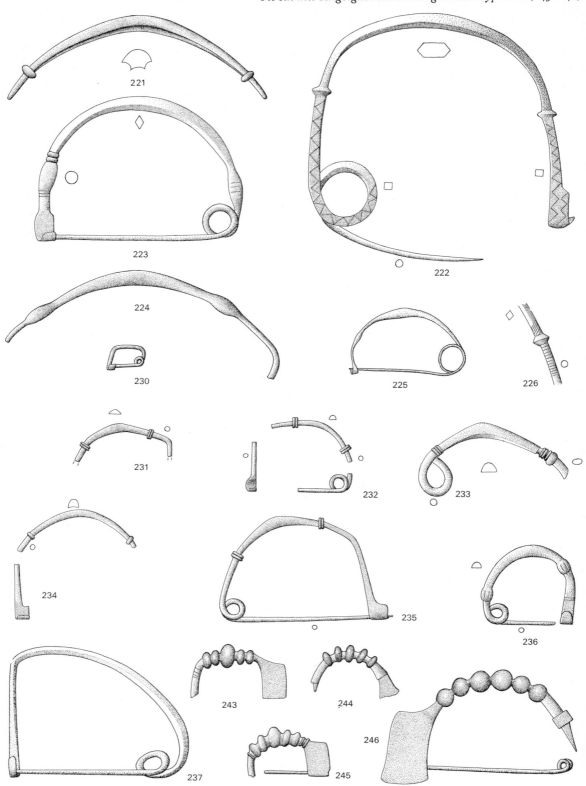

221. 222 Mouliana. – 223. 224 Kavoussi, Ep. Hierapetra. – 225 Thasos. – 226 Siphnos. – 230 Thera. – 231. 232 Antissa (?). – 233 Salamis. – 234 Hephaisteia. – 235 Skyros. – 236. 237 Vrokastro. – 243–246 Ialysos. – (225 nach Koukoule-Chrysanthake; 230 nach Thera II; 237 nach Hall)

M. 2 : 3; 225. 226 ohne M.

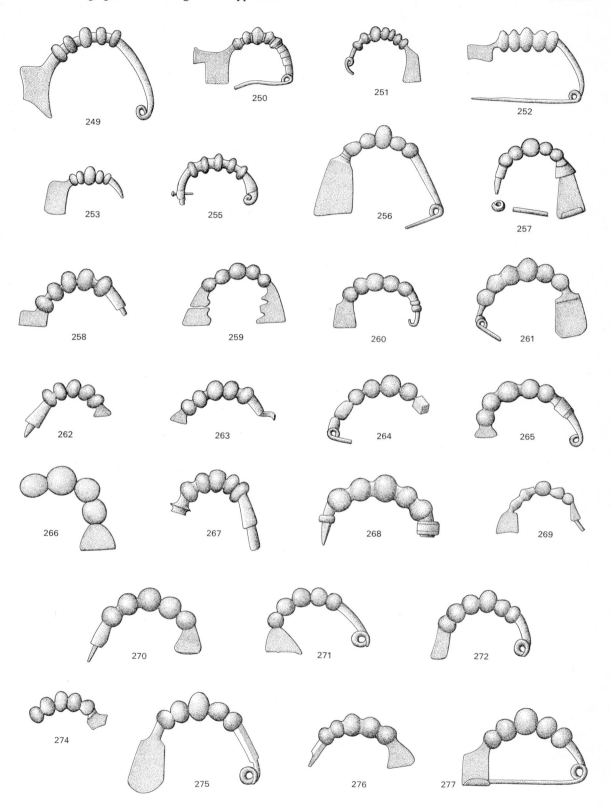

249

250

251

252

253

255

256

257

258

259

260

261

262

263

264

265

266

267

268

269

270

271

272

274

275

276

277

249–253. 255–272. 274–277 Ialysos

M. 2 : 3

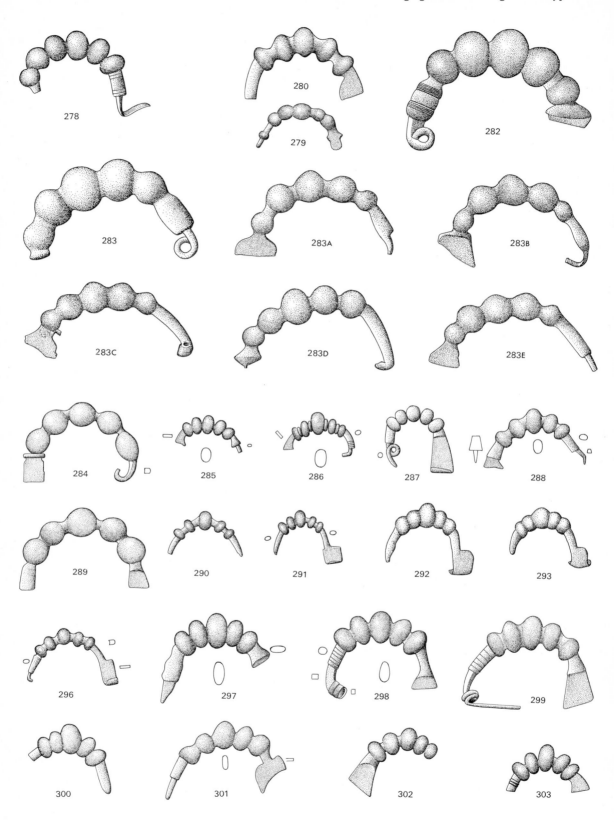

278–280 Ialysos. – 282.283 Lindos. – 283 A – 286 Samos. – 287 Naxos. – 288.289 Paros. – 290–293. 296 Hephaisteia. – 297–299 Aigina. – 300–303 Phana. – (282 nach Lindos I; 283 A nach Foto; 283 A–E nach Tsakos; 292.293 nach Mustilli)

M. 2:3; 283 A–E ohne M.

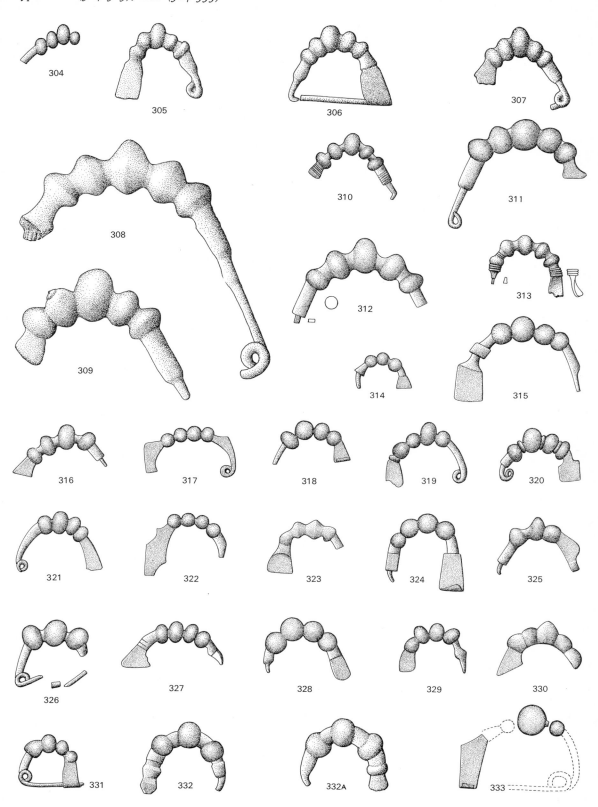

304–310 Phana. – 311. 312 Emporio. – 313 Tenos. – 314–331 Ialysos. – 332. 332 A Lindos. – 333 Antissa (?). – (305–309 nach Lamb;
311. 312 nach Boardman; 332 nach Lindos I; 332 A nach Foto)

M. 2 : 3; 305–309. 333 ohne M.

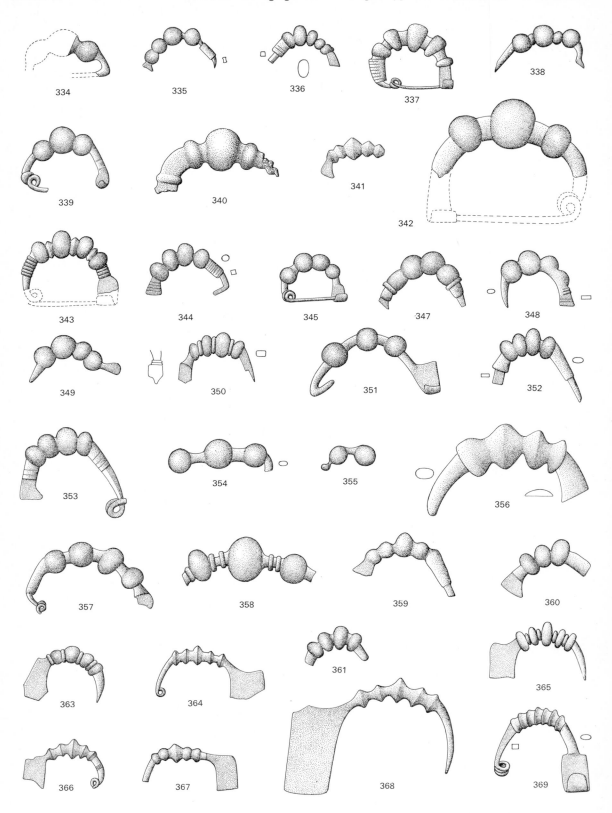

334 Antissa (?). – 335. 336 Samos. – 337 Ida, Zeus-Grotte. – 338 Tsoutsouros. – 339. 340 Fortetsa. – 341–345 Vrokastro. – 347–349
Naxos. – 350 Paros. – 351 Hephaisteia. – 352–356 Aigina. – 357. 358 Delos. – 359–361 Phana. – 363–369 Ialysos. – (340 nach Brock;
341–343 nach Hall; 359 nach Lamb)

M. 2 : 3

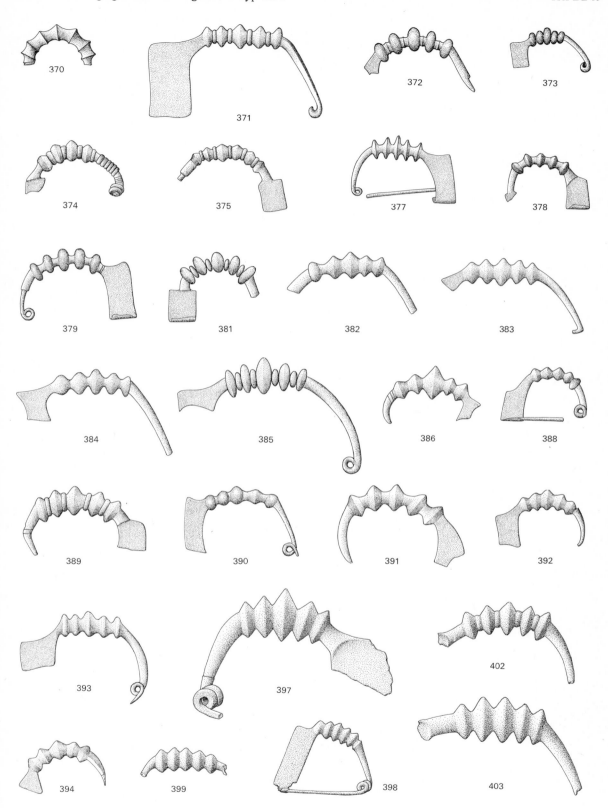

370 Antissa (?). – 371–375. 377–379. 381–386. 388–394. 397–399 Ialysos. – 402. 403 Kamiros. – (397. 398. 402. 403 nach Jacopi)
M. 2:3; 397–399 ohne M.

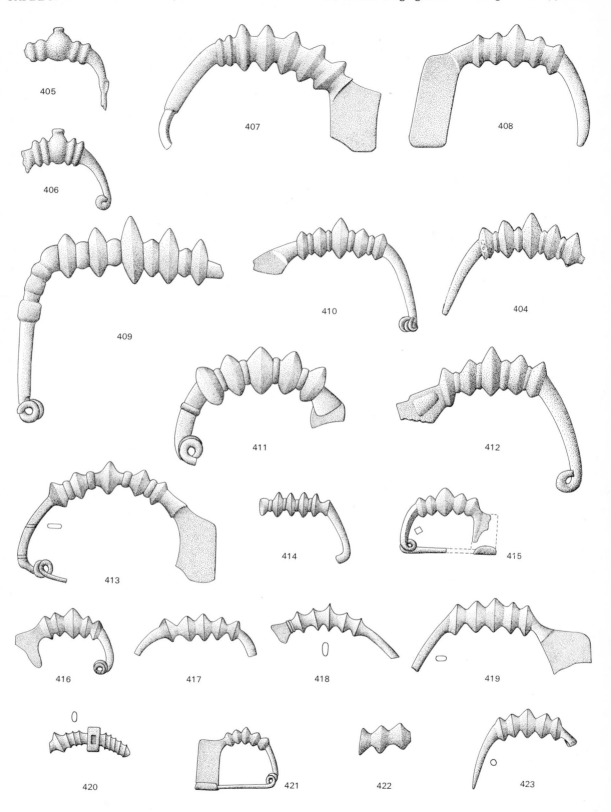

404. 407–412 Lindos. – 405. 406 Kamiros. – 413 Arkades. – 414 Tsoutsouros. – 415–417 Vrokastro. – 418 Melos. – 419 Naxos. – 420 Aigina. – 421 Thera. – 422 Siphnos. – 423 Delos. – (405. 406 nach Jacopi; 407–410. 411. 412 nach Lindos I; 404 nach Foto; 415 nach Hall; 421 nach Thera II)

M. 2:3

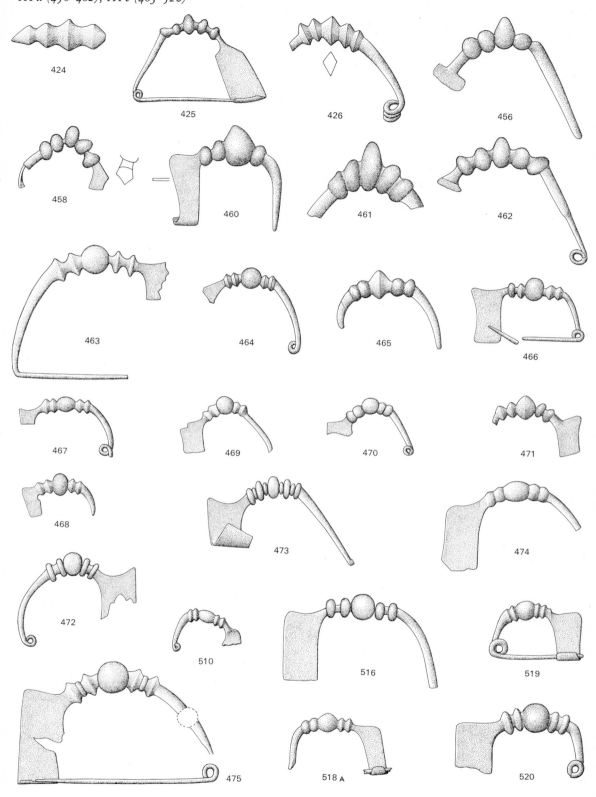

424 Paros. – 425. 461. 462 Emporio. – 426 Delos. – 456. 463–475. 510. 516. 518 A. 519 Ialysos. – 458 Chios. – 460 Thasos. – 520
Lindos. – (425. 461. 462 nach Boardman; 510. 518 A. 519 nach Jacopi; 520 nach Lindos I)
M. 2 : 3; 510. 518 A. 519 ohne M.

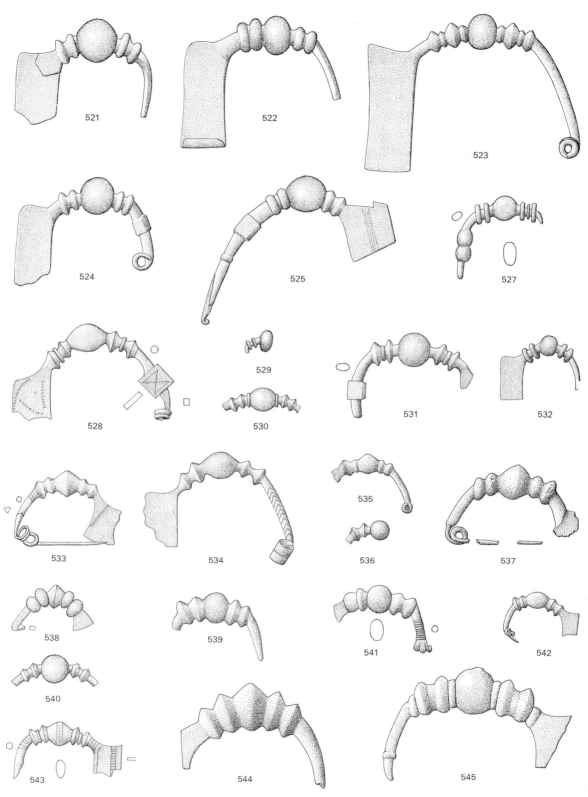

521–525 Lindos. – 527–530 Samos. – 531. 537 Praisos. – 532 Ida, Zeus-Grotte. – 533 Prinias. – 534 Kreta. – 535 Gortyn. – 536 Tsoutsouros. – 538. 539 Vrokastro. – 540 Paros. – 541. 542 Naxos. – 543. 544 Aigina. – 545 Thera. – (521–525 nach Lindos I; 535 nach Rizza; 537 nach Droop; 544 nach Furtwängler; 545 nach Pfuhl)

M. 2 : 3; 537. 545 ohne M.

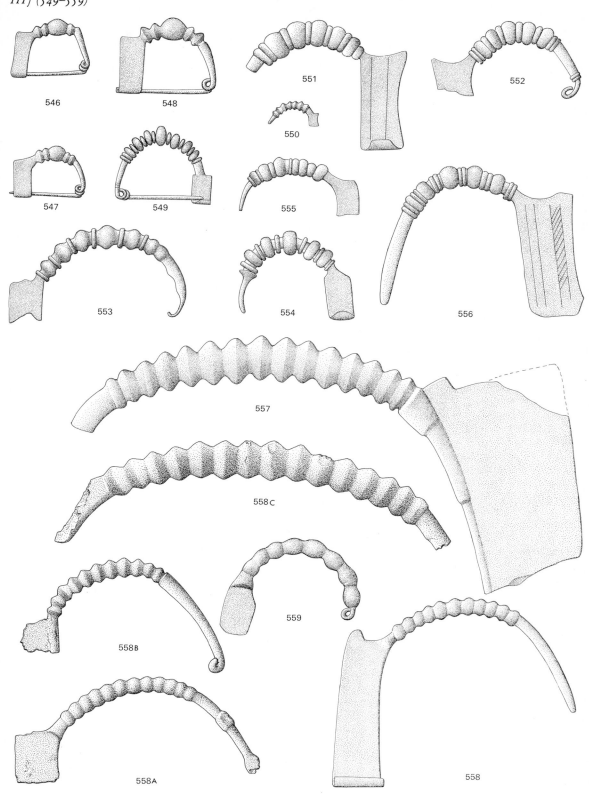

546   548   551   552
550
547   549   555   556
553   554
557
558C
558B   559
558A   558

546–548 Thera. – 549–556 Ialysos. – 557–559 Lindos. – (546–548 nach Thera II; 557 nach Lindos I)
M. 2:3

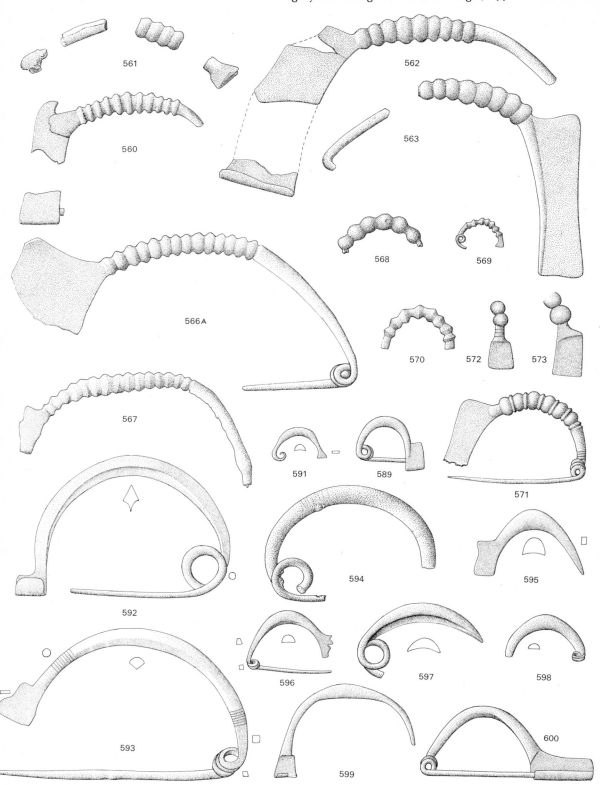

560–563. 566 A Vroulia. – 567 Exoche. – 568 Praisos. – 569–573. 591 Ialysos. – 589. 600 Lindos. – 592–594 Hephaisteia. – 595 Naxos. – 596 Paros. – 597 Kavoussi, N. Chania.- 598 Vrokastro. – 599 Aigina. – (560–563. 566 A nach Kinch; 567 nach Friis Johansen; 568 nach Droop; 571 nach Jacopi; 589. 600 nach Lindos I; 594 nach Mustilli)

M. 2:3; 563. 566 A. 568. 571 ohne M.

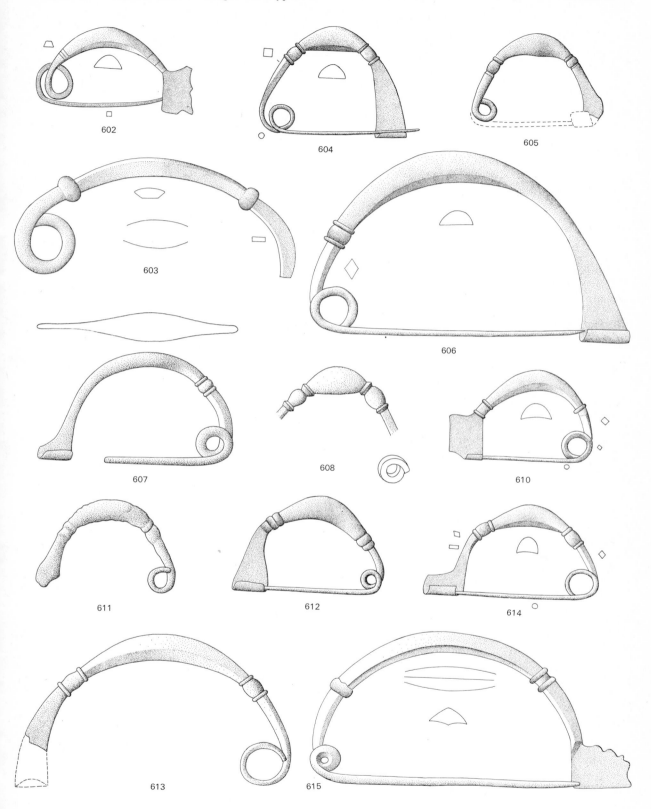

602 Gortyn. – 603–605. 611. 612 Vrokastro. – 606. 607 Fortetsa. – 608 Dreros. – 610 Patso. – 613 Praisos. – 614 Kardiane. – 615
Hephaisteia. – (604. 605. 611. 612 nach Hall; 607 nach Brock; 608 nach Effenterre; 613 nach Blinkenberg)

M. 2:3

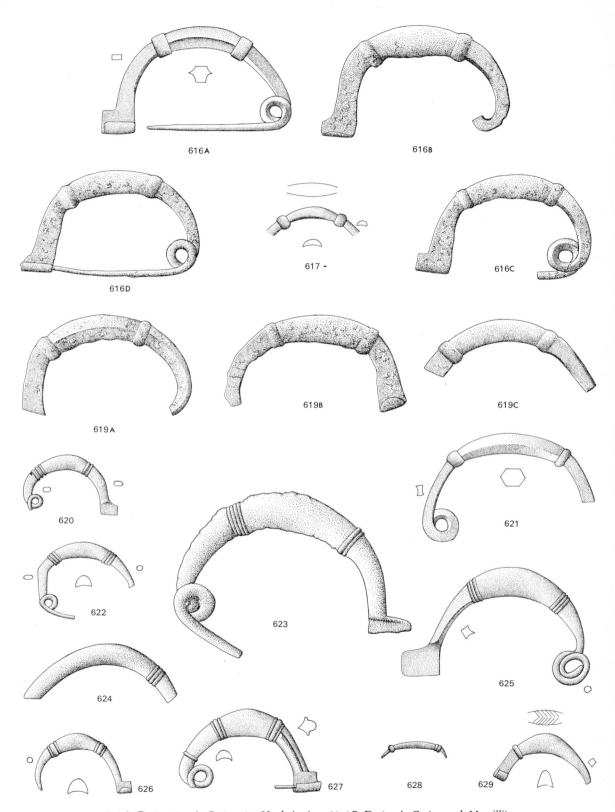

616 A–D. 617. 619 A–C. 620–629 Hephaisteia. – (616 B–D. 619 A–C. 623 nach Mustilli)
M. 2:3; 617 ohne M.

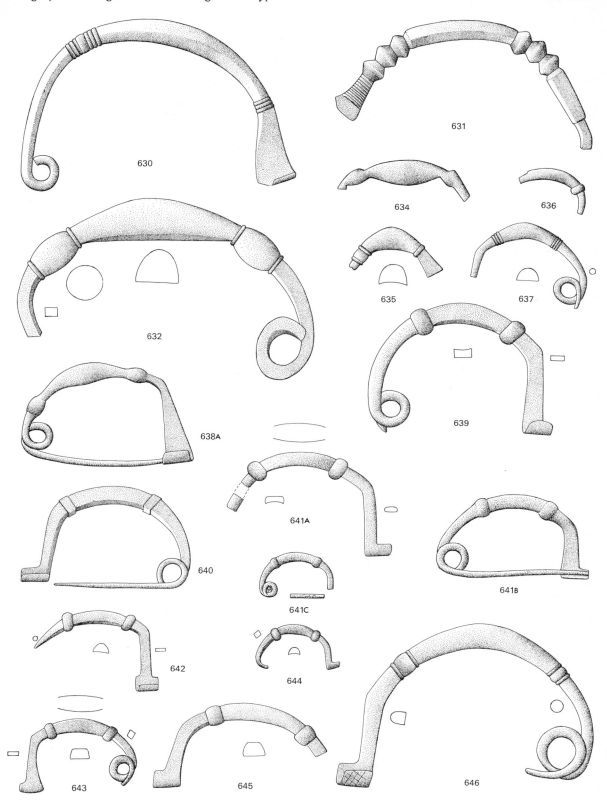

630. 631 Lindos. – 632 Kreta. – 634 Delos. – 635 Naxos. – 636 Siphnos. – 637. 639–646 Hephaisteia. – 638 A Vrokastro. – (630. 631
nach Lindos I; 638 A nach Hall; 641 B–C nach Mustilli)

M. 2:3

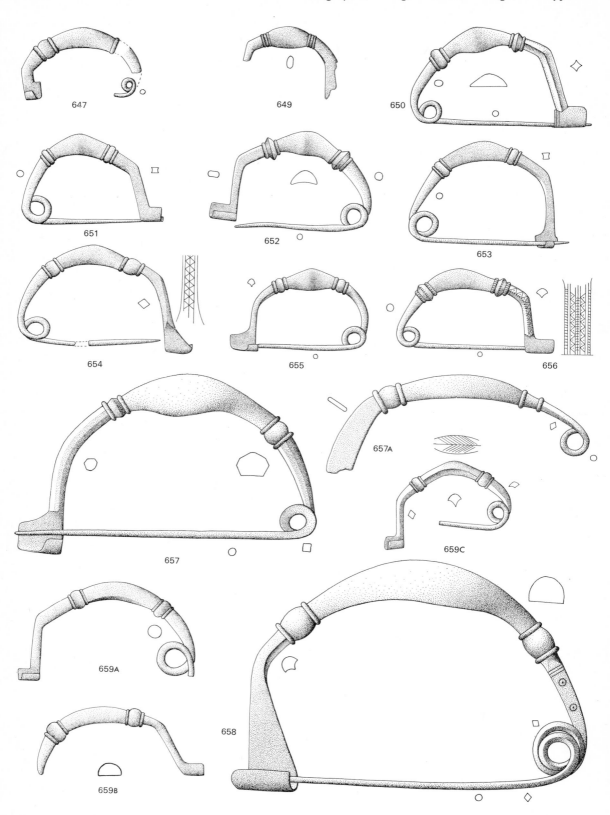

647. 649 Hephaisteia. – 650–659 C Skyros

M. 2:3

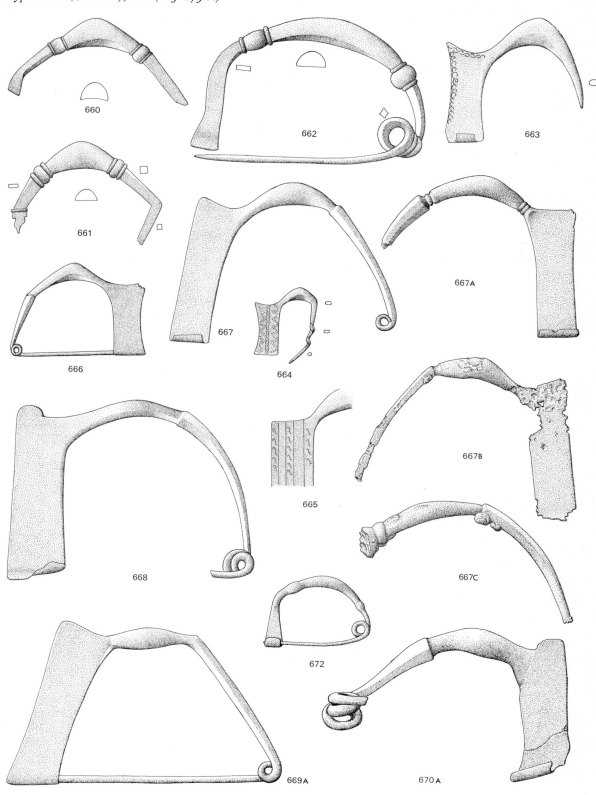

660 Phana. – 661 Aigina. – 662 Leukanti. – 663–666 Ialysos. – 667. 667 A–C. 668 Lindos. – 669 A Exoche. – 670 A Vroulia. –
672 Kamiros. – (667. 668 nach Lindos I; 667 A–C nach Foto; 669 A nach Friis Johansen; 670 A nach Kinch; 672 nach Jacopi)

M. 2 : 3

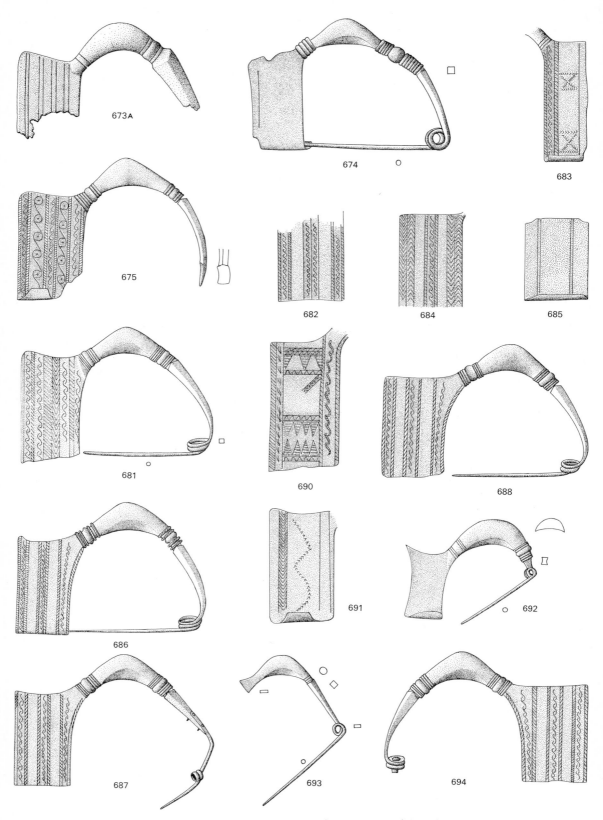

673A. 674. 675. 681–688. 690–694 Ialysos. – (673 nach Jacopi)
M. 2:3; 673 A ohne M.

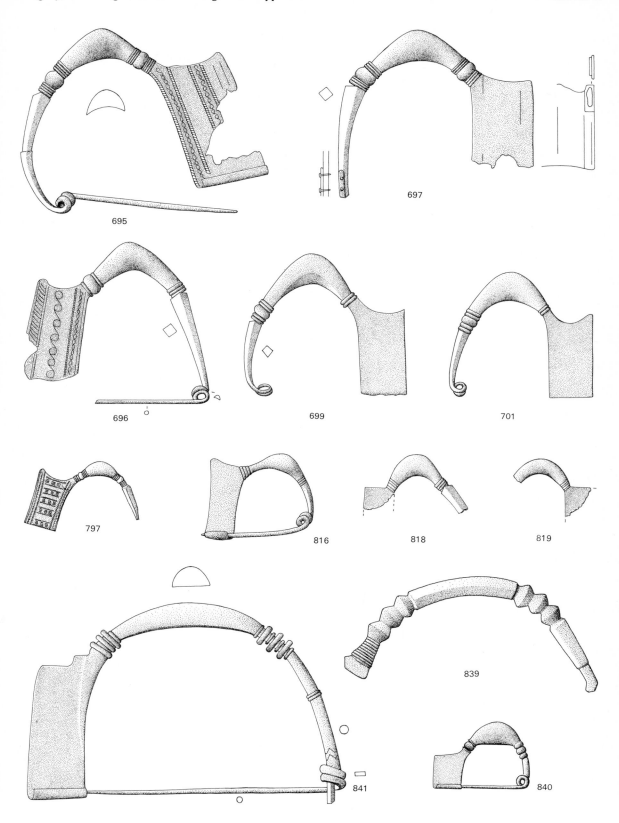

695   697

696   699   701

797   816   818   819

839

841   840

695–697. 699. 701. 816. 818. 819 Ialysos. – 797 Phana. – 839 Lindos. – 840 Vrokastro. – 841 Ida, Zeus-Grotte. – (797 nach Walters;
816 nach Jacopi; 839 nach Lindos I)
M. 2 : 3; 816 ohne M.

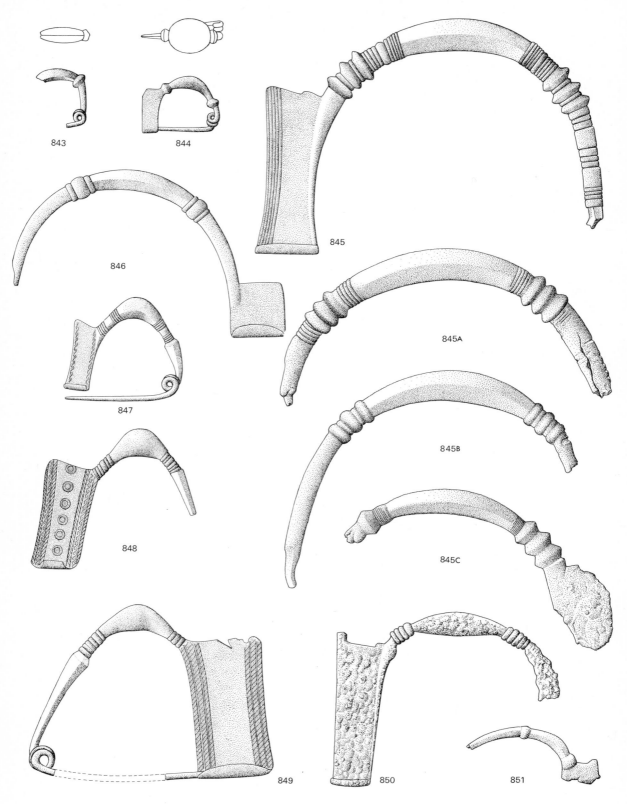

843. 844 Thera. – 845–849 Lindos. – 850. 851 Exoche. – (843. 844 nach Thera II; 845. 846–849 nach Lindos I; 845 A–C nach Foto;
850. 851 nach Friis Johansen)

M. 2 : 3

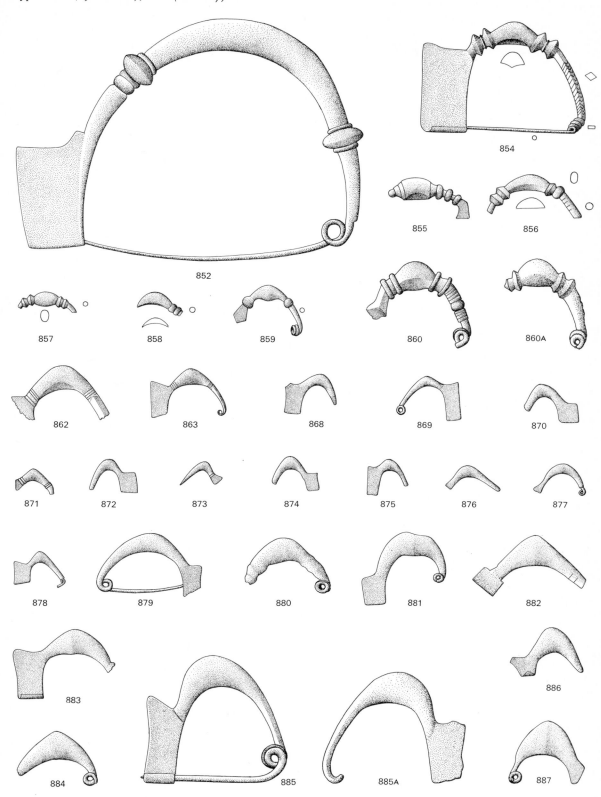

852 Arkesine. – 854 Ida, Zeus-Grotte. – 855 Tsoutsouros. – 856–858 Samos. – 859 Phana. – 860. 860 A. 885. 885 A Lindos. – 862.
863. 868–884. 886. 887 Ialysos. – (852 nach Blinkenberg; 860. 885 nach Lindos I; 860 A. 885 A nach Foto)

M. 2:3

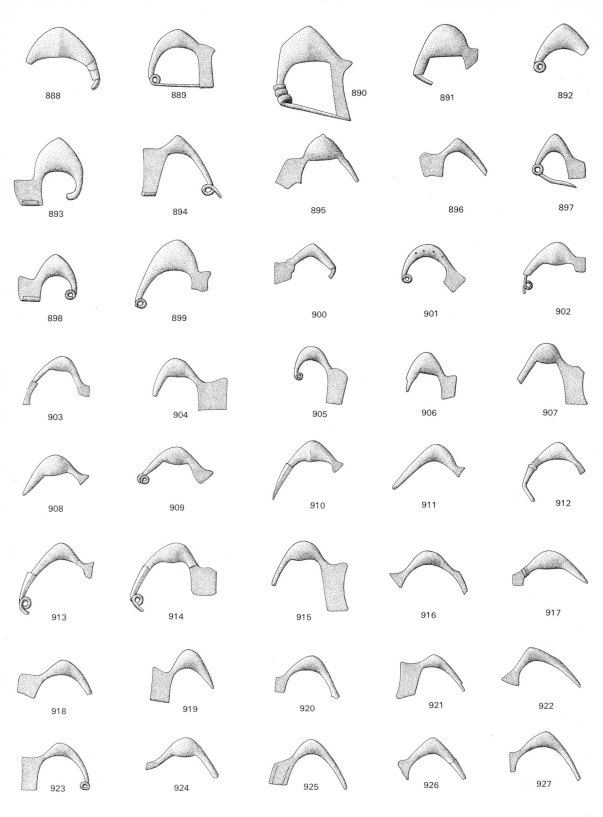

888-927 Ialysos

M. 2:3

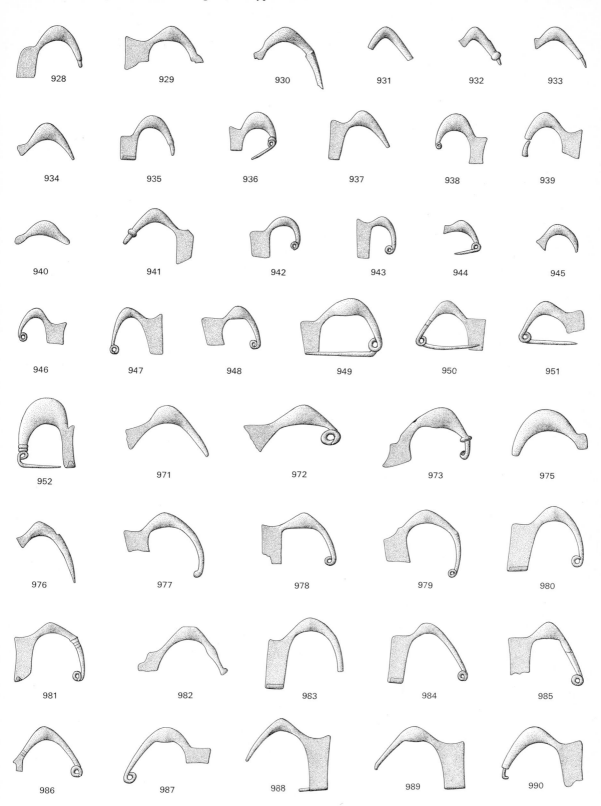

928　929　930　931　932　933

934　935　936　937　938　939

940　941　942　943　944　945

946　947　948　949　950　951

952　971　972　973　975

976　977　978　979　980

981　982　983　984　985

986　987　988　989　990

928–952. 971–973. 975–990 Ialysos

M. 2 : 3

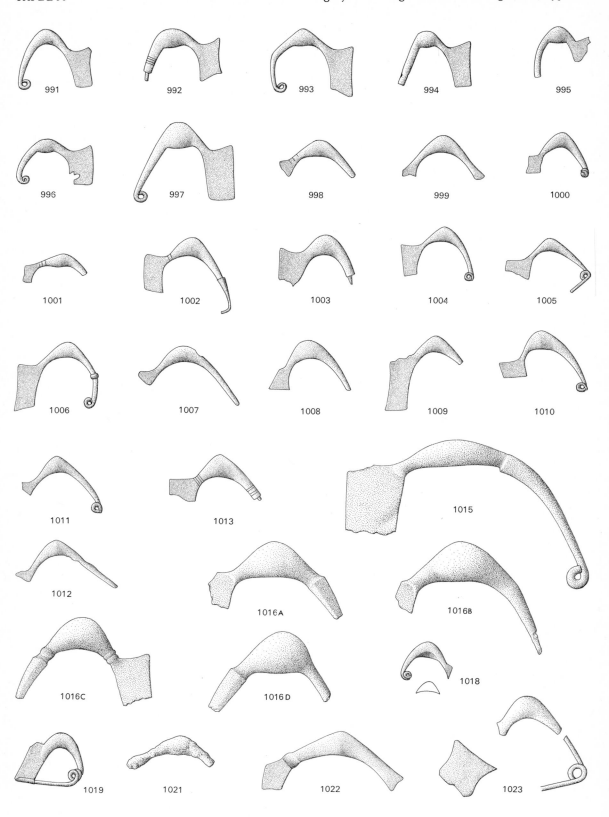

991–1013 Ialysos. – 1015. 1016 A–D Kamiros. – 1018 Kalymnos. – 1019 Lindos. – 1021 Exoche. – 1022 Zagora. – 1023 Dreros.
– (1015. 1016 A–D nach Jacopi; 1019 nach Lindos I; 1021 nach Friis Johansen; 1023 nach Effenterre)

M. 2 : 3

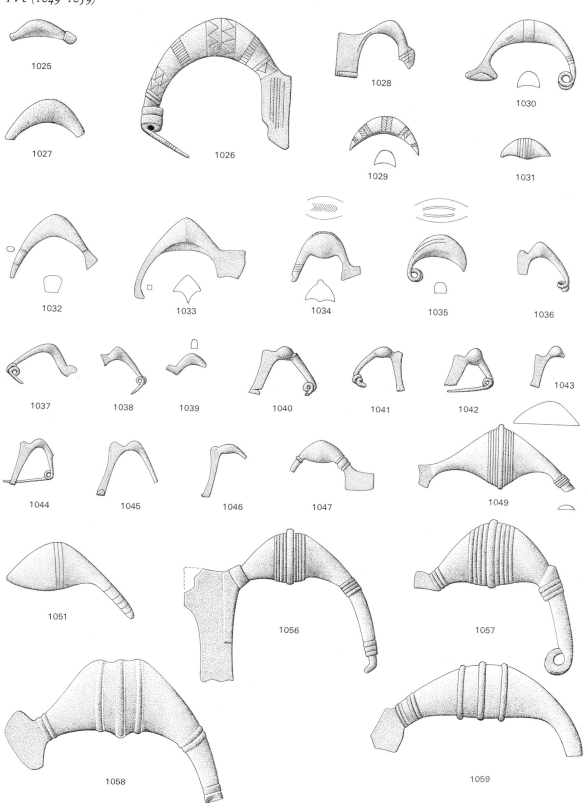

1025

1027

1026

1028

1030

1029

1031

1032

1033

1034

1035

1036

1037

1038

1039

1040

1041

1042

1043

1044

1045

1046

1047

1049

1051

1056

1057

1058

1059

1025. 1028 Tsoutsouros. – 1026 Lesbos. – 1027 Antissa (?). – 1029–1031 Paros. – 1032–1035 Aigina. – 1036–1043 Phana. – 1044–1046 Emporio. – 1047 Leukanti. – 1049 Ialysos. – 1051. 1056–1059 Lindos. – (1026 nach Euaggelides; 1040–1042 nach Lamb 1044–1046 nach Boardman; 1056–1059 nach Lindos I)

M. 2 : 3

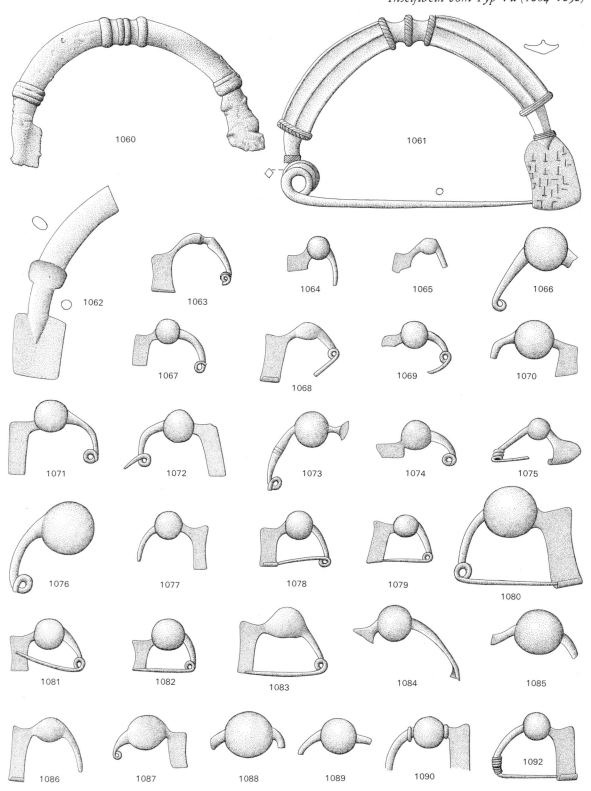

1060–1062 Hephaisteia. – 1063 Thera. – 1064–1090. 1092 Ialysos. – (1060 nach Mustilli; 1063 nach Thera II)

M. 2:3

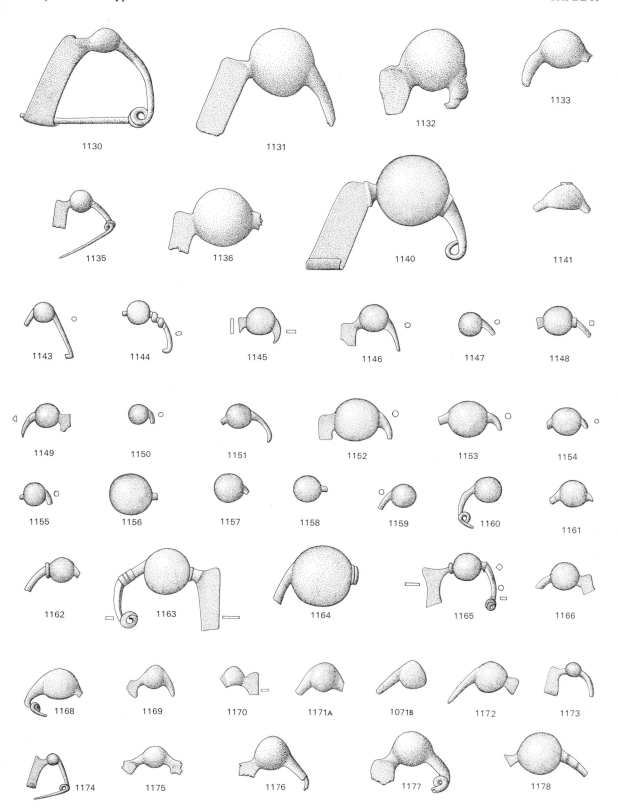

1130. 1141 Vroulia. – 1131–1133 Kamiros. – 1135. 1136 Ialysos. – 1140 Lindos. – 1143. 1144 Kalymnos. – 1145–1159 Samos. – 1160
Arkades. – 1161. 1162 Paros. – 1163–1165 Aigina. – 1166. 1168 Samothrake. – 1169–1177 Phana. – 1178 Emporio. – (1130. 1141
nach Kinch; 1131–1133. 1135. 1136 nach Jacopi; 1140 nach Lindos I; 1175–1177 nach Lamb)

M. 2:3; 1135. 1136 ohne M.

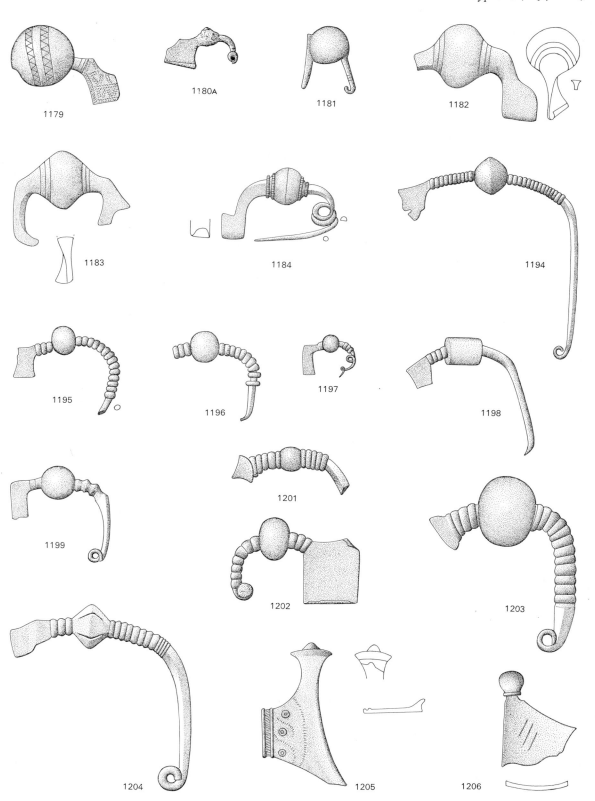

1179 Emporio. – 1180 A Thera. – 1181. 1205 Lesbos. – 1182. 1183 Skyros. – 1184 Leukanti. – 1194–1199. 1201 Ialysos. – 1202–1204 Lindos. – 1206 Samos. – (1179 nach Boardman; 1180 A nach Pfuhl; 1181 nach Euaggelides; 1201 nach Jacopi; 1202–1204 nach Lindos I)

M. 2 : 3

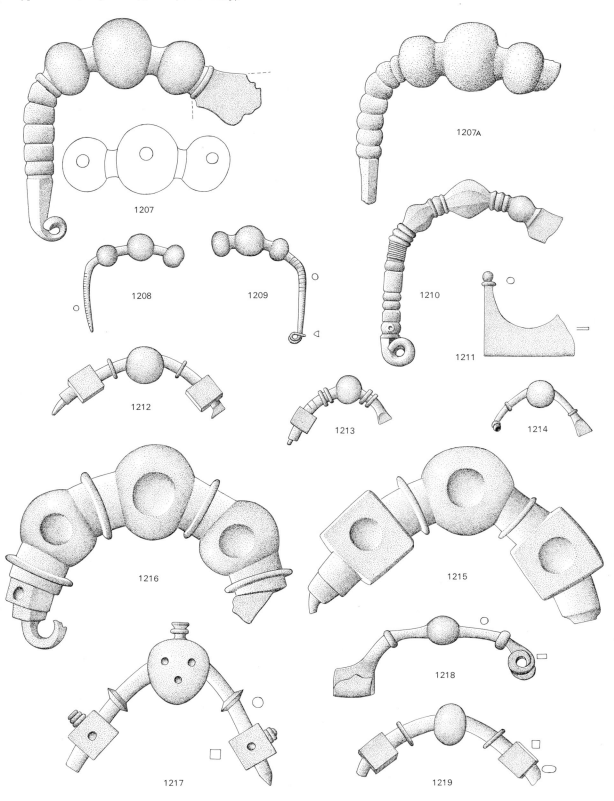

1207. 1207 A. 1210. 1215. 1216 Lindos. – 1208 Paros. – 1209. 1211. 1217–1219 Aigina. – 1212. 1214 Ialysos. – 1213 Samos. – (1207.
1210. 1215. 1216 nach Lindos I; 1207 A nach Foto)

M. 2:3

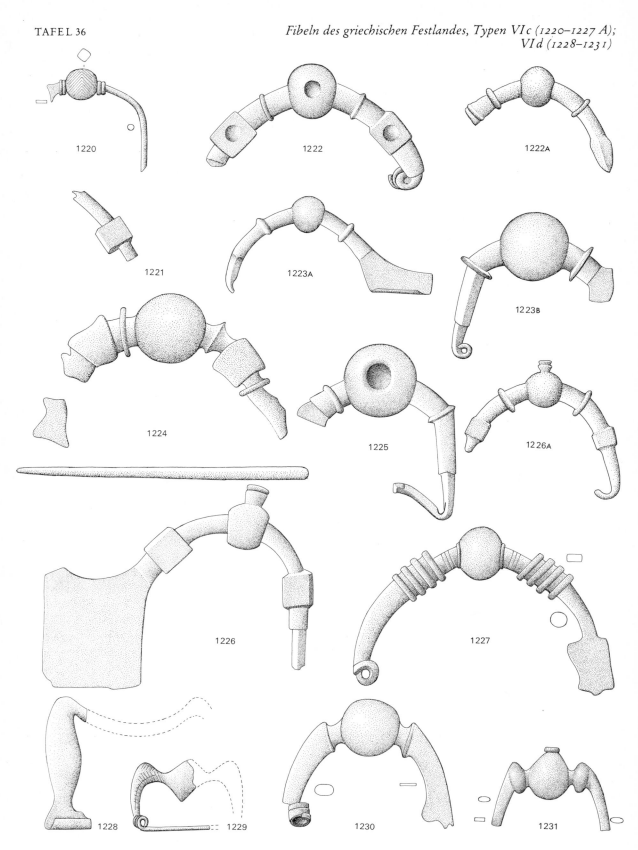

1220. 1221. 1231 Aigina. – 1222–1223 B. 1225–1226 A Lindos. – 1224 Kamiros. – 1227 Hephaisteia. – 1228 Kavoussi, N. Chania. –
1229 Vrokastro. – 1230 Paros. – (1222. 1223 A. B. 1225. 1226 nach Lindos I; 1222 A. 1226 A nach Foto; 1224 nach Jacopi;
1229 nach Hall)

M. 2:3

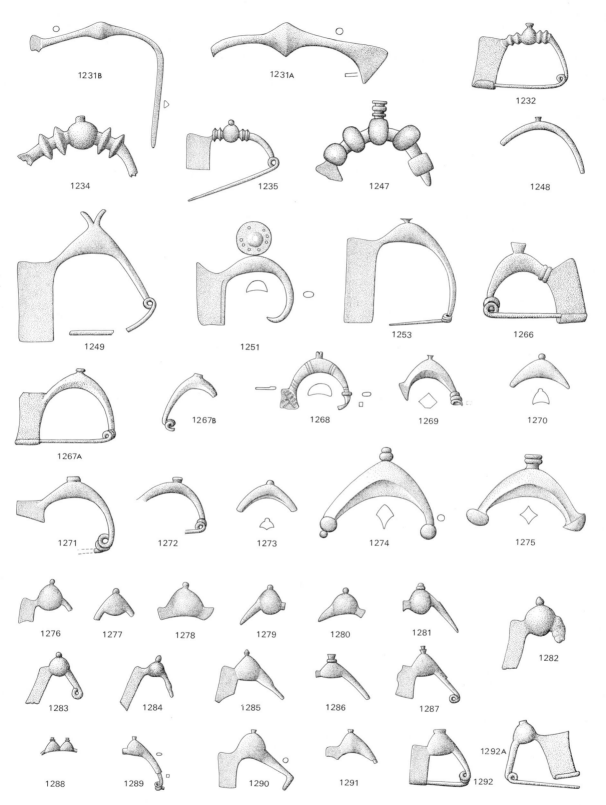

1231B 1231A 1232 1234 1235 1247 1248 1249 1251 1253 1266 1267A 1267B 1268 1269 1270 1271 1272 1273 1274 1275 1276 1277 1278 1279 1280 1281 1282 1283 1284 1285 1286 1287 1288 1289 1290 1291 1292 1292A

1231 A. B. 1274. 1275 Aigina. – 1232. 1234. 1235. 1247. 1249. 1251. 1253. 1266 Ialysos. – 1248 Arkades. – 1267 A. B Exoche. – 1268 Samos. – 1269. 1270. 1273 Paros. – 1271. 1272. 1292. 1292 A Thera. – 1276–1284. 1289–1291 Phana. – 1285–1288 Emporio. – (1232. 1234. 1266 nach Jacopi; 1267 A. B nach Friis Johansen; 1271. 1272. 1292. 1292 A. B nach Thera II; 1282–1284 nach Lamb; 1285–1288 nach Boardman)

M. 2:3; 1232. 1234. 1266 ohne M.

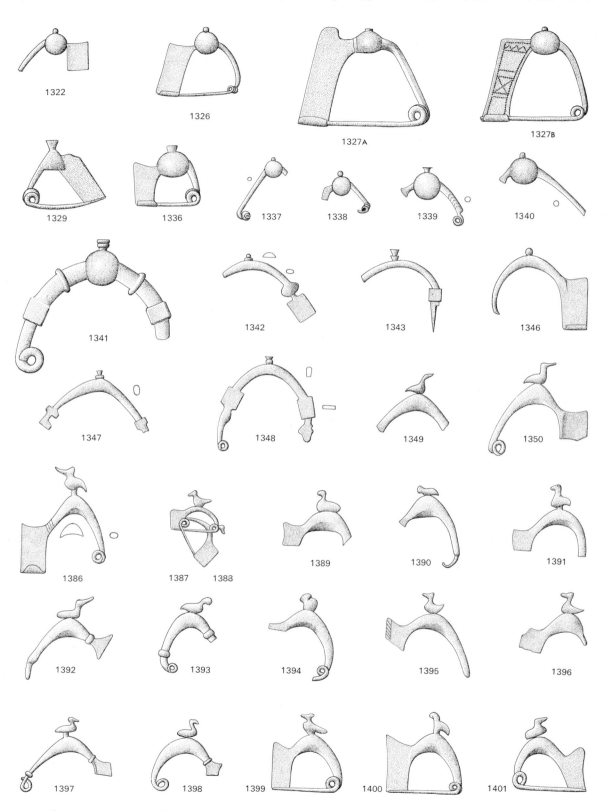

1322. 1326. 1329. 1342. 1343. 1346. 1349. 1350. 1386–1401 Ialysos. – 1327 A. B. 1336. 1341 Lindos. – 1337 Kalymnos. – 1338 Ida, Zeus-Grotte. – 1339 Kreta. – 1340 Samos. – 1347. 1348 Emporio. – (1327 A. B. 1336. 1341 nach Lindos I; 1347. 1348 nach Boardman)

M. 2:3

1402   1403   1404   1405   1406

1407   1408   1409   1410   1411

1412   1413   1414   1421   1423

1424   1425   1426   1427   1428

1429   1430   1431   1432   1433A

1433B   1434   1435   1435A   1435B

1402–1414. 1421. 1423–1432 Ialysos. – 1433 A–1435 B Lindos. – (1433 A–1435 nach Lindos I; 1435 A. B nach Foto)

M 2:3

TAFEL 40

Fibeln mit Zierelementen auf dem Bügel, Typen VIIb (1436 A–1446); VIIc (1447).
Fibeln mit figürlich plastischem Dekor vom Typ VIIIa (1448–1450)

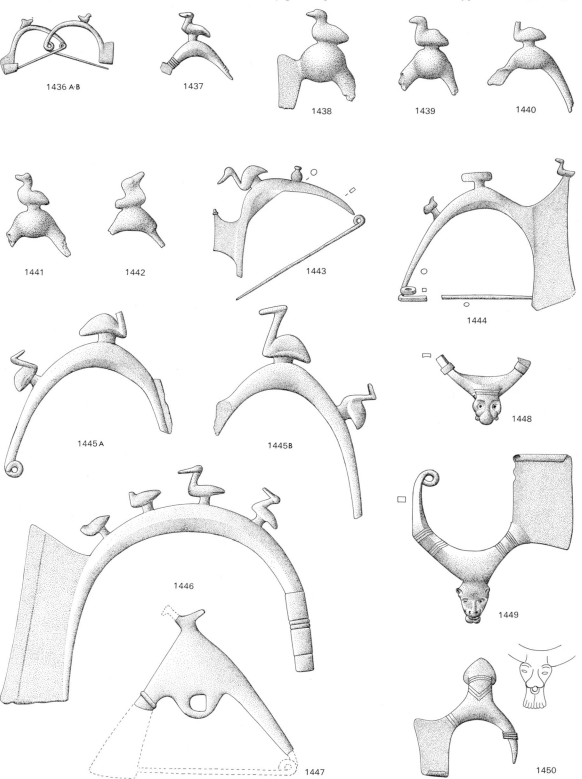

1436 A·B 1437 1438 1439 1440 1441 1442 1443 1444 1445A 1445B 1446 1447 1448 1449 1450

1436 A. B. 1445 A. B. 1446 Lindos. – 1437 Exoche. – 1438–1442 Kamiros. – 1443. 1444. 1448–1450 Ialysos. – 1447 Naxos. – (1436 A. B.
1445 A. B. 1446 nach Lindos I; 1437 nach Friis Johansen; 1438–1442 nach Jacopi)

M. 2 : 3; 1437 ohne M.

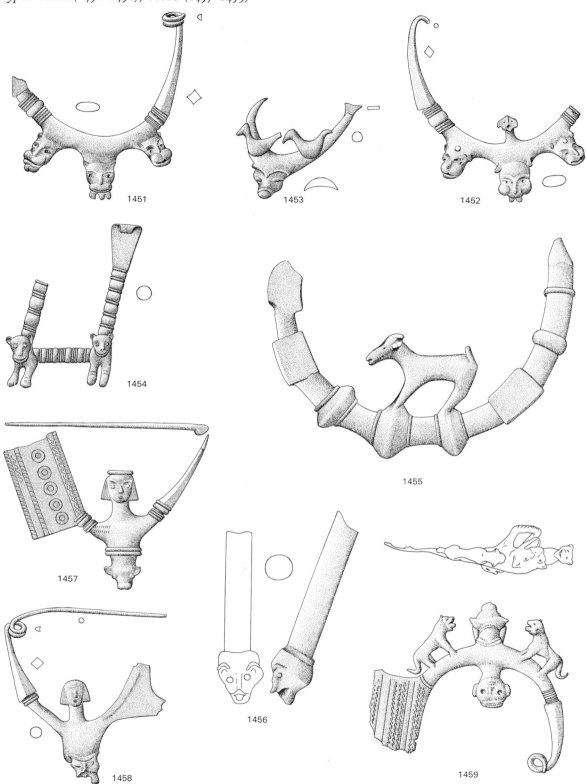

1451

1453

1452

1454

1455

1457

1456

1458

1459

1451–1454. 1457. 1458 Ialysos. – 1455 Lindos. – 1456 Kalymnos. – 1459 Fundort unbekannt. – (1455 nach Lindos I; 1459 nach Blinkenberg)

M. 2:3

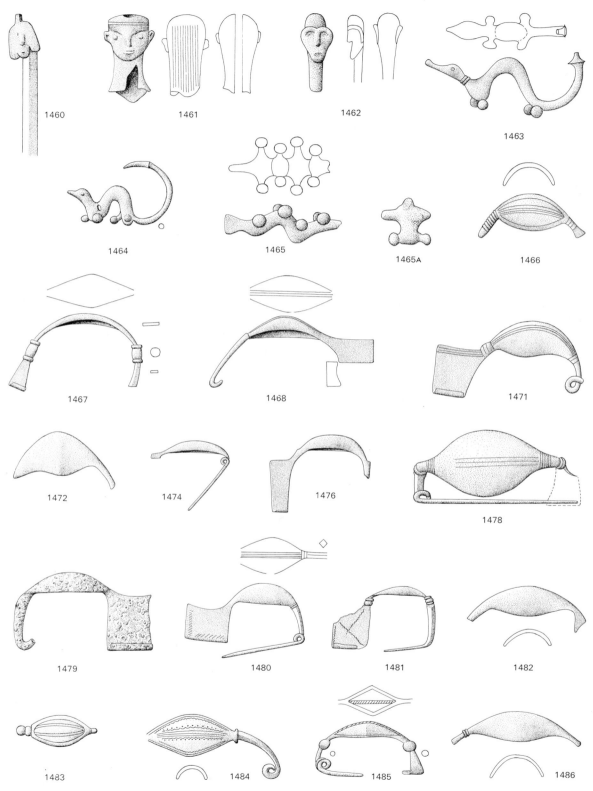

1460. 1466–1468. 1471. 1472. 1474. 1476 Ialysos. – 1461 Paros. – 1462 Phana. – 1463 Naxos. – 1464. 1486 Aigina. – 1465. 1465 A Lindos. – 1478 Vrokastro. – 1479. 1480 Prinias. – 1481. 1483 Fortetsa. – 1482 Arkades. – 1484 Kreta. – 1485 Skyros. – (1465 nach Lindos I; 1465 A nach Foto)

M. 2:3

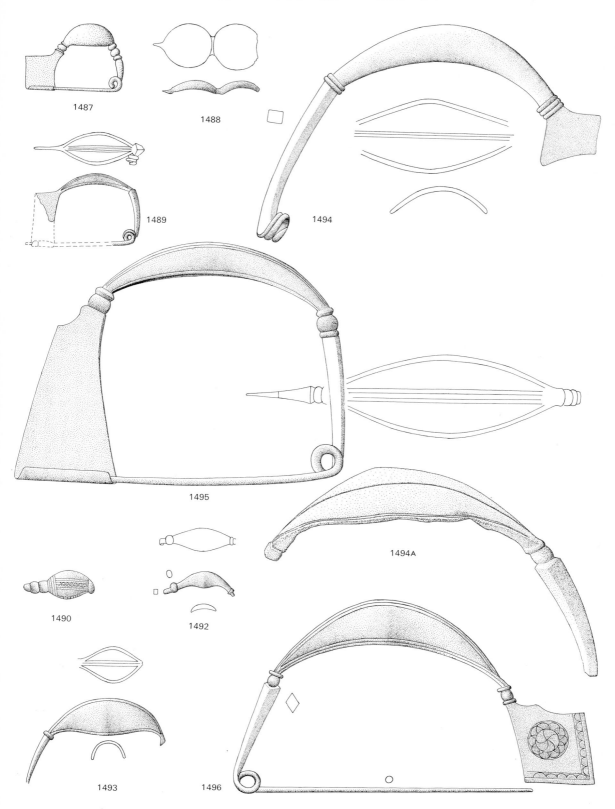

1487   1488   1489   1494   1495   1494A   1490   1492   1493   1496

1487. 1495 Vrokastro. – 1488. 1489 Thera. – 1490 Siphnos. – 1492 Samos. – 1493 Delos. – 1494 Kreta. – 1494 A Dreros. – 1496 Prinias. – (1487. 1495 nach Hall; 1488. 1489 nach Thera II; 1490 nach Brock; 1494 A nach Effenterre)

M. 2:3

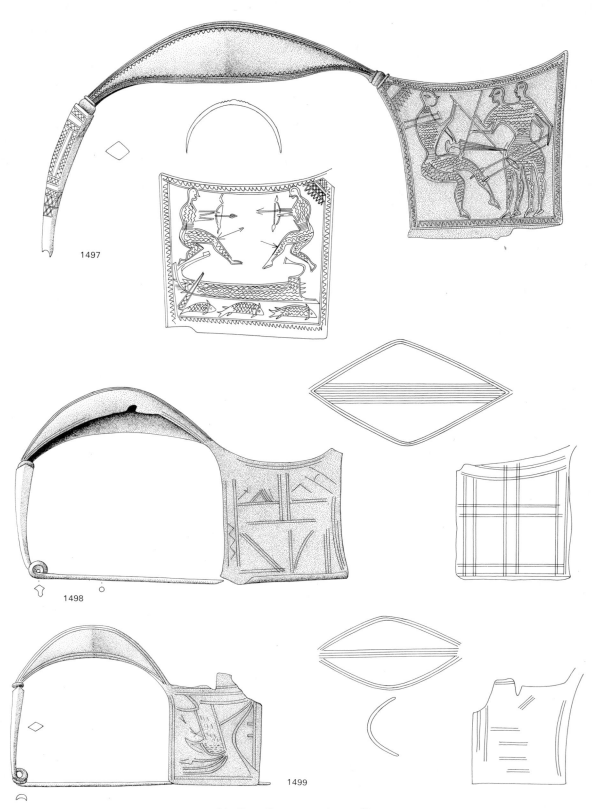

1497 Ida, Zeus-Grotte. – 1498. 1499 Skyros

M. 2:3

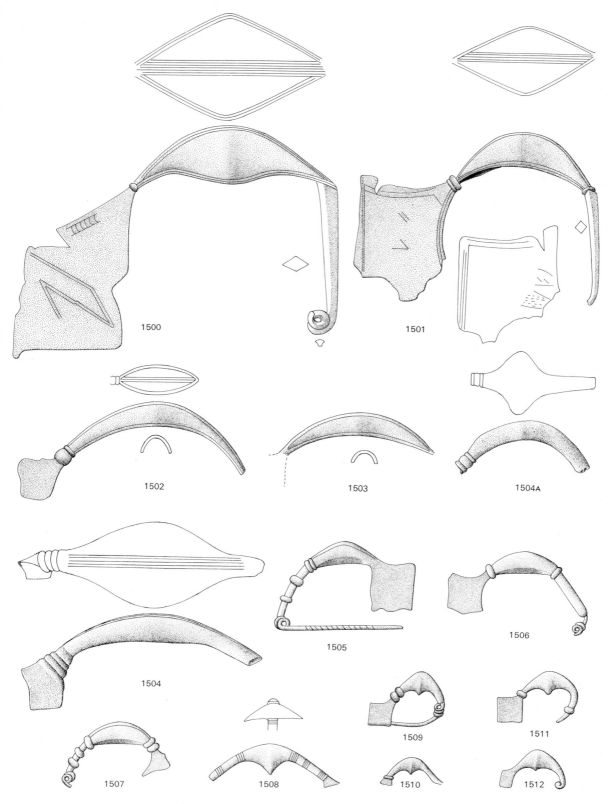

1500. 1501 Skyros. – 1502. 1503 Delos. – 1504 Lindos. – 1504 A Kamiros. – 1505–1512 Ialysos. – (1504 nach Lindos I; 1504 A nach Jacopi)

M. 2:3

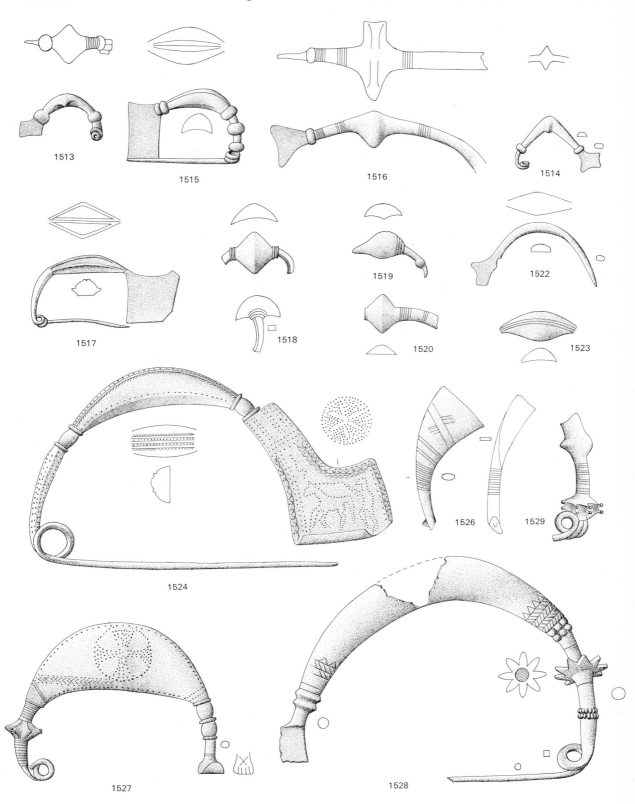

1513 Lindos. – 1514 Kalymnos. – 1515 Ialysos. – 1516 Fortetsa. – 1517 Kavoussi, Ep. Hierapetra. – 1518 Kardiane. – 1519 Paros. – 1520. 1522. 1523. 1526 Aigina. – 1524. 1527 Euböa. – 1528. 1529 Skyros. – (1513 nach Lindos I)

M. 2:3

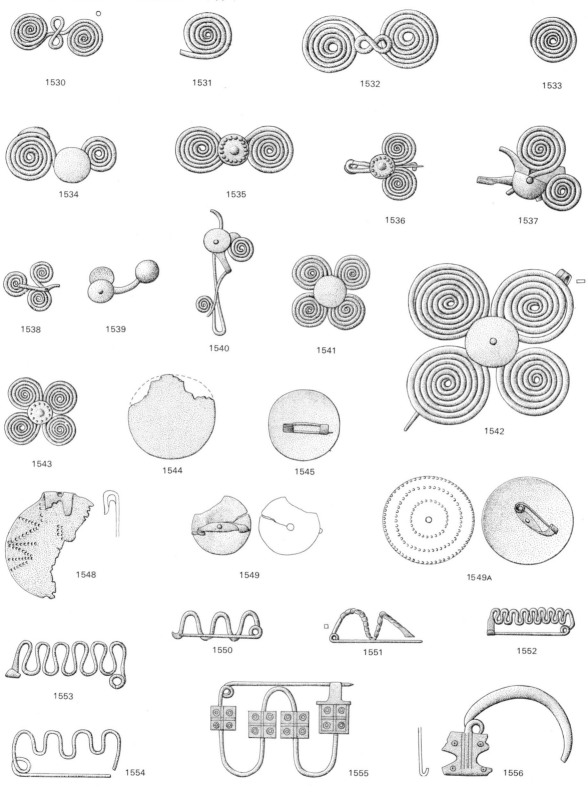

1530   1531   1532   1533

1534   1535   1536   1537

1538   1539   1540   1541   1542

1543   1544   1545

1548   1549   1549A

1550   1551   1552

1553

1554   1555   1556

1530. 1531. 1534. 1538–1541. 1544. 1545. 1549 A. 1550. 1551. 1555 Ialysos. – 1532 Fortetsa. – 1533 Herakleion-Mastambas. – 1535.
1536. 1543 Thera. – 1537. 1549. 1552 Lindos. – 1542 Ida, Zeus-Grotte. – 1548 Kissamos. – 1553 Exoche. – 1554 Phaistos. – 1556
Emporio. – (1532 nach Brock; 1535. 1536. 1543 nach Thera II; 1537. 1549. 1552 nach Lindos I; 1548. 1556 nach Boardman; 1549 A
nach Jacopi; 1553 nach Friis Johansen; 1554 nach Pernier)

M. 2:3; 1541–1543. 1549 A ohne M.

Fibeln nördlicher Form oder nördlicher Herkunft vom Typ XBd (1557–1559 A).
Italische Fibeln vom Typ XI a (1561–1568, 1571–1574); XI b (1575. 1576)

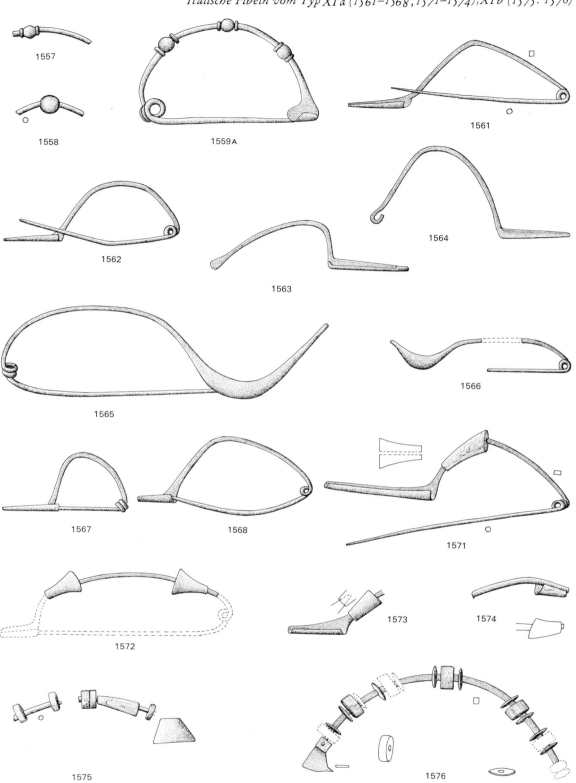

1557. 1574 Emporio. – 1558 Hephaisteia. – 1559 A Leukanti. – 1561–1568. 1571–1573. 1575. 1576 Ialysos. – (1557. 1574 nach
Boardman)

M. 2 : 3

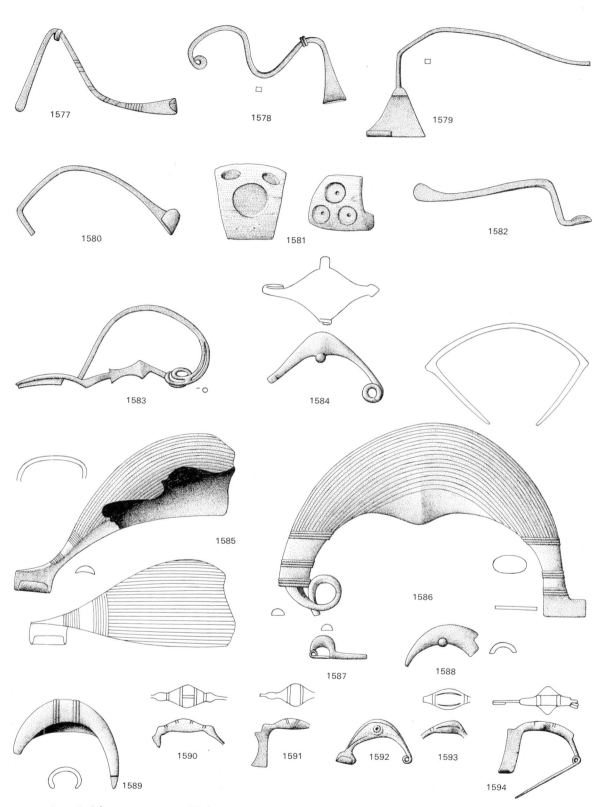

1577–1580. 1583 Ialysos. – 1581. 1584 Lindos. – 1582. 1585. 1586 Samos. – 1587–1589 Aigina. – 1590. 1591. 1593. 1594 Emporio.
– 1592 Exoche. – (1581. 1584 nach Lindos I; 1590. 1591. 1593. 1594 nach Boardman; 1592 nach Friis Johansen)

M. 2:3

1595. 1601 Aigina. – 1596. 1606 Phana. – 1597–1600. 1607–1609 Emporio. – 1610–1613 Antissa. – 1614 A. B. 1616 Lindos. –
1604. 1615. 1618 Samos. – 1605 Paros. – 1617. 1619. 1620 Ialysos. – (1596. 1606 nach Lamb; 1597–1600. 1607–1609 nach
Boardman; 1614 A. B. 1616 nach Lindos I)

M. 2 : 3

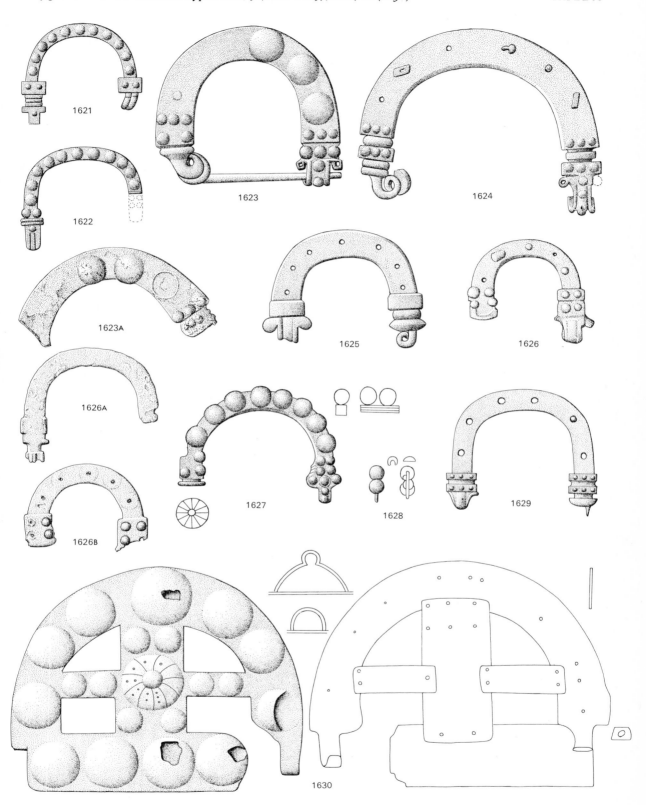

1621. 1622. 1630 Ialysos. – 1623–1626 B Lindos. – 1627. 1630 Samos. – 1628 Phana. – 1629 Paros. – (1623. 1624–1626 nach Lindos I; 1623 A. 1626 A. B nach Foto)

M. 2 : 3

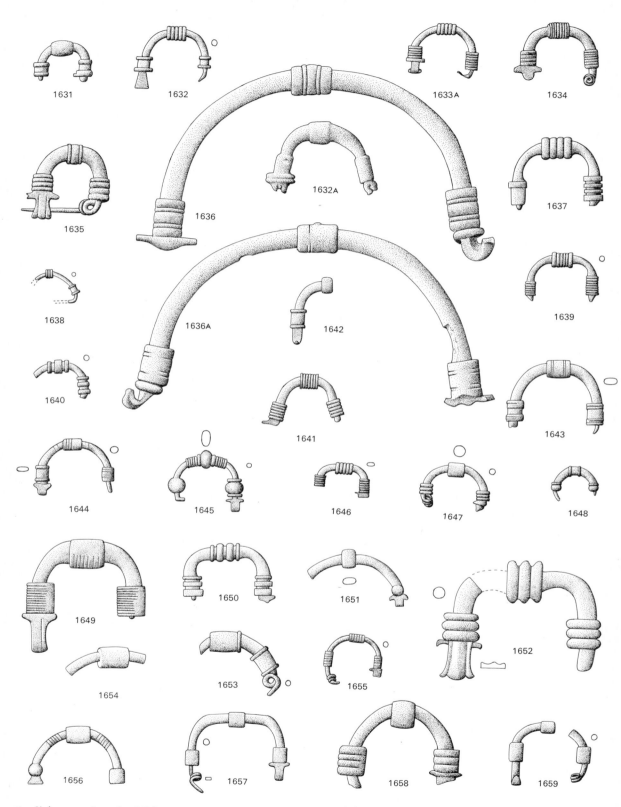

1631 Siphnos. – 1632. 1633 A Ialysos. – 1632 A Kamiros. – 1634–1636 A. Lindos. – 1637–1640 Antissa. – 1641–1648 Samos. – 1649. 1650
Paros. – 1651–1656 Aigina. – 1657 Samothrake. – 1658 Delos. – 1659 Phana. – (1632 A nach Jacopi; 1634. 1635 nach Lindos I; 1636 A.
nach Foto)

M. 2 : 3; 1632 ohne M.

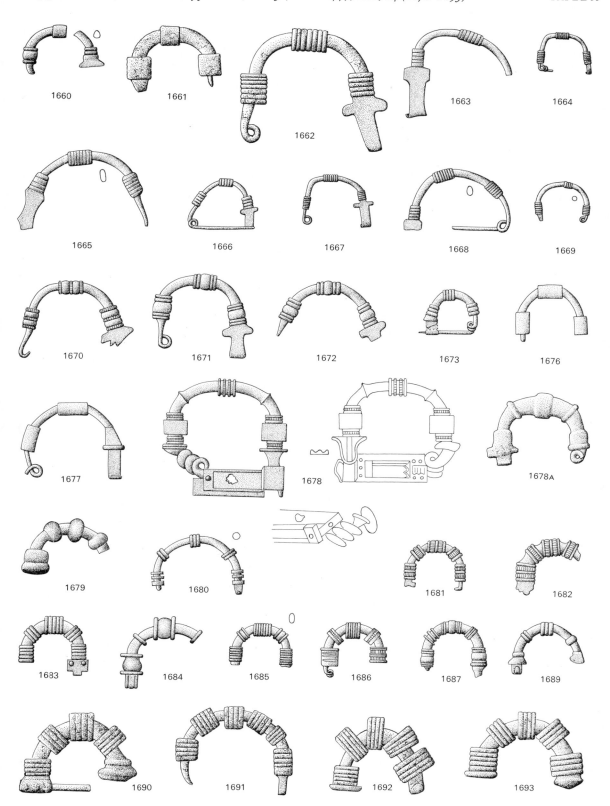

1660–1662. 1690–1693 Phana. – 1663–1672 Emporio. – 1673 Thera. – 1676. 1677 Ialysos. – 1678 Thasos. – 1678 A Kamiros. – 1679 Lindos. – 1680–1686 Samos. – 1687 Siphnos. – 1689 Aigina. – (1661. 1662. 1690–1693 nach Lamb; 1664–1672 nach Boardman; 1673 nach Thera II; 1678 A nach Jacopi; 1679 nach Lindos I)

M. 2 : 3

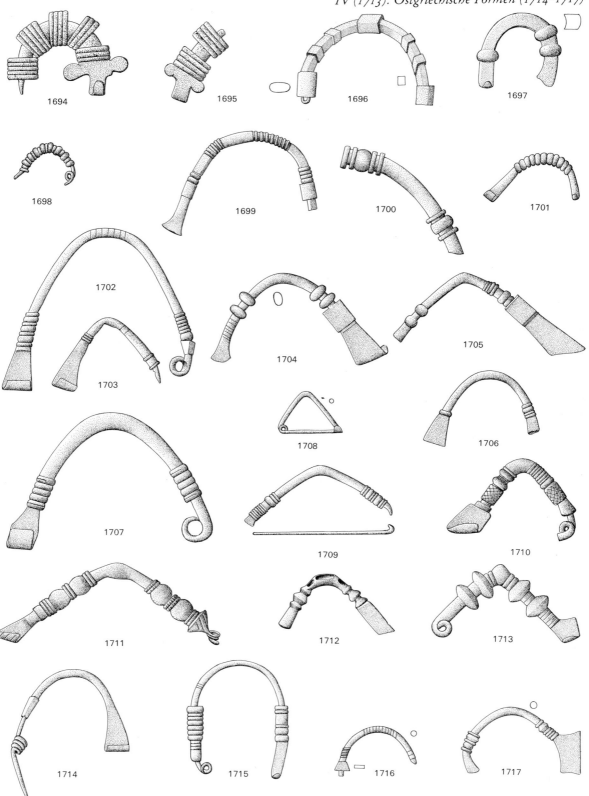

1694. 1695. 1700 Phana. – 1696–1699. 1701–1706. 1708. 1709. 1714–1717. 1719 A Ialysos. – 1707. 1710. 1712. 1713 Lindos. – 1711
Delos. – (1694. 1695 nach Lamb; 1707. 1710. 1712. 1713 nach Lindos I)

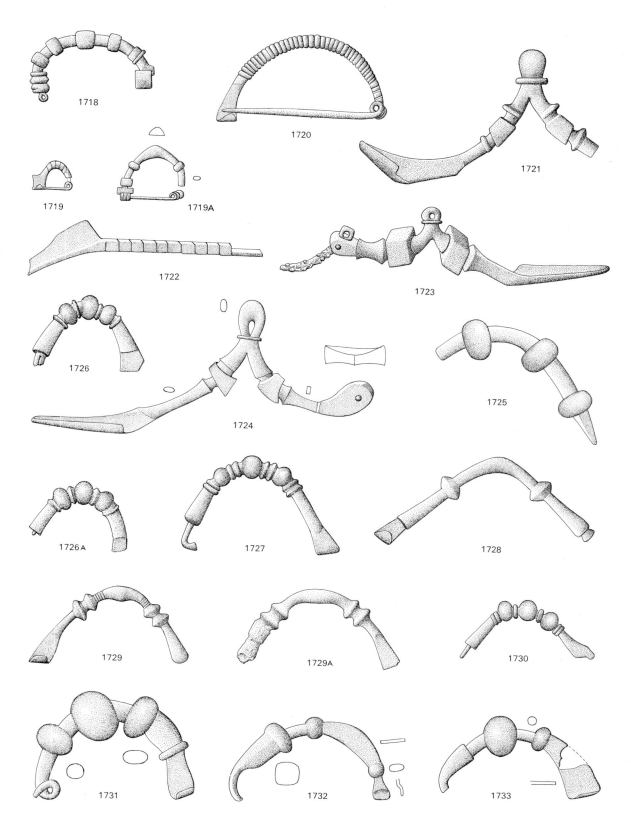

1718–1720. 1722 Ialysos. – 1721. 1726. 1726 A. 1727–1729 A Lindos. – 1723 Kamiros (?). – 1724. 1725 Aigina. – 1730 Delos.
– 1731–1733 Hephaisteia. – (1723 nach Myres; 1726. 1727–1729 nach Lindos I; 1726 A. 1729 A nach Foto)

M. 2:3

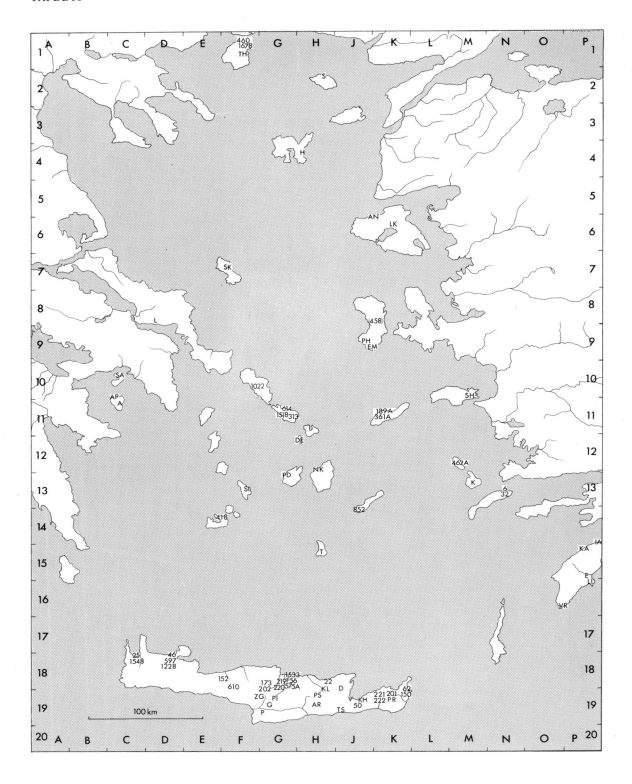

Verbreitung der im vorliegenden Band erfaßten Fibeln. Die Zahlen entsprechen den im Text und auf den Tafeln verwendeten Fundnummern; für die Buchstabenabkürzungen vgl. das Verzeichnis S. 144